憲政運作與選制改革：
比較的觀點

蘇子喬、王業立 ◆著

五南圖書出版公司 印行

導論：憲政體制與選舉制度的配套思考

　　憲政體制與選舉制度是民主國家最重要的兩種制度設計。憲政體制規範不同政府部門（尤其是行政與立法部門）之間權力互動的架構；選舉制度則規範民選公職人員的產生方式，這兩層面的制度彼此密切相關。在不同的憲政體制下，採行同樣的選舉制度；或是在相同的憲政體制下，採行不同的選舉制度，所展現的制度結果將迥然不同。我國當前的憲政體制為兼具總統制與內閣制精神的半總統制；立法委員選舉則採並立式單一選區兩票制（或簡稱並立制）。半總統制與並立制一方面是學術研究上政治制度的研究者關注的議題，另一方面在政治實務上也經常受到檢討而常有倡議憲政改革與選制改革的聲音。基於此議題在研究與實務上的重要性，本書即以憲政體制與選舉制度為探討議題，期許為當前的政治制度研究增添更為豐富的研究成果，同時也可為實務界討論憲政改革與選制改革時提供一些理論上的依據。

　　本書共分為三篇，分別是〈憲政體制的運作〉、〈選舉制度的改革〉，以及〈憲政體制與選舉制度的關聯〉，先探究憲政體制與選舉制度這兩層面制度個別的議題，再進一步探討兩者的關聯性。在各篇的討論中，本書欲兼顧本土與比較性研究，在〈憲政體制的運作〉一篇中，除了探討我國半總統制運作的問題，也比較了南韓與我國憲政體制的異同，並嘗試將我國半總統制放在更宏觀的全球民主模式中進行探討；在〈選舉制度的改革〉一篇中，除了討論我國立委選制改革，也加入了德國、英國、義大利、俄羅斯、泰國的選制改革經驗綜合討論；在〈憲政體制與選舉制度的關聯〉一篇中，則是以我國與法國為例，討論憲政體制與選舉制度的交互作用。總之，本書探討的議題既有深厚的本土關懷，也希望兼顧國際視野。

　　本書的中心主旨，是強調憲政體制與選舉制度這兩種政治制度密切相關，兩者應該搭配在一起進行觀察，才有可能明確判斷一個國家應採何種

憲政體制及選舉制度較適宜。基於此主旨，本書擬探討的核心問題是，我國半總統制的憲政體制與並立制的選舉制度，是否為妥適的制度組合？本書透過三篇共七章的探索，討論此一核心問題。在此筆者可以先透露本書對於我國憲政體制與選舉制度可行且合宜之配套設計的看法：半總統制的憲政體制類型維持不變，而選舉制度的設計上則應爭取出現兩黨制（或偏兩黨制），在政黨體系上爭取出現單一政黨過半，以避免造成分立且少數政府。就此看來，我國半總統制與並立制的制度配套堪稱妥適，雖有必要在半總統制與並立制的制度細部設計上進行微調改良，但這兩種制度類型的組合並沒有必要揚棄。以下說明本書各章的主旨：

面對「我國半總統制與並立制是否為妥適的制度組合」此一核心問題，首先須確認的是我國憲政體制的定位與特質，這是本書第一篇〈憲政體制的運作〉的探討重心。此篇分為三章，第一章是「從組閣爭議論我國憲政體制的定位與走向」。欲探討我國半總統制的憲政體制，究竟是偏內閣制，還是偏總統制，純粹從憲法條文來觀察並不容易得到明確的答案，這是因為相較於世界上其他半總統制國家的憲法，我國憲法對於憲政體制的規範密度明顯較低，致使學者對於我國憲政體制的內涵各有不同的法理詮釋。這些詮釋觀點的關鍵差異，主要是對於我國總統憲法權力的看法不同，尤其是對於總統任命閣揆的權力上有不同見解。此章以我國總統任命閣揆的憲法權力為焦點，探討我國憲政體制定位的法理爭議；並以總統與國會不一致時的組閣爭議為主要線索，探討我國憲政體制的實際定位與走向。筆者認為，儘管我國憲政體制的定位在法理上頗有爭議，但從過去總統與國會多數不一致與歷次政黨輪替交接期的實際組閣情況來看，幾乎已完全確立我國憲政體制是偏總統制的半總統制。

我國當前的憲政體制既是偏總統制的半總統制，這種「偏總統制」的體制與「總統制」有何異同？這是本書第二章〈南韓與我國憲政體制之比較〉所要探討的問題。我國與南韓的憲政體制其實都兼具內閣制與總統制特徵的混合色彩，但我國的憲政體制屬於半總統制，南韓的憲政體制則向來被歸類為總統制。此章一方面對臺、韓兩國憲政體制的規範面進行比

較，另一方面分析兩國實際憲政運作的異同。此章指出，儘管我國的憲政體制爲半總統制，但近年來實際運作越來越近似總統制，形成「形式上爲半總統制，實質上爲總統制」的現象，與南韓總統制的憲政運作有不少相似之處，亦即兩國憲政體制「形異而實同」。而且，基於我國半總統制運作的缺失，國內始終有一股不小的聲音呼籲應將憲政體制調整爲純粹的總統制；相反地，儘管南韓當前的憲政體制爲總統制，但基於南韓總統制運作的缺失，南韓目前修憲研議的主要改革方向則是擬向純粹的半總統制修正。由於臺、韓兩國的憲政改革趨勢正好呈現相反的方向，因此兩國憲政運作的經驗及缺失，正好可以作爲雙方未來進行憲政改革時的借鏡。筆者認爲，若以南韓的憲政運作爲鑑，我國憲政體制並不適合往完全的總統制移動，因爲在我國更爲剛性的政黨體系影響下，南韓實施總統制的問題（包含府會一致下的濫權和府會分立下的僵局），會在我國呈現出更爲極端的狀態。

　　若以全球民主國家的廣大範圍來看，我國這種偏總統制的半總統制，是屬於哪一種民主模式的制度設計？此爲本書第三章「半總統制如何實現共識民主？」探討的議題。關於民主模式的區分，著名政治學者 Arend Lijphart將民主政治分爲「多數民主」與「共識民主」兩種模式，透過兩種民主模式的區分，他將當代民主國家各種不同層面的政治制度加以串連並劃歸於這兩種民主模式中。Lijphart的分析受到比較政治制度研究者的高度重視與肯定，然而他的分析卻忽視了半總統制，因爲他認爲半總統制這種混合式的憲政體制只要從內閣制與總統制的角度分別理解即可。事實上，這種看法的確值得商榷，因爲半總統制這種憲政體制有其自成一格的憲政運作邏輯，並不能僅從內閣制或總統制的單一角度來類比。此章試圖填補Lijphart探討民主模式時忽視半總統制的缺漏，討論半總統制在何種制度安排下，能夠充分地實現共識民主的精神。此章認爲，在半總統制的總統、國會與內閣三角關係中，若能在總統與國會之間建構權力平衡的關係；在總統與內閣之間建立權力分享的關係；國會與內閣之間確立由國會各黨共組聯合內閣的憲政運作，如此將能充分實現共識民主的精神。

而欲建構完善的總統、國會與內閣三角關係，須透過以下的具體制度安排：國會選制採行比例代表制或聯立制、總統選制採行兩輪決選制或選擇投票制、賦予國會對閣揆的人事同意權、排除總統對國會的主動解散國會權與對閣揆的免職權、賦予閣揆廣泛的副署權以及明確劃分總統與閣揆的權限範圍。

若以上述實現共識民主精神的制度設計來檢視我國憲政體制，可以發現我國當前憲政體制的各項制度設計明顯偏向多數民主模式，共識民主的精神非常薄弱。雖然在我國憲政體制中總統制運作邏輯日益強化的趨勢下，要徹底且充分地實現共識民主的精神並不容易，但具共識民主精神的半總統制揭示了一個「可欲」的目標，雖然我國目前憲政體制往內閣制方向調整之可行性被明顯框限，我們仍可思考如何在可行的憲政改革空間中強化共識民主的精神。

總之，經由本書第一篇的探討，可確認我國當前憲政體制是偏總統制的半總統制，與南韓的憲政體制形異而實同，在民主模式上則是偏向多數民主模式而非共識民主模式。

探討「我國半總統制與並立制是否為妥適的制度組合」此一本書核心問題，除了須明確辨別我國半總統制的定位與特質之外，亦有必要確認我國目前採行的並立制在當代世界民主國家選制改革浪潮中的位置，以及世界重要國家選制改革的經驗，這是本書第二篇〈選舉制度的改革〉所欲探討的課題。此篇共分為三章，第四章「從德國選舉法之修正論我國立委選制改革」，探討我國立委選制是否應從目前的並立制改為聯立制。自2008年我國立委選制採行並立制以來，不斷有檢討批判的聲音，社會各界批判的觀點主要認為，並立制造成各黨得票率與席次率頗不吻合（即比例性偏差的現象），扼殺了小黨的生存空間，主張以德國聯立制取代現行的並立制。但事實上，德國聯立制實施至今，在德國國內也引起了許多爭議。近年來德國聯邦憲法法院已兩度宣告聯邦選舉法的若干規定違憲，促使德國國會修法進行選制改革，卻導致計票程序更為複雜且國會總席次大幅增加，德國的選制改革顯得治絲益棼。此章即是以德國選舉法修正的前因後

果爲基礎，探討我國立委選制改爲聯立制的妥適性，並分析當前我國社會各界對聯立制的普遍讚揚是否爲一種迷思。筆者認爲，若將憲政體制與選舉制度進行配套思考，在我國當前半總統制的基本格局未大幅更動的情形下，立委選制改採聯立制並非一個妥適的改革方向。若欲改良我國當前的立委選制，應以當前的並立制爲基礎進行微調較爲妥適。

我國選舉制度若要進行改革，實有必要以世界上其他國家的選制改革經驗爲借鑑。故本書第二篇〈選舉制度的改革〉的第五、六章則進一步將觀察視野延伸至英國、義大利、俄羅斯、泰國等國家。第五章「選擇投票制與英國國會選制改革」，探討英國近年的選制改革經驗。英國國會議員選舉長久以來採行單一選區相對多數決制。2010年國會大選後，由保守黨與自由民主黨共同組成的聯合政府，提出選擇投票制（alternative vote）的國會選制改革方案，並於2011年5月將方案交付公民投票。此章檢視了英國國會選制改革契機曙光乍現而終致功虧一簣的過程。在這一章中介紹英國選制改革方案（選擇投票制）的內涵與可能效應，也分析英國政府最終提交公投的選制改革方案爲何是選擇投票制而非其他方案的緣由，並詳述英國國會選制改革公投最終無法成功的原因。從英國此次國會選制改革失敗的經驗可以發現：即便是受到現行選舉制度制約的政黨體系，仍有可能在現行選舉制度下找到突破的空間，從而跳脫選舉制度長期以來的束縛，反過來改變既有的選舉制度。儘管英國此次選制改革最後以失敗收場，但從長期趨勢看來，隨著小黨得票率與席次率的增加，英國目前的兩黨制正處於不穩定的階段，將來國會大選仍有可能出現各黨不過半的格局，在此格局下，國會選制的改革運動未來仍有機會捲土重來。

第六章「爲何廢棄混合式選舉制度？——義大利、俄羅斯與泰國的選制改革（1993-2007）」，則是從比較的角度來觀察幾個與我國同採混合式選舉制度的國家的選制改革經驗。在二十世紀末，許多新興民主國家與先進民主國家在選舉制度的選擇上，紛紛選擇了混合式選舉制度，儼然形成一波採行混合式選舉制度的浪潮。然而在晚近，採行混合制的義大利、俄羅斯與泰國，卻不約而同廢棄了混合制，改採其他的選舉制度。本章乃

以新制度論的研究途徑，探討這三個國家選舉制度變遷的成因。此章的主要發現有三：首先，義大利、俄羅斯與泰國三個國家過去廢棄混合制的主要因素各有不同。俄羅斯是基於普亭總統試圖持續壟斷權力的制度布局；泰國是因為軍方力量的復辟；義大利則是肇因於小黨的要脅。其中，俄羅斯與泰國的選制變遷，都是在民主倒退的脈絡下發生；而義大利和泰國的選制變遷，皆回到該國最初始的選舉制度。其次，從三國過去採取混合制的經驗可以發現，混合制中單一選區相對多數制的施行，未必能夠塑造兩大黨為主的政黨體系，此一事實透露了杜瓦傑法則（Duverger's law）的侷限性。第三，這三個國家的選制變遷經驗也顯示，政治菁英追求權力極大化，不見得是單純地追求其所屬政黨的國會席次極大化，亦即「權力極大化」不完全等同「國會席次極大化」，菁英個人的利益也不完全等同於組織團體的利益。

本書主旨強調憲政體制與選舉制度應配套思考，但兩者究竟應「如何」配套思考？在本書第三篇〈憲政體制與選舉制度的關聯〉中乃以第七章「總統與國會選舉制度對半總統制憲政運作的影響——我國與法國的比較」一文，對於憲政體制與選舉制度應如何配套思考提出一個全面性的分析架構，作為本書的結尾。此章以「總統選制」、「國會選制」、「國會政黨體系」、「憲政體制」（半總統制）、「政府型態」等變項所構成的分析架構對此議題進行分析。由於總統選制與國會選制會共同塑造一國的國會政黨體系，不同的國會政黨體系與半總統制此一憲政體制相互搭配，會組成各種不同的政府型態，不同的政府型態則會展現出不同的政治效應，是故不同總統選制與國會選制對於半總統制憲政運作的影響，便可藉由這樣的分析架構來加以掌握。

透過此一分析架構，在第七章中得到以下發現：首先，法國2002年總統任期改為五年之前，法國的總統與國會選制共同塑造兩大聯盟的多黨制；我國2005年立委選制改革之前，我國的總統與國會選制亦共同塑造兩大陣營的多黨制。其次，儘管兩國的政黨體系看似相近，但由於政黨體系中政黨凝聚力的差異，法國的國會選制與政黨體系將憲政體制塑造為總理

總統制，我國的國會選制與政黨體系則將憲政體制塑造爲總統議會制。第三，在兩國政黨體系與憲政體制的組合下，法國呈現換軌式的憲政運作模式，並形成「一致政府且聯合內閣」或「分立政府且聯合政府」（亦即共治）的政府型態；我國則呈現未曾換軌的憲政運作模式，並形成「一致政府且一黨內閣」或「分立政府且少數內閣」的政府型態。第四，在法國於2002年與我國2005年進行制度調整後，兩國的憲政運作模式逐漸趨同化，都將趨向總統、國會與內閣三者一致而由總統主政的局面，但由於兩國半總統制次類型的差異，一旦例外地出現總統與國會多數不一致的情況，兩國的憲政運作仍將有很大的差異。總之，此章以我國與法國這兩個半總統制國家爲研究案例，試圖整合憲政體制與選舉制度，對兩者的配套思考提出更爲全面性的看法。

　　本書是筆者過去數年累積的研究成果，各章內容初稿亦皆曾在各TSSCI學術期刊中發表，但爲顧及本書的中心論旨與論述邏輯，源於學術期刊論文的各章內容在本書中皆有不同程度的調整、改寫。以下說明各章出處：第一章「從組閣爭議論我國憲政體制的定位與走向」的初稿曾發表於《政治科學論叢》第70期（2016年12月出版）。第二章「南韓與我國憲政體制之比較」的初稿曾發表於《中研院法學期刊》第20期（2017年3月出版）。第三章「半總統制如何實現共識民主？」的初稿曾發表於《政治科學論叢》第65期（2015年9月出版）。第四章「從德國選舉法之修正論我國立委選制改革」的初稿曾發表於《政治科學論叢》第67期（2016年3月出版），原本是本書筆者之一的蘇子喬與德國波昂大學政治學博士許友芳共同撰寫的論文，本書內容主要是改寫自蘇子喬個人在該篇期刊論文中執筆的部分，但仍有許友芳博士先前參與執筆的軌跡，這樣的處理方式亦經許友芳博士慷慨同意。第五章「選擇投票制與英國國會選制改革」的初稿曾發表於《東吳政治學報》第31卷第2期（2013年6月出版）。第六章「爲何廢棄混合式選舉制度？——義大利、俄羅斯與泰國的選制改革（1993-2007）」的初稿曾發表於《東吳政治學報》第28卷第3期（2010年9月出版）。第七章「總統與國會選舉制度對半總統制憲政運作

的影響——我國與法國的比較」的初稿曾發表於《政治科學論叢》第62期
（2014年12月出版）。

　　本書得以順利出版，筆者要特別感謝中央研究院院士暨政治學研究所
特聘研究員吳玉山教授，以及東海大學政治系沈有忠教授。兩位教授對於
全書初稿所提供的寶貴修正意見，使得本書的品質得以提升。當然，本書
仍有許多不足之處，尚請各位先進與讀者不吝批評指教。

蘇子喬、王業立
2017年12月20日

目　錄

第一篇

憲政體制的運作

1 從組閣爭議論我國憲政體制的定位與走向

壹、前　言

　　我國自1997年第四次修憲後將憲政體制確立為半總統制。半總統制這種憲政體制兼具總統制與內閣制的特徵，以我國當前的半總統制為例，一方面具有總統制的特徵，例如擁有實權的總統由人民直選產生，行政與立法部門之間亦存有源於美國總統制的覆議制度，且立法委員不得兼任官吏；另一方面也具有內閣制的特徵，例如行政官員須到國會（立法院）接受質詢，國會擁有倒閣權，而內閣（行政院）須對國會負責，具有源於英國內閣制的副署制度。而且，過去大法官解釋亦曾指出，我國國會改選後內閣須在新國會就任前提出總辭，亦是強調我國憲政體制中具有內閣制的精神。[1]

　　半總統制既然兼具內閣制與總統制的精神，故在半總統制的憲政體制中，內閣制與總統制精神成分的輕重，會使半總統制呈現不同的運作型態。在世界上的半總統制國家中，有些國家的憲法明顯是以內閣制為憲政體制的基底，而輔以一位有一定實權的民選總統，因而形成偏內閣制的半總統制；有些國家的憲法則明顯是以總統制為憲政體制的基底，但亦存在內閣對國會負責的制度設計，因而形成偏總統制的半總統制。正是因為半總統制可能會有偏向內閣制或偏向總統制的不同運作態樣，故而半總統制次類型應如何區分，也成為學界探討半總統制時的一項重要議題。

　　然而，若欲探索我國半總統制屬於偏內閣制還是偏總統制精神，純粹從憲法條文來觀察並不容易得到明確的答案。這是因為我國過去修憲將我國憲政體制修改為半總統制時，參與修憲者對關鍵憲法條文的意涵刻意保

---

[1]　大法官於釋字第387號解釋明言：「行政院院長既須經立法院同意而任命之，且對立法院負政治責任，基於民意政治與責任政治之原理，立法委員任期屆滿後第一次集會前，行政院院長自應向總統提出辭職。」；釋字第419號的解釋理由書中則對先前的釋字第387號解釋補充說明，其謂：「……釋字第387號解釋，明白釋示立法委員任期屆滿改選後第一次集會前，行政院院長應向總統提出辭職，此項辭職乃行政院院長憲法上之義務。……對於行政院院長履行其憲法上義務之辭職，總統自無不予批准之理。」

持模糊，使得我國憲法對於憲政體制中總統、內閣與國會三者互動關係的規範密度，相較於世界上其他半總統制國家的憲法明顯偏低。在憲法規範密度較低的情況下，導致學者對於我國憲政體制的內涵各有不同的法理詮釋。其中關鍵的觀點差異在於我國總統的憲法權力，尤其是總統任命閣揆的憲法權力，部分學者認為我國總統的憲法權力不大，憲政體制是以內閣制為基本精神；也有學者認為我國總統的憲法權力頗大，憲政體制是以總統制為基本精神，學界的看法甚為分歧。

儘管在憲法規範的法理詮釋上，我國學界看法迥異，但是在憲政實踐上，我國憲政體制明顯呈現的是偏總統制的半總統制，此一趨勢尤其是在我國總統與國會多數不一致時的憲政運作上可看出端倪。半總統制下總統與國會多數不一致時的組閣情況，通常會明顯透露此一半總統制究竟是以內閣制或總統制為主要精神，此時若總統任命自己陣營人士組閣，突顯的是總統制的運作邏輯；若總統任命國會多數陣營組閣，突顯的則是內閣制的運作邏輯。就我國而言，總統在此情況下乃是任命自己陣營人士組閣，幾無例外。[2]

回顧我國過去實際憲政運作，若以總統職位的更迭來看，已經發生了三次政黨輪替。2000年民進黨籍的陳水扁當選總統，首度出現總統與國會多數不一致的情況。這種情況持續了八年，直到2008年國民黨籍的馬英九當選總統，才又回到總統與國會多數一致的格局。又2016年1月，民進黨籍的蔡英文當選總統，民進黨亦在與總統大選同時舉行的國會選舉中獲得過半數席次，未來將維持總統與國會多數一致的格局。不過，由於國會

2　「組閣」兩字並非正式的法律用語，我國憲法與法律並未有這個詞彙。我國憲法第56條規定行政院副院長、各部會首長、政務委員由行政院長提請總統任命之，因此若要字斟句酌論「組閣權」的歸屬，組閣權既不屬於總統，也不屬於國會，而是屬於行政院長。不過，本章討論的重點並非在此，而是行政院長的任命究竟是總統獨斷的權力，還是須以國會多數陣營的意見為依歸，尤其是當總統與國會多數不一致時，內閣的組成究竟是應由總統這一方決定，還是應由國會多數陣營這一方決定。簡言之，本章探討的重點是「組成內閣的權力來源究竟是總統還是國會」。在本章敘述中，基本上是將「行政院長的任命應由總統獨斷決定，還是應尊重立法院多數陣營的意見」此一議題，簡述並等同為「組閣權屬於總統還是立法院」這個問題。

與總統的就任時間不同，國會係於2月1日就任，總統則於5月20日就任，2月1日到5月20日之間，會出現舊總統與新國會多數不一致的情形。在這將近四個月的期間，內閣應如何組成，成了學界與政壇熱議的焦點。總之，過去總統與國會多數不一致與近日總統交接期的實際憲政運作，乃是探索我國憲政體制定位與未來走向的重要線索。

　　本章以下將先就我國總統的憲法權力（尤其是總統任命閣揆的憲法權力）為焦點，分析我國憲政體制定位的法理爭議，而後探討我國過去總統與國會多數不一致時的憲政實踐，並針對2016年總統與國會大選後政府交接期的組閣爭議進行討論。本章的要旨是，儘管我國憲政體制的定位在法理上頗有爭議，但從過去總統與國會多數不一致到近日政府交接期的實際憲政運作來看，幾乎已完全確立我國憲政體制是偏總統制的半總統制。

　　本章分析架構的安排，乃是將我國憲政體制的應然面與實然面並呈：第貳節「我國憲政體制定位的法理爭議」與第參節「總統之閣揆任命權的法理爭議」屬於應然面的分析，強調我國憲政體制的應然面存在著強調內閣制精神與總統制精神這兩種法理邏輯的分析取徑；第肆節「我國過去的憲政實踐」與第伍節「2016年總統大選後的組閣爭議」則屬於實然面的分析，強調我國憲政體制在實際運作上是強調總統制精神的分析取徑；最後一節結語則試圖提出面對我國當前憲政體制走向的因應之道。

貳、我國憲政體制定位的法理爭議——偏內閣制或偏總統制的半總統制？

一、我國憲政體制的規範

　　我國憲政體制係歷經1990年以來的多次修憲而成為半總統制。所謂半總統制，依據杜瓦傑（Maurice Duverger）最為學界熟知的界定方式，是指符合下列三個要件的憲政體制：第一，總統由普選產生；第二，憲法賦予總統相當的權力（considerable powers）；第三，在總統之外，尚

有總理為首的內閣掌控政府的行政權力，其對國會負責（亦即國會有倒閣權）（Duverger, 1980: 165-167）。事實上，我國憲政體制在修憲前，根據憲法本文規定，原本就兼具總統制與內閣制的特徵，與半總統制本就有若干形似之處。不過，由於我國總統在修憲前係由國民大會選出而非由人民直選，且行政院對立法院負責的方式乃是透過質詢與覆議制度而非透過倒閣制度，故仍不完全符合上述對半總統制的三要件。但是在1994年第三次修憲後總統改由人民直選，1997年第四次修憲賦予立法院倒閣權，並賦予總統直接任命行政院長與被動解散立法院的權力之後，我國憲政體制便已完全符合Duverger所指出的半總統制三要件，故可歸類為半總統制（蔡榮祥，2008：115）。

　　首先，我國總統由人民以相對多數制直接選出，任期四年，連選得連任一次。其次，我國總統擁有相當的權力，依現行制度，總統的重要職權包括：任命行政院長；公布法律、發布命令；行使締結條約及宣戰、媾和之權；宣布戒嚴；行使赦免權；協調五院之間的爭執；發布緊急命令；解散立法院等。總統之下並設有國家安全會議與國家安全局，以協助總統決定國家安全有關大政方針。第三，除了總統享有上述的行政權外，掌握國家行政權的主要機關乃是行政院。透過質詢制度、覆議制度與倒閣制度，行政院須對立法院負責，上述三點完全符合半總統制三要件。以下進一步就總統、行政院（內閣）、立法院（國會）三者之間的權力互動關係，說明我國憲政體制規範層面的特徵（參見圖1-1）。

　　就我國總統與行政院長的關係而言，總統享有憲法上明文列舉的權力，其他行政權依憲法第53條規定概括授予行政院，亦即總統享有明文列舉的行政權，行政院享有概括的行政權。我國憲政體制中存在著總統和行政院長兩位行政首長，具有行政權二元化的特色。[3]在1997年第四次修憲

3　司法院釋字第627號解釋理由書指出：「總統為憲法上之行政機關，……總統於憲法及憲法增修條文所賦予之行政權範圍內，為最高行政首長，負有維護國家安全與國家利益之責任」。這是大法官首度宣示總統在我國憲政體制中為「最高行政首長」之一。在過去一般對我國憲政體制的理解中，由於憲法第53條規定行政院為我國最高行政機關，行政院長身為採獨任制之行政院的最高長官，行政院長乃是我國憲法中所認定的「全國最高行政首長」。相

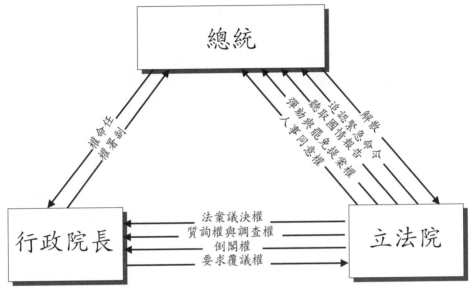

圖1-1　總統、行政院長與立法院的權力關係

資料來源：作者自製。

之前，行政院長由總統提名，經立法院同意後任命；修憲後則改由總統直接任命，不須經立法院同意。至於行政院副院長、部會首長與政務委員，則皆由行政院長提請總統任命之。總統依法公布法律、發布命令，除少數例外，[4]皆須經行政院長副署始能生效。簡言之，總統對閣揆有任命權，閣揆對總統有副署權。

　　就我國行政院與立法院之間的關係而言，行政院掌握我國龐大的行政體系，其轄下的機關部門繁多，國家政策的推動主要就是由行政院及其轄

對而言，身為國家元首的總統，儘管其職權在歷次修憲中漸形擴大，地位日益重要，但總統是否為我國憲政體制中的「最高行政首長」，則從未在憲法和法律上明文確認。大法官在此號解釋理由書的明白宣示，可謂明白宣告我國目前憲政制是存在著兩位「最高行政首長」的雙首長制（半總統制）。

4　依我國憲法增修條文第2條第2項規定，總統發布的命令僅有以下三種例外不須經行政院長副署：一是總統對行政院長的任免命令，二是經立法院同意任命人員的任免命令，三是解散立法院的命令。

下的部門負責。立法院之立委總額為113席，以並立式單一選區兩票制選
出，[5]由於我國憲法規定行政院須向立法院負責，因此我國行政院與立法
院的互動關係頗具內閣制精神。兩者之權力關係可分述如下：

1. 行政院的提案權與立法院之法案議決權：行政院有向立法院提出
   法律案、預算案、戒嚴案、大赦案、宣戰案、媾和案、條約案及
   其他重要事項之權；立法院則有議決上述各類法案與國家重要事
   項之權。

2. 行政院的要求覆議權：行政院對於立法院決議之法律案、預算
   案、條約案，如認為窒礙難行時，得經總統之核可，於該決議案
   送達行政院十日內，移請立法院覆議。覆議時，如經全體立法委
   員二分之一以上決議維持原案，行政院長應即接受該決議。[6]

3. 立法院的質詢權與調查權：立法委員在開會時，有向行政院長及
   行政院各部會首長質詢之權；行政院則有向立法院提出施政方
   針及施政報告之責。行政院各部會首長及其所屬公務員於立法院
   各委員會邀請到會備詢時，有應邀說明的義務。此外，立法院為
   監督行政部門，可以行使調查權，除了可以調閱相關文件資料之
   外，亦可經院會決議，要求行政官員陳述證言或表示意見。[7]

4. 立法院的倒閣權：立法院若對行政院的施政不滿意，得經全體立

---

[5] 在立委113席總席次中，73席為區域立委，以單一選區相對多數制選出；34席為僑選與全國
　不分區立委，以全國為範圍的政黨名單比例代表制選出，並設有5%的政黨當選門檻；另有
　6席為原住民立委（平地與山地原住民立委各3名），以全國為範圍的單記非讓渡投票制選
　出。

[6] 我國目前的覆議制度是1997年第四次修憲時調整過的制度。在修憲前，原本憲法是規定當行
　政院對立法院通過的法案要求覆議時，立法院須經出席立委「三分之二」以上的決議才能維
　持原案，否則該法案就被行政院否決。此一門檻使行政院較有能力否決立法院通過的法案。
　但修憲後將立法院維持原案的門檻調整為全體立委「二分之一」。事實上，在目前二分之一
　門檻的覆議制度下，若立法院存在著團結穩固的過半數政黨，維持原法案乃是輕易之事，原
　本覆議制度具有的行政否決權功能也因此喪失殆盡。

[7] 我國憲法並未明文規定立法院的調查權，故立法院究竟是否擁有調查權，過去頗有爭論。不
　過，此項爭議在2004年司法院釋字第585號解釋明白肯認立法院擁有調查權後，已大致獲得
　解決。不過，由於立法院始終未將調查權的行使程序法制化，立法院至目前為止從未行使過
　調查權。

法委員三分之一以上連署，對行政院長提出不信任案，亦即俗稱的倒閣案。如經全體立法委員二分之一以上贊成，行政院長應於十日內提出辭職。

就我國總統與立法院之間的關係而言，在我國憲政體制中，總統雖不對立法院負責，但總統與立法院之間存在著相互制衡的制度設計。兩者之間的權力互動可分述如下：

1. 立法院的人事同意權：我國現行憲法規定，司法、考試、監察此三院重要人事（正副院長、大法官、考試委員、監察委員及審計長），由總統提名後，須經立法院同意始能正式任命，另根據法院組織法規定，檢察總長亦由總統提名，經立法院同意後任命。

2. 立法院的彈劾與罷免提案權：總統之罷免案須由立法院提案，經公民罷免投票通過；總統、副總統之彈劾案則須由立法院提案，由司法院大法官組成憲法法庭審理。[8]

3. 立法院的聽取國情報告權：立法院於每年集會時，得聽取總統國情報告。

4. 立法院的緊急命令追認權：總統為避免國家及人民遭遇緊急危難或急須應付財政經濟上重大變故，得經行政院會議之決議發布緊急命令，但須於發布命令後十日內提交立法院追認，如立法院不同意時，該緊急命令立即失效。

5. 總統的解散立法院之權：總統於立法院通過對行政院長之不信任案後十日內，經行政院長呈請並諮詢立法院長後，得宣告解散立法院。

---

8 彈劾與罷免的性質不同。儘管彈劾與罷免總統的最終效果都是使總統去職，但彈劾是為了追究總統的法律責任，因此只有在總統發生違法情事時始能彈劾；罷免則是為了追究總統的政治責任，因此總統施政失當即能罷免。依我國現行憲法規定，總統之彈劾須由全體立法委員二分之一以上之提議，全體立法委員三分之二以上之決議後提出彈劾案，接著由司法院大法官組成之憲法法庭審理決定；總統之罷免則須由全體立法委員四分之一之提議，全體立法委員三分之二之同意後提出罷免案，經公民總額過半數之投票，有效票過半數同意罷免時，即為通過。

二、我國總統憲法權力的爭論

　　我國當前憲政體制類型屬於半總統制固無疑義，但憲政體制的具體內涵卻頗有爭議，主要爭點在於總統的憲法權力。在學界與政壇，不同論者對於總統的憲法權力往往有迥然不同的理解與論述。此爭議的主要癥結，在於我國半總統制的憲政架構兼具總統制與內閣制的特徵，這種混合色彩使總統的憲政角色具有多元的詮釋空間。在憲法條文作為抽象規範，其本質上必然存在「不確定法律概念」的情況下，總統的憲法權力若分別根據總統制與內閣制的制度邏輯觀之，往往會有迥然不同的詮釋。若從總統制的制度邏輯去詮釋我國總統在憲政體制中的角色，通常會強調總統的憲法權力，將總統的憲法權力擴張解釋；相反地，若從內閣制的制度邏輯去詮釋我國總統在憲政體制中的角色，則通常會淡化總統的憲法權力，將總統的憲法權力限縮解釋。於是，關於我國總統的憲法權力，存在著兩種自成一格卻截然不同的理解方式，一是將總統憲法權力限縮解釋的論述（以下稱「限縮論」），另一則是將總統憲法權力擴張解釋的論述（以下稱「擴張論」），這兩種論述可大致分述如下：

（一）限縮論／強調內閣制精神的觀點

　　限縮論者認為，就總統對行政院長的任命權而言，1997年修憲後，行政院長改由總統直接任命，不再需經立法院同意（增修條文第3條第1項），但行政院向立法院負責的憲法精神仍未改變，因此總統仍不得自行獨斷決定行政院長人選，而應任命立法院多數陣營支持的人選為行政院長（楊日青，2006：268；周育仁，2010：125）。就總統對行政院長的免職權而言，由於憲法規定行政院為國家最高行政機關（第53條），行政院長則身為全國最高行政首長，既然名為「最高」，總統當然不是行政院長的長官，因此總統無權將行政院長任意免職。更何況憲法並未規定行政院長由總統「任免」之，而是規定行政院長由總統「任命」之，憲法並未賦予總統依己意更換行政院長的權力（陳滄海，1999：275-276；陳新

民，2001：511-512；李念祖，2002），總統與行政院長之間存在著制衡關係，而非主從關係。

限縮論者認為，憲法中設定總統與行政院長之間制衡關係的核心制度設計為副署制度。憲法規定總統公布法律、發布命令，須經行政院長與有關部會首長的副署，意謂總統所從事的憲法行為若未經行政院長副署即不生效力，行政院長的副署權乃是行政院長制衡總統的權力。就總統任命行政院各部會首長的權力而言，基於行政院長身為全國最高行政首長的地位，憲法第56條規定「行政院副院長，各部會首長及不管部會之政務委員，由行政院院長提請總統任命之」。乃是指內閣閣員由行政院長決定人選後提交總統任命，總統僅是基於國家元首的角色任命之，對行政院長決定的內閣閣員人選並無置喙餘地（陳新民，2001：511-516；蘇永欽，2002：435；法治斌、董保城，2006：336-337），簡言之，組閣權屬於行政院長而非總統（楊日青，2006：270；吳庚、陳淳文，2013：477-478）。就總統的統帥權而言，憲法第36條規定「總統統率全國陸海空軍」，乃是指身為國家元首的總統在象徵意義上為三軍統帥，並非指總統擁有指揮軍隊的實質權力。總統在國防、外交、兩岸事務領域並沒有專屬權，這些領域的具體政策方向，仍應由身為最高行政首長的行政院長主導，而非由總統主導（徐正戎、呂炳寬，2002：322；黃維幸，2008：159）。

就總統的國安大政決定權而言，憲法增修條文第2條第4項規定「總統為決定國家安全有關大政方針，得設國家安全會議及所屬國家安全局」，此規定的意旨乃是賦予總統設置國安會與國安局的權限，並無賦予總統國安領域決策權的用意。憲法規定所謂「大政方針」並非指具體的政策，唯有透過行政院及所屬機關落實，始能將總統所擬訂的「大政方針」轉變為正式的「具體政策」，而行政院長既非總統的下屬，行政院對於總統所提之「大政方針」是否要落實為具體政策，得自行裁量，並非聽命總統行事（李念祖，2002：402；楊日青，2006：277；吳庚、陳淳文，2013：443）。

就總統解散立法院的權力而言，憲法增修條文第2條第5項規定立法

院通過對行政院長的不信任投票後，行政院長得呈請總統解散立法院。此規定意謂立法院倒閣通過後，被迫下台的行政院長有權決定是否呈請總統解散立法院，若行政院長決定呈請總統解散立法院，總統對於行政院長的呈請僅能接受，不能拒絕。換言之，解散立法院的決定權屬於行政院長而非總統，僅是在形式上，行政院長解散立法院的決定須由身為國家元首的總統正式宣布（陳新民，2001：501；周育仁，2010：134-135）。就總統的覆議核可權而言，憲法增修條文第3條第2項第2款規定行政院對立法院通過的法案要求覆議時，須經總統核可。總統的核可僅是形式上的認證，並非實質的權力，亦即對立法院要求覆議的決定權係屬於行政院長，並不屬於總統，總統無權拒絕核可（周育仁，2010：132-133；吳庚、陳淳文，2013：434）。

　　總結而言，限縮論者認為，基於行政院為國家最高行政機關與行政對立法院負責與的憲法核心精神，總統與行政院長的關係為平行而非上下關係，這樣的關係並未因為總統改由人民直選以及行政院長改由總統直接任命而發生變化。總統在我國現行憲政體制中雖然不是純然的虛位元首，但總統的憲政角色大體上為調和鼎鼐的國家元首，而非日常憲政運作中的政策決定者與執行者，總統並無直接指揮或間接干預行政院推動政務的權力。總之，限縮論的觀點乃是以內閣制的制度邏輯來看待我國半總統制下的總統（蘇子喬、王業立，2013：89-91）。

（二）擴張論／強調總統制精神的觀點

　　擴張論者認為，就總統對行政院長的任命權與免職權而言，1997年修憲取消立法院的閣揆同意權，憲法增修條文第3條第1項規定「行政院院長由總統任命之」，即意謂總統有權獨斷決定行政院長的人選，行政院長的權力係來自民選總統的直接任命（蘇彥圖，2002：431-432；許宗力，2002a：42；陳愛娥，2002：303-304；詹鎮榮，2004：49；蔡宗珍，2004：80；湯德宗，2005b：72-75）。總統既然是行政院長的權力來源，總統自然亦擁有對行政院長的實質免職權，亦即總統有權力依己意更換行

政院長（林佳龍，1998；黃錦堂，2001：314；葉俊榮，2003：178-180；湯德宗，2005a：38-40；許育典，2009：362；吳信華，2011：508）。總統與行政院長的關係在修憲後已轉變為上下隸屬關係，總統實質上為行政院長的長官。

　　就總統任命行政院各部會首長的權力而言，基於總統與行政院長的上下隸屬關係，憲法第56條「行政院副院長，各部會首長及不管部會之政務委員，由行政院院長提請總統任命之」的規定，應理解為內閣閣員人選由行政院長與總統共商後決定，而非由行政院長自行獨斷（黃昭元，1998：8；蕭文生，2002：280；李仁淼，2004：30）。換言之，組閣權係由總統與行政院長共享。就總統的統帥權而言，既然憲法第36條規定總統統率全國陸海空軍，總統身為三軍統帥當然享有指揮軍隊的權力（亦即軍令權），國防部下之參謀本部等軍令系統自應聽命於總統。就總統的國安大政決定權而言，憲法增修條文第2條第4項規定「總統為決定國家安全有關大政方針，得設國家安全會議與國家安全局」，即意謂國安領域屬於總統的專屬領域，行政院相關部會的政策方向必須受總統意志拘束。總統擁有國家安全領域的政策決定權，故國防、外交、兩岸事務等與國家安全有關的政策領域，乃屬於總統的專屬領域，與這些政策領域有關的行政院各部會（例如國防部、外交部、陸委會）應聽命總統的指揮行事（蔡宗珍，2002：236；黃昭元，2004：229-234）。

　　就總統解散立法院的權力而言，憲法增修條文第2條第5項規定「總統於立法院通過對行政院院長之不信任案後十日內，經諮詢立法院院長後，得宣告解散立法院」，增修條文第3條第2項第3款規定不信任案通過後，「行政院院長應於十日內提出辭職，並得呈請總統解院立法院」。以上規定意謂立法院倒閣後，若行政院長呈請總統解散法院，總統可自行裁量決定解散立法院，亦可拒絕行政院長的呈請而不解散立法院。即使行政院長未呈請總統解散立法院，總統亦可於諮詢立法院長後解散立法院（吳信華，2011：492-493；李惠宗，2012：520）。簡言之，總統於立法院倒閣後即可自行判斷是否解散立法院，且不須以行政院長的呈請為前提。就總統的覆議核可權（憲法增修條文第3條第2項第2款）而言，此一

權力應理解為總統實質而非形式的權力，亦即總統對於行政院向立法院提出的覆議案，擁有自行決定核可或不核可的裁量權。若總統不核可，行政院即不得對立法院要求覆議（許育典，2009：363）。

總結而言，擴張論者認為，我國總統改由人民直選且行政院長任命方式改變後，總統既有直接的民意正當性，總統與行政院長已成為主從關係，在此一憲法規範改變的基礎上，總統的權力應在憲法文義可涵蓋的最大範圍內予以解釋。這種擴張論的觀點乃是以總統制的制度邏輯看待我國半總統制下的總統（蘇子喬、王業立，2013：91-92）。

在以上限縮論與擴張論的論述中，可看出兩方對於總統的各項憲法權力有完全不同的詮釋。雙方的爭點（如表1-1所示）包括總統任命行政院長是否為總統獨斷的權力、總統能否將行政院長免職、副署制度是否為行政院長制衡總統權力的制度設計、總統對行政院各部會首長的人選是否有參與決定權、總統基於三軍統帥身分是否有實質的軍事指揮權、總統的國安大政決定權是否受行政院拘束、總統解散立法院是否須經行政院長呈請、總統的覆議核可權是形式還是實質的權力等。總之，由於半總統制這種混合式的憲政體制同時存在著內閣制與總統制的制度邏輯，且由於憲法條文往往具有高度的抽象性，使得憲法的詮釋者（包含學者與政治人物）能夠各自從內閣制與總統制的制度邏輯去詮釋總統的憲政角色，且皆能言之成理，皆具自成一格的論述邏輯，形成「一部憲法，各自表述」的現象。

若進一步探詢限縮論者與擴張論者的論述動機，主要有二：一是制度偏好，不同論者對於總統憲政角色的詮釋，與論者本身對於憲政體制的偏好與價值判斷密切相關。偏好內閣制的論者在描繪我國半總統制的憲政架構時，自然而然會從內閣制的角度看待總統的憲政角色；相反地，偏好總統制的論者在描繪我國半總統制的憲政架構時，則自然會傾向從總統制的角度看待總統的憲政角色。簡言之，論者對總統制與內閣制的制度偏好相當程度地決定其對我國總統憲法權力的詮釋觀點。二是利益考量，我國不同政治陣營掌控不同憲政機關之際，基於政治利益的計算，往往各持不同的論述。當總統與國會多數分別由不同政黨控制時，基於利益考量，掌握

表1-1　我國總統憲法權力的主要爭點

爭點	憲法規定	見解差異
總統對行政院長的任命權	行政院長由總統任命之。（增修條文第3條第1項）	• 限縮論：總統任命的行政院長人選須尊重立法院多數陣營的意見。 • 擴張論：總統得完全依己意決定行政院長人選。
總統對行政院長的實質免職權	行政院長由總統任命之。（增修條文第3條第1項）	• 限縮論：總統對行政院長無實質的免職權。 • 擴張論：總統對行政院長有實質的免職權。
總統與行政院長之間的副署制度	總統依法公布法律，發布命令，須經行政院長之副署，或行政院長及有關部會首長之副署。（第37條）	• 限縮論：行政院長的副署權是行政院長制衡總統的權力。 • 擴張論：副署制度是總統要求閣揆「悉聽尊便」的簽名確認程序。
總統任命行政院各部會首長的權力	行政院副院長，各部會首長及不管部會之政務委員，由行政院長提請總統任命之。（第56條）	• 限縮論：內閣人事由閣揆決定，總統僅是基於國家元首的身分在形式上任命閣揆決定的內閣閣員。 • 擴張論：內閣人事由總統與閣揆共商決定之。
總統的統帥權	總統統率全國陸海空軍。（第36條）	• 限縮論：總統統率三軍只是國家元首的象徵性權力。 • 擴張論：總統有指揮軍隊的實質權力。
總統的國安大政決定權	總統為決定國家安全有關大政方針，得設國家安全會議及所屬國家安全局，其組織以法律定之。（增修條文第2條第4項）	• 限縮論：總統僅有設置國安會與國安局的權限，行政院的國安領域相關部會的政策方向不受總統拘束。 • 擴張論：國安領域屬於總統的專屬領域，行政院相關部會的政策方向必須受總統意志拘束。
總統解散立法院的權力	總統於立法院通過對行政院長之不信任案後十日內，經諮詢立法院院長後，得宣告解散立法院。（增修條文第2條第5項） 不信任案通過後，行政院長應於十日內提出辭職，並得呈請總統解散立法院。（增修條文第3條第2項第3款）	• 限縮論：解散立法院的決定權屬於行政院長，總統僅是純然被動接受院長呈請，基於國家元首的身分宣告解散立法院。 • 擴張論：總統於立法院通過倒閣案後，即使未經行政院長呈請，仍得自行決定是否解散立法院。
總統的覆議核可權	行政院對於立法院決議之法律案、預算案、條約案，如認為有窒礙難行時，得經總統之核可，於該決議案送達行政院十日內，移請立法院覆議。（增修條文第3條第2項第2款）	• 限縮論：總統的覆議核可權為形式的權力，總統僅能核可，不能拒絕核可。 • 擴張論：總統的覆議核可權為實質的權力，總統可自行決定是否核可。

資料來源：作者自製。

總統職位的政黨通常會試圖從總統制的制度邏輯來詮釋半總統制的體制精神，而強調總統的權力；掌握國會多數的政黨則通常會試圖從內閣制的制度邏輯來強調半總統制的體制精神，強調內閣對國會負責的精神，淡化總統的權力。我國2000年至2008年間，總統與國會多數分屬綠營與藍營。當時綠營的陳水扁總統即宣稱我國憲政體制為「偏總統制的雙首長制」，強調總統的權力；掌握國會多數的泛藍陣營則主張應由國會多數組閣，宣稱總統的憲法權力極為有限。簡言之，當時綠營人士幾乎都抱持擴張論的立場，藍營人士則幾乎都抱持限縮論的立場。很明顯地，政黨與政治人物乃是從自身政治利益的角度詮釋我國總統的憲法權力。

參、總統之閣揆任命權的法理爭議[9]

上述總統憲法權力的各項爭點中，尤其關鍵且重要的問題乃是總統對行政院長的任命權，因為這個問題的答案決定了總統與行政院長在日常憲政運作的關係是制衡關係還是主從關係，而且這個問題的答案也攸關我國半總統制究竟是屬於強調內閣制精神的「總理總統制」（premier-presidentialism），還是強調總統制精神的「總統議會制」（president-parliamentarism）。這兩種半總統次類型是Shugart and Carey（1992: 18-27）以及Shugart（2005）的著名區分方式，兩者的差異在於內閣負責的對象有所不同。總理總統制是內閣僅對國會負責的半總統制，總統議會制則是內閣須同時對國會與總統負責的半總統制，故這兩種半總統制次類型的差異，主要在於內閣負責的對象是單一對象（國會）或雙重對象（國會與總統）的差別。Shugart和Carey認為區分這兩種半總統制次類型的關鍵制度設計是總統對閣揆是否有免職權，若總統對閣揆擁有免職權，閣揆及其領導的內閣在實際運作上便須對總統負責。由於半總統制下的內閣必然須對國會負責，因此就形成內閣須同時對國會與總統負責的格局。若總統對

9　關於總統之閣揆任命權法理爭議的詳細探討，可參見蘇子喬（2013b：172-179）。

閣揆沒有免職權，閣揆及其內閣便不須對總統負責，僅須對國會負責。[10]
當我國總統與立法院多數一致時，總統任命自己屬意的行政院長組閣通常
沒有太大障礙；但是當總統與立法院多數不一致時，在憲政法理上即會發
生組閣權歸屬的爭議，亦即此時組閣權究竟應屬於總統，還是屬於立法院
多數？換言之，總統此時可否不理會立法院多數陣營的意見，而獨斷任命
屬意的人士擔任行政院長？還是總統此時必須與立法院多數陣營協商，而
任命立法院多數陣營支持的人士擔任行政院長？關於上述問題的答案，如
圖1-2所示，若我國半總統制強調總統制精神，則組閣權應屬於總統，總
統得獨斷任命屬意的人士組閣；若我國半總統制強調內閣制精神，則組閣
權應屬於立法院，總統應任命立法院多數陣營支持的人士組閣。對於此問
題，學界形成正反立場的看法，且不同論者各有論據，可分述如下：

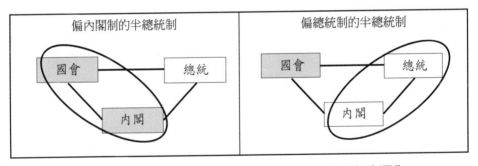

圖1-2　半總統制下總統與國會多數不一致的憲政運作

資料來源：作者自製。

---

[10] Shugart和Carey關於總理總統制與總統議會制的區分強調總統對閣揆的免職權而完全忽視任
命權，曾引發學者批評（Wu, 2011；林繼文、蔡榮祥，2012：460）。筆者認為判斷一個國
家究竟是屬於偏內閣或偏總統制的半總統制，關鍵判準是總統對閣揆的任命權，而不僅是
免職權，因此與Shugart和Carey的觀點有些微差異。不過，我國學界對於總統任命閣揆之權
力的詮釋觀點與立場，與總統對閣揆免職權的看法其實是密切相關的。亦即主張總統任命閣
揆應尊重立法院多數的論者，皆認為總統對閣揆無實質的免職權；而主張總統任命閣揆有任
意裁量權的論者，皆認為總統對閣揆有實質的免職權。因此本章強調總統任命權的觀點，仍
可與Shugart和Carey強調總統免職權的觀點相互呼應。

一、主張國會多數組閣的論點

（一）對修憲者原意的考察

　　主張總統任命閣揆應尊重立法院多數的論者（以下以「國會多數組閣論者」稱之）認為，考察當時國民黨與民進黨合作修憲的歷史過程，1997年第四次修憲取消立法院對行政院長的同意權，明文規定「行政院長由總統任命之」，並無意使總統對行政院長的人選決定有完全的裁量權。當時國民黨版修憲提案擬取消立法院對行政院長之同意權的提案說明中指出：「本項調整旨在賦予總統根據民意逕行任命行政院長的權力。惟該項權力之行使仍必須考量立法院之政治情勢，任命多數黨可接受之人選。」並提到若修憲通過，將使「總統於立法院無多數黨或聯盟時，可順利任命行政院長，有助維持政局之安定」，而「立法院無多數黨時，必須組成聯合政府」。若從以上修憲提案說明的要旨探求修憲者的原意，國民黨應是認為修憲後若出現總統與立法院多數不一致的情況，只要立法院尚有過半數的多數黨或多數聯盟存在，總統仍應任命立法院多數黨或多數聯盟支持的人選為行政院長。唯有當立法院無多數黨或多數聯盟存在以致無法決定行政院長人選時，總統對閣揆人選才有較大的裁量權。

　　至於當時民進黨版的修憲提案，擬將行政院長改由總統直接任命的提案說明中則指出：「本版本憲政制度設計的精神，在於提供政治權力在總統與行政院長之間轉換的可能。當總統與立法院的多數為同一政黨時，政治權力的核心為總統；當總統與立法院的多數分屬不同政黨時，政治權力核心就轉移至立法院以及『由立法院所支持的行政院長』。」在這一段闡述我國修憲後將走向如同法國換軌式憲政運作的提案說明，亦透露修憲後總統並無獨斷任命行政院長的權力。總之，考察當時國民黨與民進黨的修憲提案說明，皆可看出當時修憲者的原意乃是認為當總統與立法院多數不一致時，總統任命行政院長須尊重立法院多數的意見，而不能依己意片面任命行政院長。

（二）憲法整體規範的體系性解釋

　　國會多數組閣論者認爲，第四次修憲除了取消立法院的閣揆同意權，改由總統直接任命閣揆外，更重要的是賦予立法院倒閣權，並且將立法院決議覆議案的門檻由三分之二改爲二分之一，至於行政院對立法院負責、行政院長爲最高行政首長的憲法規定則未有任何變動。從憲法整體規範來看，行政院長爲最高行政首長、行政院對立法院負責、立法院擁有倒閣權、以二分之一爲門檻的覆議制度等規定所建構的憲政架構，其實更突顯了內閣制色彩。國會多數組閣論者強調，立法院的閣揆同意權雖然被取消，卻擁有倒閣權，相較於國會的人事同意權，國會的倒閣權其實才是典型內閣制的關鍵設計，因爲國會倒閣權的制度設計彰顯了行政部門須基於立法部門信任始能存在的內閣制精神（Lijphart, 1984: 72; 1999: 130）。[11]
在許多內閣制國家，國家元首（國王或總統）雖然依憲法規定擁有直接任命閣揆的權力，但國家元首仍無獨斷任命閣揆的實權。在內閣制的憲政運作下，國家元首爲求政局穩定並使政府能夠有效施政，須以超越黨派的角色，徵詢國會多數黨或多數聯盟的意見，任命擁有國會多數支持而能有效施政的人士擔任閣揆。除非國會無法以多數決定閣揆人選，否則國家元首應以消極被動的角色任命閣揆（陳淑芳，2006：55）。

　　因此，國會多數組閣論者認爲，我國第四次修憲後雖然改由總統直接任命閣揆，但由於整體憲政規範更突顯出內閣制精神，故仍應從內閣制的角度去理解總統的閣揆任命權。因此總統的閣揆人事決定權必須基於「憲法機關忠誠」（verfassungsorgantreue）[12]的憲法義務，不應將總統的閣揆

11　世界上有不少內閣制國家的國會並無對閣揆的人事同意權，但只要是內閣制國家，必然擁有倒閣權，因爲國會倒閣權是內閣制國家必然具備的核心設計，例如英國、荷蘭、丹麥、挪威、瑞典，以及大多數英國以前的殖民地國家等內閣制國家皆是如此（Bergman, 1995: 40-46）。

12　「憲法機關忠誠」是指憲法機關彼此所負相互扶持、尊重與體諒的忠誠行爲義務，以避免憲政秩序的功能受到妨礙。換言之，憲法機關須盡力將憲法規定詮釋爲一套能夠合理並穩定運作的制度，彼此合作與協調。「憲法機關忠誠」的概念經由德國學界與聯邦憲法法院在實務上的援用，在德國已具有「不成文憲法原則」的地位。我國大法官蘇俊雄在釋字第520號

任命權解釋爲完全的自由裁量權，而應是「合義務之裁量」，[13]在任命閣揆時須尊重立法院多數的意見（陳新民，2006：128）。國會多數組閣論者強調，如果僅是因爲立法院的閣揆同意權在修憲後被取消，便將總統對閣揆的任命權詮釋爲總統完全獨斷的權力，乃是一種見樹不見林、忽略體系性觀察的憲法詮釋方式。

（三）憲政體制順暢運作的考量

國會多數組閣論者指出，當總統與立法院多數不一致時，若總統不任命立院多數支持的人士爲閣揆，整個憲政體制將不可能順暢運作，這其中的關鍵是1997年第四次修憲時亦有所調整的覆議制度。在第四次修憲之前，根據原本憲法規定，當行政院覺得立法院通過的法案窒礙難行而提出覆議，立法院須有三分之二多數始能維持原案，因此行政院僅需有「三分之一加一」的少數立委支持，即可對立法院通過的法案要求全案覆議而達到否決的目的。在原本的覆議制度下，行政院即使不受立法院多數支持，仍可憑藉少數立委的支持而與立法院抗衡，保有相當程度的存續與施政空間。然而，第四次修憲將立法院維持原案的門檻由三分之二改爲二分之一，使立法院對於行政院所提出的覆議案，只要有二分之一立委支持原案，就可強迫行政院執行立法院議決通過的法案。可以想像的是，當總統與立法院多數不一致時，若不由立法院多數黨（或聯盟）組閣，立法院多數黨（或聯盟）一方面可以杯葛行政院的施政，對行政院所提出的各項法案全面抵制而拒絕通過；另一方面則可自己主動提出法案並表決通過，

解釋的協同意見書中亦曾提及此概念，其謂：「憲法機關在憲政運作上負有『憲法忠誠』之義務，必須遵循並努力維繫憲政制度的正常運作。此項『憲法忠誠』的規範要求，雖未見諸憲法明文規定，但不僅爲憲政制度之正常運作所必需，亦蘊含於責任政治之政治倫理，其規範性應不容置疑。」關於「憲法機關忠誠」的探討，參見許宗力（2002b：19-27）、陳新民（2005：345-393）。

[13] 「合義務之裁量」是指擁有裁量權者行使裁量權並無完全的自由空間，而有義務受法治國家所有成文與不成文、實質與程序的法規範拘束而進行裁量。此一概念是與傳統的「自由裁量」相對的概念。

即便行政院意欲否決法案而要求覆議，立法院多數黨（或聯盟）也能以過半數維持原案，迫使行政院執行。如此一來，將造成立法院中「多數反對黨」有能力主導政府決策，組成行政院的少數執政黨則猶如被架空，將不斷被迫執行自己反對之政策。因此，國會多數組閣論者認為，為了避免這種憲政困境出現，當總統與國會多數不一致時，總統任命立法院多數支持的人士為閣揆，由國會多數黨組閣，乃是維持憲政體制順暢運作不得不然的憲法義務。[14]

　　綜上所述，國會多數組閣論者認為，從第四次修憲時修憲者原意的考察、憲政整體規範的體系性解釋，以及憲政體制順暢運作的考量等角度來觀察，1997年第四次修憲取消立法院對閣揆的事前同意權，而使立法院擁有倒閣權的制度調整，修憲者固然是希望藉此擺脫立法院在總統任命閣揆一事上所造成的直接牽制，讓總統可以根據具體的政治情勢任命其認為適當的閣揆人選，使總統任命行政院長擁有較大的裁量空間，但並無意將建構內閣的權力完全歸於總統，亦無意完全剝奪立法院參與建構內閣的權力。總之，國會多數組閣論的觀點是從強調內閣制精神的角度，詮釋我國半總統制下總統任命閣揆的權力。

二、主張總統可依己意獨斷任命閣揆的論點

（一）修憲歷史背景的考察

　　針對前述國會多數組閣論者以國民黨與民進黨兩黨在第四次修憲時的提案說明為依據，從而認為應該由立法院多數組閣的觀點，主張總統可自行獨斷任命行政院長的論者（以下稱「總統獨斷組閣論者」）提出駁斥。總統獨斷組閣論者指出，若考察1997年第四次修憲的歷史背景，當時之所以修憲剝奪立法院的閣揆同意權，主要是因為對立法院的不信賴，故希望

---

14 國會多數組閣論者通常認為不應從總統「權力」的角度來詮釋「行政院長由總統任命之」的憲法規定，而應從憲法「義務」的角度詮釋此一規定，進而主張行政院長人選並非由總統獨斷決定，而須尊重立法院多數的意見。

藉由強化總統對內閣組成的權力，以擺脫立法院在總統任命閣揆一事上所造成的牽制。在總統獨斷組閣論者眼中，國、民兩黨在當時修憲提案說明提到總統須依立法院多數意見任命閣揆的相關文字，最終並未成為憲法條文的正式文字，此一現象正顯示修憲者最後仍然決定預留若干空間，讓總統可以根據具體的政治情勢任命其認為適當的閣揆人選。總統獨斷組閣論者認為，閣揆的產生方式乃是憲政體制中極為重要的制度設計，既然修憲提案說明文字的內容並未形諸憲法正式規定，在憲法條文的解釋上就不能脫離「行政院院長由總統任命之」的憲法文義，而要求總統任命閣揆時必須根據當時修憲提案說明的內容，完全屈從立法院多數的意見。當時修憲者如果真要實現原本修憲提案說明的意旨，就應將憲法條文修正為「行政院院長由總統依立法院多數黨或多數聯盟之意見任命之。立法院無多數黨或無法形成多數聯盟，由總統逕行任命之」等類似的文字，而非僅是規定「行政院院長由總統任命之」（湯德宗，2002：364-365）。總統獨斷組閣論者會質問國會多數組閣論者，若總統任命行政院長仍須完全受立法院多數意見左右，1997年修憲大費周章取消立法院之閣揆同意權又有何意義？

（二）憲法條文的文義解釋

　　總統獨斷組閣論者認為，憲法增修條文第3條第1項「行政院院長由總統任命之」的簡要文字，在憲法條文的文義解釋上，看不出憲法課予總統須任命立法院多數支持之人士為閣揆的義務（陳愛娥，2002：308）。1997年修憲取消立法院對閣揆的人事同意權，而使立法院擁有倒閣權的制度調整，可看出當時修憲者有意剝奪立法院參與建構內閣的權力，而將此權力完全交給總統。修憲之前，由於立法院有閣揆同意權，因此內閣的「組成」是以獲得立法院多數的積極支持為前提。修憲之後，立法院的閣揆同意權被取消，而被賦予倒閣權，故內閣的「存續」乃是建立在立法院不行使倒閣權的基礎上。換言之，在第四次修憲之後，立法院對內閣的信任，係建立在不提出倒閣案的信任推定上。換言之，只要立法院沒有倒閣，內閣的「存續」就可推定獲得立法院信任而具有正當性（詹鎮榮，

2004：49）。在憲法明文規定閣揆係由總統單獨任命的情況下，立法院對於內閣的組成充其量僅擁有「事後」（組閣後）抵制的權力，而無法在「事前」（組閣前）參與內閣的組成（蔡宗珍，2004：80）。立法院不能因為自己擁有「事後」倒閣權，就主張自己可以「事前」介入組閣。

（三）行政院對立法院負責方式的有限性

　　針對前述國會多數組閣論者以憲法整體規範強調內閣制精神為理由，從而主張應該由立法院多數組閣的觀點，總統獨斷組閣論者提出以下駁斥。總統獨斷組閣論者指出，憲法明文規定行政院是「依左列規定」向立法院負責，行政院對立法院負責的方式有其限度，並非沒有條件、沒有限制地向立法院負責。整部憲法中關於行政院對立法院負責的制度設計（質詢制度、覆議制度與倒閣制度），整體性質傾向是規範行政與立法兩權互動的制衡機制，而不是內閣制下行政權完全從屬於立法權，立法權為高高在上的負責機制（黃昭元，2000：8-9）。我國憲政體制即使具有內閣制精神，但體制類型仍是半總統制，並不是純粹的內閣制，因此不能將「我國憲政體制具有內閣制精神」理解為「我國憲政體制是內閣制」，進而從內閣制的角度推導出立法院擁有憲法文字上毫無規定的組閣權。

　　綜上所述，總統獨斷組閣論者係以修憲歷史背景的考察、修憲條文的文義解釋，以及行政院對立法院之負責方式的有限性為論證依據，主張總統不須以立法院多數的意見為依歸，可依己意獨斷任命閣揆。此派論者認為在我國現行憲法規定下，總統對於內閣的組成方式應有充分的決定空間。不論是組成擁有立法院多數支持的「多數政府」，或是無立法院多數支持的「少數政府」，應該都是憲法容許的選項。總之，總統獨斷組閣論的觀點是從總統制精神的角度，詮釋我國半總統制下總統任命閣揆的權力。

三、「國會多數組閣vs.總統獨斷組閣」制度結果的評估

關於我國組閣權歸屬的爭議，主張國會多數黨組閣與總統獨斷組閣的論者各有論據，彼此針鋒相對。在此可以進一步探詢的是，若從制度結果的角度思考，當總統與國會多數不一致時，究竟是國會多數組閣還是總統獨斷組閣能使憲政運作較為順暢？關於此問題可分析如下：

當總統與國會多數分屬不同陣營時，若總統有權力獨斷任命自己陣營人士組閣（如圖1-2右），此時總統與內閣這兩個行政部門皆與國會多數不一致，將形成行政權（總統與內閣）與立法權（國會）全面對立的局面。在此情形下，即便國會未發動倒閣，但由於內閣的存續並無國會多數支持，內閣的施政勢必缺乏效率。若國會發動倒閣迫使總統陣營所組成的內閣下台，則又會引發總統與國會之間的衝突。當國會倒閣後，即使總統一時之間屈從國會而任命國會多數陣營組閣，有權獨斷任命閣揆的總統未來仍能伺機而動撤換國會多數陣營組成的內閣，任命自己陣營人士組閣。於是，內閣將會在總統與國會的相互爭奪下更迭頻繁。總之，在總統有權獨斷任命閣揆的情況下，可能導致的制度結果有二：一是缺乏國會多數支持的內閣施政缺乏效率；二是國會與總統相爭內閣的主導權，導致內閣更迭頻繁。

相反地，當總統與國會多數分屬不同陣營時，若總統必須任命國會多數組閣（如圖1-2左），則內閣既然擁有國會多數支持，內閣施政仍有一定的效率，且由於總統無權與國會爭奪內閣的主導權，即使總統與國會兩者之間的衝突對立仍難以避免，但此種衝突對立不致延伸到組閣權之爭，國會多數組閣的憲政運作將能持續下去，不致造成內閣更迭頻繁。此時總統與內閣固然分屬不同陣營而可能有衝突矛盾，但內閣此一行政部門與立法部門仍是一致的。總之，當總統與國會多數不一致必須任命國會多數組閣時，雖仍無法完全避免行政權內部兩個部門（總統與內閣）之間的衝突，但行政權與立法權（國會）之間不致全面對立，此時憲政運作窒礙難行的程度，應該會比總統有權獨斷任命閣揆導致行政權（總統與內閣）與立法權（國會）的全面衝突來得輕微。

　　筆者的看法，其實亦呼應於「總理總統制」與「總統議會制」這兩種半總統制次類型的制度結果的一般看法。總理總統制是強調內閣制精神的半總統制，在這種憲政體制下，總統任免閣揆必須尊重國會多數，無權獨斷任免閣揆，以閣揆為首的內閣僅對國會負責。總統議會制則是強調總統制精神的半總統制，在這種憲政體制下，總統可獨斷任免閣揆，以閣揆為首的內閣不僅須對國會負責，也須對總統負責。在內閣負責對象是單一或雙重的制度差異下，這兩種半總統制的制度結果相當不同。在總統議會制下，由於內閣須同時對總統與國會負責，當總統與國會多數不一致時，通常總統與國會為了爭奪內閣的主導權容易引發衝突，且內閣施政困難、更迭頻繁。

　　相形之下，總理總統制的憲政運作通常較為順暢。在此制下，當總統與國會多數不一致時，總統須任命國會多數陣營領袖擔任總理組閣，且總統無權將總理免職，此時總統對於國會多數陣營所支持的內閣，總統並無太大空間介入其日常運作。反觀在總統議會制下，當總統與國會多數不一致時，總理經常夾在總統和國會之間而左右為難。一旦總理決定聽命於總統，國會可以杯葛內閣施政甚至是採取倒閣行動，而一旦總理決定屈從國會，總統亦可直接將總理免職作為報復。換言之，當內閣面對意見不和的總統與國會，就像一個僕人必須服從兩個意見不合的主人而左右為難，而兩個主人為了爭奪對僕人的控制權也隨時可能引發齟齬。內閣變動頻繁以及總統與國會的政治衝突，遂成為這種憲政體制難以避免的結果。總之，相較於總統議會制，總理總統制較有能力去調適總統與國會多數不一致的憲政衝擊（蘇子喬，2013a：35-36）。[15]

　　因此，從以上分析可以發現，關於我國組閣權歸屬的爭議，雖然主張國會多數黨組閣與總統獨斷組閣的論者各有論據，但若從制度結果的角度來評估，當總統與國會多數不一致時，國會多數組閣相較於總統獨斷組閣應該更能使憲政體制運作順暢。

---

[15] Elgie（2007: 67-68）、Moestrup（2007: 41-43）、Elgie and Schleiter（2011）等人皆以實證研究指出，當前世界上「總統議會制」國家憲政運作發生衝突的情況比「總理總統制」國家嚴重，且「總統議會制」國家的民主表現整體而言不如「總理總統制」國家。

肆、我國過去的憲政實踐

　　我國總統任命行政院長是否為總統完全獨斷的權力，在法理上具有爭議，不過就實際憲政運作而言，當總統與立法院多數不一致時，總統始終是與國會在組閣權歸屬爭奪戰中的勝方，完全掌握對行政院長的任免全權，一方面憑己意任命行政院長，一方面也憑己意更換行政院長。我國過去總統與立法院多數不一致的情況乃是出現在陳水扁總統八年任內（2000-2008），當時民進黨籍的陳總統面對泛藍陣營占有多數的立法院，始終是依己意任命閣揆。陳總統所先後任命的唐飛、張俊雄、游錫堃、謝長廷、蘇貞昌、張俊雄（再任）等閣揆（參見表1-2），都不是立法院多數支持的人選，組成的內閣皆是少數政府。這幾位閣揆之所以能夠在任，乃是來自總統的支持和信任，閣揆的權力來源和支持基礎是來自總統，而非立法院。在此情形下，行政院長幾乎自居為「總統的幕僚長」，當總統有意任命新閣揆時，原任閣揆亦皆會配合總統的意志提出辭職，未曾抗拒。這樣的憲政運作是否相符於憲法規範頗有爭議，但長期運作至今，目前社會各界幾乎已經形成總統有權任意更換閣揆的認知。從目前許多政治人物的發言與大眾輿論的看法，亦可察知目前一般人都認為總統對於行政院長有任免全權。[16]

---

[16] 可參見以下歷任閣揆的發言：唐飛曾表示，行政院長在現行體制下為總統之行政幕僚長（唐飛，2011：180）。張俊雄曾表示，「關於組閣權的爭議，無論是採取聯合政府或是多數聯盟，都是總統的抉擇，必須予以尊重」（轉引自謝國璋，2016）。游錫堃曾說：「大家（指內閣團隊）都是總統人馬，都是由總統所領導的行政團隊」（轉引自謝國璋，2016）。謝長廷曾說：「我做不好，表示總統選擇錯誤……以總統的個性，就會把我換掉」（一般報導，2005）。吳敦義曾說：「我的權力來自總統任命，總統是受全民付託，掌管國政」（轉引自謝國璋，2016）。陳冲曾說：「我是受雇的，總統是我的雇主」（顏瓊玉，2012）。

表1-2　我國1990年代之後的總統與行政院長[17]

總統	行政院長	黨籍	任期期間
李登輝（國民黨） （1988.01-2000.05）	李　煥	國民黨	1989.06-1990.06
	郝柏村	國民黨	1990.06-1993.02
	連　戰	國民黨	1993.02-1997.09
	蕭萬長[17]	國民黨	1997.09-2000.05
陳水扁（民進黨） （2000.05-2008.05）	唐　飛	國民黨	2000.05-2000.10
	張俊雄	民進黨	2000.10-2002.02
	游錫堃	民進黨	2002.02-2005.02
	謝長廷	民進黨	2005.02-2006.01
	蘇貞昌	民進黨	2006.01-2007.05
	張俊雄	民進黨	2007.05-2008.05
馬英九（國民黨） （2008.05-2016.05）	劉兆玄	國民黨	2008.05-2009.09
	吳敦義	國民黨	2009.09-2012.02
	陳　冲	國民黨	2012.02-2013.02
	江宜樺	國民黨	2013.02-2014.12
	毛治國	國民黨	2014.12-2016.02
	張善政	無黨籍 （偏國民黨）	2016.02-2016.05
蔡英文（民進黨） （2016.05-至今）	林　全	無黨籍 （偏民進黨）	2016.05-2017.08
	賴清德	民進黨	2017.09-至今

資料來源：修正自蘇子喬（2013b：184-185）。

　　回顧過去陳水扁總統任內總統與立法院多數不一致的憲政運作，由於總統與立法院選舉時間不同，任期亦不相同（總統任期四年、立委任期三年），因此2000年至2008年間總統與立法院呈現多次新舊交錯。以下分別就「新總統vs.舊國會」與「新國會vs.舊總統」兩種情況討論總統任命閣揆的實際舉措（參見圖1-3）。

17　1997年7月第四次修憲取消立法院的閣揆同意權，改由總統任命閣揆，故自蕭萬長開始之後的歷任閣揆，皆由總統直接任命。

一、新總統vs.舊國會

當陳水扁總統於2000年3月下旬當選，並於同年5月20日就任時，當時立法院為1999年2月就任的第四屆立法院，國民黨占有過半數的席次，這是我國首度出現「新總統vs.舊國會」不一致的局面。這種局面若發生在法國，新總統會透過主動解散國會權將國會解散重選，人民便會選出與總統一致的國會多數，總統遂任命自己陣營（同時也是國會多數陣營）人士組閣，由總統主政。然而在我國，總統並無主動解散國會的權力，因此此時自然無從仿效法國的憲政運作。當時陳水扁總統面臨與其不一致的舊國會多數，基於總統代表新的民意，確實具有較高的民主正當性任命自己屬意的人士組閣。儘管當時學界亦有倡議應由舊國會多數黨（國民黨）組閣的聲音，但此倡議與當時社會的一般期待明顯不符，故聲音甚微。當時陳總統任命唐飛為閣揆，唐飛雖為國民黨籍出身，但唐飛擔任行政院長並不是陳總統與當時立法院多數黨國民黨協商的結果，且唐飛乃是在國民黨暫時停止黨權後擔任行政院長。當時的內閣儘管號稱「全民政府」，但實質上仍是民進黨主導的少數政府。且唐飛擔任閣揆時間甚短，前後僅有四個多月的時間。2000年10月唐飛辭職後，陳總統遂任命張俊雄為閣揆，此才是道道地地的民進黨內閣。

我國第二次出現「新總統vs.舊國會」不一致的局面發生在2004年。2004年3月20日總統選舉，陳水扁連任，並於同年5月20日就任，當時立法院為2002年2月就任的第五屆立法院，泛藍陣營占有過半數的席次。在當年5月20日陳總統正式就任其第二任總統任期前，當時的行政院長游錫堃依憲政慣例提出總辭，[18]陳總統准辭後，於總統就職後再度任命游錫堃為閣揆，仍是組成由總統主導的民進黨內閣。

---

[18] 1996年12月大法官釋字第419號解釋，指出「行政院院長於新任總統就職時提出總辭，係基於尊重國家元首所為之禮貌性辭職，並非其憲法上之義務。」儘管此號解釋指出閣揆於總統改選後不需提出總辭，但我國行憲以來，在實際運作上，閣揆於新任總統就職前，皆會提出總辭，從無例外，至今已經形成憲政慣例。

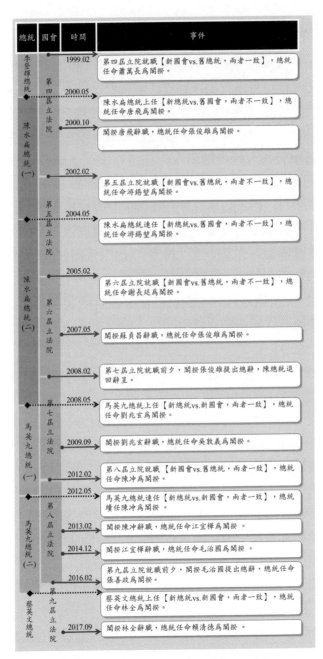

總統	國會	時間	事件
李登輝總統	第四屆立法院	1999.02	第四屆立院就職【新國會vs.舊總統，兩者一致】，總統任命蕭萬長為閣揆。
陳水扁總統（一）		2000.05	陳水扁總統上任【新總統vs.舊國會，兩者不一致】，總統任命唐飛為閣揆。
		2000.10	閣揆唐飛辭職，總統任命張俊雄為閣揆。
	第五屆立法院	2002.02	第五屆立院就職【新國會vs.舊總統，兩者不一致】，總統任命游錫堃為閣揆。
		2004.05	陳水扁總統連任【新總統vs.舊國會，兩者不一致】，總統任命游錫堃為閣揆。
陳水扁總統（二）	第六屆立法院	2005.02	第六屆立院就職【新國會vs.舊總統，兩者不一致】，總統任命謝長廷為閣揆。
		2007.05	閣揆蘇貞昌辭職，總統任命張俊雄為閣揆。
		2008.02	第七屆立院就職前夕，閣揆張俊雄提出總辭，陳總統退回辭呈。
馬英九總統（一）	第七屆立法院	2008.05	馬英九總統上任【新總統vs.新國會，兩者一致】，總統任命劉兆玄為閣揆。
		2009.09	閣揆劉兆玄辭職，總統任命吳敦義為閣揆。
	第八屆立法院	2012.02	第八屆立院就職【新國會vs.舊總統，兩者一致】，總統任命陳冲為閣揆。
		2012.05	馬英九總統連任【新總統vs.新國會，兩者一致】，總統續任陳冲為閣揆。
馬英九總統（二）		2013.02	閣揆陳冲辭職，總統任命江宜樺為閣揆。
		2014.12	閣揆江宜樺辭職，總統任命毛治國為閣揆。
		2016.02	第九屆立院就職前夕，閣揆毛治國提出總辭，總統任命張善政為閣揆。
蔡英文總統	第九屆立法院		蔡英文總統上任【新總統vs.新國會，兩者一致】，總統任命林全為閣揆。
		2017.09	閣揆林全辭職，總統任命賴清德為閣揆。

圖1-3　我國近年來的實際憲政運作

資料來源：修正自蘇子喬（2010：197）。

二、新國會vs.舊總統

　　在陳總統的八年任期中，總共出現了三次「新國會vs.舊總統」不一致的局面。2001年12月舉行第五屆立法院選舉，民進黨於選後成為立法院第一大黨，但並未獲得過半數的席次。在當時各黨不過半的立法院政黨生態中，若以泛綠（民進黨與台聯）與泛藍陣營（國民黨、親民黨與新黨）來區分，泛藍陣營占有過半數席次。在這首次「新國會vs.舊總統」不一致的局面中，陳總統雖然不能像2000年當選總統時以總統代表新民意為主要理由，而主張自己得不理會立法院多數的意見任命閣揆，但當時陳總統基於民進黨於國會選舉後成為國會第一大黨，且席次過半的泛藍陣營並非鞏固團結的政黨聯盟，亦基於憲法規定立法院倒閣後總統得解散立法院，而揣測泛藍陣營不敢倒閣，故陳總統仍有相當大的空間任命自己陣營人士組閣。故2002年2月第五屆立法院就任前，當時的閣揆張俊雄依憲政慣例提出總辭，陳總統遂任命游錫堃為閣揆，繼續組成由總統主導的民進黨內閣。

　　2004年12月舉行第六屆立委選舉，新選出的立法院仍維持選前的政黨生態，民進黨仍是立法院第一大黨，但席次仍未過半。就藍綠兩大陣營而言，仍是泛藍陣營占有過半數席次，這是我國第二次出現「新國會vs.舊總統」不一致的局面。2005年2月第六屆立法院就任前，當時的閣揆游錫堃依憲政慣例提出總辭，陳總統遂任命謝長廷為閣揆，仍是由總統所屬的民進黨組閣。須注意的是，由於陳總統於立法院改選後任命的閣揆並不是立法院多數支持的人士，因此閣揆隨立法院改選辭職的大法官解釋與憲政慣例，雖然本意是彰顯我國憲政體制中的內閣制精神，但在憲政實踐上反而是變相地賦予總統一個更換閣揆的正式時機。閣揆隨立法院改選而總辭的憲政慣例，僅是保留著我國憲政體制具有行政院對立法院負責的內閣制「形骸」罷了。

　　2008年1月舉行第七屆立委選舉，[19]立法院的政黨生態在選後發生重

---

[19] 依我國過去實務，以往任期三年的立法院於12月上旬選出，於次年2月1日就任。不過，中選

大變化，國民黨於本次立委選舉中獲得壓倒性勝利，在立法院獲得超過三分之二的席次，民進黨則僅有四分之一不到的席次，這是我國第三次出現「新國會vs.舊總統」不一致的局面。在2008年2月第七屆立法院就任前，當時的閣揆張俊雄依憲政慣例提出總辭。特別的是，陳總統卻史無前例地退回張俊雄的總辭案。當時總統府發布新聞稿說明總統退回總辭案的理由是：1997年修憲明訂行政院長由總統任命，毋須經立法院同意，行政院長任期與立法委員之選舉無關。行政院長於立法委員改選後，第一次集會前提出總辭，已非憲法上之義務，過去於1997年修憲前做出的大法官釋字第387號與第419號解釋意旨應不再適用。總統府並表示，2005年修憲延長立法委員任期與總統任期同為4年，就職日僅相距3個多月，如果行政院長在3個多月之間總辭兩次，政務推動及政局安定將受影響，因此過去行政院長於立法院改選後第一次集會前總辭之往例，實有調整之必要。陳總統退回內閣總辭案的舉措，當時引發批評，甚至有前大法官投書報端批評陳總統的作為不當（蘇子喬，2013b：217）。[20]但由於當時政壇忙於3月即將舉行的總統大選，對陳總統退回內閣總辭案的抨擊聲音隨後也就不了了之。

　　當時陳總統退回內閣總辭案的舉措，顯然是想另外建立「閣揆於總統改選後辭職，但不須於立法院改選後辭職」的憲政慣例。從我國憲政體制定位的角度觀之，陳總統的作為顯然是試圖將我國的憲政體制進一步往總統制的方向操作。不過，陳總統當時擬重建憲政慣例的企圖並未實現。2012年1月總統與立委同時選舉，閣揆吳敦義於1月底新立法院就任前，宣稱自己是依循「憲政慣例」提出總辭，馬英九總統批准其辭呈，並任命

　　會在決定第七屆立委選舉時間時打破過去慣例，將原本若依慣例於2007年12月上旬舉辦的立委選舉時間延至2008年1月12日。且自第七屆立委開始，改以並立式單一選區兩票制選出，而且總席次減半，任期改為四年。

20　前大法官董翔飛（2008）批評：「這次立法院改選，張俊雄循憲政慣例及釋字第387號、第419號之意提出總辭，此一辭職，依釋字第419號解釋，乃行政院長憲法之義務，總統對於行政院長履行其憲法上義務之辭職，自無不予批准之理。……總統並不是大法官，何能對大法官作出的解釋再加解釋？」。

陳冲為閣揆。3個多月後，馬總統於5月20日正式就任其第二任總統任期前，上任不久的閣揆陳冲亦宣稱自己是依循「憲政慣例」提出總辭。面對陳冲的總辭，馬總統的做法是批准其辭呈，但隨即再次任命陳冲為閣揆。於是，在閣揆於立法院與總統就任前提出總辭的「憲政慣例」繼續維持，總統與立委任期皆為4年且就任日期前後相差僅3個多月的情況下，遂引發2016年總統大選後的組閣爭議。

伍、2016年總統大選後的組閣爭議

2016年1月16日，我國同時舉行總統與立委選舉，民進黨籍的蔡英文當選總統，民進黨亦在立委選舉中獲得過半數的席次。我國政局將由國民黨的一致政府，轉變為民進黨的一致政府。不過，新選出的立委在2月1日便將就任，新總統則要到5月20日才就任，其間有將近4個月的過渡期。從2月1日至5月20日，將出現我國第四次「新國會vs.舊總統」不一致的局面，自2008年以來總統與國會多數同屬國民黨的一致政府格局將正式結束。而在大選結束後，閣揆毛治國即表示根據憲政慣例，將於2月新任立委就職前提出總辭。於5月20日將卸任的馬英九總統面對內閣總辭，究竟是會釋出組閣權，由在新立法院占有過半數的民進黨組閣，而形成前所未見的「藍綠共治」；還是會如同2008年陳水扁總統退回張俊雄內閣總辭的做法，退回毛揆辭呈而讓原內閣持續看守至5月20日新總統上任；還是馬總統會有其他不同於以往的舉措？當時備受社會各界矚目。

由於過去馬英九總統曾數度表示根據我國憲政體制的精神，即使國民黨日後在國會淪為少數，也會尊重國會多數黨組閣的原則，因此馬總統選擇任命民進黨人士組閣的可能性確實存在。果然，在閣揆毛治國於選後表示將於新立委就任前總辭後，馬總統隨即促請總統當選人（同時也是民進黨主席）蔡英文到總統府協商組閣事宜，並提議於2月初立法院就任時即由民進黨組閣。在當時多數黨組閣的議題受到社會各界熱烈討論之際，輿論大致呈現的態勢是政壇上多數藍營人士倡議多數黨組閣，綠營人士則多

有質疑與反對聲音，而當時民調結果則顯示國會多數黨組閣的倡議並未獲普遍民意支持。[21]蔡英文隨後則公開表示2月份由民進黨組閣的提議「在憲政上並無空間」，「不符憲政秩序」，拒絕了馬總統的提議。在民進黨不願提前組閣，毛治國又堅持辭職不願接受慰留的情況下，馬總統遂於1月26日任命原行政院副院長張善政為閣揆，在5月20日新總統上任前組成看守內閣。經過一番周折，新國會就任時由多數黨組閣的提議最終並沒有實現。

　　在半總統制下，當總統與國會多數不一致時，一般而言可能會上演總統與國會「爭奪」組閣權的戲碼。特別的是，我國2016年總統與國會大選後的2月組閣爭議，則是總統與國會多數競相「拋棄」組閣權。蔡英文與民進黨之所以不願提前組閣，或許有多重複雜的政治考量，但可推測的是，蔡英文與民進黨或許顧慮一旦民進黨提前組閣，可能就此形成總統與國會多數不一致時由國會多數黨組閣的先例，而限縮了未來總統與國會多數不一致時由總統任命自己陣營人士組閣的空間。這樣的情勢發展也顯示，在我國半總統制中，當總統與國會多數不一致時，國會多數黨組閣的經驗從未實現。在我國半總統制中，當總統與國會多數不一致時，國會多數黨組閣的經驗從未實現。如圖1-4所示，我國過去共經歷過兩次「新總統vs.舊國會」不一致與四次「新國會vs.舊總統」不一致，總統皆任命自己所屬政黨的人士或自己屬意的人士組閣，從未與國會多數黨協商組閣事宜。這樣的運作經驗意味著，在我國憲政體制中，內閣乃是隨著總統變換而更迭，而非依附於國會的變動，內閣從屬於總統的態勢相當鮮明。總

21　根據臺灣指標調查研究公司於2016年1月總統與立委選舉前夕進行的民調，詢及民眾關於2月即將產生新國會，而馬總統任期仍有四個月的情況下內閣應如何組成，有55.0%民眾認為原內閣應留任至馬總統任期結束，29.4%認為應由新國會的多數黨組閣，另15.6%未明確表態。這顯示國會多數黨組閣並未獲多數民意支持。該民調交叉分析則顯示，國民黨支持者有79.5%認同原內閣應留任至馬總統任期結束，15.4%認同由國會多數黨組閣；民進黨支持者有44.9%認同原內閣應留任至馬總統任期結束，46.6%認同由國會多數黨組閣。這顯示國民黨支持者絕大多數認同原內閣應留任至馬總統任期結束，民進黨支持者則認同國會多數黨組閣者則略多於認同原內閣留任。其中值得玩味的是，藍綠民眾對此議題的偏好趨向似乎迥異於藍綠政壇人士的偏好立場。參見臺灣指標民調（2016）。

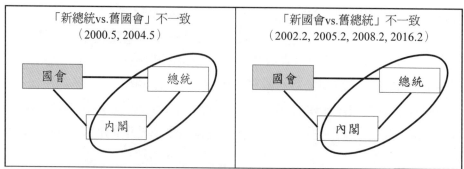

圖1-4　我國總統與國會多數不一致時的憲政運作

資料來源：作者自製。

　　之，從2016年初多數黨組閣的爭議可以看到，我國憲政體制在實踐上始終突顯的是總統制的運作邏輯，憲法中具有的內閣制精神則明顯淡化。多數黨組閣的破局，更加確立我國憲政體制是偏總統制的半總統制。

　　從2016年總統大選後的組閣爭議，也可以看出我國半總統制中總統制與內閣制兩種法理邏輯的角力。馬總統提議2月立法院就任時即由國會多數黨組閣，乃是強調我國憲政體制的內閣制精神，民進黨與蔡英文拒絕多數黨提前組閣，堅持於5月總統就任後新內閣才上路，乃是強調我國憲政體制的總統制精神。其中值得注意的是毛治國於1月底辭去閣揆，堅決不接受慰留的舉措。當時毛治國的舉動固然引起許多非議，但從憲政體制發展的角度觀之，毛治國堅決辭職的作為或許亦表達了他對我國憲政體制定位的態度。試想，在當時民進黨與蔡英文明顯透露不願提前組閣之態勢下，若毛治國對請辭閣揆的態度稍有遲疑，後來的情勢發展很可能就是毛治國獲馬總統慰留，續任閣揆至5月20日為止。如此一來，即完全複製過去陳水扁總統於2008年慰留當時閣揆張俊雄的局面，將進一步確認我國憲政體制中總統制的運作邏輯。毛治國堅辭閣揆的作為在我國憲政體制上所彰顯的意義，乃是透過其行動表達我國憲政體制中仍具有內閣制的精神，並對我國憲政體制日益突顯總統制精神的走向進行抵抗。毛治國於卸任時曾公開表示，他堅決請辭是為了「讓歷史留下紀錄，中華民國憲政上還有

多數黨組閣這個問題還沒有解決」、「多數黨組閣這件事，不會因為這一次沒有實現，就從中華民國消失」，這樣的發言應有其深意。毛治國堅辭閣揆的作為，似乎象徵著：儘管我國憲政體制中內閣制與總統制精神的法理之爭，在2月組閣爭議這一輪對抗中仍是由總統制精神這一方獲勝，但總統制精神這一方的勝利在此局對抗中亦非全面「完勝」。我國半總統制中的內閣制與總統制法理之爭未來仍將持續下去。

陸、結　語

我國當前的半總統制同時具有內閣制與總統制的精神，行政院長由總統直接任命，但行政院須對立法院負責。這種制度設計引發的主要爭議是，究竟在憲政法理上，組閣權是歸屬於總統，還是歸屬於立法院多數？一方面，有論者認為行政院長既然由總統直接任命，不須立法院同意，組閣權自應屬總統；這種憲政詮釋強調我國憲政體制的總統制精神。另一方面，有論者認為憲法既然明訂行政院須對立法院負責，組閣權自應屬於立法院多數；這種憲政詮釋強調我國憲政體制的內閣制精神。關於我國憲政體制究竟是偏總統制還是偏內閣制的半總統制，兩種相互對立的主張從我國1997年修憲為雙首長制後就爭論至今，尤其在總統與立法院多數不一致時，爭論更是激烈。但雙方各有論據，在憲政法理的爭辯上任何一方的主張都難以定於一尊。

儘管雙方的憲政法理辯論纏鬥不休，然而在憲政實際運作上，我國憲政體制顯然被「實踐」／「操作」為偏總統制的半總統制。過去2000年至2008年間，陳水扁總統所屬的民進黨在立法院中並未過半，但陳前總統在8年任期中從未實踐國會多數黨（或多數陣營）組閣。2016年2月開始至5月20日近4個月的時間，又再度出現（舊）總統與（新）國會多數不一致的情況，儘管國會多數黨組閣的倡議一時甚囂塵上，但最後終究無法成真。

從全世界半總統制國家的實際運作經驗看來，偏內閣制的半總統制國

家其憲政運作通常較爲順暢，民主表現大抵優於偏總統制的半總統制。然而，我國當前半總統制的實際運作，卻是日益往偏向總統制的方向發展。2016年初國會多數黨組閣之議若能實現，應能突顯我國憲政體制中的內閣制精神，然而值此關鍵的「憲法時刻」，朝野政黨及政治菁英們顯然做出不同方向的抉擇。

在此一「憲法時刻」，蔡英文與民進黨固然因多重複雜的政治考量而堅拒多數黨組閣，但倡議多數黨組閣的馬總統與國民黨亦有可討論之處。其一，多數黨組閣是選舉前夕國民黨突然拋出的議題，選後再由馬總統正式向勝選的蔡英文與民進黨提議。試問，在這麼短的時間內，此一議題如何能在政壇與社會上形成嚴肅與冷靜的憲政討論與共識？其二，馬總統在正式提議多數黨組閣並等待蔡英文與民進黨正式回應前，又公開宣示「我的字典裡沒有『看守』二字」，此一說法強調總統的法定職權，增添民進黨對於2月1日組閣後閣揆與總統之間權力衝突的疑慮。總之，在2016年的關鍵憲法時刻，由於朝野雙方的互動與抉擇，在憲政實踐上，我國憲政體制已更形確立爲偏總統制的半總統制。

在憲法規範的詮釋上，我國總統的憲法權力固然存在著「擴張論」與「限縮論」的爭辯，但從我國歷來組閣的實際情況可看出，總統乃擁有對行政院長的任免全權，一方面得完全依己意決定行政院長人選，另一方面亦有權將行政院長免職，實際情況與「擴張論」的看法相符。事實上，若將表1-1所列之總統憲法權力的各項爭點逐一對照我國實際憲政運作情況，會發現不僅是總統對行政院長的任免實況與「擴張論」看法一致，我國總統其他權力的實際運作也幾乎都是與「擴張論」的看法一致，而與「限縮論」的看法相去甚遠。就副署制度而言，目前在實際運作上僅是行政院長確認獲悉總統舉措、總統通知行政院長悉聽遵辦的照會程序，並未發揮制衡總統權力的作用。就總統任命行政院各部會首長的權力而言，我國目前實際運作上係由總統與行政院長共同決定內閣人事，甚至是以總統的意志爲主。[22]就總統的統帥權而言，在我國目前軍政軍令二元化的實際

---

[22] 2012年6月發生行政院秘書長林益世貪瀆案，當時輿論質疑林益世擔任該職究竟是何人舉

運作下，總統擁有指揮軍隊的實質權力。就總統的國安大政決定權而言，國安領域在實際運作上被視爲總統的專屬領域，行政院相關部會的政策方向皆聽命於總統。就總統的覆議核可權而言，該權力在實際運作乃是實質而非形式的權力。[23]在表1-1中，除了「總統解散立法院是否須行政院長呈請」此一爭點，因目前實際運作未曾發生解散立法院的案例而無從對照外，其他各項爭點就實際情況看來皆是與「擴張論」的看法一致。總之，我們不僅可以從歷來實際組閣情況看出我國憲政體制走向偏總統制的半總統制，也可從總統其他憲法權力各項爭點的實際情況看出此一憲政體制的走向。

我們應該要抱持何種態度因應目前這樣的憲政體制走向？我們面對當前憲政體制的當務之急，是應該「撥亂反正」將我國憲政體制扳向偏內閣制的半總統制，強化我國憲政體制中蘊含的內閣制運作邏輯；還是應該承認我國目前憲政體制已走向偏總統制之半總統制的既成事實，而在此認知基礎上改良我國的憲政體制？關於這兩種改革方向，雖然就可欲性（desirability）而言，偏內閣制的半總統制通常能促成較順暢的憲政運作而看似較佳選項；但是就可行性（feasibility）而言，在我國民選總統長期以來被國人普遍認爲是憲政體制中心角色的政治文化下，未來想要將我國憲政體制扳向偏內閣制的半總統制，試圖將總統的憲法權力極小化，其實是一個實現機會極爲渺茫的期待。筆者認爲，既然我國目前半總統制實際運作中，總統制運作邏輯明顯壓過內閣制運作邏輯已是積重難返的事實，或許一個較爲務實可行的做法，是正面承認當前此一憲政體制定位的走向，將之視爲既成事實來進行制度的修補與改良。

筆者認爲，我國當前憲政體制中內閣制運作邏輯日益弱化的趨勢固然可惜，但在目前憲政體制中總統制運作邏輯日益強化的趨勢下，若能修

薦。總統府對此發布新聞稿表示：「根據憲法規定，行政院秘書長以及其他內閣閣員的人事係由總統與行政院長共同決定」。這是政府首度對外正式宣稱總統有權介入內閣人事。

[23] 2006年1月，行政院長謝長廷辭職，其辭職理由是：當時行政院提出的中央政府總預算案遭到立法院大幅刪減，行政院擬提請立法院覆議，但覆議案未能獲得總統核可，因此提出辭職。從該事例可看出總統的覆議核可權被視爲總統實質的權力。

補與改良相關制度，避免總統濫權與制衡機制失靈，我國憲政體制仍堪合用。即便我國修憲門檻極高而難以修憲，我們仍有空間可以透過立法的方式修補並改良我國目前的憲政體制。

當前可考慮的立法工作如下：首先，修正「總統府組織法」，以強化總統府的組織功能，並將總統府與行政院之間的聯繫管道法制化，使行政院長與總統之間的正式互動關係更為具體穩固，避免總統動輒以體制外的機制推動政務。其次，制定「總統職權行使法」，在承認總統具有相當實權的同時，以法律具體規範總統憲法權力行使的程序與方式。第三，修正「立法院職權行使法」與「司法院大法官審理案件法」，以強化立法院對於總統的制衡機制，例如明訂立法院行使調查權的具體程序、[24]立法院聽取總統國情報告時要求總統接受詢答的相關程序，[25]以及憲法法庭審理立法院所提總統彈劾案的具體程序。[26]

總之，我國當前半總統制偏向總統制運作的憲政體制走向，固然不符合總統權力「限縮論」者的期待，但不容否認的是，總統制的憲政邏輯本來也是我國半總統制中蘊含的精神，大可不必將其視為顛覆憲政體制的洪

---

[24] 2004年12月，大法官釋字第585號解釋，首度宣示立法院本於職權擁有充分完整的國會調查權。但直到今日，「立法院職權行使法」仍未規定立法院行使調查權的程序，立法院也因此從未行使過調查權。由於立法院本身的立法怠惰，立法院目前仍欠缺透過調查權監督總統的機制。

[25] 有論者認為，若立法院聽取總統國情報告時要求總統接受立委詢答，形同總統向立法院負責，將破壞我國憲政體制的精神（陳長文，2012；嚴震生，2012；中國時報社論，2012）。但筆者認為此種觀點有待商榷。以我國地方制度為例，直轄市長、縣市長等地方行政首長由地方人民選出，地方議會議員亦由地方人民選出。在法理上，行政首長與議員分別對人民負責，地方行政首長固然不對地方議會負責，但受地方議會監督制衡，故仍有行政首長到議會接受質詢的制度。行政首長與官員到議會接受質詢往往是國家機關監督制衡的一種機制，並不能直接推論行政官員接受議會質詢即形同行政官員對議會負責。

[26] 2005年6月第七次修憲將任務型國大廢除後，將原本由任務型國大複決立法院所提正副總統彈劾案的權力，移轉給大法官，改由大法官組成憲法法庭審理立法院所提之正副總統彈劾案。關於憲法法庭審理正副總統彈劾案的具體程序，則須由立法院制定相關法律加以規範。但直到今日，立法院從未在「司法院大法官審理案件法」增訂相關規定，以致憲法法庭審理正副總統彈劾案的具體程序完全付之闕如。立法院有必要儘速立法，解決目前「有憲無法」的狀態。

水猛獸。在承認總統權力擴張已是既成現實的基礎上，以立法方式對我國的憲政體制加以修補調整，我們仍可對於我國憲政體制的運作與未來發展抱持審慎樂觀的期待。

2 南韓與我國憲政體制之比較

壹、前　言

　　「半總統制」是一種兼具總統制與內閣制特徵的憲政體制類型，我國目前的憲政體制即屬此類。在1980年代以前，世界上的半總統制國家僅有法國、芬蘭等少數國家，然而，自從第三波民主化浪潮席捲全球並於1990年代達到高峰後，許多新興民主國家在制憲與或修憲時，不約而同採行半總統制。我國亦屬第三波民主化浪潮的新興民主國家，而我國憲政體制亦是在1990年代歷經與民主轉型同步的數次修憲而走向半總統制。隨著採行半總統制的國家越來越多，國內外學界對於半總統制的討論日益熱烈。

　　當前全球的半總統制國家依區域大致歸爲三類，第一類是歐洲先進民主國家（例如法國、芬蘭、葡萄牙）；第二類是東歐與前蘇聯等後共產國家（例如俄羅斯、烏克蘭、波蘭）；第三類是非洲後殖民主義國家（例如馬達加斯加、塞內加爾、布吉納法索）。這三類國家的半總統制形成過程各有特定的歷史背景：歐洲先進民主國家原本就有濃厚的議會內閣制傳統，若干國家會走向半總統制，是因爲國家爲了應付危機或彰顯國家獨立而採總統直選，於是在原本的議會內閣制加上一個直選的總統而形成半總統制；東歐與前蘇聯等後共產國家之所以會走向半總統制，是因爲在原本共產黨統治時期的黨國體制（party-state system）下就存在共產黨領袖與政府領袖二元領導的雙首長結構，走向半總統制乃是將既存的二元行政結構進一步民主化的結果；至於非洲後殖民國家採行半總統制，主要是因爲這些國家過去是實行半總統制之法國和葡萄牙的殖民地，這些國家在獨立建國後遂仿照殖民母國而採半總統制（吳玉山，2011：5-10）。

　　特別的是，我國並不屬於前述三類半總統制國家，我國憲政體制卻也在1990年代民主轉型過程中走向半總統制。就此看來，我國半總統制的形成似乎頗具特殊性，其形成過程具有不同於前述半總統制國家的環境脈絡。若進一步環顧我國所處的東亞地區，除了我國之外，採取兼具內閣制與總統制特徵之混合式憲政體制的國家其實不多，計有東帝汶、新加坡與南韓三個國家。其中東帝汶可以歸類爲前述第三類半總統制國家，因爲其

憲政體制主要是承襲殖民母國葡萄牙的憲政體制，而新加坡嚴格而言不算是符合西方界定的完全民主國家，[1]因此在東亞地區，與我國同樣具有混合式憲政體制，且不屬於前三類的民主國家便只有南韓。

　　至目前為止，國內學界已有不少對我國與南韓政經議題的比較研究，不過探討的焦點絕大多數是兩國民主轉型過程的比較，例如Cheng（1990）、林若雩（1994）；黃德福、牛銘實（1995）；倪炎元（1995）；胡佛、朱雲漢、文正仁（1997）。在憲政體制這項議題上，單獨探討南韓憲政體制的研究文獻固然不少，但將我國與南韓的憲政體制進行比較的研究卻非常罕見。此現象的主要原因，可能是因為南韓憲政體制雖具有混合色彩，但學界多半將南韓的憲政體制定位為總統制而非半總統制，因此在一般直覺上不認為南韓與我國在憲政體制上有可資比較之處。事實上，儘管南韓的憲政體制向來被認定為總統制，但其體制內涵上仍具有世界上一般總統制國家所無的內閣制特徵，這種混合制的色彩與我國當前的半總統制其實有許多可相互比擬之處。

　　此外，南韓與臺灣有許多相似的國情：在地緣上皆屬東亞文明圈；政治文化上皆深受儒家文化影響；歷史上皆曾受日本殖民統治、在過去冷戰時期皆是美國霸權主導下的國家；政治經濟體制在過去皆存在發展型國家（developmental state）的治理模式；目前皆處於國家分裂狀態；皆屬第三波民主化國家。在政治制度上，兩國也有類似之處：例如兩國的國會選舉制度原本皆是單記非讓渡投票制（single nontransferable vote），後來皆改為並立式單一選區兩票制（mixed-member majoritarian system）；兩國的憲政體制也都兼具內閣制與總統制的混合色彩。不過，在憲政體制的類型上，臺灣的混合式憲政體制向來被歸類為半總統制，南韓的混合式憲政體制一般被歸類為總統制。本章想探究的是，臺韓兩國憲政體制的架構究竟有何不同？為何臺韓兩國皆具混合色彩的憲政體制，會被學界歸類為不同

---

[1]　根據自由之家（Freedom House）對新加坡民主程度的評比，新加坡目前仍是具有一定威權色彩的部分自由（partly free）國家，亦即一般所稱的半民主國家，而非完全民主國家。參見Freedom in the World（2015）。

的憲政體制類型而被認定「形異」？本章對此議題的探討涉及學理上「半總統制」概念的界定問題。到目前為止，半總統制的界定問題在學界中仍有不少爭議和辯論。本章對於臺灣與南韓憲政體制架構的探討，也可說同時參與了學界關於「半總統制」概念界定問題的類型學討論。

　　除了臺韓兩國憲政體制架構在規範面的比較，本章也將以總統、內閣與國會的關係為焦點，比較分析臺韓兩國實際憲政運作的異同。本章將指出，儘管臺灣與南韓的憲政體制分別屬於不同類型而「形異」，但臺灣近年來實際憲政運作越來越近似總統制，形成「形式上為半總統制，實質上為總統制」的現象，而與南韓總統制的憲政運作有不少相似之處，故可謂兩國憲政體制「形異而實同」。值得注意的是，儘管南韓當前的憲政體制是總統制，但目前南韓社會各界修憲研議的主要改革方向卻擬將南韓當前的總統制改為半總統制，此與我國半總統制趨向總統制發展的現象似乎又形成明顯對比。本章將對臺灣半總統制的憲政運作趨向總統制，以及南韓總統制的憲政改革方向趨向半總統制的現象進行探討。

　　基於上述的問題意識，本章在接下來的第貳節與第參節將分別探討南韓與我國的憲政體制，而後在第肆節對臺韓兩國的憲政體制進行比較。最後一節結論則從憲政體制優劣的角度，指出將南韓與我國憲政經驗互相參照的意義。

貳、南韓憲政體制的規範與實際運作

　　關於一國憲政體制的探討，可從規範面與實務面分別觀之。就南韓憲政體制的規範面而言，南韓憲政體制與臺灣一樣都兼具內閣制與總統制特徵，但為何南韓憲政體制不像臺灣被歸類為半總統制，而被歸類為總統制？這個問題涉及憲政體制類型學的討論，乃是探討南韓憲政體制架構的核心問題。就南韓憲政體制的實務面而言，南韓在憲政運作上最重要的特色是呈現總統制的典型病徵，即不斷反覆出現總統濫權的危機（當總統與國會多數一致時）與府會衝突的危機（當總統與國會多數不一致時）。本

節將分為憲法規範層面（憲政體制的應然面）與憲政實務層面（憲政體制的實然面）兩部分探究南韓的憲政體制。

一、南韓憲政體制的特性

南韓當前憲法是於1980年代民主化之後，於1987年制定的第六共和憲法。[2]從第六共和憲法觀之，南韓的憲政體制兼具總統制與內閣制的特徵。南韓總統由公民直選，以相對多數制選舉產生，任期五年，不得連任（李憲榮，2010：36-37）。總統既是國家元首，也是最高行政首長。總統擁有的職權包括對國家機關的人事任命權（包括國務總理、部會首長、大法官、監察院長等人事）、行政與政策最高領導權（透過國務會議主導內政、國防、外交與兩韓政策的制定與執行）、軍事統帥權、緊急狀態的特別權力（採取緊急措施、宣布戒嚴）、對國會的法律提案權、對國會通過之法律的否決權（即要求覆議權）、修憲提案權、提交公民複決權等（森山茂德，2005：92）。

南韓國會（正式名稱為國民會議）採一院制，現行制度下總名額為300名，任期四年，以並立式單一選區兩票制選舉產生，其中253席以單一選區相對多數制選出，另外47席以全國為選區的政黨名單比例代表制選出，政黨必須在政黨名單比例代表制部分獲得3%以上的選票，或是在單一選區獲得5席以上，才有資格分配比例代表制部分的席次（Hong, 2010；Jun and Hix, 2010）。國會的職權包括立法權、預算審議權、調查權、彈劾權、[3]對總統提名人事（包括國務總理、大法官、監察院長等）

---

[2] 南韓憲法自1948年施行以來，曾歷經九次修憲。其中1960年、1962年、1972年、1980年、1987年的修憲都大幅更動原先體制，因此1948年制訂施行的憲法常被稱為第一共和憲法，1960年、1962年、1972年、1980年、1987年修正後的憲法則分別被稱為第二、三、四、五、六共和憲法。第六共和憲法於1987年制定施行至今，南韓憲法未再有任何修正。關於南韓憲法歷次修正過程，參見趙東濟（2002）。

[3] 根據南韓現行憲法規定，國會彈劾總統須經國會議員過半數提案，三分之二以上之贊成通過。國會一旦通過彈劾案，總統即暫停職務，彈劾案送交憲法法院於六個月內做出裁決，決定總統是否正式解職。

的同意權、對國務總理與部會首長之人事免職建議權（即倒閣建議權）等（森山茂德，2005：106-107）。

　　從上述制度看來，在南韓憲政體制中，掌握行政權的總統與掌握立法權的國會制各有民主正當性，彼此相互制衡，因此總統制的色彩是非常鮮明的。但南韓憲政體制仍有若干內閣制的特徵：首先，在總統之外，還有國務總理的設計，總理由總統提名，經國會同意後任命之；其次，總理與閣員必須至國會院會或委員會作施政報告，並接受國會議員的質詢；第三，國會經三分之一提出、過半數議決，得建議總統將總理或內閣閣員免職；第四，總統頒布法律與命令須經總理和相關閣員副署。以上有關總理職位的設計、質詢制度、倒閣建議權的制度、副署制度等憲法規定，呈現出若干內閣制的精神。

　　南韓這種兼具總統制與內閣制精神的憲政體制，絕大多數論者將其定位為總統制，但也有部分論者將其定位為半總統制，例如Elgie（1999）、李佩珊（2005）、陳宏銘、蔡榮祥（2008）、Zhang（2008）、Tsai（2009）、沈有忠（2012）。若要釐清此一憲政體制類型定位的問題，或許應該從「半總統制」的定義出發。最早對「半總統制」進行學術性界定的學者首推Maurice Duverger，他所定義的半總統制也是學界中最廣為接受的界定方式。Duverger（1980）指出，「半總統制」是指符合下列三個要件的憲政體制：第一，總統由普選產生；第二，憲法賦予總統相當的權力（considerable powers）；第三，在總統之外，尚有總理為首的內閣掌控政府的行政權力，其向國會負責。由於何謂「總統有相當的權力」難以明確界定，因此Robert Elgie（1999）便將這個要件刪除，認為一個國家的憲政體制中只要總統由普選產生且總理為首的內閣對國會負責即稱其為半總統制。由於這種定義方式簡明清晰，可以避免判斷一國總統究竟有無「相當權力」的困擾，現在已經被越來越多研究半總統制的學者所接受。

　　除了Duverger和Elgie的界定方式之外，另外一個同樣廣為學界引用的界定方式則是Giovanni Sartori對「半總統制」的定義。Sartori於1994年承襲先前Duverger提出的「半總統制」概念，對「半總統制」的概念內涵重新予以詮釋。Sartori（1994: 132）認為「半總統制」有以下的特徵：

首先，總統為國家元首，由人民直接或間接選舉產生，並有固定任期。其次，總統與內閣總理共享行政權，形成二元權威結構（dual authority structure），而此二元權威結構的特徵有三：（一）總統獨立於國會之外，無權直接單獨治理，其意志必須經由內閣傳達並處理；（二）總理與其領導之內閣是否能夠在位，係依國會是否信任而定；（三）此種二元權威結構容許有不同的制度安排，也容許總統與總理間權力的變動，但無論如何，總統與總理在此二元權威結構中都有「自主的潛能」（autonomy potential）存在。[4]

　　我們可以從上述幾位重要學者對半總統制的界定，歸納出半總統制兩項有別於總統制的核心特徵，首先，半總統制具有行政權二元化的現象，總統與內閣總理皆有行政權，而不像在總統制中，行政權乃是一元化的。總統制下的總統身為最高行政首長，統領整個行政部門，行政部門的各部會首長皆是總統的下屬，承總統的意志行事。反觀半總統制中，不論總統或總理何者權力較大，或不論總理在實際運作上是否聽命於總統，半總統制下的總統與總理各有不相隸屬的特定憲法權力，亦即Sartori所謂「總統與總理各有其獨立行事的潛力」。其次，半總統制中儘管總統與國會皆由人民選舉產生，總統不須對國會負責，但總理所領導的內閣仍須對國會負責，亦即仍具行政向立法負責的精神。反觀總統制中，總統所代表的行政權與國會所代表的立法權彼此分立制衡，沒有行政向立法負責的精神存在。

　　就此看來，南韓的憲政體制並不具備上述半總統制的兩項核心特徵。首先，雖然南韓憲政體制中除總統之外尚有國務總理，但南韓憲法第66條明文規定，「行政權屬於總統為首之政府所有」，並未呈現行政權二

---

[4]　除了Duverger、Elgie與Sartori對半總統制的界定被學界引用甚廣之外，亦有其他學者各自提出對半總統制的界定。例如Patrick O'Neill（1993: 197）將「半總統制」界定為具有以下兩項特徵的憲政體制：一是行政權力被身為政府首長的總理和身為國家元首的總統所分割；二是總統具有實質的權力。Juan Linz（1994: 48）則指出「半總統制」有兩項要件：一、總統由人民直接或間接選舉產生，而非由國會選舉產生，亦即總統擁有不同於國會的民主正當性；二、總理必須得到國會信任，亦即必須對國會負責。

元化的現象。總理輔佐總統，承總統之命統領管轄各行政部門。由總統、總理與國務委員共同組成的國務會議，負責議決所有行政事務。國務會議由總統擔任主席，總理擔任副主席。在主從關係上，總理由總統任免（總統任命總理須經國會同意，將總理免職則無須國會同意），是完全聽從總統指揮的幕僚長。或有論者認為總理的副署權仍具有牽制總統的功能，但由於總統對總理擁有免職權，假若總理欲以副署權對抗總統，總統即可將其免職，因此總理的副署權在南韓憲政體制中僅具有總理確認獲悉總統舉措的意義，而不存在任何牽制總統權力的作用。[5]

其次，南韓總理為首的內閣並不真正對國會負責，這是因為南韓國會對於內閣並無倒閣權。南韓國會固然有倒閣建議權，但「倒閣建議權」並不等於「倒閣權」。在南韓憲法中，國會即使決議通過對總統提出倒閣建議，總統仍可拒絕國會的建議，總理與行政官員的去留完全由總統決定，國會的倒閣建議權對總統並無法定拘束力。[6]

值得探討的是，究竟如何判斷一國的憲政體制中內閣是否對國會負責？目前學界多數是以國會是否擁有倒閣權作為內閣是否對國會負責的判斷標準，但是也有學者認為若一個國家的國會沒有倒閣權，但對閣揆（或內閣）擁有人事同意權，亦可認定「內閣對國會負責」。有些學者將南韓的憲政體制歸類為半總統制而非總統制，主要便是基於這樣的理由。筆者認為此觀點頗有疑義，因為在民主國家憲政體制的機關互動中，所謂「甲對乙負責」時，應是指「乙對甲有能力加以課責」，亦即「乙授予甲權

[5] 1995年金泳三總統任內第二任總理李會昌，在北韓政策上曾與總統出現重大分歧，李會昌堅持若干政策應經過他副署，導致金泳三以其越權為理由而將其撤換。

[6] 若從歷史縱深的角度考察南韓的憲法規定，南韓總理的任免方式歷經多次反覆轉折。1948年第一共和憲法規定總理由總統提名，經國會同意後任命，但國會沒有權力將總理解職。1960年第二共和憲法是典型的內閣制憲法，總理的產生與去留皆由國會決定，總統無權干預。1962年第三共和憲法規定總統任命總理毋須國會同意，但國會有權建議總統將總理與其他閣員解職，而總統除非有其他特別理由，否則即應依國會的建議處理。1972年第四共和與1980年第五共和憲法又規定總理由總統提名，經國會同意後任命；且國會亦可將總理解職。到了1987年第六共和憲法（現行憲法），則同樣規定總理由總統提名，經國會同意後任命；且國會有權建議總統將總理解職，但總理是否解職由總統自行決定。參見Elgie（2010）。

力，而乙也有能力剝奪乙授予甲的權力」。[7]例如，在總統制中總統對人民負責，乃是指人民透過選舉賦予總統權力，而人民也有能力透過定期改選或罷免程序剝奪人民授予總統的權力。同樣地，在內閣制或半總統制中內閣對國會負責，乃是指國會透過不發動倒閣（默示的同意）或人事同意權的行使（明示的同意）授予內閣權力，而國會亦有能力透過倒閣剝奪國會授予內閣的權力。假若國會對於內閣僅有人事同意權而無倒閣權，則只代表內閣的權力來自國會的賦予，但國會卻無能力剝奪自己授予內閣的權力，此種情形稱不上內閣對國會負責（蘇偉業，2005）。

　　進一步言，所謂「內閣對國會負責」，應是指內閣的「產生與存續」須獲得國會多數的支持和信任，亦即內閣一旦失去國會多數的支持和信任而被國會倒閣，內閣便須下臺。若國會對總統任命的閣揆（或內閣）僅有人事同意權而無倒閣權，雖然意味著閣揆（或內閣）的「產生」須獲得國會多數的支持，但一旦閣揆（或內閣）獲得國會同意而上任，由於國會沒有倒閣權，內閣是否「存續」就與國會多數的支持和信任完全脫勾。若要勉強說國會的人事同意權意味著內閣對國會負責，也僅是內閣上任時對國會「剎那性」（one-shot game）的負責（Elgie, 2008），而絕非內閣在施政上「持續」對國會負責。因此，國會對閣揆（或內閣）的人事同意權應被視為總統任命閣揆時國會對總統的制衡權力，而非內閣對國會負責的關鍵制度設計。試想，在美國總統制下，聯邦參議院對於總統所任命的內閣閣員亦有人事同意權，我們豈會說美國總統制因此具有內閣對國會負責的精神。[8]又例如在我國憲政體制中，司法院大法官、考試委員、監察

7　不同學者對於課責（accountability）此一概念的定義儘管不盡相同，但對這個概念仍有大致共同認定的核心要素。廣義地說，課責意味著個人或組織從屬於一個更高的權威（high authority），並受其控制（Mulgan, 2000）。具體地說，課責是指一種委託人（principals）與代理人（agents）的互動關係，在這種關係中，委託人有能力向代理人要求告知（inform）代理人過去與將來可能的行為，以辨明其行為；並在委託人對代理人之行為有所不滿時，施以懲罰（punishment）（Schedler, 1999；Grant and Keohane, 2005）。就此看來，課責具有資訊（information）與懲罰（punishment）兩項核心要素。

8　不只南韓，美國、菲律賓、奈及利亞等總統制國家的國會對於總統任命的重要行政官員皆有人事同意權。相反地，丹麥、挪威、荷蘭以及大多數過去是英國殖民地的內閣制國家，國會對於內閣上任並無人事同意權，但必然擁有倒閣權。

委員等獨立機關的成員皆由總統提名，經立法院同意後任命，我們又豈會說立法院的同意權意味著司法院大法官、考試委員與監察委員須對立法院負責。

　　綜上所述，南韓憲政體制雖然兼具典型總統制與內閣制國家的制度設計，但仍不具備半總統制的制度要件與核心特徵。儘管南韓憲政體制具有少許的內閣制特徵，但由於憲政體制中並無行政權二元化的特色，且國會對於完全聽命於總統的內閣沒有真正的倒閣權，整體而言行政與立法兩權分立的精神仍然相當鮮明，因此精確而言，南韓的憲政體制應定位為總統制較合宜。

　　另外值得注意的是，若將南韓憲政體制與美國總統制稍加對照，可發現南韓總統所享有的權力明顯大於美國總統，當然也明顯大於我國半總統制下的總統。南韓總統不僅擁有美國總統具有的否決權（要求覆議權），尚有美國總統所無的修憲提案權、提交公民複決權、向國會提出法案權。Matthew S. Shugart與John M. Carey（1992: 148-166）曾提出一組指標以衡量全世界總統制與半總統制民主國家的總統權力。若以這組指標檢視南韓總統的憲法權力，不難發現南韓總統的權力在全世界具有實權總統的民主國家中是名列前矛的，因此有論者將南韓憲政體制稱為「強勢總統制」（Baker, 2007: 177），甚至有論者將南韓憲政體制形容為「帝王式總統制」（蔡增家，2006：264）。

　　整體而言，南韓憲政體制規範面的特性，若從行政權的歸屬、行政權的來源，以及行政權與立法權的關係等三個面向來觀察，可以有以下發現：首先，南韓憲政體制的行政權歸屬於總統，行政權明顯是一元化的設計，總理純粹是總統的下屬，一切聽命於總統，並無自己獨享的行政權。第二，透過五年一次且不得連任的直選選舉，總統所掌之行政權直接源自人民的賦予。第三，就行政權與立法權的關係而言，南韓憲政體制中行政權（總統）與立法權（國會）的關係強調權力分立制衡的精神，國會有預算權、調查權、彈劾權、人事同意權、倒閣建議權以制衡總統的行政權，總統則有否決權以制衡國會的立法權。綜合以上三個面向的特徵，南韓憲政體制儘管帶有若干混合制的色彩，但在憲政體制類型的歸類上實屬總統

制無疑。

二、南韓憲政體制的運作及其困境

　　在南韓實際的憲政運作上，由於相對多數制的總統選舉制度，加上地域化、個人化的政黨與制度化程度低落的政黨體系，[9]使得1987年南韓民主化後施行第六共和憲法至今，除了朴槿惠在2012年總統選舉中以得票率些微過半當選，其餘南韓歷任總統得票率皆未過半（參見表2-1）。在國會方面，1987年以來的歷次國會選舉也通常選出各黨不過半的局面，2004年之後的國會選舉雖有政黨在國會中獲得過半數的席次，但皆是非常脆弱的國會多數（參見表2-2）。整體而言，南韓憲政運作的基本格局經常是「得票未過半的總統vs.各黨不過半的國會」。[10]

---

[9]　南韓的政黨生態有以下特徵：首先，政黨領袖主義（party bossism）主導了政黨的存亡與決策，包括政黨的創立、解散、合併、分裂、黨內重大決策如選舉提名與政策路線等全由政黨領袖主導。南韓政黨的興衰，幾乎繫於政黨領袖個人生涯的際遇。其次，政黨的生命週期短暫，政黨經常分裂或合併，政黨名稱也經常改變。第三，政黨地域化的色彩非常明顯，主要政黨皆有其選票集中的固定地盤。參見倪炎元，南韓「總統制」下總統與國會的對抗僵局，遠景基金會季刊，15卷2期，頁44-45（2014）。整體來說，地域主義（regionalism）與制度化程度低落的政黨體系是南韓政治的重要特徵。探討南韓政治上地域主義的文獻非常多，參見Lee（1996）；Kim（2000: 58）；倪炎元（2002：208-209）；Kang（2003: 161-189）；Stockton and Heo（2004）；Kwon（2004）；Kim, Choi and Cho（2008）；Horiuchi and Lee（2008）。

[10]　南韓民主化之後的政黨體系呈現兩大黨與若干小黨並存的格局，目前的兩大黨為新國家黨與新政治民主聯合。新國家黨的淵源可追溯自南韓過去威權領袖朴正熙於1963年成立的民主共和黨，其後政黨不斷改組，政黨名稱也歷經多次變化：1979年改名為民主正義黨，1990年改名為民主自由黨，1995年改名為新韓國黨，1997年又更名為大國家黨，2012年再度改名為新國家黨。2016年12月，國會針對總統閨密親信干政案，對朴槿惠總統提出彈劾案，與朴槿惠同屬新國家黨的反朴派系脫黨另立新黨，名為「正黨」。分裂後的新國家黨則於2017年2月改名為自由韓國黨。另一方面，新政治民主聯合的淵源則可追溯自南韓威權統治時期反對執政當局的泛民主勢力，泛民主勢力的政黨發展過程非常曲折，政黨分裂、重組、改名猶如走馬燈般變化，在朴正熙統治期間（1961-1979）與全斗煥統治期間（1980-1988）歷經自由民主黨、民主黨、國民黨、新民黨、民主統一黨等不同黨名。南韓民主化後，在金大中的領導下，泛民主勢力又陸續改組為新韓國民主黨、統一民主黨、和平民主黨、新政治國民會議、新千年民主黨，2007年改組為民主統合黨，2008年又改名為民主黨，至2014年3月，民主黨又與當時新崛起的政治明星安哲秀所領導的新政治聯合合併，改名為新政治民主聯

表2-1　南韓民主化後歷屆總統選舉結果

選舉時間	主要候選人（所屬政黨）	得票率（%）
1987.12	盧泰愚（民主正義黨）	35.9%
	金泳三（統一民主黨）	27.5%
	金大中（和平民主黨）	26.5%
	金鍾泌（新民主共和黨）	7.9%
1992.12	金泳三（民主自由黨）	41.4%
	金大中（民主黨）	33.4%
	鄭周永（統一國民黨）	16.1%
1997.12	金大中（新政治國民會議）	39.7%
	李會昌（大國家黨）	38.2%
	李仁濟（國民新黨）	18.9%
2002.12	盧武鉉（新千年民主黨）	48.5%
	李會昌（大國家黨）	46.2%
2007.12	李明博（大國家黨）	48.6%
	鄭東泳（民主統合黨）	26.1%
	李會昌（無黨籍）	15.0%
2012.12	朴槿惠（新國家黨）	51.6%
	文在寅（民主統合黨）	48.0%
2017.5	文在寅（共同民主黨）	41.1%
	洪準杓（自由韓國黨）	24.0%
	安哲秀（國民之黨）	21.4%
	劉承旼（正黨）	6.8%
	沈相奵（正義黨）	6.2%

註：表中以灰底標示的候選人為總統當選人。此外，2017年3月朴槿惠總統被彈劾解職，總統選舉遂由原定2017年12月提前至同年5月。

資料來源：整理自Adam Carr's Election Archive（2017）。

合。2015年12月，安哲秀退出新政治民主聯合，另成立國民之黨，新政治民主聯合改名為共同民主黨。關於南韓政黨體系的變遷，關於南韓政黨體系的變遷，參見Heo and Stockton（2005）；Lim（2007: 54-62）；Bailey（2010）；石忠山（2011）。

表2-2 南韓民主化後歷屆國會選舉結果

選舉日期	各主要政黨（席次率）
1988.4	民主正義黨（41.8%）　和平民主黨（23.4%）　統一民主黨（19.7%）　新民主共和黨（11.7%）
1992.4	民主自由黨（49.8%）　民主黨（32.4%）　統一國民黨（10.4%）
1996.4	新韓國黨（46.5%）　新政治國民會議（26.4%）　自由民主聯合（16.7%）　民主黨（5.0%）
2000.4	大國家黨（48.7%）　新千年民主黨（42.1%）　自由民主聯合（9.2%）
2004.4	開放我們的黨（50.8%）　大國家黨（40.5%）　民主勞動黨（3.3%）　新千年民主黨（3.0%）　自由民主聯合（1.3%）
2008.4	大國家黨（51.2%）　民主統合黨（27.1%）　自由先進黨（6.0%）　親朴聯盟（4.7%）　民主勞動黨（1.7%）　創造韓國黨（1.0%）
2012.4	新國家黨（50.7%）　民主統合黨（42.3%）　統合進步黨（4.3%）　自由先進黨（1.7%）
2016.4	共同民主黨（41.0%）　新國家黨（40.7%）　國民之黨（12.7%）　正義黨（2.0%）

註：以陰影顯示的政黨為當時在任總統所屬政黨。

資料來源：Adam Carr's Election Archive（2016）。

特別的是，南韓地域化、個人化的政黨與制度化程度很低的政黨體系，使得總統有機會在非選舉時期透過各種非正式的政治操作，成功打造與自己一致的國會多數，但國會多數往往在國會大選後又頃刻瓦解。一方面，國會中鬆散的政黨體系使憲法權力本就相當大的總統面對國會時更顯強勢；但另一方面，與總統一致的國會多數往往難以持久，使得總統經常面臨分立政府（divided government）的困境。綜觀南韓民主化之後的實際憲政運作（參見圖2-1）：1987年12月舉行總統大選，盧泰愚當選總統。國會選舉於四個月之後（1988年4月）舉行，盧泰愚所屬的民主正義黨雖是國會最大黨，但仍未掌握國會過半席次，盧泰愚於是不斷與新民主共和黨與統一民主黨協商遊說，試圖將三黨合併以掌握國會多數。1990年1月，民主正義黨、新民主共和黨與統一民主黨如盧泰愚所願正式合併為民主自由黨，在國會中總統所屬的政黨遂由原本未占國會半數以上席次

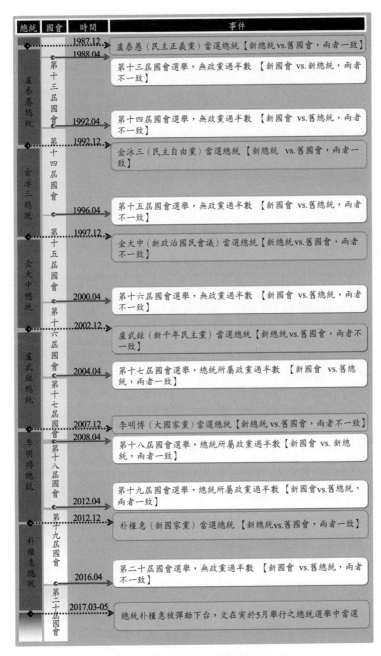

總統	國會	時間	事件
盧泰愚總統	第十三屆國會	1987.12	盧泰愚（民主正義黨）當選總統【新總統vs.舊國會，兩者一致】
		1988.04	第十三屆國會選舉，無政黨過半數 【新國會 vs.新總統，兩者不一致】
		1992.04	第十四屆國會選舉，無政黨過半數 【新國會 vs.舊總統，兩者不一致】
金泳三總統	第十四屆國會	1992.12	金泳三（民主自由黨）當選總統【新總統 vs.舊國會，兩者一致】
		1996.04	第十五屆國會選舉，無政黨過半數 【新國會 vs.舊總統，兩者不一致】
金大中總統	第十五屆國會	1997.12	金大中（新政治國民會議）當選總統【新總統vs.舊國會，兩者不一致】
		2000.04	第十六屆國會選舉，無政黨過半數 【新國會 vs.舊總統，兩者不一致】
盧武鉉總統	第十六屆國會	2002.12	盧武鉉（新千年民主黨）當選總統【新總統vs.舊國會，兩者不一致】
	第十七屆國會	2004.04	第十七屆國會選舉，總統所屬政黨過半數 【新國會 vs.舊總統，兩者一致】
李明博總統		2007.12	李明博（大國家黨）當選總統【新總統vs.舊國會，兩者不一致】
	第十八屆國會	2008.04	第十八屆國會選舉，總統所屬政黨過半數【新國會 vs.新總統，兩者一致】
		2012.04	第十九屆國會選舉，總統所屬政黨過半數【新國會vs.舊總統，兩者一致】
朴槿惠總統	第十九屆國會	2012.12	朴槿惠（新國家黨）當選總統【新總統vs.舊國會，兩者一致】
		2016.04	第二十屆國會選舉，無政黨過半數 【新國會 vs.舊總統，兩者不一致】
	第二十屆國會	2017.03-05	總統朴槿惠被彈劾下台，文在寅於5月舉行之總統選舉中當選

圖2-1　南韓近年來憲政重要大事

資料來源：作者自製。

的政黨，瞬間轉變成占國會三分之二以上席次的政黨（郭秋慶，2010：12）。然而，此一與總統一致的國會多數，在1992年4月國會選舉後即告瓦解，民主自由黨在此次國會選舉中獲得149席，在當時總額299席的國會中又變成未過半數的政黨，但隨後盧泰愚又拉攏無黨籍國會議員加入民主自由黨，使得總統所屬的民主自由黨又勉強掌握了國會過半數的席次。

1992年12月，與盧泰愚同屬民主自由黨的金泳三當選總統，總統所屬政黨與國會多數維持一致，金泳三並在1995年底將民主自由黨改名為新韓國黨。但是在1996年4月國會選舉後，執政黨新韓國黨僅獲得139席，國會再度回到各黨不過半的格局（Oh, 1999: 191）。但金泳三總統在選後不斷攏絡與其友好的在野黨議員，故不斷有其他政黨的國會議員加入新韓國黨，半年之後金泳三總統又重新掌握國會多數。

1997年12月，新政治國民會議的黨魁金大中當選總統，實現了南韓民主化後的首次政權和平移轉，這是南韓首度經由選舉程序將執政權移轉給原本的在野黨。然而，金大中總統所屬的新政治國民會議在當時國會中的席次僅78席，而由新韓國黨改名的大國家黨在國會中占有過半席次，再度回到總統與國會多數不一致的局面。金大中面對當時占有國會過半席次的在野黨大國家黨，一方面與金鍾泌領導的自由民主聯合共組執政聯盟，另一方面則利用大國家黨內部的派系矛盾，不斷見縫插針想促使大國家黨分裂，積極吸納脫離大國家黨的國會議員加入執政聯盟，並以調查政治獻金為理由，由執政當局的檢察部門對在野黨議員進行偵訊調查，當時政壇甚至有傳言涉案議員加入執政黨即可不被起訴。經由執政黨各種威脅利誘的手段，陸續有大國家黨的議員宣布脫黨，加入自由民主聯合和新政治國民會議這兩個屬於執政聯盟的政黨（倪炎元，2002：230）。到了1998年底，執政聯盟兩個政黨的席次總和已超過國會半數，而大國家黨則失去國會多數。但是，這個總統的多數聯盟僅維持了一年左右，2000年2月，金鍾泌與金大中總統發生嚴重爭執，憤而率領自己領導的自由民主聯合退出執政聯盟，導致金大中總統又無法掌握國會多數。隨後4月舉行國會選舉，選後國會仍處於各黨不過半的局面，在野黨大國家黨雖未獲得國會過半席次，但仍維持國會第一大黨的地位，而金大中總統所領導、由新政治

國民會議改名的新千年民主黨則屈居第二。不久之後,金大中總統又再度與先前發生齟齬的金鍾泌重修舊好,金大中所領導的新千年民主黨與金鍾泌所領導的自由民主聯合再度共組執政聯盟,但兩黨後來仍爭執不斷,導致兩黨組成的執政聯盟數度分分合合。於是,金大中總統自2000年國會選舉後,一直到2002年他的任期結束為止,始終無法持續穩定地掌握國會多數(黃長玲,2008:46-47)。

　　2002年12月,與金大中同屬新千年民主黨的盧武鉉當選總統,繼續維持總統與國會多數不一致的局面。特別的是,盧武鉉總統上任後沒有像先前盧泰愚、金泳三、金大中等歷任總統試圖營造國會多數,反而宣布退出新千年民主黨,另外與追隨他的47名國會議員組成開放我們的黨(Chaibong, 2008: 137)。一夕之間,新千年民主黨從總統所屬的執政黨變成在野黨,新千年民主黨與第一大反對黨大國家黨等在野勢力在國會中占了三分之二以上的席次。自此,總統與國會之間的衝突與僵局不斷發生,國會不斷擱置總統與內閣所提出的法案,而總統也屢次透過否決權推翻國會通過的法案。2004年3月國會選舉期間,盧武鉉公開演說呼籲選民投票支持開放我們的黨,對於總統此一作為,新千年民主黨與大國家黨在國會中悍然以盧武鉉此舉涉嫌違反總統須維持中立立場、不得為特定政黨競選的法令為理由,以三分之二多數通過對盧武鉉的彈劾案,送交憲法法院審理,迫使盧武鉉總統停職,由總理高健代理總統職權(Chaihark and Kim, 2005: 35-37)。此一政治動盪的局勢導致輿情譁然,韓國股市也因此重挫(Kihl, 2005: 343-350)。2004年4月,國會選舉在盧武鉉停職期間舉行,盧武鉉所領導的開放我們的黨從選前的47席大幅增加為152席。這是南韓民主化之後歷次國會選舉中,首度有單一政黨在國會中超過半數。一般認為,開放我們的黨在這次國會選舉中能夠獲得過半席次,顯示國會輕率彈劾的舉措引發民眾對國會不滿,並將總統彈劾案導致的經濟動盪歸咎於國會,而民眾對國會的不滿情緒也連帶使盧武鉉總統所屬的開放我們的黨獲得不少同情票。2004年5月,憲法法院做出判決,正式駁回國會所

提出的彈劾案，宣布盧武鉉總統復職。[11]盧武鉉總統復職後，到任期結束為止，皆維持總統與國會多數一致的局面。

　　2007年12月，大國家黨提名的李明博當選總統，實現了南韓民主化後的第二次政黨輪替。李明博上任後不久，2008年4月舉行國會選舉，這是南韓民主化二十年以來，總統選舉與國會選舉時間相差最近的一次。由於李明博總統才剛上任，在國會選舉中得以發揮「衣尾效應」（coattail effect）[12]拉抬同黨議員候選人的聲勢，李明博所屬的大國家黨遂獲得過半數席次，形成總統與國會多數一致的格局。2012年2月，大國家黨於國會選舉前夕改名為新國家黨，在4月的國會選舉中驚險維持國會過半數席次。同年12月，新國家黨提名的朴槿惠當選總統，繼續維持總統與國會多數一致的格局。到了2016年4月，朴槿惠擔任總統已逾三年，在當時舉行的國會選舉中，朴槿惠所屬的新國家黨失去國會多數，由共同民主黨取得第一大黨的地位，但該黨亦未獲得過半席次，這是自2000年以來，總統所屬政黨再度於國會選舉中未獲多數，再次出現朝小野大、國會各黨不過半的局面。

　　2016年10月，南韓媒體揭露總統朴槿惠閨密崔順實干政並向企業施壓獲取利益的醜聞，此一醜聞導致朴槿惠盡失民心，全國民眾持續大規模集會要求朴槿惠下臺，國會在野黨亦醞釀提出彈劾，連執政黨新國家黨的部分議員也表態支持。同年12月，國會通過彈劾案，朴槿惠遭到停職，在憲法法院作出裁判前，由總理黃教安代理總統職權。2017年3月，憲法法院作出判決，八位大法官全數通贊成彈劾案，朴槿惠成為南韓首位被彈劾下臺的總統。依南韓憲法規定，總統若提前解職，須在六十日內舉行總統選舉選出繼任者。同年5月，共同民主黨提名的文在寅當選總統，隨即展開為期五年的總統任期。

---

[11] 關於盧武鉉總統彈劾案之始末，可參見林秋山（2009）。

[12] 衣尾效應是指當總統與國會議員緊鄰先後選舉（即蜜月期選舉）或同時選舉時，聲勢強大的總統候選人通常能對同黨國會議員候選人造成提攜的效果，使得總統選舉中獲勝的政黨通常也能在國會議員選舉中獲得勝利。這種效應即為俗稱的「母雞帶小雞」效應。關於衣尾效應，可參見Ferejohn and Calvert（1984: 127-146）；Golder（2006: 34-38）。

　　從上述南韓憲政運作的經驗可以發現，由於南韓國會與總統國會任期不一致（國會任期四年，總統任期五年），導致南韓不時出現「新總統vs.舊國會」或「新國會vs.舊總統」的任期交錯情形。南韓總統在其五年任期中，念茲在茲的一項政治工程，就是透過各種拉攏在野黨國會議員的手段，塑造並維持一個支持總統的國會多數（盧武鉉總統上任之初自絕於國會多數的舉措是唯一的例外）。然而，這個總統處心積慮所塑造的國會多數，卻一直是處於浮動而不穩定的狀態。總統任期內的國會選舉、政黨結盟交易承諾兌現的爭議、政策路線的歧見等，都很容易使總統所辛苦塑造的國會多數頃刻間瓦解（倪炎元，2014：53）。而其中最容易導致國會多數瞬間瓦解的因素，乃是總統任期中的國會選舉。南韓過去二十多年的憲政運作經驗顯示，南韓總統猶如希臘神話中反覆將滾落山谷的巨石推到山頂的薛西弗斯（Sisyphus），總統上任後幾乎都會努力塑造國會多數，但總統塑造的國會多數又幾乎都會被總統任期中的國會選舉所瓦解，而總統在國會選舉後又會再度努力塑造國會多數，如此重複循環。

　　綜上所述，若以總統、總理與國會的三角關係觀察南韓的實際憲政運作（如圖2-2），當總統能夠有效掌握國會多數時，總統任命自己屬意的同黨人士擔任總理組閣，自然毫無障礙。此時總統、國會與總理三者皆一致，總統的憲法權力就能充分發揮。由於南韓總統的憲法權力相當大，此時一方面總統較能推動全面且巨大的改革（黃宗昊，2012：161），[13]另一方面也容易發生濫權貪腐與親信資本主義（crony capitalism）的危

---

[13] 在南韓的憲政體制中，總統在法律的概括授權下可在青瓦臺（總統府）自行設立跨部會的政策委員會以推動重大政策，例如金大中總統所設立的財閥體制改革委員會、李明博總統所設立的自由貿易協定推動辦公室。青瓦臺以外的內閣組織則須依「政府組織法」所規定的組織架構設立，受法律的拘束較嚴格。不過，當總統與國會多數一致時，國會常配合總統的意志而修正「政府組織法」，使總統得以調整內閣組織。相較於我國的「總統府組織法」與「行政院組織法」自1948年制定至今僅分別修正過三次與兩次，南韓的政府組織法自1948年制定至今六十多年來已修正五十次。綜言之，南韓的青瓦臺與內閣組織常隨不同總統的改革意志而發生變化，總統更迭常造成明顯的組織變動與政策斷裂，這種制度特性是我國憲政體制中所見不到的。

機。[14]而當總統與國會多數不一致時，國會對總統任命的總理人選雖然有
人事同意權，但總理的任命很清楚地是依循總統制的運作邏輯，組閣權明
確屬於總統而非國會，總理仍由總統任命自己陣營人士出任。儘管在總統
制的運作邏輯下，南韓在總統與國會多數不一致時從未發生組閣權歸屬的
爭議，但此時總統與國會之間的衝突與僵局則非常明顯，而且當總統使用
各種手段拉攏國會在野黨議員以塑造國會多數的過程中，經常引起在野黨
的不滿與反彈，因此在總統成功塑造國會多數之前，總統與國會之間的衝
突往往更為激烈。於是，在朝野分合不定的循環過程中，南韓的憲政運作
往往是在「總統濫權」與「總統與國會發生嚴重衝突」兩種極端局勢中擺
盪（Im, 2004: 190-191；Croissant, 2003: 76-82），這是南韓當前憲政運作
最主要的困境。

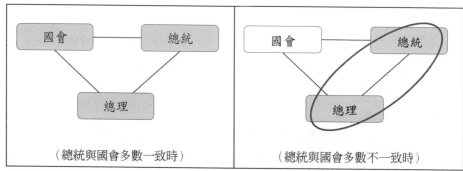

圖2-2　南韓的實際憲政運作

資料來源：作者自製。

---

[14] 近年來的南韓總統幾乎都難逃貪污收賄的指控。全斗煥與盧泰愚於卸任後皆因貪污罪被判刑
（後來皆在金大中擔任總統期間獲得特赦），金泳三、金大中、盧武鉉、李明博、朴槿惠等
總統都發生家屬或親信收賄的醜聞。參見Kang（2002）、林文斌（2010：66）。

參、我國憲政體制的規範與實際運作

　　關於我國憲政體制的探討，可如同前文討論南韓憲政體制分為規範面與實務面分別觀之。就我國憲政體制的規範面而言，我國憲政體制屬於半總統制固無疑義，但憲政體制的具體內涵卻存在著許多爭議，其中的關鍵爭議在於我國總統的憲法權力。就我國憲政體制的實務面而言，由於我國憲政體制類型的定位是半總統制而非總統制，因此當總統與國會多數不一致時，便會發生半總統制的典型病徵，即組閣權歸屬的爭議。而在我國憲政運作上，總統始終是組閣權歸屬爭奪戰中的勝利一方，使得我國憲政運作實際上近似總統制。以下分為憲法規範層面與憲政實務層面分別探討我國憲政體制。

一、我國憲政體制的特性

　　相對於南韓憲政體制究竟屬於總統制或半總統制的爭論，我國當前憲政體制屬於半總統制，應無疑義。關於我國憲政體制規範層面的內涵，本書第一章第貳節之「一、我國憲政體制的規範」中已對此詳加討論，在此不再贅述。整體而言，若從行政權的歸屬、行政權的來源，以及行政權與立法權的關係等三個面向來觀察我國憲政體制，可以發現：首先，就行政權的歸屬而言，我國憲政體制的行政權分別歸屬於總統與行政院長，行政權在憲法規範上為二元化的設計，總統與行政院長各有其特定的權力執掌範圍，行政院長並不純然是總統的下屬。第二，就行政權的來源而言，總統透過四年一次的直選選舉，總統所掌之行政權直接源自人民的賦予，為雙行政首長之一；另一行政首長行政院長既是由總統直接任命，且須對立法院負責，故行政院長所掌的行政權一方面源自總統的任命，另一方面源自立法院的信任，亦即以立法院不行使倒閣權取得立法院默示的信任。第三，就行政權（總統與行政院長）與立法權（立法院）的關係而言，總統與立法院的關係具有權力分立制衡的精神，立法院有預算權、調查權、彈

劾與罷免提案權、人事同意權可制衡總統，總統則有被動解散權可制衡立
法院；行政院長與立法院的關係則強調行政對立法負責的精神，行政院長
及各部會首長須至立法院接受質詢，且立法院擁有倒閣權。我國憲政體制
根據以上三個面向都突顯出半總統制的特徵。

　　我國當前憲政體制類型屬於半總統制固無疑義，但憲政體制的具體內
涵卻頗有爭議，主要爭點在於總統的憲法權力。在學界與政壇，不同論者
對於總統的憲法權力往往有迥然不同的理解與論述，遂形成我國憲政體制
的重大爭議。此爭議的主要癥結，在本書第一章已有論及，主要是在於我
國半總統制的憲政架構同時具備內閣制與總統制的特徵，一方面半總統制
從內閣制擷取了內閣對國會負責的特徵，另一方面又從總統制擷取了總統
由人民普選產生的制度安排（吳玉山，2011：1），這種混合色彩使得我
國憲政體制中總統的憲法權力具有模糊且富彈性的詮釋空間。關於我國總
統的憲法權力，大抵有從內閣制角度詮釋，而將總統憲法權力限縮解釋的
「限縮論」；以及從總統制角度詮釋，而將總統憲法權力擴張解釋的「擴
張論」這兩種論述。也有學者發現，由於我國相較於南韓憲法對於總統
的憲法規範較為模糊，使得我國總統與其他部門間發生的憲政爭議與釋憲
案，數量上遠比南韓來得多（葉俊榮，2011）。

二、我國憲政體制的運作及其困境

　　我國民選總統任期為四年，而在2005年第七次修憲之前，立法院的
任期為三年。由於總統與立法院任期不一致，因此會出現總統與立法院新
舊交錯的情形。2000年5月陳水扁總統上任前，總統、行政院與立法院多
數皆由國民黨掌握，由總統主政；2000年至2008年陳水扁總統在任期間，
總統與立法院多數則分屬不同政治陣營，但陳總統在這八年間，仍是任命
自己陣營的人士為閣揆（僅有唐飛為短暫的例外），由民進黨組閣，閣
揆與內閣聽命總統行事，仍由總統主政；2008年5月馬英九總統就任後，
又回到總統、行政院與立法院多數皆由國民黨掌握的格局，由總統主政；
2016年5月蔡英文總統就任後，則形成總統、行政院與立法院多數皆由民

進黨掌握的格局。

　　我國憲政體制固然符合半總統制的要件，在憲政體制的外觀上，亦具有「內閣對國會負責」與「行政權二元化」這兩項半總統制的主要特徵，但在實際運作上，由於國會倒閣權此一確保內閣對國會負責的關鍵制度難以發揮實效，且總統與閣揆彼此分權制衡的行政權二元關係幾乎轉變為上下隸屬的行政一體關係，使得「內閣對國會負責」與「行政權二元化」這兩項半總統制的主要特徵幾乎徒具形式意義，致使我國憲政體制在實際運作上，與總統制非常類似，形成「形式上為半總統制，實質上為總統制」的狀況。立法院難以行使倒閣權與行政權二元關係逐漸瓦解的現象，在陳總統與馬總統在任期間特別明顯，以下分別說明之。

（一）立法院難以行使倒閣權

　　2000年至2008年陳總統在任期間，總統與立法院多數不一致，陳總統不理會立法院多數陣營的意見，始終依己意任命閣揆。在內閣並非由立法院多數陣營組成的情況下，立法院多數陣營卻從未行使倒閣權。在憲法規範上，由於我國憲法中規定立法院擁有倒閣權，此一制度設計突顯了內閣對國會負責的精神，我國憲政體制也因此被歸類為半總統制。但是若體系性地審視我國憲法規定，將會發現在我國相關制度的效應下，立法院幾乎不可能通過倒閣案。究竟是什麼制度所造成？以下進一步分析：

　　首先，導致立法院難以行使倒閣權的主要制度因素，是我國國會倒閣與總統解散國會相互連結的制度設計。我國總統擁有被動解散國會權，亦即總統解散國會有其前提限制，此前提即是立法院通過倒閣。立法院通過倒閣後，總統可以解散立法院重新選舉，這樣的制度設計，幾乎使立法院不可能通過倒閣，因為一旦立法院倒閣通過可能導致總統解散立法院，立委將承擔重新選舉的成本以及面臨落選的風險，這使得立法院雖有倒閣權，但對於通過倒閣充滿疑懼。在世界上的半總統制國家中，總統擁有主動或被動解散國會權是相當普遍的制度設計，但卻鮮少有國家是以國會通過倒閣作為總統行使解散國會權之前提要件。

　　值得釐清的是，我國憲政體制中「國會倒閣權vs.總統解散國會權」與內閣制國家中「國會倒閣權vs.內閣解散國會權」的制度運作邏輯並不完全相同。在內閣制下，內閣與國會具有共同的利害關係，雙方處於對等平衡的關係，彼此皆有「相互毀滅」的權力。內閣若解散國會，如同是與國會「同歸於盡」，原本組成內閣的政黨也同時面臨國會選舉的考驗，並由國會選舉中勝選的政黨重新組閣。不同於典型內閣制的是，在我國半總統制的憲政體制中，總統與立法院並無共同的利害關係。總統在立法院倒閣後若解散立法院，總統的職位完全不受影響，立委卻須面對職務解除重新改選的挑戰，而且即使發動倒閣的政黨在選舉中勝選，也不能保證總統必然會讓勝選的政黨組閣。總統與立法院在此權力關係中既不對等也不平衡，大幅降低立法院倒閣的動機。總之，由於我國憲政體制中國會倒閣與總統解散國會相互連結，總統與立法院的權力關係不對等與不平衡，使得立法院幾乎不可能通過倒閣（蘇子喬，2013：200）。

　　其次，導致立法院難以行使倒閣權的次要制度因素，是立委不得兼任閣員的制度設計。我國憲法第75條規定立委不得兼任官吏，由於立委不得兼任內閣閣員，使得立委較無動機行使倒閣權。因為在國會議員兼任內閣閣員的多數內閣制國家與部分半總統制國家中，內閣閣員人選須從國會議員中尋找，故國會議員發動倒閣的動機之一，往往是尋求倒閣後未來新內閣組成時自己有機會入閣。然而在我國立委不得兼任內閣閣員的制度設計下，內閣閣員人選通常不是從立委中尋找，除非辭去立委，否則立委倒閣後在接下來重新組閣時自己也不可能入閣。就此看來，相較於國會議員可兼任閣員的國家，我國立委倒閣所能獲得的利益較小，立委行使倒閣權的誘因也因此較低（蘇子喬，2013：201）。

　　綜上所述，我國立法院倒閣權之所以幾乎形同虛設，最關鍵的原因是總統於立法院倒閣後有權解散立法院，導致立法院在基本態度上不敢行使倒閣權。而我國內閣閣員非由立委兼任的制度設計，使得立委在行使倒閣權一事上無利可圖，進一步使得國會行使倒閣權難以實現。

（二）總統與行政院長在實際運作上成爲主從關係

就我國憲法規範而言，總統享有明文列舉的行政權，行政院享有概括的行政權，總統與行政院之間具有分權而制衡的關係。例如，行政院對立法院通過的法案移請覆議時，須經總統之核可；總統公布法律、發布命令，須經行政院長副署。總統的覆議核可權是其制衡行政院長的權力，行政院長的副署權則是行政院長制衡總統的權力。在憲政體制的設計上，行政院長並非總統之僚屬，而是彼此分權相互制衡的兩項職位，故，原則上我國憲政體制在憲法規範上具有行政權二元化的特徵。

然而，就實際運作而言，陳總統在任期間，在總統與立法院多數不一致的格局下，總統任命自己屬意的人士爲閣揆，閣揆大抵上承總統之命行事，總統與閣揆其實已從憲法規範所設定的分權制衡關係轉變爲主從關係。不過，當時總統與行政院在職權行使上至少仍維持形式上的權力分際。2008年1月與3月先後舉行立委與總統選舉之後，我國回到總統與立法院多數一致的格局。馬總統就任後，在總統、內閣、國會多數皆屬國民黨的情況下，國民黨籍的閣揆一方面依憲法規定對立法院負責，另一方面也自居爲總統的下屬，聽命於同黨的總統。相較於陳總統在任期間，馬總統在任期間總統與閣揆的主從關係更加明顯。我們從以下幾個方面可以看出此一現象：

1. 總統與行政院的平常互動方式

就總統與行政院的平時互動關係而言，馬總統在任期間開始形成一種前所未有的憲政運作方式，即行政院長經常率領相關部會首長進總統府與總統開會。行政院重要政策拍板後，即便這些政策非屬總統的法定職權範圍，也經常由總統在行政院長及相關各部會首長的陪同下，於總統府召開記者會對外宣布。在沒有行政院長率領的情況下，行政院各部會首長每週需輪流進總統府向總統報告。總統也經常越過行政院長，向行政院各部會首長直接下達指示，各部會首長與總統直接聯繫成了常態現象。[15]因此，

---

15 以下兩事例顯示總統與行政院各部會首長經常越過行政院長直接聯繫：一、2009年9月，當

儘管總統在正式制度上無法主持行政院會議，但透過上述方式仍能主導行政院的政務運作。在實際憲政運作上，總統不僅是行政院長的直屬長官，甚至也是行政院各部會首長的直屬長官（蘇子喬，2010：203-204）。

2. 總統任命行政院重要人事的程序

就總統任命行政院重要人事的程序而言，亦明顯看出總統自居為行政院之直屬長官。2009年9月，行政院長劉兆玄請辭，總統府隨後對外宣布馬總統任命吳敦義與朱立倫為行政院正副院長。根據憲法第56條規定：「行政院副院長，各部會首長及不管部會政務委員，由行政院院長提請總統任命之。」此規定的意涵究竟是指內閣人事由行政院長決定，總統僅是基於國家元首的身分在形式上任命行政院長決定的內閣閣員，還是指內閣人事由總統與行政院長共商決定之，在憲政法理上頗有爭議。然而就過去長期實際運作而言，行政院長對於內閣閣員人選的決定，在正式提請總統任命前皆會先行與總統協商討論，尤其是國防部長、外交部長與陸委會主委等關於國安領域的內閣人事，行政院長通常遵從總統的意見。不過，在正式程序上，皆是由總統任命行政院長後，再由行政院長宣布副院長與各部會首長人選，隨後再由總統正式任命副院長與各部會首長，而不是由總統直接宣布行政院正副院長人選（陳淳文，2013：36）。當時馬總統直接對外宣布行政院正副院長人選，在我國憲政史上乃史無前例（黃昭元，2010：24-25）。馬總統這樣的舉措，顯示總統將行政院正副院長視為其直接僚屬，並且逐漸習以為常。總統府於2012年2月亦直接宣布總統任命

時甫由行政院研考會主委轉任內政部長的江宜樺接受媒體專訪，明白表示自己擔任內政部長後，與總統的互動相當密切。他表示「現在想到什麼，有時就會直接跟總統講」。當記者問到這是否有越級報告的問題時，他回答：「我儘量在同一天，讓總統及院長都知道……我想吳（敦義）院長應該不會太介意」。（江慧真、曾薏蘋、羅暐智，直稟總統，江宜樺：院長應不會太介意，中國時報，2009年9月17日，4版）。二、2013年9月王金平、柯建銘司法關說案引發政治爭議，馬總統接受媒體專訪時表示：「在政府組織裡，若有閣員向他報告事情，他一定會問『院長知不知道』，不知道就請他去報告院長」。（仇佩芬，馬透露831決策過程，時間點搞烏龍，黃求見後找江、羅密會，中國時報，2013年10月3日，4版）。馬總統此話的用意是要強調自己相當尊重行政院長，但此話也不經意透露，內閣閣員向總統報告事情乃為日常運作常態而非特例。

陳冲與江宜樺為行政院正副院長；2013年2月同樣直接宣布總統任命江宜樺與毛治國為行政院正副院長，皆與先前舉措如出一轍。

　　不僅是行政院正副院長的任命程序不同於以往，在馬總統在任期間，行政院若干部會首長亦對外公開宣稱自己是受總統而非行政院長邀請延攬入閣，儼然將總統視為自己的上司，完全無視於行政院長才是自己的法定直屬長官。[16]不僅是若干部會首長個人如此對外宣稱，以下事例則形同政府公開宣示總統是行政院的直屬長官：2012年9月，總統府向媒體宣布外交部長與陸委會主委等重要官員的人事異動。當時馬總統在未有行政院長偕同的情況下，便逕自透過總統府宣布總統任命新任外交部長與陸委會主委。在過去，行政院長對於外交部長與陸委會主委的人事決定，實質上固然會遵從總統的意見，但基於外交部與陸委會隸屬於行政院，在正式程序上仍會由行政院對外發布人事安排。然而，不同於以往的是，此次由總統府正式對外發布人事異動的訊息，整個過程完全不見行政院長的身影。很明顯地，在此事例中，總統已完全越過行政院長，將外交部長與陸委會主委視為自己可以單獨任命並全權指揮的下屬（蘇子喬，2013：188-189）。

3. 2016年總統就職前「國會多數黨組閣」倡議的破局

　　我們還可以從近日的憲政實踐看到總統與行政院長之間的主從關係。2016年1月16日總統與立委選舉後，行政院長毛治國依慣例提出總辭，馬總統向總統當選人蔡英文提議2月起隨新立法院就任，由新的國會多數黨民進黨組閣，此一提議引發社會各界對於新內閣組成時機的爭議：究竟民進黨應該在2月初新立法院就任時即組成新內閣，還是應該在5月新總統上任時才組成新內閣？此爭議一時沸沸揚揚，但不久之後蔡英文即婉拒馬總統的此項提議。在毛治國堅持辭去閣揆的情況下，馬總統遂任命原行政院副院長張善政為閣揆，組成看守內閣，直到5月20日蔡英文就任總

---

[16] 江宜樺於2009年9月擔任內政部長時曾接受媒體專訪，明白表示自己是應馬總統邀請擔任內政部長（江慧真、曾薏蘋、羅暐智，直稟總統，江宜樺：院長應不會太介意，中國時報，2009年9月17日，4版）。

統後正式任命閣揆並組成新內閣爲止。至此，倡議多數黨組閣者的主觀期待與憲政想像再度落空。過去2000年至2008年間，陳水扁總統與國會多數不一致，從未實踐國會多數黨（或多數陣營）組閣。2016年2月開始至5月20日近四個月的時間裡，再度出現（舊）總統與（新）國會多數不一致的情況，儘管國會多數黨組閣的倡議一時甚囂塵上，但終究無法成眞。此一憲政實踐顯示，我國內閣乃是隨著總統變換而更迭，而非依附於國會的變動，內閣從屬於總統的態勢相當鮮明。

綜上所述，總統與行政院長的關係，已從憲法規範中的二元權力關係，轉變爲憲政實務上的上下隸屬關係，總統在實際運作上已成爲行政院長的長官，完全主導行政事務。總統雖不能主持行政院會議，但行政事務通常由總統主導，卻又可以行政院對立法院負責爲藉口，隱藏在行政院長後面發號施令，行政院長遂成了總統逃避立法院監督的「擋箭牌」。當出現政策爭議而被民意指責時，行政院長則成了總統規避政治責任的「避雷針」，導致過去閣揆猶如跑馬燈一樣不斷替換（蘇子喬，2013：190），此即是我國憲政運作的主要困境。

綜上所述，若以總統、行政院長與立法院的三角關係觀察我國的實際憲政運作（如圖2-3），當總統與立法院多數一致時，總統任命自己屬意的同黨或親近人士爲行政院長，此時總統、立法院與行政院長皆一致，總統宛如行政院長的直屬長官，行政院長聽命於總統。當總統與立法院多數不一致時，儘管憲政法理上組閣權的歸屬此時究竟是屬於總統還是立法院頗有爭議，但在憲政運作上，總統顯然在組閣權的爭奪戰中獲勝，仍由總統任命自己屬意的同黨或親近人士擔任行政院長。就此看來，我國目前的憲政體制被實際操作爲半總統制中的總統議會制，我國半總統制下總統、行政院長與立法院的三角關係，與南韓總統制下總統、總理與國會的三角關係，在實際運作上頗爲接近。

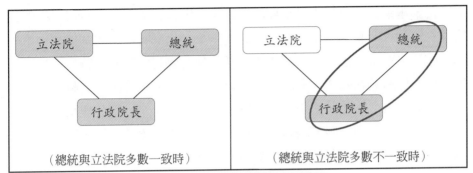

圖2-3　我國的實際憲政運作

資料來源：作者自製。

　　在憲法規範的詮釋上，我國總統的憲法權力固然存在著「擴張論」與「限縮論」的爭辯，但就憲政運作而言，基於人民對於總統的角色期待以及政治人物的具體操作，我國總統的實際憲政角色顯然是與「擴張論」者的理解較爲一致，亦即在我國半總統制的憲政架構中，總統的實際憲政角色大抵是以總統制而非內閣制的憲政邏輯呈現。我國在憲政體制的外觀上雖然具有「行政權二元化」與「內閣對國會負責」這兩項半總統制的主要特徵，但這兩項特徵幾乎流於形式：一方面看似「行政權二元化」，但總統與行政院在實際運作上幾乎成爲上下隸屬的行政一體關係，而與典型總統制下總統與內閣的主從關係如出一轍；另一方面看似「內閣對國會負責」，但由於立法院難以行使倒閣權，行政院實際上乃對總統負責，組閣權實質上歸屬於總統，於是就如同典型總統制一般，內閣的組成乃是取決於總統的意志，而與國會的意志無關。簡言之，我國憲政體制呈現「形式上爲半總統制，實質上爲總統制」的現象。

肆、南韓與我國憲政體制規範與運作的差異與比較

　　若將南韓與我國憲政體制進行比較，就規範面而言，兩國憲政體制中總統、內閣與國會的三角關係有許多相似之處，但也有若干差異。就實務

面而言，兩國憲政運作中最重要的差異是組閣權歸屬爭議的有無，亦即我國存在組閣權歸屬的爭議，但南韓無此爭議。而南韓與臺灣基於個別憲政運作的缺失，兩國都存在呼籲憲政改革的檢討聲音，南韓擬將目前的總統制推向半總統制，我國則擬將目前的半總統制推向內閣制，同時亦有推向總統制的聲音。本節將分為三部分詳述以上內容，第一部分與第二部分將分別就憲法規範與憲政實務兩方面比較臺韓兩國的憲政體制，第三部分則探討兩國目前憲政改革研議的主要方向。

一、臺韓憲法規範的差異與比較

　　我國與南韓憲政體制儘管皆兼具內閣制與總統制的特徵，具有混合的色彩，但在憲政體制類型上歸類不同，我國為半總統制，南韓為總統制。若同時檢視我國與南韓憲政體制中總統、內閣與國會的關係，可發現兩者存在以下異同（參見圖2-4與圖2-5）：

（一）就總統與閣揆的關係而言

　　我國總統得直接任命行政院長，不須立法院同意，至於總統對行政院長的免職權，憲法並無明文規定；南韓總統任命總理則須經國會同意，但總理上任後，總統有權力依己意將總理免職，由於憲法明文賦予總統對總理的免職權，南韓總統和總理毫無疑義是主從關係。另外，臺韓兩國的閣揆對總統皆有副署權，我國憲政體制中基於總統與行政院長的分權制衡關係，行政院長的副署權在法理上常被認為具有牽制總統權力的功能（但在憲政實踐上不必然如此）；而南韓憲政體制中基於總統與總理相當明確的主從關係，總理對總統的副署權並不存在牽制總統權力的功能，而僅是總理確認獲悉總統舉措的意義。

（二）就總統與國會的關係而言

　　我國與南韓國會對於總統皆有彈劾提案權，但我國立法院尚有南韓

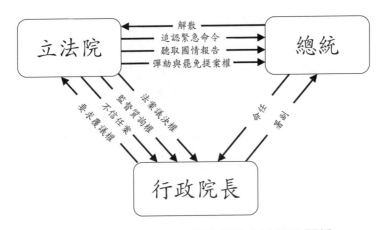

圖2-4 我國總統、行政院長與立法院的關係

資料來源：作者自製。

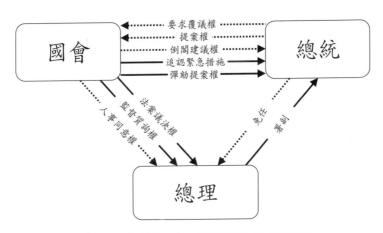

圖2-5 南韓總統、總理與國會的關係

資料來源：作者自製。

註：圖2-6中以虛線表示的箭頭是指南韓與我國明顯不同的制度設計。

國會所無的罷免提案權。其次，兩國國會對總統發布的緊急命令（或稱緊急措施）皆有追認的權力。臺韓兩國總統與國會關係的主要不同則是以下

三處：1.我國總統對於國會擁有被動解散權，南韓總統則無此一權力。總統對國會的解散權，是世界上許多半總統制國家具備的制度設計之一，總統制國家則通常無此種制度設計；2.南韓總統對於國會擁有我國總統所無的要求覆議權（即否決權），我國憲政體制中要求覆議權則屬於內閣，不屬總統，總統僅有被動的覆議「核可」權。南韓總統所擁有之否決權的制度細節，與美國總統制下總統的否決權雷同。[17]總統對國會的否決權，乃是總統制國家的重要特徵之一，半總統制國家則不必然有此種制度設計；3.南韓總統對國會尚有我國總統所無的法律提案權。我國總統若擬對立法院提案，無法以總統的名義自行提出，而必須透過行政院或透過立法院的黨團提案。

（三）就閣揆與國會的關係而言

我國與南韓國會皆有法案議決權，這是不論任何憲政體制類型的民主國家國會皆有的固有權力。兩國的國會對於內閣皆有監督與質詢權，南韓國會擁有質詢內閣的權力，在世界上多數總統制國家非常少見，乃是南韓總統制較為特殊的制度設計。至於兩國閣揆與國會關係的差異在於：我國國會對於內閣擁有提出不信任案的權力（即倒閣權），意味著我國內閣須對國會負責，此為半總統制國家必然具備的制度要件之一。相形之下，南韓國會對於內閣總理僅有人事同意權，但無倒閣權，僅能對總統提出倒閣的建議，但總統可以不接受，此意味著南韓內閣對國會負責的關鍵制度並不完備。前已論及，這是南韓憲政體制難以定位為半總統制的關鍵之一。另外，我國內閣（行政院）有一般半總統制和內閣制國家的內閣所無的提請覆議權，此一制度的淵源雖然來自美國的總統制，但是我國的覆議制度

---

[17] 在美國總統制中，總統對於國會通過的法案可拒絕公布執行，總統可在國會送達法案十日內將其否決，將法案退回國會重新審議表決，此時國會參眾兩院皆須以三分之二多數通過始能維持原法案，強迫總統公布執行。南韓與美國總統之否決權制度的差別，僅是基於美國國會為兩院制，故須經國會「參眾兩院」皆三分之二通過始能維持原法案，而南韓國會為一院制，故僅須經單一國會三分之二通過便能維持原法案。

在1997年第四次修憲將立法院的覆議門檻由三分之二調整爲二分之一之後，幾乎已不具有總統制下行政部門對立法部門的「否決權」功能，反而由行政優勢轉變爲立法優勢／國會主導的精神。

二、臺韓憲政運作的差異與比較

臺韓實際憲政運作的差異，主要是基於兩國憲政體制類型不同所致。由於南韓是總統制，故南韓憲政體制無論如何不會發生組閣權歸屬的爭議；而在我國半總統制下，當總統與國會多數不一致時，組閣權歸屬的爭議便會發生。簡言之，組閣權歸屬之爭的有無，是臺韓兩國憲政運作最主要的差異，以下詳述之。

先談南韓總統制的憲政運作：南韓國會對總統任命的總理人選雖然有人事同意權，且總統與國會多數不一致的情況經常發生，但憲政運作上從未發生總理人選究竟應由總統自己陣營人士或是國會多數陣營人士出任的爭議。很清楚地，南韓總理的任命乃是遵循總統制的運作邏輯，組閣權明確屬於總統而非國會，總理係由總統任命自己陣營人士出任。即使國會多數與總統不一致，國會也從未挾總理的人事同意權脅迫總統任命國會多數陣營的人士擔任總理。此一特色如同美國的總統制，總統任命部會首長須經參議院同意，即使在總統與參議院多數不一致的「分立政府」情況下，參議院也極少拒絕同意總統擬任命的部會首長。這是因爲在總統制的憲政體制下，行政官員乃是在總統的指揮下執行職務，直接對總統負責，他們的權力基礎完全在於總統的信任，而不是來自另一個民意機關（國會）的信任。總統制下，國會對行政官員行使人事同意權，並不在彰顯行政部門須獲得國會多數的信任，而是彰顯總統制分權體制下國會對行政部門的制衡精神。因此，國會必須尊重總統的民意基礎，尊重總統的人事權，國會對行政官員同意程序的制衡功能，通常是對其操守與專業能力的檢驗，而不會以黨派立場任意杯葛。南韓的憲政體制正是遵循這樣的總統制運作邏輯，因此儘管南韓國會與總統經常發生衝突，但國會鮮少拒絕同意總統提名的總理人選。即使國會在少數情況下曾拒絕同意總統提名的總理人選，

也絕非意味國會欲以人事同意權爲武器而與總統爭奪組閣權。在南韓的現行體制下，從未有任何一位總統因爲國會控制在反對黨手中，因而任命反對黨人士爲總理的事例發生。

事實上，在南韓實際憲政運作上，當總統提名的總理人選在國會正式同意之前，通常即以「代理總理」的名義擔任總理職務。另一方面，由於國會對總理的倒閣建議權並無正式拘束力，故國會也很少對總理通過倒閣建議案，以免被總統拒絕而斲傷國會權威。因此，如表2-3所示，南韓總理更迭相當頻繁，但此一現象並非基於國會的倒閣，而是基於總統的任免。在南韓，總統經常利用總理的任免來操作政治，歷任總統幾乎都曾透過撤換總理來舒緩總統本身面臨的政治危機，藉此挽救自己形象，或是利用總理一職作爲政治結盟交易的工具，導致總理更迭頻繁（Roh, 2003: 191-193）。回顧南韓民主化之後的歷任總統，盧泰愚總統任內（1988.2-1993.2）任命過五位總理，金泳三（1993.2-1998.2）與金大中（1998.2-2003.2）總統任內皆任命過六位總理，盧武鉉（2003.2-2008.2）、李明博（2008.2-2013.2）與朴槿惠（2013.2-2017.3）總統任內皆任命過四位總理。平均而言，一任總理的任期不到一年。但無論如何，總統任命的總理皆是與總統同黨（或同一執政聯盟）的人士，或是與總統友好的無黨籍人士。在南韓憲政史上，從未發生總統被迫任命反對黨人士爲總理的事例。[18]

---

[18] 2016年11月，朴槿惠總統爲了平息閨密崔順實不當干政的政治醜聞，提名曾在盧武鉉總統期間擔任副總理的在野黨人士金秉准爲新任總理人選，擬送國會同意，並表示國會若另外提出總理建議人選，願意撤回提名，任命國會推薦的人選擔任總理，並釋放權力讓新總理掌管內閣。但國會批評此項提議不符南韓憲政體制精神，並不接受朴槿惠的此一舉措，此項任命案無疾而終。

表2-3　南韓第六共和的總統與總理

總統	總統黨籍	總理	總理黨籍
盧泰愚 （1988.2-1993.2）	民主正義黨 （1988-1990） 更名：民主自由黨 （1990-1993）	李賢宰 （1988.2-1988.12）	無黨籍
		姜英勳 （1988.12-1990.12）	民主正義黨 （1988-1990） 民主自由黨 （1990）
		盧在鳳 （1990.12-1991.5）	民主自由黨
		鄭元植 （1991.5-1992.10）	無黨籍
		玄勝鍾 （1992.10-1993.2）	無黨籍
金泳三 （1993.2-1998.2）	民主自由黨 （1993-1995） 更名：新韓國黨 （1995-1997）	黃寅性 （1993.2-1993.12）	民主自由黨
		李會昌 （1993.12-1994.4）	民主自由黨
		李榮德 （1994.4-1994.12）	民主自由黨
		李洪九 （1994.12-1995.12）	民主自由黨
		李壽成 （1995.12-1997.3）	新韓國黨
		高建 （1997.3-1998.2）	無黨籍
金大中 （1998.2-2003.2）	新政治國民會議 （1998-2002） 更名：新千年民主黨 （2000-2002）	金鍾泌 （1998.2-2000.1）	自由民主聯合
		朴泰俊 （2000.1-2000.5）	自由民主聯合
		李漢東 （2000.5-2002.7）	自由民主聯合
		張裳 （2002.7） （代理，未獲國會同意）	無黨籍

（續）表2-3　南韓第六共和的總統與總理

總統	總統黨籍	總理	總理黨籍
金大中 （1998.2-2003.2）	新政治國民會議 （1998-2002） 更名：新千年民主黨 （2000-2002）	張大煥 （2002.8） （代理，未獲國會同意）	無黨籍
		金碩洙 （2002.9-2003.2）	無黨籍
盧武鉉 （2003.2-2008.2）	新千年民主黨 （2003） 更名：開放國民黨 （2004-2007）	高建 （2003.2-2004.6）	新千年民主黨
		李海瓚 （2004.6-2006.3）	開放國民黨
		韓明淑 （2006.4-2007.3）	開放國民黨
		韓德洙 （2007.3-2008.2）	無黨籍
李明博 （2008.2-2013.2）	大國家黨 （2008-2012） 更名：新國家黨 （2012-2013）	韓昇洙 （2008.2-2009.9）	大國家黨
		鄭雲燦 （2009.9-2010.8）	大國家黨
		尹增鉉 （2010.8-2010.10） （代理，未獲國會同意）	無黨籍
		金滉植 （2010.10-2013.2）	大國家黨 （2010-2012） 新國家黨 （2012）
朴槿惠 （2013.2-2017.3）	新國家黨 （2013-2017） 更名：自由韓國黨 （2017）	鄭烘原 （2013.2-2015.2）	新國家黨
		李完九 （2015.2-2015.4）	新國家黨
		崔炅煥 （2015.4-2015.6） （代理，未獲國會同意）	新國家黨
		黃教安 （2015.6- 2017.5）	無黨籍
文在寅 （2017.5- ）	共同民主黨 （2017）	李洛淵 （2017.5- ）	共同民主黨

資料來源：整理自World Statesmen.org（2017）。

　　再談我國半總統制的憲政運作：在我國半總統制中，總統擁有對行政院長的任命權，行政院又須對立法院負責。當總統與立法院多數一致時，總統任命自己陣營人士、同時也是立法院多數陣營人士組閣，在總統、行政院、立法院多數三者「一家親」的情況下，不致引發重大衝突。然而，當總統與立法院多數不一致時，究竟總統應任命自己陣營人士組閣，還是應任命立法院多數陣營人士組閣？由於我國憲法對此規定不夠清楚有模糊空間，存在著憲政爭議。簡言之，當總統與立法院多數不一致時，實質組閣權究竟屬於總統亦或國會，此問題容易引發總統與國會的衝突。

　　事實上，總統與國會之間的組閣權之爭，也可說是半總統制這種混合式憲政體制中，內閣制與總統制精神究竟何者優先的制度邏輯之爭。總統基於半總統制具有總統制的精神，常會堅持總統既然對閣揆有任命權，應可任命自己陣營人士組閣，此時總統顯然是想將半總統制儘可能操作為總統制；相反地，立法院基於半總統制具有內閣制的精神，會堅持內閣既然對國會負責，總統應任命立法院多數陣營人士組閣，此時立法院顯然是想將半總統制儘可能操作為內閣制。總之，總統制與內閣制精神的制度邏輯之爭，當總統與國會多數不一致時，會明顯呈現出總統與國會的組閣權之爭。

　　就我國目前實際憲政運作的結果看來，當總統與立法院多數不一致時，總統始終是與立法院在組閣權歸屬爭奪戰中的勝方，完全掌握對行政院長的任免權，一方面憑己意任命行政院長，一方面也憑己意更換行政院長。我國過去總統與立法院多數不一致的情況乃是出現在陳水扁總統八年任內（2000-2008），當時民進黨籍的陳總統面對泛藍陣營占有多數的立法院，始終是依己意任命閣揆。陳總統所先後任命的唐飛、張俊雄、游錫堃、謝長廷、蘇貞昌、張俊雄（再任）等閣揆，都非為基於立法院的多數意見所產生的人選，因此所組成的民進黨內閣也皆是不受立法院多數支持的少數政府。

　　但是，我國過去總統與國會多數不一致時由總統贏得組閣權的運作情況，仍難謂已經形成完全固定的模式。由於在我國憲政法理上組閣權歸屬的爭議仍然存在，憲政制度上仍具有內閣對國會負責的機制，未來一旦

再度出現總統與國會多數不一致的局面，究竟應該由國會還是總統掌握組
閣權，仍然充滿不確定性。我們可以想像一種情境：若總統與國會同時改
選，某黨提名的總統以些微多數險勝而當選，而另一黨在國會中贏得壓倒
性的超級多數，此時恐怕就未必是由總統贏得組閣權。總之，雖然我國目
前半總統制主要是依總統制的邏輯運作，但我們不能完全排除這種運作模
式在未來發生變異的可能性。

三、臺韓當前憲政體制改革方案的差異

　　南韓基於其憲政運作的缺失——在「總統濫權」與「總統與國會發
生嚴重衝突」兩種極端局勢中擺盪，近年來憲政改革的主要研議方向，
是希望在目前的總統制中灌入更多的內閣制精神，將憲政體制調整爲混
合色彩更爲鮮明的半總統制，以矯正當前總統制所顯露的缺失。2009年
8月，南韓國會的憲政諮詢機構「憲法研究專門委員會」提出修憲方案，
當時總統李明博也公開附和此一修憲方案。該機構鑑於南韓過去總統權力
龐大，且總統與國會不一致時常發生衝突和僵局，建議將憲政體制大幅
調整爲半總統制。其修憲方案的內容如下：（一）取消總統不得連任的
限制，允許總統得連選連任一次；（二）將總統任期改爲四年，與國會任
期一致，並調整總統與國會的選舉時程，使總統與國會議員同時選舉；
（三）限縮總統職權並擴增總理權限，將總統的部分權力移轉至總理；總
理不再由總統任免，改由國會選舉產生，並賦予國會倒閣權；（四）明確
劃分總統與總理的角色區隔與職權分工：總統爲國家元首，掌理國防與外
交政策；總理爲國家最高行政首長，並非總統的下屬，掌理經濟、內政等
國內事務（Park, 2009；Elgie, 2010）。不過，由於南韓修憲門檻甚高，[19]
在朝野各界對此修憲方案的細部內容未形成共識的情況下，此方案始終未

---

[19] 南韓修憲程序如下：由國會總額過半數議員或總統提議，經總額三分之二以上議員決議通
　　過，得提出修憲案。修憲案提出後三十日內提交公民複決，須經公民總額半數投票，總投
　　票數過半數贊成，始能正式通過修憲

進入正式的修憲程序。2013年1月，甫當選總統的朴槿惠於正式就職前，透過「總統交接委員會」表示，將積極考慮透過修憲將南韓憲政體制調整爲類似法國的半總統制，以分散總統的職權（Foster-Cater, 2014）。朴槿惠總統就任後，基於經濟議題優先的考量，推遲憲政改革的工作（Hunny, 2015）。但到了2015年底，朴槿惠的親近人士崔炅煥、黃佑呂，以及朴槿惠所屬政黨新國家黨黨魁金武星皆先後公開表示，南韓於2016年4月國會大選後應尋求朝野合作積極推動修憲，他們所提議的修憲內容仍是上述半總統制的憲改方案，於是目前憲政改革的議題仍在南韓政壇受到熱烈討論（Yeo, 2016；Shim, 2015）。以上顯示出半總統制始終是南韓近年憲政改革的主要研議方向。

　　特別的是，我國的憲政改革趨勢與南韓的憲政改革方向正好相反。南韓的主要憲改趨勢是欲從總統制走向半總統制；至於我國，當前半總統制的實際憲政運作已接近總統制，且有強大的聲音主張我國憲政體制應透過修憲調整爲純粹的總統制。主張我國憲政體制應改採總統制的論者頗多，在政壇上，總統制長期以來一直是民進黨的主要憲改主張；而在學界，許多學者亦主張我國憲政體制應往總統制修正。[20]總統制的倡議者認爲，總統制下行政與立法兩權分立制衡的制度設計較能避免政府濫權，也較能保障人民的自由權利。然而不能忽視的是，亦有少數論者倡議我國憲政體制應改爲純粹的內閣制。[21]內閣制的倡議者認爲，內閣制下行政與立法兩權

---

[20] 國內倡議總統制的學術文獻非常多，參見陳儀深（1997）；施正鋒（2000）；林子儀、葉俊榮、黃昭元、張文貞（2003：627-643）；吳烟村（2000）；黃昭元（2004）；黃炎東（2004）；顏厥安（2004）；許宗力（2002）；李酉潭（2005）；汪平雲（2006）。

[21] 前國民黨主席朱立倫於2015年曾提出「內閣制修憲」的主張，當時引發社會各界熱議。若細究其主張，朱立倫仍主張維持一個人民直選的總統，且總統仍享有國防、外交等領域的職權，但認爲總統的權力應大幅縮減，以建立權責相符的憲政體制。就此看來，朱立倫的「內閣制修憲」主張其實是希望將我國的憲政體制修正爲「準內閣」，亦即在維持目前的半總統制架構下「強化內閣制的精神」，並非主張將我國憲政體制修改爲純粹的內閣制。事實上，在我國目前總統已由人民直選的情況下，當前國內憲政改革討論的各派主張中，「內閣制修憲」的倡議者多半是朱立倫此類的主張，僅有極少數人士主張將總統改爲間接選舉的虛位元首，使我國憲政體制徹頭徹尾改爲純粹的內閣制。若仔細檢閱國內學界討論憲政改革的學術論文，主張我國憲政體制應改爲純粹總統制的學術文獻甚多（如前註所示），主張改爲

融合的制度設計較能避免政治僵局，且較能發揮施政效率，這種體制正是臺灣當下環境所需要。

關於總統制與內閣制的利弊得失以及我國應改採總統制還是內閣制的可欲性（desirability）分析，總統制與內閣制的倡議者彼此之間有許多辯論。倡議總統制與內閣制的論者固然立場針鋒相對，但他們有一個看法大抵上是一致的，即雙方論者都認為，相較於半總統制，內閣制或總統制至少是一種制度精神清晰明確的憲政體制。儘管總統制與內閣制可能各有其缺點，但至少在總統制或內閣制下，行政權的歸屬不會如半總統制經常發生爭議。總統制與內閣制的倡議者都批評半總統制是一種內涵複雜而制度精神混亂的憲政體制，這種憲政體制的實際運作存在著高度的變異性，整個體制的運作可能因政黨體系、總統與國會多數一致與否、總統個人的意志、總統與閣揆的實際相處狀況等因素而發生變化。尤其是當總統與國會多數不一致時，行政權的歸屬究竟是屬於總統還是國會，經常是半總統制難以完全釐清的憲政課題。因此，總統制與內閣制的倡議者都認為我國憲政體制應加以簡化，主張朝純粹的總統制或內閣制修正。

雖然不同論者對於我國應採總統制或內閣制的可欲性探討各有論據，但若從可行性（feasibility）來看，我國未來憲政改革往純粹內閣制調整的可能性遠低於往總統制調整。因為觀察世界各國憲政發展的經驗可以發現，若一國的總統開始由人民直接選舉產生，且修憲須經公民投票程序，在往後的制度調整中，就很難將人民直選總統的權利再從人民手中收回來。亦即一個國家的憲政體制中一旦設置了一個直接民選的實權總統，就很難改回間接選舉產生的虛位總統。換言之，從憲政體制類型的角度來看，憲政體制的變遷具有路徑依循（path dependence）的現象，一旦總統改由人民直選且擁有實權，這個國家的憲政體制就很難走向純粹的內閣制，而會往總統制或半總統制這兩種憲政體制其中之一變遷發展。Matthew S. Shugart與John M. Carey便指出，綜觀二十世紀以來世界各國的

純粹內閣制的學術文獻其實相當稀少。此一趨向與近來「內閣制修憲」倡議聲音響亮的一般印象頗有差異。主張純粹內閣制者，參見姚立明（2007）、楊惟任（2013）。

憲政發展經驗，沒有任何一個總統制國家轉變為內閣制國家，卻有不少內閣制國家轉變為總統制國家，其中重要關鍵正是因為總統直接民選的「不可逆性」。[22]換言之，在民主國家憲政體制變遷的路徑上，在民主政治持續未中斷的前提下，「內閣制」與「總統制和半總統制」之間宛如是一條單行道，僅有「內閣制→總統制／半總統制」的道路，而幾乎沒有「總統制／半總統制→內閣制」的道路。[23]就此看來，在我國總統已由人民直選且身為實權元首的情況下，憲政體制改為純粹內閣制的機率微乎其微，往總統制調整的可能性較高。總之，綜觀南韓與臺灣兩國的憲政體制變遷趨勢，雙方未來可能走向的憲政體制正好是彼此目前想要調整與揚棄的憲政體制。

伍、結論——臺韓憲政經驗相互參照的意義

　　南韓總統制與我國半總統制的憲政運作經驗，可以作為筆者思考憲政體制優劣問題的重要線索。1990年代初期，歐美政治學界曾經在

---

[22] 當前世界民主國家總統民選「不可逆性」的唯一例外，是前蘇聯國家摩爾多瓦。摩爾多瓦於1991年蘇聯解體後成為主權國家，憲政體制採取半總統制，總統由人民直選，並有內閣對國會負責。但在2000年，摩爾多瓦經由國會修憲將總統選舉方式改為國會選舉，並大幅削減總統權力，憲政體制遂由半總統制走向內閣制，極為罕見。這種取消總統直選的制度變遷，唯有在修憲可由國會直接通過的程序下才有可能出現。若修憲須經公民投票通過，要將總統由人民直選改為非人民直選是極為困難的事情。歷史上另一個由半總統制轉變為內閣制的特別案例是德國，德國威瑪共和（1919-1933）採行實權總統由人民直選產生的半總統制，納粹政權後的西德則改為虛位總統以間接選舉產生的內閣制。不過德國憲政體制由半總統制轉為內閣制的變遷經歷民主政體的中斷，並非在民主政治持續的過程中實現。

[23] 在憲政體制的變遷上，有些半總統制國家確曾出現「議會化」（parliamentarization）的發展，亦即出現縮減總統權力、強化總理權力等強調議會內閣制精神的制度調整，例如芬蘭、波蘭、克羅埃西亞等。但這些國家依然維持一個人民直選的總統，且總統的權力儘管縮減，但總統仍有若干實權，並非純然虛位的國家元首。在憲政體制的定位上，這些出現「議會化」的國家仍屬半總統制，而非純粹的內閣制。這種制度變遷乃是半總統制本身的體制內調整，而非半總統制轉變為內閣制的體制類型變遷。如前註所述，當今世界上由半總統制徹頭徹尾轉變為純粹內閣制的國家，僅有摩爾多瓦一例。

內閣制與總統制優劣的問題上引發激烈論戰。總統制一般被認為有以下缺點（Linz, 1994: 5-32）：（一）雙元民主正當性（dual democratic legitimacy）的危機：總統與國會皆由人民選舉產生，兩者若發生衝突無解決僵局的機制。當總統與國會多數不一致，亦即出現分立政府的情況時，不僅政府施政缺乏效率，且政府效能不佳的政治責任亦難以釐清；（二）民選總統容易成為民粹式領袖：總統是全國民意基礎最雄厚的單一職位，往往產生權力幻覺，將自己視為全民利益的化身，成為不受制衡的民粹式領袖，導致民主政治變質成「委任式民主」（delegative democracy）；[24]（三）總統任期固定導致體制僵化：在總統任期固定的情況下，國家無法因應政經情勢的變化而適時更換或延續其領導者，同時也導致國家的政務推動被總統任期生硬地切割，而發生以下弊病：一方面，任期尚未結束但已不能連任的總統可能提前喪失政治上的影響力，成為跛鴨總統（lame duck）；另一方面，即將卸任的總統基於時間的迫切感，政策沒有周延規劃便匆促實施，政策追求近利而忽略長期計畫；（四）造成贏者全拿（winner-take-all）的零和競爭：總統選舉為單一職位的選舉，乃為零和賽局（zero-sum game），贏者全贏，輸者全輸。勝選的候選人包辦一個固定任期的所有行政權力，敗選的候選人即使獲得可觀的選票，但敗選後一無所有，沒有分享執政權力的可能，這種零和賽局容易導致主要候選人產生「輸不起」的心理，形成極激烈的對決局面，升高政治的兩極化與緊張情勢。

　　若將南韓的憲政經驗與上述總統制的主要缺點相互對照，可發現南韓的憲政運作具體呈現了上述總統制的各項缺失。上述總統制的第

---

[24] 「委任式民主」是指僅有垂直課責（vertical accountability），卻缺乏水平課責（horizontal accountability）的民主政治。在這種民主政治中，人民透過尚稱公開公平的選舉選出總統（故有垂直課責），但受人民擁戴的總統卻獨攬權力，不受立法與司法機關的制衡，亦即國家機關內部的制衡機制失靈（故無水平課責）。委任式民主是一種瑕疵且脆弱的民主政治，因為總統猶如權力不受節制的「民選皇帝」，而委任式民主之所以仍稱得上「民主」，是因為此種體制尚存在最低限度的公平選舉。然而，可以想見的是，由於總統的權力不受節制，故選舉的公平性遭到破壞的可能性很高，而一旦選舉的公平性遭到破壞，民主也就蕩然無存。因此，委任式民主與獨裁政治其實只有一步之遙，參見O'Donnell（1994: 55-69）。

（一）、（二）項缺點（雙元民主正當性的危機、民選總統容易成為民粹式領袖），正是南韓總統制實際運作上最主要的問題。至於總統制的第（三）、（四）項缺點（總統任期固定導致體制僵化、造成贏者全拿的零和競爭），從南韓的憲政運作來看，一方面南韓總統僅能擔任一任，不得連任，國家政務被總統任期硬性切割的情況更為鮮明；另一方面南韓總統選舉採相對多數制，在南韓濃厚的地域主義下，常選出得票未過半的總統，贏者全拿、零和賽局的特色更為明顯；使得南韓憲政運作所顯現的前述總統制第（三）、（四）項缺點，與世界上其他總統制國家相較更是有過之而無不及。正是這些憲政運作的缺點，使得南韓目前一直有聲音對當前憲政體制進行改良，擬將當前的總統制改為半總統制。

　　值得思考的是，南韓若往半總統制進行制度調整，是否能夠有效解決南韓總統制憲政運作上的缺失？若以法國、芬蘭等國採行總理總統制的運作經驗來看，此類半總統制確實相當程度地緩和（並非完全根除）了前述總統制的四項缺失。首先，就前述總統制的第（一）項缺點而言，法國與芬蘭半總統制中國會倒閣權與總統解散國會權的機制，相當程度化解了典型總統制中行政與立法兩權之間可能發生僵局的難題。其次，就前述總統制的第（二）項缺點而言，法國與芬蘭半總統制中行政權二元化、總統與總理共同分享行政權的制度設計，從法國在總統主政（偏總統制運作）與總理主政（偏內閣制運作）之間換軌，以及芬蘭總統與總理常態性職權分工的憲政經驗看來，總統的權力相當程度受到總理的稀釋，降低了總統成為民粹式領袖的可能性。再者，就前述總統制的第（三）、（四）項缺點而言，從法國過去換軌式的憲政運作經驗看來，主政的總統若施政不力，在總統任期中的國會選舉後可能導致其所屬政黨敗選，因而面臨共治而改由新國會多數陣營所支持的總理主政；至於在芬蘭過去分工型的半總統制下，行政權並非由總統一人獨攬，總統主要掌理國防、外交事務，經濟、內政事務由國會多數陣營支持的總理所領導的聯合內閣掌理，不致行政權贏者全拿。因此，總統制下總統任期固定缺乏彈性以及總統選舉造成零和賽局的問題，在法國與芬蘭的憲政運作下也得以獲得緩解。

　　不過，若從我國半總統制的實際運作經驗來看，南韓若採行總統議

會制此種強調總統制精神的半總統制，並不能有效解決南韓總統制憲政運作上的缺失。前述總統制的四項缺失，在我國半總統制的憲政運作中全部都能看到，而且由於半總統制必然具有行政權二元化的特徵，此一特徵所造成的「雙頭馬車」問題，在我國半總統制憲政運作中也經常發生。[25]就此看來，將憲政體制從總統制改為半總統制，若制度設計的細節上稍有不慎，並不見得能夠矯正總統制的缺失，反而有可能在憲政運作上既保留著總統制的固有缺失，又額外添加半總統制的特有缺失，我國憲政運作的經驗就是明顯例證。

因此，南韓未來憲改方向若欲朝半總統制修正，若以臺灣半總統制的實施經驗為借鏡，則應謹慎設計半總統制的制度內涵，避免採行臺灣目前這種以總統制為主要運作邏輯的半總統制，因為這種半總統制既具有總統制的固有缺點（即Linz所指出的各項缺失），亦有半總統制特有的缺陷（總統與國會對組閣權的爭奪、總統與閣揆形成雙頭馬車）。南韓若採行這種半總統制，將使南韓憲政運作的問題更加雪上加霜。南韓若想以半總統制作為改善目前憲政運作缺失的藥方，應採行的是強調內閣制精神的半總統制，也就是半總統制中的總理總統制。

同樣地，我們也可以以南韓總統制的實施經驗為借鏡，思考我國憲政體制走向純粹總統制的利弊得失。前已提及，由於我國目前半總統制在實際運作上主要便是依循總統制的邏輯，因此前述Linz所提關於總統制的各項缺失，亦完全呈現在我國目前半總統制的實踐經驗中。若要論我國改採總統制可以實現的效益，應是採行總統制可以根除目前半總統制下組閣權歸屬不清楚的問題，而半總統制下基於行政權二元化所導致的總統與閣揆

---

[25] 在半總統制中，行政權分屬總統與閣揆。儘管憲法對總統與閣揆的權力範圍可做明文規範，但無論如何，總統與閣揆的權力界線總有模糊地帶，因此總統與閣揆可能相爭權力或政策步調不一致。事實上，不論總統與閣揆是否同屬同一政治陣營，此問題都不能完全避免，而在總統與閣揆分屬不同陣營時，此問題會顯得更嚴重。以我國為例，儘管歷年來總統與閣揆大抵屬於同一政治陣營（陳水扁總統任命的首位閣揆唐飛為例外），閣揆固然聽命於總統，但有時仍會看到總統與閣揆政策立場不完全一致或彼此溝通不順暢的情形，形成「雙頭馬車」的現象。例如陳水扁總統與閣揆謝長廷在兩岸政策方面有明顯的立場差異，又例如馬英九總統與閣揆陳冲在調漲油電費率、課徵證所稅等政策的推動上，也明顯有步調不一致的情形。

「雙頭馬車」問題也可以獲得解決。這是因爲在總統制下，組閣權當然屬於總統，不像半總統制下國會也可能爭奪組閣權；且總統制下的總統乃是掌握行政權的唯一最高行政首長，不像半總統制下可能發生總統與閣揆的權力衝突。

　　然而，鑑於南韓總統制的實踐經驗，我們也可以想像我國改採總統制後憲政運作上可能出現的重大危機。一方面，當總統與國會多數一致時，如果總統仍然沿襲我國過去長期以來，總統幾乎皆兼任黨主席的黨政運作模式，總統濫權的危機可能會比禁止總統兼任黨魁的南韓更爲嚴重；另一方面，當總統與國會多數不一致時，我國總統與國會之間的對立與僵局也可能比南韓更爲明顯，這是因爲我國政黨體系制度化的程度遠高過南韓，我國總統不太可能像南韓總統一樣，可以利用制度化程度低的政黨體系去進行各種政治操作來拉攏不同政黨的國會議員，藉此主動塑造國會多數，扭轉分立政府的局面。簡言之，我國若採行總統制，在一致政府時期總統濫權危機可能甚於南韓，在分立政府時期總統與國會衝突對立的僵局也可能甚於南韓。若說南韓總統制的憲政運作是在「總統濫權」與「總統與國會發生衝突」兩種局勢間擺盪，則我國採行總統制後在這兩種局勢間擺盪的情況可能會比南韓更趨於極端化。因此，若以南韓總統制的經驗作爲我國憲政改革的借鏡，我國目前憲政體制並不宜往純粹總統制的方向調整，且我國在總統已經民選的情況下，我國憲政體制改爲純粹內閣制的可行性亦相當低，故筆者認爲，我國未來憲政改革應試圖在半總統制的架構中進行制度改良。

　　就此看來，如果我國未來較適當的憲改方向是在半總統制的框架下進行制度調整，而南韓未來往半總統制修正的憲改方向最需防範的是走向我國這種總統優越的半總統制，則我們可以發現我國與南韓未來憲政改革有一共同出路，即是走向強調內閣制精神的半總統制，亦即總理總統制。而法國與芬蘭等總理總統制國家的憲政經驗，將可作爲臺韓兩國未來進行憲政改革的重要參考對象。

　　總之，臺韓兩國憲政運作的經驗及其缺失，正好可以作爲雙方未來進行憲政改革時的借鏡與重要參考案例。南韓憲政體制若欲調整爲半總統

制，我國半總統制運作的經驗及其缺失，在南韓未來進行憲政改革時應是非常具有參考價值的例證。同樣地，南韓總統制運作的經驗及其缺失，亦是我國未來進行憲政改革時的重要參考。我們可以想像，若南韓未來採行的是臺灣版的半總統制，或我國未來採行的是南韓版的總統制，兩國的憲政運作都難以走向坦途。在憲政工程學（constitutional engineering）上，究竟應如何設計出一個有利於我國與南韓此類新興民主國家進一步走上民主鞏固並符合各國國情的憲政體制，乃是憲政體制的研究者未來仍須持續探索的議題。

3 半總統制如何實現共識民主？

壹、前　言

　　Arend Lijphart曾針對成熟民主國家的制度運作經驗，提出「多數民主」與「共識民主」兩種民主模式，他的論點受到比較政治學者們的高度重視。Lijphart透過「多數民主vs.共識民主」這兩種民主模式的對比，將憲政體制、選舉制度、政黨體系、國會制度、政府型態、中央地方權限劃分的制度、司法審查制度等民主國家的許多重要政治制度串連在一起，指出在各種不同層面的政治制度中，哪些制度類型具有強調競爭、排他、贏者全拿的多數民主精神，以及哪些制度類型具有強調包容、協商、權力分享的共識民主精神。他認為若一個國家存在著明顯的社會分歧，應該儘可能在制度設計上落實共識民主的精神，以防止社會衝突過度激化。就憲政體制而言，Lijphart認為在行政立法關係上行政部門具優勢的憲政體制具有多數民主的精神，而行政立法之間權力平衡的憲政體制則具有多數民主的精神。

　　值得注意的是，當Lijphart討論不同憲政體制類型分別屬於哪一種民主模式時，僅侷限在內閣制、總統制與瑞士委員制，而忽略對半總統制進行探討。Lijphart的基本立場是，以法國第五共和為代表的半總統制是一種在內閣制與總統制之間換軌的憲政體制，故半總統制這種混合式的憲政體制只要分別從內閣制與總統制的角度來理解即可。[1]事實上，Lijphart這種看法忽略了半總統制憲政運作的多樣性，因為當今世界上半總統制國家的憲政運作各有不同，顯然不僅是法國這種「在內閣制與總統制之間換軌」的運作型態而已。因此，我們可以問的問題是，半總統制在本質上究竟是屬於較具多數民主精神的憲政體制，還是屬於較具共識民主精神的

---

[1]　在法國的實際憲政運作中，會出現總統與總理權力互有消長的行政權「換軌」現象。當總統與國會多數一致時，行政權由總統主導，總理通常聽命總統行事，憲政體制偏向總統制運作；當總統與國會多數不一致時，行政權由總理主導，總統退居第二線，憲政體制偏向內閣制運作。基於上述特色，當法國總統與國會多數一致時，Lijphart即將此時的憲政體制視為總統制；當總統與國會多數不一致時，即將其視為內閣制（Lijphart, 2004: 102）。

憲政體制？更進一步的問題則是，如果共識民主是一種值得追求的民主模式，那麼半總統制在什麼樣的制度設計與配套下，較能夠實現共識民主的精神？

　　上述問題的探討對於我國的實際憲政運作與民主發展亦具有重要意義。2012年總統大選投票前夕，民進黨總統候選人蔡英文曾宣示，若她順利當選總統，將依循協商式民主的精神，組成大聯合政府。她所稱的協商式民主與大聯合政府即是與共識民主密切相關的概念。當時蔡英文發表的這項政見隨即引發社會各界熱烈討論，其中有支持讚揚的聲音，認為這項政見若能實現將是我國憲政與民主發展的重要里程碑（郭正亮，2012）；亦有質疑批判的聲音，認為我國當前憲政體制根本不具備實現協商式民主與大聯合內閣的條件（黃錦堂、黎家維，2012）。由於蔡英文於2012年並未當選總統，她的政見最終無從實現，但她拋出的議題也使我們思考，在我國當前半總統制的憲政架構下，是否具備實現共識民主（相當於協商式民主）與大聯合政府的條件？總之，基於上述兼具理論與現實層面的問題意識，本章希望透過半總統制與民主模式的對話，探討半總統制能否實現共識民主？如何實現共識民主？以填補Lijphart探討民主模式時忽視半總統制的漏洞。

　　本章除了在本節前言提出研究動機外，以下分為幾個部分：第貳節討論共識民主的理論內涵，指出共識民主與多數民主這兩種民主模式的差異；隨後在第參節分析內閣制與總統制這兩種憲政體制何者較能實現共識民主的精神，並以此推論半總統制能否實現共識民主；接下來在第肆節中探討若要建構一個具有共識民主精神的半總統制，這個半總統制應該具備哪些制度內涵；第伍節結語則檢視臺灣當前的憲政體制是否具有共識民主的精神，並指出本章的研究貢獻。

貳、共識民主的意涵

　　一般傳統看法認為，具有高度同質性的社會是民主政治得以穩定的

基礎，低度同質性的多元分歧社會（plural society）則難以建立並維持
民主政治。然而，Lijphart認爲，多元分歧社會若能透過某些政治制度
的特殊安排來實現廣泛的權力分享，使相互對立的各個群體彼此之間達
成妥協合共識，亦能建立穩定而兼容並蓄的民主政治。Lijphart原先將
這種多元分歧社會中具有特殊制度安排的民主政治稱爲「協合民主」
（consociational democracy），後來又將「協合民主」的概念進一步擴充
爲「共識民主」（consensus democracy），[2]並將「共識民主」與「多數
民主」（majoritarian democracy）相對比，將此二者視爲民主政治的兩種
模式，以下析論「共識民主」與「多數民主」的意涵。

　　民主政治的核心意涵爲人民的統治，但一個無法迴避的問題是：當
人民各有不同的偏好時，應由誰進行統治？多數民主與共識民主這兩種民
主模式對於這個問題各有不同的答案。多數民主認爲應由「多數人」進行
統治，少數則只能被排除在決策之外；共識民主則認爲應由「儘可能多數
的人」進行統治，努力使多數的規模最大化而非僅滿足微弱的多數。在
共識民主下，各種政策的制定與各種機構的設置旨在確保人民或其代表
廣泛地參與政府的決策，儘可能包容更多的聲音進入決策體系，政府的政
策儘量回應最多人的要求，試圖使政府的政策能夠具備廣泛的共識，如
此將能使政府政策的正當性得以最大化。簡言之，多數民主是排他、競
爭、相互對抗的政治，強調贏者全拿的精神；共識民主則是協商、包容、
合作的政治，強調權力分享的精神（Lijphart, 1984: 21-25），故共識民主
亦可說是「容納的政治」（politics of accommodation）或「談判式民主」

2　Lijphart（1969）指出，協合民主有以下四大原則，此四項原則亦可說是多元分歧社會爲
　了維持民主穩定可採的民主制度設計：一、大聯合內閣（grand coalition）：在行政方面，
　政府組成應涵蓋社會中各種重要次級團體的成員。二、比例性（proportionality）：在立法
　與預算上，國會議員應依比例代表制的方式產生，預算的分配與文官職位的任命也依社會
　次級團體的勢力大小而以比例原則行之。三、社會分歧不同組成部分的自主性（segmental
　autonomy）：在社會次級團體內部事務的決定上，應將各種決策的權力儘量交由團體本身自
　行決定，例如實施聯邦制度，使地域分歧下的次級團體擁有地方事務的自主性。四、少數否
　決（minority veto）：在國家政策的決定上，應採取少數否決的原則，以保障少數團體與族
　群，亦即肯定少數團體與族群有權否決對自身不利的決定，避免受到多數暴力的壓迫。

（negotiation democracy）（Kraiser, 1997: 434）。[3]

　　強調競爭、排他、贏者全拿的多數民主可以適用於高度同質性的社會，但這種民主模式若套用於多元分歧社會，政府的政策與作爲將有可能失去正當性。事實上，民主政治與多數原則在本質上似乎存在著內在矛盾，因爲民主政治的核心意涵既然是指人民的統治，在理想狀態應是指所有受到某一決策影響的人民都有機會參與決策，或是都有機會透過人民選出的代表來參與決策，然而在多數原則下，獲得多數支持而選舉勝利的政黨或政治勢力可以壟斷所有的權力，敗選的少數派則不能參與統治，無法享有政治權力。就此看來，多數原則與人民統治所蘊含的「所有人民都應該有機會參與決策」的民主核心意涵是背道而馳的。不過，支持多數民主的論者通常會辯解，多數原則與民主核心意涵互不相容的問題可以透過以下方式得到緩解，一是輪流執政：如果政府中的多數派與少數派是可能發生變化的，在下次選舉中少數派可能成爲多數派，多數派可能成爲少數派，從長遠的時間視野而言，在不同時期分屬少數派與多數派的所有人民仍稱得上都擁有參與決策過程的機會，因此多數原則與民主政治並無矛盾。二是執政者的政策趨中：在高度同質性的社會中，主要政黨的政策立場與意識型態有趨中傾向，不同政黨的政策差異不大，選舉結果中的少數派固然無法分享政治權力，但選舉結果中以多數原則獲勝之執政黨所推動

---

[3] Lijphart關於「協合民主」與「共識民主」的理論建構經歷過以下的過程：他在1969年的〈協合民主〉這一篇期刊論文中，首次提出協合民主的概念，並在1977年出版的《多元社會的民主》（Democracy in Plural Societies）一書中進一步闡述了協合民主的內涵。Lijphart在此階段尚未將協合民主與多數民主相互對立，而是指出協合民主是多數民主之外的一種成功民主型態。隨著Lijphart對世界各民主國家的分析日益廣泛，他發現協合民主在許多制度內涵上是與多數民主相互對立的。爲了突出兩者之間的對立，Lijphart在1984年出版的《民主政治》（Democracies，國內出版的譯著名爲《當代民主類型與政治》）中，透過對二十一個民主國家從1945年至1980年民主經驗的考察，以共識民主取代協合民主來指稱這種與多數民主不同的民主模式，並將原先協合民主的內涵加以細緻化，故協合民主可說是共識民主的前身概念。1999年，他出版《民主類型》（Patterns of Democracy）一書，對共識民主與多數民主這兩種民主模式做進一步的闡述與分析。在本書中，他考察的民主國家擴增至三十六個，考察的時段延伸爲1945年至1996年，在內容上增加了利益團體與中央銀行這兩個制度變項，並將各種制度變項歸納爲兩個主要面向（後文將會介紹），而且透過實證分析比較這兩種民主模式在政府表現上的優劣。

的政策，大致上亦能滿足包含少數派在內的廣大人民的利益與偏好。就此看來，多數原則與民主政治尚能相容。

　　然而，在階級、種族、宗教、文化具有高度差異的多元分歧社會中，上述使多數原則和民主政治之間矛盾得以緩解的兩種情況都是不存在的。因為在多元分歧社會中，往往存在著固定的少數與多數群體，多數派與少數派幾乎不會變動，不同政黨或政治勢力輪流執政的機會很小，並且難以形成趨中的政策。在這種社會中若依循多數原則決定執政者與政策，可能意味著固定的多數派將永遠擁有執政地位，將壟斷所有政策的決定權，造成多數暴政（tyranny of majority）的危機。如此一來，永遠被排拒的少數派可能會失去對國家體制的信任感與忠誠感，而引發分離運動或政治暴力。總之，在多元分歧社會中套用多數民主是缺乏正當性的，將難以長治久安。Lijphart主張，多元分歧社會若要維持民主政治的順暢運作，應該採用共識民主。共識民主模式並不像多數民主把權力集中在多數派手中，而是透過各種方式力求分享權力、分散權力、限制權力，把社會上的少數派包含進政策制定的程序中，使參與政策制定過程的人民（或其代表）的規模最大化，透過妥協與協商縮小多數派與少數派等各種不同群體間的歧異。

　　在闡明共識民主的理念後，Lijphart（1999: 3-7）爲了區分多數民主與共識民這兩種民主模式的具體內涵，具體考察了十項制度變項，這十個制度變項可說是多數民主與共識民主的構成要素，而兩種民主模式在這十項制度變項上形成明顯對比。多數民主在這些制度變項所展現的基本原則是「滿足單一多數即可做決定」。所謂「單一」，是指單一機關；所謂「多數」，則是指相對多數或過半數。此一基本原則彰顯的是競爭、排他、贏者全拿的精神；相對地，共識民主在這些制度變項所展現的基本原則是「儘可能的多數始能做決定」。所謂「儘可能多數」有兩個層面的意涵，一是複數機關而非單一機關，二是高門檻的表決程序（例如三分之二或四分之三多數決）而非相對多數或過半數。此一基本原則彰顯的是包容、協商、權力分享的精神。

表3-1　多數民主模式與共識民主模式的比較

模式 面向／變項		多數民主模式	共識民主模式
行政｜政黨面向	行政權的組成型態（政府型態）	一黨內閣	聯合內閣
	行政權與立法權的關係（憲政體制）	權力融合／行政機關居優勢地位	正式與非正式的權力分立／行政與立法機關權力平衡
	政黨體系	兩黨制	多黨制
	選舉制度	多數決制	比例代表制
	利益團體體系	多元主義	統合主義
聯邦制｜單一制面向	中央與地方權限劃分之制度	中央集權的單一制	地方分權的聯邦制
	立法權的結構	一院制	兩院制
	憲法類型	柔性憲法	剛性憲法
	司法審查制度	無司法審查制度	有司法審查制度
	中央銀行的獨立性	行政機關控制的中央銀行	獨立的中央銀行

資料來源：Lijphart（1999）。

　　至於這十個制度變項，如表3-1所示，分別是：一、行政權的組成型態（政府型態）；二、行政權與立法權的關係（憲政體制）；三、政黨體系；四、選舉制度；五、利益團體體系；六、中央與地方權限劃分之制度；七、立法權的結構；八、憲法類型；九、司法審查制度；十、中央銀行的獨立性。以上這十個制度變項又可分別納入「行政—政黨」面向（executive-parties dimension）與「聯邦制—單一制」面向（federal-unitary dimension）這兩個面向之中。Lijphart認為，上述前五個制度變項彼此密切相關，屬於「行政—政黨」面向，且由於共識民主在這五項制度變項上都呈現權力共享與合作的精神，故又可稱為「合責」（jointresponsibility）或「合權」（joint-power）面向；[4]後五個制度變項彼此亦密切相關，屬於「聯邦制—單一制」面向，且由於共識民主在這五項制度變項上都呈現權力分散與分權的精神，故又稱爲「分責」（divided-responsibility）或「分權」（divided-power）面向。[5]

從「行政—政黨」面向上分析，Lijphart認爲共識民主模式的制度特徵表現在以下五個方面：一、行政權的組成型態爲多黨組成的聯合內閣，行政權由參與組閣的所有政黨共同分享，而不同於多數民主模式的一黨內閣。二、在行政權與立法權的關係上，兩者權力平衡，而不同於多數民主模式下行政權居優勢地位。三、政黨體系爲多黨制，而不同於多數民主模式下的兩黨制。四、選舉制度採比例代表制，各政黨依個別獲得的選票比例分配席次，而不同於多數民主模式下的多數決制。五、利益團體體系爲統合主義（corporatism），注重利益團體間的相互協調與合作，而不同於多數民主模式下各個利益團體相互競爭、互不合作的多元主義（pluralism）。

從「聯邦制—單一制」面向上分析，Lijphart認爲共識民主模式的制度特徵表現在以下五個方面：一、在中央與地方權限劃分的制度上，採行強調地方分權精神的聯邦制，而不同於多數民主模式下強調中央集權精神的單一制。二、在立法權的結構上，採行兩院制，立法權在權力對等的兩個機關間平均分配，而不同於多數民主模式下立法權僅集中於單一機關的一院制。三、在憲法類型上爲剛性憲法，只有透過高門檻的特別多數才能

4　在「行政—政黨」面向的五個制度變項中，行政權的組成型態（政府型態）、行政與立法權的關係（憲政體制）、政黨體系、選舉制度這四個變項彼此之間確實密切相關，因爲選舉制度會影響政黨體系，而不同政黨體系與憲政體制相互搭配會呈現不同的政府型態。相形之下，利益團體體系與另四個制度變項的關係頗弱。有論者認爲Lijphart將利益團體體系與這四個制度變項放在同一個面向中稍嫌勉強，參見Pasquino（2000）。

5　在「聯邦制—單一制」面向的五個制度變項中，國家結構型態（中央與地方權限劃分的制度）、立法權結構、憲法類型、司法審查制度這四個變項彼此之間確實密切相關，因爲聯邦制國家必然是國會兩院制、有剛性憲法，且有司法審查制度的國家。相形之下，中央銀行的獨立性與另四個制度變項的關係頗弱。如同Lijphart將利益團體體系放在「行政—政黨」面向中所受到的質疑，Lijphart將中央銀行獨立性與其他四個制度變項放在同一個面向中的立論亦稍嫌勉強。

修改憲法，而不同於多數民主模式下由國會中過半數的多數便能修正的柔性憲法。四、在司法審查制度上，存在著獨立於國會之外並能制衡國會權力的司法審查機關，不同於多數民主模式下國會擁有絕對的立法權，而不存在制衡國會權力的司法審查機關。五、中央銀行有很強的獨立性，在貨幣政策上具有高度的自主性，而不同於多數民主模式下受行政機關控制而缺乏獨立性的中央銀行。Lijphart並指出，瑞士、比利時、歐洲聯盟是共識民主模式的典型案例，英國、紐西蘭、巴貝多則是多數民主模式的典型案例，且由於英國的民主制度近乎純粹的多數民主模式，[6]故多數民主模式亦可稱為「西敏寺模式」（Westminster model）。

　　Lijphart闡述多數民主與共識民主時所提到的十個制度變項，顯現了他宏大的學術抱負，因為他企圖透過多數民主與共識民主這兩種民主模式的對比，將當代民主國家各個層面的重要政治制度都涵蓋進來。依筆者之見，這十個制度變項彼此之間互有關聯，可以全部串連起來。如圖3-1所示，「選舉制度」會影響「政黨體系」，不同「政黨體系」與「憲政體制」的組合則會呈現不同的「政府型態」，而民主國家具有政治性質的組織團體除了政黨之外，另一重要者即為利益團體，因此「利益團體體系」亦是民主國家中不可忽視的重要制度變項。而「憲政體制」的構成單元為行政、立法與司法部門，「中央銀行」一般隸屬於行政部門，至於中央銀行獨立性的高低，各國情況各有不同。與「立法部門」與「司法部門」有

---

[6]　須注意的是，Lijphart所稱的多數民主與共識民主乃是兩種民主政治的「理念類型」（ideal type），現實案例中並沒有一個國家完全符合多數民主或共識民主的全部特徵，因為現實經驗中每一個國家都是混合著多數民主與共識民主的不同制度特徵，只是兩種民主模式成分的混合比例在不同國家各有不同。在理解上，我們亦可將這兩種民主模式視為「多數－共識」光譜上的兩端，而現實案例中不同國家位於這個光譜中的不同位置。英國接近光譜中多數民主的一端，瑞士、比利時接近光譜中共識民主的另一端。事實上，即便多數民主模式亦稱西敏寺模式，也不意謂英國就是一個完全純粹之多數民主模式的案例。因為英國有時仍有出現聯合內閣（例如當前英國內閣即是由保守黨與自由民主黨共組的聯合內閣），國會仍為兩院制（儘管是不對等的兩院制，實質上已近似一院制），且中央與地方權力劃分的制度亦有相當程度的地方分權色彩（儘管仍屬單一制），上述英國的制度特徵其實仍稍微偏離純粹的多數民主模式。關於英國政治制度與多數民主模式相符程度的細部檢視，可參見Whitehead（2013）。

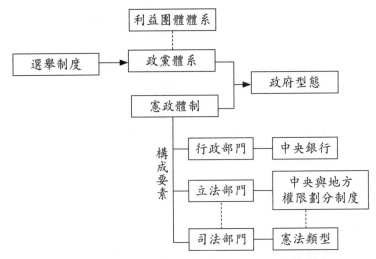

圖3-1　民主國家各種制度變項之間的關聯性

資料來源：作者自製。

關的制度則分別是國會制度與司法審查制度，而國會制度與司法審查制度則與「中央與地方權限劃分之制度」、「憲法類型」這兩個制度變項密切相關，因為假若一個國家在中央與地方權限劃分之制度採行聯邦制，在國會結構上必然會是兩院制，在憲法類型上也必然是剛性憲法，而且必然有司法審查制度。[7]整體而言，這十個制度變項涵蓋了當代民主國家各個層面的政治制度，這些制度大抵構成一個民主國家整體的制度體系。

　　多數民主與共識民主模式何者有較優良的政府表現？Lijphart針對三十六個民主國家進行實證研究，指出共識民主模式在民主品質與政府績效整體而言是優於多數民主模式的。在民主品質方面，他以婦女代表

7　聯邦制、剛性憲法、司法審查制與國會兩院制四者通常會形成一套相互連結的制度組合，這是因為在聯邦制下，係以剛性憲法保障各邦的自治權，且各邦對中央事務亦有參與權。一方面，由於剛性憲法保障各邦自治權，故聯邦制國家為了避免中央政府違憲侵害憲法所保障的各邦自治權，必須透過司法審查制度來加以防範；另一方面，由於各邦對中央事務有參與權，故聯邦制國家會採行國會兩院制，其中一院由各邦的平等代表所組成，與民選的另一院共同參與國會職權的行使。

權、政治平等、選民投票率、公民對民主的滿意程度、政府與選民的親近程度、民眾對政府的支持度、政府的腐敗程度、社會福利的水準、環境保護的程度、刑事司法的嚴屬程度、國際援助的水準等指標進行測量（Lijphart, 1999: 275-300）；在政府績效方面，他則分爲宏觀經濟管理與政治暴力兩個層面，並分別透過許多指標進行測量（Lijphart, 1999: 258-274）。結果發現，共識民主模式在民主品質的表現明顯優於多數民主模式，在施政績效的表現亦略優於多數民主模式。這樣的發現相當程度地顛覆了傳統民主品質（尤其是在民主代表性方面）與效能之間存在此消彼長關係的看法。傳統看法多半認爲，充分的民主代表性不利於政府效能，而高度的政府效能往往須犧牲民主代表性。基於此傳統看法，在邏輯上可能會推論出較強調權力分享且更具民主代表性的共識民主模式，其政府效能會遜於多數民主模式。然而，Lijphart透過實證研究強調，從共識民主的整體表現看來，民主代表性與施政效能其實是可以同時兼顧的。因此Lijphart認爲，共識民主不僅是比多數民主更能適合多元分歧社會的民主模式，亦是能夠全面替代多數民主、適合所有民主國家採行的較佳民主模式。

參、半總統制能否實現共識民主？

　　儘管Lijphart所指共識民主之實際成效優於多數民主的實證依據尙有學者抱持存疑態度，[8]且共識民主的制度設計是否一定能夠消弭多元分歧

---

[8] 例如林繼文（2012：30）指出，共識民主模式之所以在民主品質方面優於多數民主模式，是因爲Lijphart測量民主品質時所設定的各項指標，多是強調多元代表性的指標，而這些指標原本就跟強調權力分享、比例性的共識民主在意涵上密切相關。Pasquino（2000）則認爲Lijphart對於共識民主的偏好充滿偏頗的價值判斷。另外，Lijphart指出共識民主精神濃厚的先進國家相較於多數民主精神濃厚的國家更願意對開發中國家提供經濟援助，陳家喜（2006）對此提出質疑，他認爲決定經濟援助的因素，主要是一個國家的經濟實力、國際地位、外交戰略以及領導人的偏好，民主模式與經濟援助之間的關係其實非常薄弱。關於學界對共識民主模式的相關批評，可參見Vatter（2009）、Bormann （2010）、Bühlmann, Germann and Vatter（2011）、Hsieh（2013）、William（2013）。

社會的政治衝突，在學界也還有一些爭論，[9]但假若我們大抵接受Lijphart的主張與他所提出的實證依據，大致肯定共識民主是一種值得追求的良善民主模式，我們可以進一步追問：在當前許多新興民主國家普遍採行半總統制的時代趨勢下，半總統制這種憲政體制能否實現共識民主？事實上，這個問題並無法從Lijphart的論著中直接得到答案。這是因為Lijphart在提出「多數民主」與「共識民主」這兩種民主模式而論及憲政體制的類型時，基本上不承認有所謂的「半總統制」或「雙首長制」。他認為在一個同時存在總統與總理的憲政體制中，只要能確認究竟是總統或總理才是主要的行政首長，便能將憲政體制劃歸為總統制或內閣制（若總統為主要行政首長，即為總統制；若總理為主要行政首長，即為內閣制），所以他認為半總統制不是一種獨特的憲政體制類型，而只是總統制與內閣制的變體（Lijphart, 2004: 102）。因此，一般被歸類為半總統制的國家，都被Lijphart劃歸為總統制或內閣制，例如非共治時期的法國被他列為總統制國家；而共治時期的法國，以及芬蘭、奧地利、冰島、愛爾蘭、葡萄牙等國則被他列為內閣制國家。但是，Lijphart的此一看法明顯值得商榷，因為當前學界大抵認為，在半總統制國家日益增多的今天，半總統制並不純

---

9 關於多元分歧社會應採何種制度設計以促進族群和諧，並進一步促成民主鞏固，Donald Horowitz、Benjamin Reilly等學者有一套迥異於Lijphart論述的「聚合模式」（centripetalism）觀點，而與Lijphart所代表的「協合模式」（consociationalism）觀點形成對立。「協合模式」強調權力分享，故主張選舉制度採用比例代表制，以有利於多黨制與聯合內閣的形成。這種模式主張透過保障各族群在決策過程中的代表性，來達成族群間的和解與政治穩定。這種觀點是將族群視為各種制度安排的基本單元，藉此保障各族群的權利。「聚合模式」則認為比例代表制僅能鞏固各族群的既有勢力，並不能提供誘因促使政治人物跨越族群的界限，主動關注跨族群的利益以促進族群和諧。因此聚合模式主張選舉制度採行選擇投票制（alternative vote），使政治人物的勝選機率受到各族群整體的制約，迫使政治人物兼顧不同族群的利益，以拉近不同族群間的隔閡。這種觀點認為，若要實現多元分歧社會的族群和諧，應透過制度設計鼓勵跨族群的合作與整合，降低族群差異在政治上的顯著性，而不像協合模式將族群間的差異僵固化。若將兩種模式相比較，「協合模式」是將族群立場視為固定外生而無法改變的變項，故主張採用比例代表制來如實地反映既有勢力分布。相反地，「聚合模式」認為族群分歧是可以透過選擇投票制等制度安排加以改善或消弭的變項，故主張透過一定的制度安排促使政黨與政治人物為了勝選的考量而顧及不同族群的利益，進而將自己的政策主張調整得較為溫和。關於兩種學派的討論，參見Horowitz（1991, 2000, 2008）、Reilly（1997, 2002, 2006）、吳親恩（2006）。

然是總統制與內閣制的變體，也不是搖擺在內閣制與總統制之間某種界線不明的憲政體制，而是涵括了內閣制與總統制兩個核心特徵的新型制度。這種憲政體制從內閣制擷取了內閣總理對國會負責的特徵，又從總統制擷取了總統由全民直選產生的安排，半總統制這種兼具內閣制與總統制特色且行政權二元化（分屬總統與總理）的特徵，使得半總統制蘊含著自成一格的運作邏輯，而與內閣制與總統制有很大的不同（吳玉山，2012：1）。

　　既然無法從Lijphart的論述中直接得到「半總統制能否實現共識民主？」這個問題的答案。那我們或許可先退而求其次思考「內閣制與總統制何者較能實現共識民主？」這個問題，再從這個問題的答案找尋「半總統制能否實現共識民主？」的線索。事實上，若閱讀Lijphart的著作，會發現他對「內閣制與總統制何者較能實現共識民主？」這個問題的答案也不是非常直接。他對此問題的看法可略述如下：Lijphart指出，在行政權與立法權的關係上，「權力融合與行政部門具優勢地位」的制度具有多數民主的精神；「正式與非正式的權力分立」的制度具有共識民主的精神。「權力融合與行政部門具優勢地位」的制度，很明顯是指英國兩黨制運作下的內閣制。至於Lijphart所謂的「正式與非正式的權力分立」，其中的「權力分立」一詞，很容易讓人以為他指的是總統制。但事實上，當Lijphart在討論「正式與非正式的權力分立」此一共識民主的制度特徵時，他主要是以瑞士與比利時為例，而這兩個國家一為委員制，一為內閣制，兩國都不是總統制。他指出，在瑞士的委員制中，聯邦行政委員會儘管是由國會選任，但選任產生後即有四年的任期保障，國會無法透過不信任投票迫使聯邦行政委員會辭職。他認為瑞士國會無不信任投票權力的制度安排，就是一種權力分立的制度。他說：「（瑞士）這種正式的權力分立，使得行政部門與立法部門都較為獨立，而且兩者間的關係，較英國及紐西蘭的內閣與國會關係更為平衡，而不像英、紐的內閣明顯具有優勢」（Lijphart, 1984: 25）。至於比利時，Lijphart指出該國有個依賴立法機關信任的內閣制政府，但該國內閣為「廣泛且鬆散的聯合內閣」，這種聯合內閣的壽命較短，內閣與國會之間的互動不像英國的一黨內閣這麼具有優

勢，行政與立法關係顯得較為平衡。於是Lijphart宣稱：「雖然比利時的內閣制缺乏正式的權力分立，但是它的行政與立法關係可以被視為非正式或半權力分立」（semiseparation of powers）（Lijphart, 1984: 25）。[10]

　　就此看來，Lijphart在討論共識民主中「正式與非正式的權力分立」此一制度特徵時，並非以總統制國家為例。那麼，究竟一般認為最具權力分立精神的總統制符不符合共識民主的精神？對此，Lijphart認為，在總統制行政與立法兩權權力分立且相互制衡的制度精神下，法律施行必須建立在總統與國會這兩個皆具直接民主正當性的部門共同接受的基礎上（一方面國會通過法案，一方面總統不行使否決權而願意公布並執行），亦即法律施行須經國會與總統「雙重確認」（double check）。總統制這種權力分立的制度須由複數機關同意始能施行法律，在這層意義上確實符合共識民主強調「儘可能多數始能做決定」的基本原則。但Lijphart又指出，總統制將所有的行政權都集中在總統一人身上，這個特色則違反了共識民主的另一項制度特徵：聯合內閣與行政權力的分享，而且總統此一單一職位的選舉必然是採多數決制而不可能採比例代表制，這也違反共識民主在選舉制度上強調比例代表制的制度特徵。就此看來，總統制具有矛盾的兩重性，一方面總統制下行政與立法兩權正式的權力分立具有共識民主的制度精神，但另一方面總統制下總統此一單一職位必然是贏者全拿且權力集中，這部分又勢必背離共識民主的精神，而屬於多數民主的制度特徵。

　　綜上所述，關於「總統制與內閣制何者較能實現共識民主」這個問題，答案應該是：就內閣制而言，兩黨制下能夠組成一黨內閣的內閣制無法實現共識民主，多黨制下能夠組成聯合內閣的內閣制則能夠充分實現共

10　事實上，Lijphart將瑞士委員制中國會無不信任投票的制度特徵稱為「正式的權力分立」，並將比利時聯合內閣壽命較短、明顯受制於國會的特色稱為「非正式的權力分立」，這種看法與一般對權力分立的理解有頗大的落差，也容易造成一般讀者對於Lijphart論述的誤解。筆者推測Lijphart可能有認知到這個問題，因為在Lijphart於1999年出版的《民主類型》中，已將共識民主模式中的「正式與非正式的權力分立」這個制度變項改稱為「行政與立法機關間的權力平衡」，多數民主模式中的「權力融合與行政部門具優勢地位」則直接稱為「行政部門具優勢地位」，不再使用「權力融合」與「權力分立」的概念。不過，這只是筆者的揣測，因為Lijphart對於這樣的更動並沒有明確說明其理由。

識民主；就總統制而言，總統制無論如何皆僅能局部實現共識民主，因為總統制在行政與立法兩權權力分立這個層面上固然能夠實現共識民主的精神，但總統這個單一職位的制度設計必然又會牴觸共識民主的精神。

　　如果在總統制與內閣制方面的答案是如此，我們可以從上述答案進一步去思考「半總統制能否實現共識民主」的問題。筆者認為，半總統制這種憲政體制兼具內閣制與總統制的特徵，亦具有行政權二元化這個半總統制獨有而內閣制與總統制皆無的特徵，這三個層面的特徵皆有實現共識民主精神的可能性存在。首先，半總統制中的內閣制特徵是內閣須對國會負責，如果這個對國會負責的內閣是由多黨組成的聯合內閣，就能像多黨制下的內閣制一樣實現共識民主的精神；其次，半總統制中的總統制特徵是總統與國會皆由人民選舉產生，如果兩者之間充分突顯相互制衡的精神，就能像總統制行政權與立法權正式的權力分立一樣實現共識民主的精神；第三，半總統制的獨有特徵是行政權二元化，亦即總統與總理皆享有行政權，此一權力分享的特色正好緩解了總統制中行政權力過度集中於單一職位的總統而背離共識民主精神的問題。總之，如圖3-2所示，在半總統制總統、國會與內閣的三角關係中，若能充分實現以下的特色，將能充分實現共識民主的精神：一、在內閣與國會的關係上，由多黨的聯合內閣對國會負責；二、在總統與國會的關係上，兩者權力平衡；三、在總統與內閣

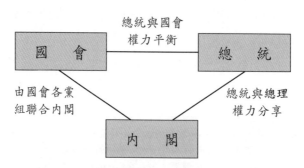

圖3-2　具有共識民主精神的半總統制

資料來源：作者自製。

的關係上，總統與內閣總理明確地權力分享。在下一節中，本章將進一步探討：一個具有上述特色而具有共識民主精神的半總統制，應該具備哪些具體的制度安排。

肆、如何建構具有共識民主精神的半總統制？

若欲建構一個具有共識民主精神的半總統制，可以從總統、國會與內閣這三者之間的制度設計進行思考。這是因為半總統制具有行政權二元化的特徵，行政權分為總統與內閣（總理）兩個部分，故行政權與立法權（國會）的權力架構會形成總統、國會與內閣的三角關係。而對於總統、國會、內閣的三角關係的探討，勢必會觸及總統與國會議員應如何選出（總統與國會議員的選舉制度）、國會中應呈現何種政治生態較合宜（政黨體系）、對國會負責的內閣應如何組成（政府型態）等議題。換言之，憲政體制、選舉制度、政黨體系、政府型態這四個變項之間具有密切的關聯性，而這四個變項皆是屬於Lijphart的「行政－政黨」面向中的制度變項。至於「聯邦制－單一制」面向中的各個制度變項，與上述憲政體制等四個制度變項較無直接關聯。因此，關於具有共識民主精神之半總統制究竟要如何建構的問題，本章都是聚焦在Lijphart的「行政－政黨」面向去找尋線索，並未論及「聯邦制－單一制」面向。而在思考具有共識民主精神的半總統制應具備哪些制度設計之餘，我們也可以思考，就當前學界一般區分的半總統制次類型而言，具有共識民主精神的半總統制是屬於哪一種半總統制。

一、具有共識民主精神之半總統制的制度建構

若欲探討半總統制應透過哪些制度設計以實現共識民主的精神，可以分別從國會與內閣之間、總統與國會之間，以及總統與內閣總理之間應具備哪些合理的制度安排進行思考。且半總統制中總統與國會皆由人民選舉

產生，總統與國會選制的類型亦攸關共識民主的精神能否充分實現。以下便從總統與國會選制的制度選擇談起。

（一）總統與國會選制的制度選擇

半總統制若欲實現共識民主的精神，國會議員選舉應採行具有高度比例性（proportionality）的選舉制度，使社會上的不同群體皆有機會在國會席次中如實地反映其在社會的支持基礎。在各種不同的選舉制度中，具有高度比例性的選舉制度為比例代表制與聯立式單一選區兩票制（mixed-member proportional system, MMP，簡稱聯立制）。這兩種具有高度比例性的選舉制度能讓小黨有生存空間，使得國會中的政黨體系走向多黨制。不過，選舉制度若具有純粹的比例性，可能會使國會中的政黨分化程度太高，造成國會充斥零碎的小黨。為了避免小黨林立，在採行比例代表制或聯立制的同時，設定一定的當選門檻是有必要的，但政黨門檻不應設得太高，以免過度扼殺擁有一定選民基礎之小黨的生存空間。

關於總統選舉制度方面，由於總統選舉是單一席次而非複數席次的選舉，本質上不可能具有比例性，故總統選舉必然是有利於大黨。不過，若要實現共識民主的精神，使小黨在總統選舉過程中仍有一定的影響空間，選舉制度應採行具有絕對多數制精神的兩輪決選制或選擇投票制（alternative vote），而不宜採行相對多數制。因為在相對多數制的總統選制下，係由得票最高的候選人當選，杜佛傑法則（Duverger's law）所稱單一選區相對多數制的國會選制所具有的機械效應（mechanical effect）與心理效應（psychological effect），[11]在相對多數制的總統選制下也同樣存在，因此就如同單一選區相對多數制的國會選制傾向形成兩黨競

---

[11] Duverger（1966: 224-226）所稱的機械效果是指選舉制度對各政黨在選票與席次之間的轉化作用，就單一選區相對多數制而言，該制由得票最高者當選的計票規則有利於大黨，不利於小黨。心理效果則是指選舉制度對選民心理認知的作用，就單一選區相對多數制而言，選民會認知到將選票投給小黨形同浪費選票，故選民會傾向將選票投給他們原本不打算支持的兩大黨中較不討厭者，以防止他們較討厭的另一方當選，這種策略性投票（strategic voting）即是此制的心理效果。

爭，相對多數制的總統選制也容易形成兩大黨候選人競爭的局面，對小黨非常不利。

　　相形之下，在兩輪決選制下，小黨仍有一定的影響空間。原因如下：在兩輪決選制的第一輪投票中，除非候選人有很強的實力能直接拿下過半數選票，否則此時主要候選人的首要目標，是希望能夠獲得前兩名，以便晉級第二輪選舉；對於小黨而言，即使評估自己的實力根本無法獲得前兩名而當選無望，由於預期第一輪和第二輪投票之間將有政黨協商和結盟的空間，也會傾向推出候選人參與第一輪選舉，並盡其所能獲取選票，以作為在第二輪選舉中與主要候選人進行討價還價的談判籌碼，藉此獲得主要候選人在政策路線上的讓步或其他政治利益。就選民而言，因為在第一輪投票時將選票投給最喜愛的候選人並不會浪費選票，在第一輪投票時將較可能忠實地反映他們的真實偏好而進行誠摯投票（sincere voting），因此小黨在第一輪選舉中仍能獲得一定的選票。故從政黨參選的動機和選民投票的考量來看，小黨在兩輪決選制的總統選制中較有參選的動機，且在選舉過程中仍有一定的影響空間。

　　除了兩輪決選制，總統選舉採選擇投票制也是一個可行的方案。選擇投票制會促成政黨之間進行選前協調，尋求相互合作的政黨可能比單槍匹馬的政黨在選舉中有更好的表現，因為相互合作的政黨可以建議己黨的支持者（亦即會將第一偏好票投給己黨的選民）關於第二偏好票以下的投票對象，要求選民將第二、三……偏好票投給友黨（Reilly, 2002；吳親恩，2006）。因此，在這種選舉制度中，一些中間派的小黨常會成為左右兩大黨的結盟對象，在兩大黨候選人的激烈競爭下，中間派小黨的候選人常會因選民第二偏好與後續偏好的選票流向，而扮演關鍵性的角色。中間派小黨的候選人在選擇投票制下有機會獲得大黨候選人的政策讓步，且中間派小黨往往就是左右主流政黨選民的第二偏好，因此甚至有機會經由主流政黨第二偏好票的移轉而當選總統，儘管這種機會仍然不大。

　　總之，半總統制若欲實現共識民主的精神，國會選制宜採比例代表制或聯立制，總統選制宜採兩輪決選制或選擇投票制。

（二）國會與內閣的關係——聯合內閣

　　一個具有共識民主精神的半總統制，在國會與內閣的關係上應促使多黨制國會中的各黨組成至少掌握國會過半數席次的聯合內閣，以實現共識民主強調的權力分享精神。由於半總統制中內閣總理係由總統任命，為了避免總統不理會國會各政黨欲組成聯合內閣的意願，而獨斷任命總理而形成少數內閣，國會對總統任命閣揆應有人事同意權，亦即由總統提名總理人選，須經國會同意後始能任命。甚至在制度上可規定總理人選由國會以過半數選舉產生後，移請總統任命，亦即總統對總理的任命在制度上僅有形式意義的任命權。在這樣的制度安排下，政府型態將會是獲得國會多數支持的聯合內閣。[12]

　　事實上，若國會以過半數為通過門檻行使總理的人事同意權或選舉總理，此一門檻設計仍屬多數民主而非共識民主的制度精神。為了強化聯合內閣權力分享的精神，納入更多的政黨參與執政，國會行使總理的人事同意權或選舉總理的通過門檻可以考慮提高，例如以五分之三、三分之二等高於二分之一的門檻行使同意權或選舉總理，如此一來，聯合內閣的型態可以由擁有國會勉強過半數支持的最小獲勝聯合內閣（minimal winning coalition）走向超量聯合內閣（oversized coalition）或大聯合內閣（grand coalition），這樣的內閣型態將更具有共識民主的精神。

（三）總統與國會的關係——權力平衡

　　共識民主強調行政與立法部門的權力平衡，因此在半總統制的總統與

---

[12] 本文主張若要建立具有共識精神的半總統制，總統應以絕對多數制（兩輪決選制或選擇投票制）選出，總統則應任命國會多數同意或國會多數選出的人士為總理。可能有論者會質疑，總統以絕對多數制選出將擁有雄厚的民意基礎，卻又限縮總統任命總理的權力，這樣的制度組合似乎不太合理。但筆者要強調的是，在現實經驗上，總統選舉採兩輪決選制，而總統任命總理須經國會同意或僅能任命國會多數決定人選的半總統制國家，例子並不算少見，例如芬蘭、波蘭、立陶宛、葡萄牙、奧地利、蒙古、羅馬尼亞、保加利亞、斯洛維尼亞、克羅埃西亞、聖多美普林西比、維德角等半總統制國家都是這樣的制度組合。

國會關係中,若欲實現共識民主的精神,應考慮透過制度設計落實總統與國會的權力平衡,避免權力往總統或國會其中一方過度傾斜。在權力平衡的制度考量下,國會對總統應有相當的制衡權力,例如對總統任命官員的人事同意權、邀請總統定期至國會進行國情報告的權力、總統發布緊急命令的追認權,當總統違法失職時國會亦應有彈劾權;相對地,總統對國會亦應有相當的制衡權力,例如總統解散國會的權力。

值得強調的是,總統對國會的解散權不宜設計為主動解散權,亦即總統解散國會的時機應有一定的前提限制,且此一前提限制應傾向嚴格規劃,不宜過度寬鬆。事實上,在半總統制中,總統與國會皆由人民選舉產生,兩者皆具直接的民主正當性,這兩個民意基礎相當的部門理論上本應「平起平坐」,假若總統可以隨時解散國會,而國會僅有在總統違法時擁有彈劾權,總統對國會的權力將明顯強勢於國會對總統的權力,兩者的權力關係即明顯失衡,故總統擁有主動解散國會權的法理基礎在半總統制的憲政運作中本來就相當薄弱。儘管法國總統的主動解散國會權在法國的憲政運作上有其正面功能,一般認為法國總統的這項權力是促成法國換軌式憲政運作的制度要件之一,但法國總統在憲政主義的制約下,在實際運作上行使此一權力向來相當謹慎,不會輕率動用此權。然而在憲政主義精神尚未成熟的國家,總統主動解散國會權的制度設計有可能造成總統濫權的危機。值得提醒的是,由於法國常被視為半總統制的代表國家,故法國總統主動解散國會的權力常被世人誤以為是全世界半總統制國家的普遍設計。事實上,總統主動解散國會的權力在全世界半總統制國家頗為罕見,多數半總統制國家中總統對國會的解散權通常有特定時機的限制,亦即總統僅擁有被動解散國會的權力。[13]

---

13 為了確保總統與國會之間的權力平衡,總統得否兼任黨魁亦是值得思考的議題。筆者認為,若要確保行政與立法部門的權力平衡以落實共識民主的精神,總統不宜兼任自己所屬政黨的黨魁。因為在半總統制中,總統與國會的關係在制度上本來就是強調權力分立的精神,在權力分立的制度設計下,若由總統兼任黨魁,總統得以藉由黨魁身分指揮國會中同黨議員的立法行為,一方面違反權力分立原則,另一方面也破壞了共識民主所強調的行政與立法部門間權力平衡的關係。相形之下,內閣總理兼任黨魁其實比較合乎半總統制的憲政體制精神,

（四）總統與總理的關係──權力分享

　　半總統制若欲實現共識民主的精神，在總統與總理的關係上應促使兩者走向權力分享的關係。而要落實總統與總理之間的權力分享關係，避免權力往人民直選的總統傾斜，可以透過下列制度設計加以確保：首先，制度上應明文排除總統對總理的實質免職權，因爲總統一旦對總理擁有實質免職權，總理在實際運作上便須對總統負責，總統在憲政角色上將成爲總理的實際長官，總統與總理之間就會形成上下的主從關係而非平衡的權力分享關係。第二，除了總統在國防外交領域的特定權力之外，總理對總統行使職權的各種行爲應有廣泛的副署權，不經副署即不生效力。如此一來，總理的副署權將對總統的權力造成牽制。值得注意的是，「總理對總統擁有副署權」與「總統對總理無實質免職權」這兩項制度安排需要搭配在一起，因爲假若總統對總理擁有實質免職權，總理對總統的副署權就不可能對總統發生權力牽制的作用。第三，總統與總理的權限劃分應盡可能明確。儘管行政權在本質上很難百分之百明確地區分總統與閣揆個別掌握的事權，總統與閣揆的事權區分無可避免會存在著重疊地帶，但制度上對於總統與閣揆所掌有之權力範圍的規定，不宜太過模糊，以確保總統與總理之間的權力分享有明文依據可循。

　　綜上所述，一個具有共識民主精神的半總統制，應該具備以下的制度安排：一、國會選舉採比例代表制或聯立制，總統選舉採兩輪決選制或選擇投票制；二、由國會各黨組成聯合內閣，而爲了確保聯合內閣得以組成，國會應有總理的人事同意權，或由國會選舉總理；三、爲了確保總統與國會之間的權力平衡，應強化國會監督總統的權力，總統的解散國會權則應嚴格限制；四、爲了落實總統與總理之間的權力分享，在制度上應明

　　因爲半總統制下內閣須對國會負責，內閣與國會之間在制度上是權力融合的關係，強調的是內閣制的精神，而總理兼任自己所屬政黨的黨魁，指揮國會中自己所屬政黨的運作，本來就是內閣制精神下理所當然的事情。事實上，世界上有不少半總統制國家多數期間是由總理兼任黨魁，例如波蘭、葡萄牙、奧地利、保加利亞、維德角、冰島、愛爾蘭、立陶宛、斯洛伐克、斯洛維尼亞、羅馬尼亞、聖多美普林西比，這些國家的總統從未兼任黨魁。

文排除總統對總理的實質免職權，賦予總理廣泛的副署權，並明文規範總統與總理的權力範圍。[14]以上是筆者基於共識民主的理念進行邏輯推演而指出的制度安排，至於現實經驗中具備這些制度安排的半總統制國家是否具有較佳的民主表現，尚有待學界透過實證研究進行檢證。不過，即便本章基於篇幅限制無法仔細考察具體的實際案例，透過以下關於「具有共識民主精神的半總統制是屬於哪一種次半總制次類型？」這個問題的探討，我們仍可大致確認具有共識民主精神的半總統制會有不錯的民主表現，以下析論之。

二、具有共識民主精神的半總統制屬於哪一種半總統制次類型？

　　若將以上關於半總統制如何實踐共識民主精神的制度建構與半總統制的類型學問題相互連結，一個值得思考的問題是：從當前學界對於半總統制次類型的區分來看，一個具有共識民主精神的半總統制，是屬於哪一種半總統制？關於這個問題，我們必須先確認當前學界對於半總統制次類型的主要區分方式，目前最著名而廣受引用的劃分方式，本書第一章已提及，乃是Shugart and Carey（1992）以及Shugart（2005）將半總統制劃分為「總理總統制」（premier-presidentialism）與「總統議會制」（president-parliamentarism）。這兩種次類型的差異在於總統權力的大小

---

14 或許有論者會質疑，在一個具有共識民主精神的半總統制中，以絕對多數制（兩輪決選制或選擇投票制）選出的總統擁有雄厚的選票基礎，但基於確保總統與國會之間的權力平衡與總統與總理之間的權力分享，總統權力必須受到嚴格限制，兩者之間似乎難以相容。在一般直覺上，我們通常會認為以絕對多數制選出的總統，選票基礎較雄厚，憲法權力應該會較大；相反地，相對多數制選出之總統的憲法權力應該會較小。但就現實經驗來看，總統的權力大小與總統選舉制度並無明顯的關聯性。Shugart和Carey（1992: 155）兩位學者曾對全世界總統制與半總統制國家實權總統的憲法權力進行測量。研究結果發現，巴拉圭、巴拿馬、墨西哥、菲律賓、南韓等國的總統在全部國家中屬於憲法權力較大的總統，但皆以相對多數制選舉產生；而保加利亞、海地、愛爾蘭、羅馬尼亞、奧地利的總統屬於憲法權力較小的總統，卻是以兩輪決選制選出。整體而言，實權總統權力的大小與總統選舉制度的類型並無明顯的關聯性。

以及內閣負責的對象有所不同。就總統權力大小而言，總理總統制是總統權力較小的半總統制，總統議會制則是總統權力較大的半總統制。就內閣負責的對象而言，總理總統制是內閣僅對國會負責、不須對總統負責的半總統制，總統議會制則是內閣須同時對國會與總統負責的半總統制（Shugart and Carey, 1992: 23-26）。而半總統制國家究竟是屬於總理總統制還是總統議會制，主要的判斷依據與關鍵制度設計是總統對閣揆是否有免職權。若總統對閣揆擁有免職權，閣揆及其領導的內閣在實際運作上便須對總統負責，總統也因此擁有間接介入內閣施政的權力。由於半總統制下的內閣也必須對國會負責，如此一來就形成內閣須同時對國會與總統負責的格局。若總統對閣揆沒有免職權，閣揆及其領導的內閣便不須對總統負責，僅須對國會負責（Shugart, 2005: 333）。總之，這兩種半總統制次類型的差異，主要在於內閣負責對象是單一對象（國會）或雙重對象（國會與總統）的差別。

　　一個能夠實現共識民主精神之半總統制，從前文所指出的各項制度建構來看，很明顯地是屬於總統權力受到相當節制的總理總統制，而且是小黨有生存空間、政黨體系為多黨制的總理總統制。如前所述，半總統制若要實現共識民主的精神，在總統、內閣（總理）與國會的三角關係中，總統與總理之間應權力分享、總統與國會之間應權力平衡、國會與內閣之間應由國會各黨組聯合內閣。如表3-2所示，若將半總統制分為「多黨的總理總統制」、「兩黨的總理總統制」、「多黨的總統議會制」、「兩黨的總統議會制」四種次類型，多黨的總理總統制在「總統與總理權力分享」、「總統與國會權力平衡」、「由國會各黨組聯合內閣」這三個要件皆能符合，應是最能實現共識民主精神的半總統制。至於兩黨的總理總統制，其在「由國會各黨組聯合內閣」這個要件有所欠缺，另兩個要件則尚能符合，其實現共識民主精神的程度遜於多黨的總理總統制。至於多黨的總統議會制則必然不符合「總統與總理權力分享」這個要件，另外兩個要件能否具備，則視採行此制國家的具體制度設計與總統舉措而定，這種半總統制實現共識民主的程度又遜於多黨或兩黨的總理總統制。至於兩黨的總統議會制必然無法符合「總統與總理權力分享」、「由國會各黨組聯合

表3-2　不同半總統制次類型實現共識民主的程度

	多黨的總理 總統制	兩黨的總理 總統制	多黨的總統 議會制	兩黨的總統 議會制
總統與總理權力分享	○	○	×	×
總統與國會權力平衡	○	○	○或×	○或×
由國會各黨組聯合內閣	○	×	○或×	×
實現共識民主的程度排序	1（最佳）	2	3	4（最差）

資料來源：作者自製。

內閣」這兩個要件，「總統與國會權力平衡」這個要件能否具備則不一定，須視採行此制之國家的具體制度設計而定，這種半總統制最無法實現共識民主的精神。整體而言，四種半總統制次類型實現共識民主的程度高低排序乃是：多黨的總理總統制 > 兩黨的總理總統制 > 多黨的總統議會制 > 兩黨的總統議會制。

　　至於具有共識民主精神的半總統制能否有較好的政府表現，我們可以從總理總統制與總統議會制的實際表現去尋找線索。有學者便提出具體數據和實證研究，指出當前世界上採行總統議會制之國家憲政運作發生衝突的情況，整體而言較採行總理總統制的國家來得明顯且嚴重，且總統議會制國家的民主表現整體而言不如總理總統制國家（Elgie, 2007: 67-68；Moestrup, 2007: 41-43）。[15]由於具有共識民主精神的半總統制即是多黨的總理總統制，而全世界所有總理總統制國家中兩黨制的國家其實極少，絕大多數總理統總統制國家為多黨制國家，[16]因此從上述「全世界總理總

---

[15] 根據Moestrup（2007）的統計，在所有採行半總統制的新興民主國家中，面臨分立政府的總理總統制國家有14個，其中3個國家發生民主崩潰，故總理總統制面臨分立政府的「民主崩潰率」是21%（＝3/14）；面臨分立政府的總統議會制有九個，其中7個國家發生民主崩潰，故總統議會制面臨分立政府的「民主崩潰率」是78%（＝7/9）。職此看來，分立政府出現在總統議會制國家中並使之發生民主崩潰的機率，將近是總理總統制國家的四倍。

[16] 根據筆者的檢視，當前世界上總理總統制的民主國家有奧地利、保加利亞、維德角、克羅埃西亞、東帝汶、芬蘭、法國、冰島、愛爾蘭、立陶宛、馬其頓、蒙古、蒙特尼哥羅、波蘭、葡萄牙、羅馬尼亞、塞爾維亞、斯洛伐克、斯洛維尼亞等國，其中僅有維德角與蒙古的政黨

統制國家的民主表現整體而言優於總統議會制國家」的研究發現，應可大
致推斷，具有共識民主精神的半總統制應有不錯的民主表現。過去學界對
於總理總統制為何優於總統議會制各有不同論述觀點，但尚未有研究指出
總理總統制與共識民主的關聯性，本章在此乃是以一個過去學界較少提及
的角度去主張總理總統制的優越性——總理總統制較能實現共識民主的精
神。

伍、結　語

　　若以前文半總統制實現共識民主的制度安排來檢視我國當前的憲政體
制，會發現我國當前的憲政體制幾乎全然欠缺上述各項要件。最具共識民
主精神的半總統制次類型是多黨的總理總統制，而我國乃是兩黨的總統議
會制，屬於表2-2中實現共識民主精神程度最低落的半總統制次類型。事
實上，我國當前憲政體制的各項制度設計明顯偏向多數民主模式，共識民
主的精神非常薄弱（Wu, 2013）。首先，就我國選舉制度而言，國會選制
為並立式單一選區兩票制（mixed-member majoritarian System, MMM，簡
稱並立制），其中超過七成的席次是以單一選區相對多數制選出，僅有不
到三成的席次由政黨名單比例代表制選出，故整個國會選制係強調多數民
主而非共識民主的精神；總統選舉制度為贏者全拿精神為非常明顯的相對
多數制，而非小黨尚有影響空間的兩輪決選制或選擇投票制。故我國國會
與總統選制皆屬多數民主模式下的選舉制度。其次，就我國國會與內閣的
關係而言，我國國會中的政黨體系在並立制的選制影響下形成兩黨制，在
兩黨制的格局下，國會中存在著席次過半的單一政黨，政府型態為突顯多
數民主精神的一黨內閣，而非較具共識民主精神的聯合內閣。

　　第三，就我國總統與國會的關係而言，儘管我國總統並未擁有主動解
散國會的權力，但總統兼任執政黨主席，總統得以透過黨魁身分間接指揮

　　體系為兩黨制，其他國家的政黨體系皆為多黨制。

國會運作，總統與國會之間缺乏權力平衡的特色，並未彰顯共識民主的精神。第四，就我國總統與閣揆的關係而言，我國閣揆由總統直接任命，國會對閣揆原本擁有的人事同意權在修憲後被取消。在實際運作上，不僅任命閣揆是總統自行獨斷的權力，無須理會立法院的意志，且總統對閣揆亦擁有免職權，總統與閣揆在實際運作上形成上下的主從關係。儘管我國憲法規定閣揆擁有副署權，但在總統對閣揆擁有任免權，且閣揆自居為總統下屬的情況下，閣揆透過副署權得以牽制總統權力的制度功能並未彰顯。此外，我國總統與閣揆權力範圍的界線非常模糊，總統不僅主掌國防、外交、兩岸事務等領域，對於閣揆主掌的一般概括性行政領域也可隨時選擇性地介入，故我國總統與閣揆之間缺乏明確的權力分享，共識民主的精神並不彰顯。因此整體觀察我國當前的憲政體制，具有共識民主精神的半總統制所須具備的制度安排，諸如使小黨有生存空間的國會與總統選制、聯合內閣的政府型態、總統與國會之間的權力平衡、總統與閣揆間之間的權力分享，在我國完全付之闕如。我國當前憲政運作上的各種亂象，以及社會各界對於目前憲政體制諸多的批評與非議，某種程度上正是我國憲政體制設計忽略共識民主精神，太過強調多數民主精神所造成的缺失。

如果我們承認台灣是一個具有一定分歧程度的多元分歧社會，並體認到我國當前不同政黨與族群之間關於國家認同、統獨立場以及重大公共政策的衝突矛盾，無法透過「五十加一」的多數決原則排除少數意見而直接解決，而有必要透過各種制度安排納入儘可能多數的意見，共識民主的理念便值得吾人重視，共識民主所強調的制度安排便值得我們在進行憲政改革時予以參酌。雖然在我國憲政體制中總統制運作邏輯日益強化的趨勢下，要徹底且充分地實現共識民主的精神並不容易，但具共識民主精神的半總統制揭示了一個「可欲」的目標，我們仍可在目前憲政體制往內閣制方向調整之可行性被明顯框限的情況下，去思考如何在可行的憲政改革空間中去強化共識民主的精神。

總之，本章應該能在理論與實務上提供些微貢獻。在理論上，本章的學術價值大抵有三：一是補充Lijphart闡述多數民主與共識民主時忽略半總統制的闕漏；二是將半總統制的研究與共識民主的研究做了連結；三是

在半總統制次類型的研究中，以共識民主的角度確認總理總統制這的優越性。在實務上，本章對於半總統制應如何實現民主所提出的制度建構，應可作爲我國當前社會各界思辨憲政改革議題時的參考。

第二篇

選舉制度的改革

4 從德國選舉法之修正論我國立委選制改革

壹、前　言

　　我國立委選舉制度於2005年第七次修憲時，由原先以單記非讓渡投票制（single nontransferable vote, SNTV）為主的選制改為並立式單一選區兩票制（mixed member majoritarian system, MMM）（以下簡稱「並立制」），並於2008年第七屆立法委員選舉首次實施。在我國並立制下，立法委員任期四年，總席次113席，其中73席為區域立委，34席為全國不分區立委，另有6席原住民立委（平地與山地原住民立委各3名）。一般選民在選舉時可投兩票，其中一票（候選人票）選舉區域立委，另一票（政黨票）選舉全國不分區立委。區域立委以單一選區相對多數決制選出，亦即全國分為73個選區，每個選區應選席次一席，由得票最高的區域立委候選人當選，每縣市至少選出一席。全國不分區立委則以政黨名單比例代表制選出，由各政黨於選舉時提出一個排有順序的候選人名單，選民的投票對象是政黨而非候選人。各政黨根據政黨名單比例代表制部分所獲得的得票率來計算其可獲得席次，並依政黨名單中的先後順序決定當選者，此部分並設有5%政黨門檻，亦即政黨在政黨名單比例代表制部分的全國得票率須獲5%以上，始有資格分配不分區立委的席次。全國不分區立委亦有規定婦女保障名額，即各政黨當選名單中，婦女不得低於二分之一。至於原住民立委則仍以單記非讓渡投票制選出，以全國為選區，由得票最高的前三名平地與山地原住民立委候選人當選。

　　上述立委選制自2008年實施以來，一直有檢討批判的聲音。社會各界批判的主要觀點認為，並立制造成各黨得票率與席次率頗不吻合，扼殺小黨的生存空間，席次結果無法反映實際民意，社會多元價值與進步力量遭被扼殺，甚至有批判者認為並立制違反自由民主憲政秩序而聲請大法官釋憲。而當前批判並立制的論者，絕大多數主張應該將並立制改為德國聯立制（mixed member proportional system, MMP）。例如2008年立委選舉後，民間司法改革基金會、澄社、婦女新知基金會、公民監督國會聯盟等公民團體共同組成「國會選制改革公民運動聯盟」，主要訴求便

是認為我國立委選制應由並立制改為聯立制。近年來學界對於我國立委
選制的檢討，也有不少學者甚至是現任大法官主張應以聯立制取代並立
制，例如盛治仁（2006）、陳春生（2008）、楊婉瑩（2008）、陳淑芳
（2009）、張志偉（2009）、楊惟任（2012）、黃茂榮（2014）、楊承
燁（2014）。2014年5月，甫再度當選民進黨主席的蔡英文發表憲政改革
主張，亦強調立委選制應改為聯立制。而當前甚囂塵上的修憲議題討論
中，也有不少論者倡議修憲時應納入選制改革的方案，將立委選制改為聯
立制。主張聯立制的論者認為，聯立制比並立制更能正確反映選民對各政
黨的支持度，既能如實反映民意，又具有保障少數、促進社會多元價值存
在的功能。總之，目前國內輿論趨向頗有「聯立制優於並立制」的認知，
而選制改革在我國立委改採並立制以來始終是政壇與學界不時討論的議
題。我們不禁要問：就我國整體憲政運作而言，聯立制是否真的是比並立
制更適切的選舉制度？

　　事實上，德國實施聯立制至今，在德國國內也引起了許多爭議，例
如選區劃分、當選基數、政黨門檻、超額議席，都曾是爭論議題，而其中
最重要的一項爭議，即是超額議席及其所衍生的選票負面效力（指一個政
黨第二票政黨票的增加，卻導致該黨總席次減少；或一個政黨第二票的減
少，卻導致該黨總席次增加，詳見後述）。對此，近年來德國聯邦憲法法
院已兩度宣告聯邦選舉法的若干規定違憲，促使德國國會修法進行選制改
革。德國聯邦選舉法修正採行了「平衡議席」機制，雖然矯正了超額議席
的問題，卻導致計票程序更為複雜，並有可能使國會總席次暴增，德國選
制改革顯得治絲益棼。就此看來，德國聯立制在德國人的心目中亦非完美
無暇的選舉制度。

　　本章擬以德國選舉法修正的前因後果為基礎，探討我國立委選制改為
聯立制的妥適性，並檢討當前社會各界對聯立制的普遍讚揚是否為一種迷
思。在第貳節中，本章將先探討聯立制在德國實施以來所產生的問題、德
國各界對於聯立制的檢討聲音，以及晚近的改革方向。而後在第參節中，
本章將著眼於我國的現實政治環境，分析我國選制若採行聯立制可能面臨
的若干問題。本章對立委選制改革的基本看法是，若將憲政體制與選舉制

度進行配套思考，在我國當前半總統制的基本格局未大幅更動的情況下，立委選制採行聯立制並不見得是一個妥適的改革方向。若要改良我國當前的立委選制，以當前的並立制為基礎進行微調，或許是比採行聯立制更為妥適的改革方向。

貳、德國聯立制的運作及其問題

　　德國是世界上最早使用混合式選舉制度的國家，從1949年二次世界大戰後第一次的聯邦眾議院選舉開始，當時的西德便是採用五分之三單一選區相對多數決制與五分之二政黨比例代表制的混合制，當時採取一票制（即僅有投給候選人的一票），並規定只要政黨在任何一個單一選區中當選一席，或是在一邦中獲得5%的選票，即可分配比例代表制的名額。1953年後，席次分配方式改採二分之一單一選區相對多數決制與二分之一政黨比例代表制，並改採兩票制。政黨門檻自1956年後提高為全國5%的政黨得票率或3席單一選區席次。計算議席時，係採「聯立」方式，亦即是以第二票（政黨得票率）為準來決定各政黨應得的總席次，扣除掉各黨在單一選區中已當選的席次，再來分配比例代表席次。1989年東西德統一後，選舉制度仍採行聯立制，目前聯邦眾議院的議席總額為598席，其中299席以單一選區相對多數決制選出，另外299席由政黨比例代表制選出。

　　德國是聯邦制國家，其政黨比例代表制部分並非以全國為選區，而是以邦（länder）為單位。在2008年之前，其計票方式係以「嘿爾－尼邁耶最大餘數法」（Hare-Niemeyer largest remainder system）算出達到政黨門檻的各政黨在全國應分得的總席次，再以各黨在各邦（共16個邦）實際所獲得的有效票除該黨在全國所獲得的有效票數，計算出各黨在各邦所應分得的實際席次。2008年之後，則改以「聖拉噶最高平均數法」（Sainte-Laguë highest average system）分配席次。在確定各政黨在各邦所應分得的席次後，扣除該黨在各邦的單一選區中已當選的席次，再來分配比例代表席次。在分配比例代表席次時，德國係採封閉式政黨名單制，但允許雙

重候選，即候選人可同時角逐邦的單一選區議席又列名於邦的政黨比例代表名單上。如果有政黨在單一選區中所獲得的席次，已超過其依政黨得票率所應分得的總席次時，則該黨可保留多餘的席次，該黨在政黨名單部分則不再分配席次，該黨所獲得的多餘席次即爲「超額議席」。因此有時候德國聯邦衆議院選舉後，實際的當選議席總額，可能會多於應選席次總額（王業立，2016：36-37）。

　　德國聯立制又稱「個人化的比例代表制」，當初制定的背後，並非是政治行動者試圖將一個清楚的理念具體化。探究該選制成型的歷史，它其實是決策者在衝突的過程中，意見折衷下所產出的拼裝物（Strohmeier, 2009: 15；Scarrow, 2001: 56）。然而，這樣的成因背景並不影響德國選制在日後成爲許多國家選制改革的參考範本。但相對於德國選制在國際上的「成功」形象，德國學者對於自己國家的選制其實一直有不少反省與批評，甚至近年來有學者提出並立制的改革方向而引發辯論。以下本章將對近年來德國學者提出選制改革的背景做一個整體性的介紹，這些討論可以作爲思考我國立委選制改革的基礎。

一、評判選制優劣的標準

　　分析德國選制在德國國內受到許多學者批評的原因，我們可以先從評判選制的標準切入。德國政治學者Dieter Nohlen（2010: 254）曾經提出幾個標準來判斷一個選舉制度的優缺點：第一是「代表性」（representation），是指選制必須能公平地反應出社會上的團體組成，而且選票必須能夠儘量詳實的被反應在席次上。二是「集中性」（concentration），此一標準考量的是，選制是否會產生過於分裂化的政黨體系，造成被代表的民意過於分散，以致無法轉化爲實質政策。第三是「參與性」（participation），此一標準主要是考量選制的設計是否得以讓選民可以決定哪些候選人進入議會，亦即「選人」的元素是否在選制中被納入考慮。[1]第四是「簡易性」（simplicity），是指選制是否爲一般民

---

[1] 舉例言之，有些採行比例代表制的國家爲了顧及「參與性」，會針對選舉制度「選人」部分

眾能夠清楚明瞭的制度，簡易性足以影響選制在一般民眾心中的地位。當一個選制就以上四項評判標準都出現一定程度的瑕疵，它的「合理性」（legitimacy）便會受到質疑。

若從嚴格的角度檢視德國選制是否符合以上各個標準，便會受到許多質疑。Frank Decker（2011: 146-148）整理了德國學界的幾點批評：首先，在代表性上，德國的選舉結果顯示，有越來越多的選票因為投給了無法跨過5%門檻的政黨，而成為無用的選票，使得選票無法轉為席次的「比例性偏差」（disproportionality）問題越來越明顯。而且超額議席在兩德統一後亦有增加的趨勢，由此所產生的比例偏差也跟著提高（Manow, 2010: 150）。第二，在集中性上，德國選制近年來似乎無法阻止德國政黨體系朝向多元化的方向發展（Krumm, 2013: 420）（詳見後文）。第三，在參與性上，德國選人又選黨的制度實際上在「選人」的效力上並沒有外界想像得完善。許多研究發現，德國選民通常不在意選區議員的背景以及候選人針對於選區需求所提的政見，有時候選民甚至不認識政黨所推出的參選者。選民投票時的主要考量，還是參選人所屬政黨的政策與方向（Franke and Grimmel, 2007: 594；Mackenrodt, 2008: 83）。此外，由於德國選制允許雙重候選，若候選人在政黨名單上的排名順序相當前面，即使候選人在單一選區中落敗，他還是有可能在政黨名單部分當選，故這種設計也一定程度淡化了「選人」的元素。最後，在簡易性上，德國的選制絕非簡單明瞭。事實上，許多德國選民並不完全了解德國選制在計算政黨所贏得的總席次時是以第二票為依據。德國民意調查機構Infratest Dimap於2013年所做的一份民意調查顯示，有47%的德國選民並不清楚政黨在國會中總席次的分配主要是以第二票為準，這樣的現象在過去二十年以來幾乎沒有改變（Infratest Dimap, 2013）。除了近半數選

的不足進行補強，讓民眾能夠更直接選出自己所喜愛的候選人，如採行開放式的政黨名單。又例如採行多數決制的國家，雖然在「選人」方面原則上較為突出，但不同的多數決制設計，亦會表現出強弱有別的「選人」元素，如澳洲的選擇投票制（alternative vote system）「選人」元素即優於英國的單一選區相對多數決制（Linhart, 2009: 640）。

民對選制不甚了解以外，研究德國選制的專家也不諱言，德國選制計算席次方式的複雜程度，甚至對專門的研究者來說都是很大的挑戰（Seils, 2013）。

　　基於上述對於德國選制的質疑，各界對於選制改革的建言相當多，涉及的範疇也非常廣泛。其中有兩點近幾年來在德國受到熱烈討論：一是關於集中性與代表性之間的衝突，這點起因於德國近年來政黨體系的變遷與組閣的困難。與其相對的改革建議，是為德國選制引入多數決制的元素，將現行的聯立制改為並立制。二是2008年以來德國選制所引發的憲法爭議，尤其是聯立制下的席次計算方式所產生的「超額議席」問題，此一問題最終促成了德國聯邦選舉法的修正。本節以下將先討論德國政黨體系變遷引發的選制改革辯論，而後進一步探討「超額議席」問題引發的實際選制改革。

二、德國政黨體系變遷引發的選制改革辯論

（一）德國政黨體系的變遷

　　從德國自兩德統一後的政黨體系變遷現象看來，德國選制在集中性上的功能似乎大不如前。基於德國過去威瑪共和時期小黨林立導致憲政運作混亂的失敗經驗，德國選制在集中性方面的衰退趨勢會成為德國社會各界關注的焦點並不令人意外。從上述評判選制優劣之標準的定義中，我們可以明顯看出集中性與代表性這兩項標準間的衝突：當一個選制在代表性上越能夠反映多元社會需求的同時，就會越背離集中性的標準。然而，若僅顧及選制的集中性而犧牲選制的代表性，卻也不符合民主原則。因此如何取得這兩者間的平衡，成為許多學者關注的核心議題。

　　1980年代之後，德國政黨體系形成「兩大三小」的多黨制（圖4-1）[2]，

---

[2]　2017年9月德國聯邦眾議院選舉後，過去長期以來「兩大三小」的多黨制出現變化。成立於2013年，以反歐元與反移民為主要訴求的極右派政黨「德國另類選擇黨」（Alternative für Deutschland, AfD）選前原本在眾議院中並無任何席次，但在本次選舉中一舉取得國會第三

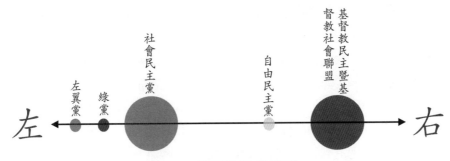

圖4-1　德國的政黨體系

這種政黨體系的形成主要是源於1980年代之後綠黨的興起以及東西德合併後左翼黨勢力的逐漸鞏固。綠黨以反核、環保、女權議題為主要訴求，1980年代以來逐漸在各邦與聯邦層面立足。在1990年東西德統一後，前身為東德共產黨而在德東地區擁有扎實基層組織的民主社會主義黨（Partei des Demokratischen Sozialismus, PDS）則將德國的政黨體系進一步多元化（後又改名為左翼黨，Die Linke）。雖然在德西地區，民眾目前仍普遍對左翼黨的執政能力以及其昔日在東德進行獨裁統治的歷史有所顧忌，但2005年它與從社會民主黨（Sozialdemokratische Partei Deutschlands, SPD）分裂出來的團體「勞動與社會正義選舉聯盟」（Arbeit & soziale Gerechtigkeit-Wahlalternative, WASG）組成目前的左翼黨後，在德東地區已儼然是僅次於基督教民主黨（Christlich Demokratische Union Deutschlands, CDU）的第二大黨。以2011年的邦議會選舉為例，左翼黨雖在德西地區的巴登符騰堡邦（Baden-Württemberg）未能達到5%政黨門檻（其得票率2.8%），同年卻能在德東地區的撒克森昂賀邦（Sachsen-Anhalt）取得23.7%的選票，成為該邦第二大黨。

　　左翼黨作為代表德東地區廣大選民的「地區型政黨」地位逐漸確定

大黨的地位，所獲得席次僅次於「基督教民主聯盟暨基督教社會聯盟」與「社會民主黨」兩大黨，席次領先「自由民主黨」、「左翼黨」與「綠黨」等小黨。目前德國的政黨體系已從「兩大三小」轉變為「兩大四小」的多黨制。

後，拉走許多原本支持社會民主黨的選民，因此在聯邦層面最直接受其影響的便是左派陣營的組閣能力。社會民主黨與綠黨在1998年聯邦眾議院選舉後兩黨合計尚能囊括過半席次而共同組閣，2005年選舉後社會民主黨若要選擇與單一小黨合作，便只能與左翼黨（當時還稱民主社會主義黨）共同組閣才能組成掌握國會過半席次的左派聯合政府。然而，由於德國許多選民仍將左翼黨視爲反體制政黨（anti-political establishment party），對於左翼黨的民主忠誠度與執政能力仍有質疑，且在右派陣營的國會席次亦未過半而無法組成右派政府的情況下，最後基督教民主黨與基督教社會黨（Christlich-Soziale Union in Bayern）合組的右派聯盟－基督教民主暨基督教社會聯盟（Unionsparteien，以下簡稱基民／基社聯盟），與社會民主黨此一左派主要政黨，只好勉爲其難地組成左右大聯合政府。直到2009年聯邦眾議院選舉後，基民／基社聯盟與自由民主黨（Freie Demokratische Partei, FDP）合計的席次超過國會半數而共同組閣，先前的左右大聯合政府才轉變爲較典型的右派聯合政府。

　　左右派兩大黨被迫組成大聯合政府的情況，在2013年聯邦眾議院選舉後又再次上演，而這次左右大聯合政府出現的主要因素，乃是右派陣營無法組成多數。由於自由民主黨在這場選舉中史無前例地未能跨過5%的政黨門檻而無法進入國會，傳統上常與自由民主黨組閣的基民／基社聯盟若要組閣便被迫只能與綠黨或是社會民主黨結盟。由於基民／基社聯盟與綠黨的政策立場差距太遠，最後基民／基社聯盟再度被迫與社會民主黨共組左右大聯合政府。這次左右兩大黨再度組成大聯合政府的無奈，不僅可從社會民主黨將是否與基民／基社聯盟合作組閣的問題交由全體黨員投票決定看出，也可從此次大聯合政府的籌組時間長達85天的現象看出端倪（Sturm, 2014: 228）。

　　德國社會各界對大聯合政府的組成其實充滿疑懼。大聯合政府固然突顯了共識民主的精神，但常態性的大聯合政府卻可能削弱政黨之間的競爭（Grotz, 2005: 493），並且使國會的其他在野黨無法有效發揮監督的力量，久而久之可能會強化國會外的反對勢力，促成體制外的極端勢力興起（Strohmeier, 2007: 582）。最令人疑慮的是，大聯合內閣的日常施政

在左右派政黨不同路線互相掣肘的情況將可能嚴重缺乏效率。在這樣的背景下，德國開始有學者倡議採行並立制，希望爲原則上強調比例代表制精神（Behnke and Grotz, 2011）的德國選制加入更多多數決制的元素，例如Strohmeier（2007）、Franke and Grimmel（2007）、Falter（2009）等，而其中最受矚目的是Gerd Strohmeier提出的「溫和多數決制」（ein gemäßigtes Mehrheitswahlsystem）。Strohmeier的建議雖僅僅是眾多改革構想中的一個，但由於Strohmeier在2011年德國面對選制爭議時，乃是德國聯邦眾議院內政委員會聽證會中唯一一位身爲政治學者的選制改革專家，因此他所提出的改革構想相當受到政治學界注意。

Strohmeier（2007: 585-590）所提議的溫和多數決制，目的是希望能夠塑造一個一黨多數政府，同時也使小黨在國會中能擁有一定程度的代表性，解決德國當前經常面臨的組閣困難問題。他主要的改革方案，是把現行制度一半由單一選區、一半由政黨名單產生的比例，改成四分之三由民眾直接以相對多數決制選出，其他部分則由政黨名單選出。兩部分的席次分開計算，不再採行以政黨得票（第二票）比例決定各黨總席次的聯立制，以此將原本以聯立制計算的比例代表制原則，改成大部分議員由單一多數決制選出，少部分議員以政黨比例代表制選出。我們可以發現，Strohmeier所謂的「溫和的」多數決制，其實就是我國一般俗稱的並立制。

由於Strohmeier的考量主要是基於德國近年來政黨體系的轉變，使得政黨間的組閣變得越來越困難，而擔心出現無法執政的問題，所以他認爲必須做一些取捨。在他提倡的選制下，小黨的代表性雖然會比現行制度來的低（不過仍有機會進入國會），但卻可以組成一個擁有國會明確多數的一黨政府（Strohmeier, 2007: 589）。他這樣的倡議隨後引發了一場學界的論戰（參閱在Zeitschrift für Parlamentsfragen中的論戰：Decker, 2007；Schoen, 2007；Köppl, 2007；Strohmeier, 2008；Linhart, 2009；Pappi and Herrmann, 2010）。總之，我們可以確定的是，Strohmeier會提出這樣的改革建言，其實也已經反映出，德國經歷過去十年多來政黨體系的變遷，已經對德國選制的合理性造成挑戰。

三、「超額議席」問題引發的實際選制改革

　　德國政黨體系的變遷，不僅使得政黨間組閣變得困難，也引發了德國政界與學界對「超額議席」這個問題的重新評估（Kleinert, 2012: 185）。1994年的柯爾（Helmut Kohl）政府、1998年的施洛德（Gerhard Schröder）政府、2009年的梅克爾（Angela Merkel）政府，都是因為超額議席的緣故才得以掌握國會的絕對多數，因而引發外界對於選制公平性的質疑。[3]而且，隨著政黨體系分裂化程度提高，超額議席的現象也將會更加明顯。因為分裂化程度越高的政黨體系，代表投給大黨的政黨票越少。然而大黨卻仍擁有贏得直接議席的實力，小黨則無此實力（Nohlen 2011: 312-320）。換言之，當政黨體系更加分裂化，超額議席出現的可能性與超額議席的數量便會增加，進而提高政黨席次比例與政黨票比例之間的偏差，使政黨所獲席次越來越不符合其所獲政黨票的得票比例。對選民來說，超額議題的弊病是，當他們想要藉選票來懲罰大黨，或只是單純認為小黨比較能夠代表他們的意見，而將政黨票改投小黨，這樣的舉動反而會讓大黨在直接議席的部分獲利，而造成選民的意志無法真正清楚地藉由選舉表達出來（Blumenstiel and Fürnberg, 2012）。由於德國的選制自威瑪共和以來便採行比例代表制的原則，從歷史發展來看，德國傳統上對於比例性偏差的容忍度應會比世界上長期採行多數決制的國家來得小，因此超額議席造成比例性偏差的現象，被德國學者形容為德國選制的「污點」（Behnke, 2003）。[4]

---

[3] 1994年柯爾領導的基民／基社聯盟與自由民主黨所共組的聯合政府，若未加上超額議席僅能拿到326席而未過半（總席次672席，過半數須337席），加上超額議席後增加到341席而能夠過半。1998年施洛德領導的社會民主黨與綠黨共組的聯合政府，若未加上超額議席僅能拿到331席而未過半（總席次669席，過半數須335席），但加上超額議席則有345席而過半。2009年梅克爾領導的基民／基社聯盟與自由民主黨共組的聯合政府也是因為超額議席的關係才得以掌握國會過半而執政（數據參閱Strohmeier, 2015: 66）。

[4] 超額議席是聯立制下會產生的特殊情況。在德國2013年的聯邦選舉法修正前，席次分配的第一階段依照的是各政黨在聯邦層面政黨票的選票結果來計算，以決定各黨所應得的席次，在這層的分配稱為「上層分配」（Oberverteilung）。「下層分配」（Unterverteilung）則是把各黨所應得的席次，再依照該黨在各邦的政黨票比例進行分配。由於所有在單一選區獲選的

　　不過，眞正使超額議席成爲憲法爭議的直接導火線，而且實際帶動選制改革的關鍵成因，卻不是超額議席所帶來的席次偏差問題，而是一個長期以來在實務層面被忽略的問題，它稱爲「選票負面效力」（negative vote weight）。選票負面效力產生的原因，是因爲超額議席與合併名單（listenverbindungen）交互影響下產生的一種特殊結果，這種現象發生在下層分配的部分。[5]當這種效應出現時，某黨的第二票選票減少反而會使該黨的席次增加；相反地，政黨在第二票選票增加卻反而損失席次。2005年聯邦眾議院議員薩克森邦（Sachsen）德列斯敦（Dresden）第一選區舉行延後選舉時，政黨明顯地操作選票負面效力試圖使自己獲利。該選區進行議員選舉時，聯邦眾議院其他議員的正式選舉已在兩周前結束，選票結果已經公開，[6]基督教民主黨因此發現，如果他們的得票率像往常經驗一樣，那麼聯邦層次上所計算的政黨席次在各邦之間分配（下層分配）時，該黨在其他邦的一個席次便會轉移到薩克森邦。但由於基督教民主黨在薩克森邦的直接議席已經超出第二票所應得的席次，也就是已獲得超額議席，於是原本分配到薩克森邦的一席因爲該邦已獲得超額議席而無法獲得，反而會使該黨最終在別邦少了一席（Haug, 2012: 659）。因此這次的補選造成了一個奇特現象，即基督教民主黨呼籲支持者不要投票給本黨，試圖使自己的第二票不要增加；但社會民主黨則呼籲自己的支持者投票給

　　直接議員都可以進入國會，有資格參加席次分配之各政黨會先扣除掉該黨在該邦所獲得的直接議員數目，剩餘席次再由邦名單上的候選人依名次遞補。

5　超額議席是選票負面效力出現的必要條件。選票負面效力出現的具體情況如下：在國會選舉中，某一單一選區因特殊事故暫停選舉，而全國其他單一選區皆已完成投票，而某黨根據全國已完成投票部分的選舉結果已確定在某邦獲得超額議席。之後，該暫停選舉的單一選區舉行選舉，加計該單一選區的選票於既有的選舉結果中，該黨在邦層面所得的第二票比例加計這些選票後並沒有使該黨的全國席次總數增加，卻影響了該黨各邦之間的席次分配（下層分配），如此將造成該黨在邦與邦之間席次的流動。這時，如果一個席次從未獲得超額議席的邦流動到已獲得超額議席的邦，則這個席次便會被該黨在該邦本已獲得的超額議席所涵蓋，這個席次如同被該邦的超額議席「吃掉」，而在原本未獲得超額議席的邦卻因此少了一個席次。關於選票負面效力產生的條件，參閱Strohmeier（2009: 28）。

6　2005年9月18日聯邦眾議院選舉前夕，薩克森邦德列斯敦第一選區有候選人因腦溢血去世，導致該選區的選舉延後至10月2日舉行，因此在該選區舉行選舉時，全國其餘298個單一選區的選舉結果皆已出爐。

基督教民主黨，試圖使該黨的第二票增加。上述德國選制蘊含的選票負面效力所造成的明顯不合理現象，在2008年7月3日被聯邦憲法法院宣告違憲，聯邦憲法法院要求國會必須在2011年6月底前修法改善此一問題。

　　基於這個導火線引發的憲法爭議，使各政黨必須實際著手改革選制，但對於是否要連帶根除超額議席的現象，每個政黨各自立場不同。可想見的是，有機會獲得超額議席的大黨並無意願完全根除超額議席的現象，因此只想針對聯邦憲法法院所指責的選票負面效力進行調整；而對小黨而言，超額議席才是他們關切的核心問題，他們真正關切的並不是選票負面效力這種只會在極少數特定情況下出現的現象。許多學者跟專家都指出，有超額議席並不一定會產生選票負面效力，但選票負面效力一定是與超額議席一起發生（Behnke, 2009: 621；Dehmel and Jesse, 2013: 202）。換言之，超額議席乃是選票負面效力發生的必要條件。因此，若要改善選票負面效力的問題，應有必要針對超額議席問題加以處理。

　　在聯邦憲法法院未判定超額議席違憲的狀況下，當時的執政黨基民／基社聯盟以及自由民主黨便希望在不變動超額議席的前提下改革選制。身為小黨、在超額議席上無法得利的自由民主黨表示，「憲法法庭只是指出選票負面效力違憲，並不是指出超額議席本身違憲」（SPIEGEL ONLINE報導，2011年9月29日），竟也同意基民／基社聯盟不想廢棄超額議席的立場。相反地，身為反對黨的社會民主黨則要求引入平衡席次：一旦有政黨出現超額議席，則各黨的席次必須隨之增加，使席次比例符合各黨第二票的比例（Haug, 2012: 660）。而綠黨與左翼黨這兩個小黨則是試圖廢除超額議席。綠黨的建議是，當一個政黨獲得超額議席，則該黨其他邦第二票所獲的席次就必須同額減少。左翼黨則是同時抱持社會民主黨與綠黨的建議（Behnke, 2014: 17）。可以想見的是，在野黨的提議沒有獲得執政黨的首肯，因為基民／基社聯盟試圖將選票的負面效力與超額議席的問題切割。2011年11月25日，在朝野沒有共識的情況下，執政聯盟憑藉其在國會的優勢地位，強行通過自己的選制改革版本，完成修法工作。執政聯盟通過的聯邦選舉法修正，是將聯邦眾議院598席的總名額於第一階段先依各邦的選舉人數確定每邦所應獲得席次，第二階段再由各邦的政黨分配這

些席次（Haug, 2012: 661），希望以此解決同一政黨在邦與邦之間席次流動的問題，避免選票負面效力的出現，但超額議席現象仍舊可以保留。這次聯邦選舉法修正是德意志聯邦共和國成立以來，第一次在沒有在野黨的支持下強行通過（Dehmel and Jesse, 2013: 203），也因此預告了違憲爭議與憲法訴訟的不可避免。[7]

　2012年7月25日，聯邦憲法法院針對2011年聯邦選舉法修正的違憲爭議作出判決。聯邦憲法法院認為這個由執政聯盟單獨推動的選制改革方案並無法妥善解決選票負面效力的問題，同時也針對超額議席提出看法。雖然聯邦憲法法院還是允許超額議席存在，但認為政治環境長期來的變遷已使高額度的超額議席變成常態（BVerfG, 2 BvF 3/11 vom 25.7.2012, Abs.151），因此超額議席的額度必須有所限制。聯邦憲法法院這樣的見解，與2009年聯邦眾議院選舉結果中超額議席的數量從2005年的16名，大幅上升到24名的高峰有關（Decker, 2011: 150）。聯邦憲法法院指出，超額議席總數最高不得超過15名，若數量高出15名以上就必須要平衡政黨間的席次（BVerfG, 2 BvF 3/11 vom 25.7.2012, Abs. 144）。這次的判決，可以稱得上是聯邦憲法法院對超額議席一次較明確的否決。然而，聯邦憲法法院針對超額議席的判決，在學界並沒有得到太多的掌聲，因為15名的限額普遍被學界認為是聯邦憲法法院獨斷的決定（Roßmann, 2012）。聯邦憲法法院的判決無法充分解釋，為什麼一個政黨拿到15名超額議席會比兩個政黨同時拿到8名超額議席顯得更難以忍受？Dehmel與Jesse（2013: 205）認為，超額議席的「總數量」本身並不適合作為評判標準，重點應該要放在每個政黨所分配到的超額議席數量是否相差過大。如果每個政黨都可以分配到符合比例的超額議席，那麼就算超額議席總數超過15名，也不至於影響選制的公平性。

　儘管聯邦憲法法院的判決見解毀譽參半，但由於聯邦選舉法的內容既已被聯邦憲法法院宣告無效，當下已不存在有效的選舉法，而當時距離預

7　德國的選舉制度雖然沒有入憲，修改上不需要特別多數，但基於選舉制度為民主政治中最基本的制度，通常都由執政黨與在野黨共同推動。

計於2013年9月舉行的聯邦眾議院議員選舉，僅有一年左右的時間，因此國會必須盡速完成修法，否則無法因應接下來將舉行的聯邦眾議院議員選舉。在緊迫的時間壓力下，國會朝野各黨（除了左翼黨反對）在2013年2月21日通過聯邦選舉法修正案，德國的選制終於在歷經多年爭議後在朝野各黨的暫時共識下進行改革。

　　新選制由於必須改善選票的負面效力、維護各邦比例性的特性，以及平衡政黨的超額議席數量的前提下（Dehmel and Jesse, 2013: 205），使得席次分配方式不得不更為複雜化。在2013年聯邦選舉法修正後，德國聯立制的席次計算，在選前598個席次就將先照各邦的人口數分配給各邦，選後政黨在該邦所得的席次將按照政黨在該邦第二票的得票比例計算，皆採用聖拉噶最高平均數法。一旦產生超額議席，那麼在聯邦層次的國會席次數量會持續提高，直到每個政黨所獲得的席次符合其依第二票所應得的席次比例。而一個政黨在此階段因為平衡議席所獲的總數，將再分配到邦層面政黨的邦名單上。

　　在新修正的選舉制度下，在議席分配過程中出現的所有超額議席，都會予以「平衡」，只要有政黨得到超額議席，聯邦眾議院的總席次將會跟著增加，直到聯邦眾議院內各政黨的席次多寡能如實反映其第二票的得票率。如此一來，使得沒有一個政黨所當選的選區代表席次超過其在各該邦所分配的席次，因此超額議席造成比例性偏差的問題，將因平衡議席的補償而消除，選票負面效力的問題也因此可以避免。然而，本次選制改革將議席分配程序改變得更為複雜，不僅一般選民難以一窺全貌，甚至對於專家也是一種挑戰，且平衡議席的分配採各黨「通通有獎」的寬鬆方式，將造成聯邦眾議院的總議席大幅膨脹[8]（蕭國忠，2013），這次朝野各黨共識下的聯邦選舉法修正不免令人覺得治絲益棼。

　　德國這次選制改革，可說是各個政黨暫時共識下的產物，回顧如此

---

[8]　德國聯邦選舉法修正後，至今已舉行了兩次眾議院選舉（2013年9月與2017年9月）。2013年9月的選舉最後選出了630席議員，比法定總名額（598席）多出了32席；2017年9月的選舉最後選出的議員總額多達709席，比法定名額多出了111席。

長期的爭議過程，也可看出德國的選制改革將不太可能朝大規模改革的方向進行，而是會在個人化的比例代表制的框架下進行必要的修正。由於德國長期以來的社會價值，主要是將維護選制的比例代表性視爲優先考量，因此過去一般認爲德國選制朝向多數決制或是並立制改革的可能性不高（Decker, 2011: 156；Kleinert, 2012: 191）。不過，基於德國聯立制實施以來引發的種種爭議，目前已有越來越多的學者開始思考德國採行並立制的可行性，甚至聯邦憲法法院在過去裁判中都曾提到採行並立制的可能性。聯邦憲法法院在2008年關於超額議席爭議的裁判中，也提到了採行「並立制」的可能性。聯邦憲法法院指出，只要法律制定者同意，德國的選制不論是要維持原制、改爲並立制或是改成多數決制，皆屬合憲範圍，都是可以採行的選項（BVerfG, 2 BvC 1/07 vom 3.7.2008, Abs. 95）。

參、我國立委選制改採聯立制的商榷之處 —— 聯立制優於並立制？

從上節關於德國選制改革的討論可以發現，德國學界與政界對於從二次大戰後實施至今的聯立制，其實存有許多反省與檢討，這種選制可能出現的選票負面效力與超額議席則是其中最受批評之處。而基於德國近年來政黨體系變遷造成的組閣難題，甚至使德國出現將聯立制改爲並立制的檢討聲音。若從德國選制運作的經驗思考我國立委選制改革的問題，我們不禁想問：我國現行立委選舉所採行的並立制是否眞的是一個不良的制度？立委選制是否應改採聯立制？

在本節探討我國立委選制改採聯立制的商榷之處之前，筆者必須強調本章並不認爲我國現行的並立制是一個完全無需改善的制度。相反的，我國當前的並立制若從前述Dieter Nohlen所提出的評判標準來看，存在著很大的改善空間。由於我國並立制中有約七成的立委席次由單一選區相對多數決制選出，遠高於德國的五成，且在僅占三成的不分區立委部分，又採取了5%的政黨門檻。因此不論投給區域立委或是政黨票的部分，讓選

票如實轉換成席次的理想受到了雙重的限制。我國比例性偏差的問題，不僅展現在無法參與席次分配的小黨所得的政黨票數當中，也很明顯地表現在2008年以來執政黨所獲席次比例與得票比例的偏差上。因此若以Dieter Nohlen評判選制優劣的標準來檢視，我國的並立制在「代表性」的考量上明顯有所不足。

基於「代表性」與「集中性」兩者之間的抵換（trade-off）關係，可想而知的，我國選制在「代表性」上的不足，將會突出選制的「集中性」。不僅2008年以來兩屆立委選舉都產生穩定的多數，而且在2008年立委選舉結果比例性偏差特別大的情況下，使得執政黨拿到壓倒性的近四分之三席次，反對勢力幾乎無制衡的能力可言。因此相較於德國體系政黨多元化而造成的民意分散問題，我國可能反而要思考的是現行的並立制是否有可能不利於政黨之間的公平競爭、是否有利單一政黨成為固定的多數，關於這些問題當然還需要更長期的觀察。

就「簡易性」而言，我國並立制的選票計算比德國聯立制所要考量的問題簡單許多。我國並立制由於多數的席次是由單一選區相對多數決制產生，且立法院總席次固定，席次的計算相對簡單。雖然我國與德國選民對於自己國家選制的認識，在研究上都呈現出頗多選民對選制不甚了解的情況（針對臺灣的研究，參閱Huang et al., 2013），但可以確定的是，我國並立制不會出現超額議席與選票負面效力的現象，選票透過選制所產出的選舉結果將會比德國聯立制顯得清晰易懂。

就「參與性」而言，在參與性強調的「選人」元素方面，由於並立制下單一選區席次與比例代表制席次分開計算，在我國單一選區名額遠多於比例代表制名額的選制下，「選人」元素確實比聯立制明顯。

基於上述的討論，我們可以看出我國並立制最受質疑之處，乃是選制造成的明顯比例性偏差，以致造成代表性不足。因而不令人意外的，社會各界針對我國選制改革的建議集中在引入相對重視代表性的德國聯立制。不過，比例性偏差這項缺失是否可以藉由引入聯立制來大幅改善，可能是有疑問的：不僅是聯立制造成的超額議席本身仍舊會扭曲選制的比例代表性，而且一旦我國的大黨在聯立制下獲得許多超額議席而拉大比例性偏

差，這種現象在比例代表制傳統遠比德國薄弱的我國，是否會像德國一樣受到社會各界重視並獲得妥善處理，可能必須打上問號。

我國若改採聯立制，假設比例代表制部分仍為全國不分區，而不像德國分為16個以邦為範圍的選區，將不會發生選票負面效力的問題，因為選票負面效力乃是在有多個比例代表選區的情況下才有可能發生。儘管如此，我國仍可能如德國一樣面臨超額議席的難題。除了超額議席的問題之外，聯立制可能遭到濫用；其較為複雜的選舉方式使一般民眾難以理解，「簡易性」不如並立制；而從選舉制度與憲政體制配套的角度思考，聯立制若與我國目前的半總統制相互搭配，並非適宜的制度組合。而且，大法官釋憲也已確認我國目前並立制的合憲性，亦即透過司法審查反駁了若干論者對於並立制的批評。[9]就此看來，我國立委選制若要往聯立制的方向改革，有待商榷。本節以下將就我國採行聯立制可能面臨的超額議席問

---

[9]　2008年立委選舉首次實施並立制後，由於各政黨的得票率與席次率出現明顯的落差，針對這種選制發生明顯的「比例性偏差」現象，當時立法院民進黨黨團於選後隨即聲請大法官釋憲，主張並立制不能真實反映民意，造成「選票不等值」，違反平等選舉原則。大法官嗣後作成不受理決議。但2012年立委選舉後，制憲聯盟、公民黨、綠黨等小黨亦聯合聲請釋憲，他們認為並立制的憲法規定違反國民主權原則，侵害平等原則以及人民平等權、參政權的保障，主張憲法所規定的並立制違反自由民主憲政秩序。對於此聲請案，大法官於2014年6月6日作成釋字第721號解釋，宣告憲法中並立制的規定並未違反自由民主憲政秩序。大法官指出，關於各國國會選舉，有重視區域代表性而採相對多數決制者，有重視政黨差異而採政黨比例代表制者，其為民主政治之不同選擇，反映各國政治文化之差異。大法官於此號解釋中，對於並立制未違反民主憲政基本原則的具體理由雖未做非常細緻的闡述，但此號解釋實隱含認為，選舉平等原則適用於不同選舉制度上，其作用與意義各有差異。換言之，選舉平等原則的具體意涵不能一概而論，在不同選舉制度下，對於選舉平等原則的要求不盡相同。選舉平等原則就選舉人而言，指的是每位選舉人所擁有的投票數均相同，且選票等值。而選票等值具有兩個層面的意涵，一是「計算價值」平等，係指每張選票於投票時具有相同的影響力，在此要求下，每個議員代表的選民數應儘可能相同；另一是「結果價值」平等，係指每張選票於國會席次分配上具有相同的價值，即對於當選席次的產生，每張選票均具有相同的影響力，其選票分布能相應呈現於席次分配上。不同選舉制度中選舉平等原則的具體意涵既然各有不同，在並立制這種綜合單一選區制與比例代表制的選舉制度中，我們當然不能將比例代表制所要求的「結果價值」平等，強加於並立制中的單一選區制之上，而主張並立制中單一選區部分未能落實「結果價值」平等而違憲。總之，大法官第721號解釋明確反駁了我國若干批評者主張並立制違反選舉平等原則的觀點，確立了並立制的合憲性，也強化了我國並立制未來持續實施的正當性。

題、可能遭濫用的問題、簡易性不足致使全世界採行國家較少的現象、聯立制與我國憲政體制難以搭配的疑慮分別說明，藉此論證我國立委選制改採聯立制的可議之處。

一、採行聯立制可能面臨超額議席的難題

我國立委選制若採行聯立制，可能會跟德國一樣出現超額議席的現象。當然，若根據2008年與2012年兩次立委選舉實施並立制的各黨得票結果，去模擬這兩次選舉若採行聯立制各黨所能獲得的席次，從模擬結果中並不一定會看到超額議席的情況。如表4-1所示，在2008年立委選舉中，國民黨在全國獲得53.48%的區域立委得票率，獲得51.23%的政黨名單得票率，在立法院總席次113席中獲得81席，席次率高達71.68%；民進黨在全國獲得38.65%的區域立委得票率，獲得36.91%的政黨名單得票率，但在立法院獲得的席次僅有27席，席次率為23.89%。若以同樣的得票結果模擬採行聯立制下各黨可獲得的席次，國民黨在立法院所能獲得的總席次將從81席降為63席（區域與原住民立委62席，不分區立委1席），民進黨的總席次將從27席增為45席（區域與原住民立委13席，不分區立委32席）。在此模擬結果中，並未發生超額議席的情況。

表4-1　2008年第七屆立委選舉結果與採行聯立制的模擬結果

區分 政黨別	現行並立制的實際選舉結果						採行聯立制的模擬席次			
	區域選舉得票率（%）	區域及原住民席次	全國不分區選舉得票率（%）	全國不分區席次	總席次	總席次率（%）	區域及原住民席次	全國不分區席次	總席次	總席次率（%）
國民黨	53.48	61	51.23	20	81	71.68	61	2	63	57.52
民進黨	38.65	13	36.91	14	27	23.89	13	32	45	39.82
無黨團結聯盟	2.25	3	0.7	0	3	2.65	3	0	3	2.65
親民黨	0.02	1	---	---	1	0.89	1	0	1	0.88
無黨籍與其他	5.60	1	11.16	0	1	0.89	1	0	1	0.88
合計	100.00	79	100.00	34	113	100.00	79	34	113	100.00

資料來源：整理自中選會選舉資料庫網站（2015）。

表4-2　2012年第八屆立委選舉結果與採行聯立制的模擬結果

區分 政黨別	現行並立制的實際選舉結果						採行聯立制的模擬席次			
	區域選舉得票率	區域及原住民席次	全國不分區選舉得票率（%）	全國不分區席次	總席次	總席次率（%）	區域及原住民席次	全國不分區席次	總席次	總席次率（%）
國民黨	48.18	48	44.55	16	64	56.64	48	4	52	46.02
民進黨	43.80	27	34.62	13	40	35.4	27	14	41	36.28
無黨團結聯盟	1.08	2	---	---	2	1.77	2	0	2	1.77
親民黨	1.33	1	5.49	2	3	2.65	1	5	6	5.31
台灣團結聯盟	---	0	8.96	3	3	2.65	0	11	11	9.73
無黨籍與其他	5.61	1	6.38	0	1	0.88	1	0	1	0.88
合計	100.00	79	100.00	34	113	100.00	79	34	113	100.00

資料來源：整理自中選會選舉資料庫網站（2015）。

又如表4-2所示，在2012年立委選舉中，國民黨在全國獲得48.18%的區域立委得票率，獲得44.55%的政黨名單得票率，在立法院總共獲得64席，席次率為56.64%；民進黨在全國獲得43.8%的區域立委得票率，獲得34.62%的政黨名單得票率，在立法院最終獲得的席次為40席，席次率為35.4%。若以同樣的得票結果模擬聯立制下各黨可獲得的席次，國民黨在立法院所能獲得的總席次將從64席降為52席（區域與原住民立委48席，不分區立委4席），民進黨的總席次將從40席微增為41席（區域與原住民立委27席，不分區立委14席）。在此模擬結果中，也未發生超額議席的情況。

又如表4-3所示，在2016年立委選舉中，民進黨在全國獲得45.08%的區域立委得票率，獲得44.04%的政黨名單得票率，在立法院總共獲得68席，席次率為60.18%；國民黨在全國獲得38.71%的區域立委得票率，獲得26.9%的政黨名單得票率，在立法院最終獲得的席次為35席，席次率為30.97%。若以同樣的得票結果模擬聯立制下各黨可獲得的席次，民進黨在立法院所能獲得的總席次將從68席降為50席（區域與原住民立委50席，不分區立委0席），國民黨的總席次將從35席降為30席（區域與原住民立委24席，不分區立委6席）。在此模擬結果中，也未發生超額議席的情況。

表4-3 2016年第九屆立委選舉結果與採行聯立制的模擬結果

區分\政黨別	現行並立制的實際選舉結果						採行聯立制的模擬席次			
	區域選舉得票率	區域及原住民席次	全國不分區選舉得票率（%）	全國不分區席次	總席次	總席次率（%）	區域及原住民席次	全國不分區席次	總席次	總席次率（%）
民進黨	45.08	50	44.04	18	68	60.18	50	0	50	44.25
國民黨	38.71	24	26.90	11	35	30.97	24	6	30	26.55
親民黨	1.26	0	6.52	3	3	2.65	0	7	7	6.19
時代力量	2.94	3	6.10	2	5	4.42	3	4	7	6.19
無黨籍與其他	12.01	2	16.44	0	2	1.77	2	17	19	16.81
合計	100.00	79	100.00	34	113	100.00	79	34	113	100.00

資料來源：整理自中選會選舉資料庫網站（2016）。

　　以上的模擬結果可以讓我們了解各黨同樣的得票結果在不同選制下的席次差異，這種推論方式是以各黨在目前選舉制度下的得票狀況爲基礎，模擬在其他選舉制度下所能獲得的國會席次。但是，這種模擬方式存在一個盲點，即是將政黨的得票表現在不同選舉制度下皆視爲固定不變的常數。事實上，我們所眞實看到一個政黨的得票表現乃是在當前既有選舉制度下所產生的結果，當選舉制度改變，政黨的得票表現本身即可能發生變動。舉例來說，在一個採取並立制的國家，某政黨獲得40%的得票率，並不代表該黨在聯立制下亦會獲得40%的得票率，因此若以該黨在並立制下所獲得的40%得票率爲前提，就認定該黨在聯立制下也會獲得40%的得票率，進而去模擬該黨在聯立制下所能獲得的席次，其實是會發生誤失的。就此看來，上述模擬結果固然未出現超額議席的情況，但基於這種模擬方式必然存在的誤失，故不能推論我國立委選舉若實施聯立制就必然不會出現超額議席的情況。

　　筆者認爲，我國若採行聯立制，出現超額議席的可能性很高，主要原因是聯立制下選民分裂投票的傾向可能會高於目前並立制的情況。本章之所以認爲聯立制下選民分裂投票的傾向可能會比並立制明顯，主要是基於以下的推論：在聯立制下，乃是以各政黨所獲政黨票（第二票）的得票率決定各黨在國會總席次中的席次率；而在並立制下，各政黨所獲政黨票

的得票率則僅是決定各黨在政黨比例代表部分的席次率。例如，在總席次100席（單一選區與政黨名單應選名額各50席）的情況下，一個小黨獲得8%的政黨票，在聯立制下可獲得8席，但在並立制下僅能獲得4席。就此看來，在聯立制下，選民所投的政黨票發揮的效用會高於並立制，政黨票在選舉中的重要性將大幅提升。以此觀之，就政黨參選動機而言，由於小黨在聯立制下獲得國會席次的空間相較於並立制會更為寬廣，小黨在政黨比例代表制部分參選的動機相較於並立制應該會更強，故在聯立制下政黨比例代表制部分的參選政黨相較於並立制應該也會較多。就選民投票行為而言，由於小黨在聯立制中獲得國會席次的機會相較於並立制來得大，支持小黨的選民在政黨票部分也會有較大的動機將選票投給自己心中屬意的小黨，使得小黨在聯立制下所獲得的政黨票應會比在並立制下所獲得的政黨票來得高。因此，若將大黨與小黨整體觀之，聯立制下各政黨在政黨票所獲得的選票應會較採行並立制時來得分散。

承上所述，在聯立制與並立制下，各政黨在政黨票（第二票）的得票情況應有明顯不同：在並立制下各政黨的選票較集中，在聯立制下各政黨的選票較分散。不過，在單一選區（第一票）的部分，不論是聯立制或並立制，由於只有得票最高的候選人才能獲得選區席次，致使許多支持小黨的選民在單一選區部分，會放棄自己喜愛的小黨候選人，將選票投給有機會當選的大黨候選人，故單一選區部分的選票不論是聯立制或並立制皆會集中在兩大黨身上。換言之，選民在第一票部分往往會進行策略投票（strategic voting），傾向將選票投給大黨，這個傾向在聯立制與並立制皆然，沒有太大差異；而在第二票部分，由於各政黨所獲得的選票較為分散，小黨在聯立制下所獲得的得票率可能會高於並立制下所獲得的得票率。因此，就第一票與第二票整體觀之，選民在聯立制下應該會比在並立制下有更明顯的分裂投票（split-ticket voting）現象。

從另一角度來看，或許也可推論選民在聯立制下選民分裂投票的傾向可能會比並立制下明顯。我們通常會直接想到的分裂投票，是指小黨的支持者就第一票進行策略投票而將選票投給大黨，而就第二票進行誠摯投票（sincere voting）而將選票投給心中真正屬意的小黨。上述這種分裂投

票在聯立制與並立制都會存在。然而，在聯立制下，尚存在另一種分裂投票的現象，而這種分裂投票在並立制下較不容易出現。這種現象是：在強調比例性的聯立制下，由於通常各黨皆難以獲得國會過半數的席次，一旦在聯立制下設有席次分配的門檻，支持大黨的選民在「聯盟席次最大化以追求過國會半數」的考量下，選民亦可能就第二票進行策略投票而將選票投給與大黨屬於同一聯盟的小黨，一方面協助該小黨超過選舉門檻，避免該小黨因為得票率未及選舉門檻而無法分配席次；另一方面也促成自己所支持的大黨與該小黨所組成聯盟的席次總合可以得到國會過半數的席次。以德國實務為例，當基民／基社聯盟欲與自民黨結盟以追求獲取國會過半數的席次時，假若選前自民黨的民調支持度無法篤定跨過5%，而一直徘徊在4.8%上下，則基民黨往往會呼籲自己部分的支持者分裂投票，即第一票投給基民黨的選區候選人，第二票則進行策略投票而投給自民黨，以協助自民黨跨過5%門檻，促成基民／基社聯盟與自民黨能夠在選後組成掌握國會過半數席次的政治聯盟。對基民黨而言，這樣的操作可說是效益甚高的選舉槓桿操作，因為自己只要花費0.2%的選票奧援就可以協助友黨獲得5%的國會席次，進而讓國會多數聯盟可以順利組成。就此看來，在聯立制下，不僅支持小黨的選民可能分裂投票（第一票進行策略投票而投給大黨，第二票進行誠摯投票而投給小黨，即我們一般想像的分裂投票），而且支持大黨的選民也可能分裂投票（第一票進行誠摯投票而投給大黨，第二票進行策略投票而投給小黨）。

　　相對而言，在並立制下，由於大黨通常自己本身即有獲得國會過半數席次的實力，因此大黨與小黨在選舉中合作結盟的誘因較低，較不會出現大黨動員自己的支持者將第二票投給小黨的現象。因此，在並立制下，支持小黨的選民雖然可能分裂投票（第一票進行策略投票投給大黨，第二票進行誠摯投票投給小黨），但支持大黨的選民則較無可能分裂投票（第一票進行誠摯投票而投給大黨，第二票進行策略投票而投給小黨）。因此整體而言，在聯立制下分裂投票的選民應該會比並立制下分裂投票的選民來得多。

　　總之，我國若實施聯立制，選民分裂投票的傾向可能會更為明顯，兩

大黨在第一票與第二票的得票差異相較於並立制會顯得更大，也因此增加了超額議席出現的機會。[10]聯立制下超額議席的現象，一方面使得聯立制強調比例代表性的制度原意受到抹煞，得到超額議席的大黨可以獲得與其第二票得票比例不符的席次，仍然會造成一定的比例性偏差。而且弔詭的是，選民試圖拉抬小黨而將政黨票（第二票）投給小黨，卻可能提高大黨的超額議席，這種不公平的現象是德國近年來進行選制改革的原因之一；另一方面聯立制下的超額議席也將導致國會每次選舉選出的總席次不固定，對國會議事運作造成了若干不便。[11]總之，我國立委選制若採行聯立制，應以德國經驗為鑒，不宜將超額議席視為是一個無關緊要的技術性與枝節性問題，而須妥善規劃解決超額議席所可能帶來的爭議。

二、聯立制遭到濫用的可能性

　　為了追求較完善的比例代表性，上述所提到超額議席所引發的比例性偏差問題也許仍舊不足以令國內聯立制的支持者就此卻步。尤其對向來對於比例性偏差容忍度較高的我國來說，產生數名超額議席也未必會被視為聯立制的「汙點」。但接下來本章所想討論的問題，則是要探討聯立制結構上特性（依第二票決定總席次）遭到濫用的可能性。聯立制一旦遭到誤用，可能全面扭曲了聯立制較具比例代表性的優點。這種情況已有數國的實例得以供我國參考，它出現的主要方式是：政黨藉由結盟或是創造偽裝政黨（fake party）參選，使政黨所獲得的第二票與第一票脫鉤。表面上看

---

10 筆者必須承認，上述推論確實難以透過實證資料完全確證。在研究方法上，由於無法控制影響選民分裂投票的各種變項，故即使我們在實證上發現採行聯立制的德國或紐西蘭進行分裂投票的選民比例，確實多於採行並立制的日本或我國，也無法完全確證上述的推論。若要完全確證上述推論，必須在世界上找到在不同時間階段先後採行並立制與聯立制的同一國家並確實符合上述推論。然而，目前世界上這樣的實際案例幾乎不存在。即便如此，上述推論應非筆者無端的臆測。事實上，亦有若干學者認為聯立制下選民的分裂投票傾向應該會高於並立制，例如吳東野（1996）、Burden and Kimball（1998）。

11 我們可以想像，在聯立制的超額議席造成立委總席次不固定的情況下，立委公費助理的名額設置、立委辦公室的分配、立法院各委員會立委名額的規劃，乃至議事程序等細節事項，都可能造成困擾。

來是聯立制的選制，經刻意操作後實際上將脫離比例代表制的特性。到目前為止，國內僅有極少數學者注意到聯立制的運作隱藏著如此的缺陷。以下我們將引入這些國家的例子，並分析台灣採行聯立制可能面臨的問題。

學者Daniel Bochsler曾在2012年以一個引人注目的文章標題問道，聯立制這種「具比例代表制精神的選制是否『只能給誠實的人』使用？」（A quasi-proportional electoral system "only for honest men"?）以強調聯立制只有在政黨及選民願意放棄大規模的策略性操作與投票時，才能維持其比例代表制的特性。Bochsler指出，理論上利用聯立制選制漏洞的方式有兩種：一種是A黨與B黨結盟，A黨要求支持者將第一票投給A黨，由自己贏得大量直接議席；政黨票部分則要求支持者全給B黨，B黨將獲得的是A與B黨支持者總和的政黨票。由於A、B兩黨實際上可視為政黨合體，但檯面上獨立參選，制度上A黨的總席次多寡與B黨的政黨票無關，如此的政黨合作便能規避聯立制下第二票決定總席次的規定。第二種方式則更具爭議，為了讓第二票的得票率不影響A黨的整體席次，A黨可直接用新的政黨名稱提出一份「偽裝政黨名單」（decoy list）。如此一來，這個偽裝政黨藉由政黨票所獲得的席次便能與A黨在單一選區所獲得的席次脫鉤。換言之，由於這個偽裝政黨在表面上與A黨是不同政黨（實質上則是同一政黨），A黨在單一選區獲得的席次將不會占到這個偽裝政黨依政黨票所獲的國會總席次名額。透過這種操作方式，A黨將可以實質擴大自己在國會中獲得的席次，聯立制的比例代表制精神也將蕩然無存。

這些理論上所構思的選舉策略並非天馬行空，而是確實發生在某些國家：委內瑞拉、阿爾巴尼亞、賴索托及義大利的選制內涵細節雖非完全與德國選制等同，但都一定程度如德國選制「聯立」了第一票與第二票的計算方式。為了不讓政黨在第一票所獲得的席次與第二票所獲得的席次兩者「聯立」，在某些選舉中，這些國家的某些政黨便運用了爭議性極大的選舉策略規避聯立計算。例如，委內瑞拉在2005年時，「第五共和運動黨」（Movimiento V República, MVR）為了避免單一選區的當選席次占去依政黨票所獲得的席次，該黨便只提政黨名單，不提名單一選區的候選人，而由另一政黨「贏家聯盟黨」（Unión de Venecedores, UVE）提名單一選區

候選人（Nohlen 2014: 281）。但事實上，「贏家聯盟黨」乃是「第五共和運動黨」的姐妹黨，「贏家聯盟黨」提名的單一選區候選人主要是「第五共和運動黨」的成員（Bochsler, 2012）。透過這樣的提名策略，「第五共和運動黨」所獲政黨票數的多寡，計算上都與「贏家聯盟黨」無關。這種實為姐妹黨但檯面上卻獨立參選以規避選制聯立計算席次的作為，在委內瑞拉被稱作「孿生」（Las Morochas）政黨的策略（European Union EOM Venezuela Final Report, 2005: 8）。當時這種孿生政黨的操作方式相當具有爭議，使得其他不滿這種作方式的政黨憤而退出2005年國會選舉，並質疑當年選舉結果的正當性（Yazbeck and Temes, 2010: 16）。

至於Bochsler所說的第二種漏洞則在義大利2001年的國會選舉中發生。為了使政黨所獲得的第一票與第二票在席次計算時脫鉤，當時義大利主要的政黨便創造一份偽裝政黨名單。這個偽裝政黨猶如原先政黨的「子黨」，「母黨」把許多他們的單一選區參選人放在這個選前才突然成立的「子黨」名單上。[12]由於「母黨」與「子黨」（偽裝政黨）在名義上是兩個不同的政黨，「子黨」與「母黨」所獲得的選票便可以分開計算（Köppl, 2007: 104）。這個身為「子黨」的偽裝政黨對外也不打選戰（Newell and Bull, 2001: 31），僅僅為了「母黨」而存在。不僅是義大利，選前創造出新政黨以規避聯立制與比例代表制精神的情形也發生在賴索托與阿爾巴尼亞（Bochsler, 2012；European Union EOM Venezuela Final Report, 2005）。

不論是在義大利或委內瑞拉，觀察家都注意到，這樣的競選策略其實很大程度上違反了當時選制聯立方式的原意，比例性偏差的程度在如此的操作下反而更趨明顯。另外他們也觀察到，這樣的選戰策略通常只有大型政黨才有能力運作（Newell and Bull, 2011: 32；European Union EOM

---

[12] 主要政黨聯盟之一的自由之家選舉聯盟（Casa delle Libertà）首先創造了一個偽裝政黨，黨名為Abolizione Scorporo，自由之家選舉聯盟把單一選區議席的參選人列於Abolizione Scorporo上。而中間偏左的橄欖樹選舉聯盟（L'Ulivo）也隨之跟進，創立了一個偽裝政黨，黨名為Paese Nuovo，以便讓該陣營的單一選區議席的參選人列於Paese Nuovo名單上。

Venezuela Final Report, 2005: 13），因此引發了選舉不公的爭議。義大利的例子亦顯示，一旦選戰中的一方運用了此種選戰策略，競爭對手往往會被迫做出相同的決定（Newell and Bull, 2011: 32），而選戰中輸家則是那些並無強大政黨組織或不願同流合污的政黨。值得注意的，委內瑞拉、義大利與阿爾巴尼亞在經過這些爭議後又都再次進行選制改革：義大利在2005年將混合制改為比例代表制；阿爾巴尼亞在2008年將聯立制改為純粹的比例代表制（Schmidt, 2008）；委內瑞拉則在2009年將選制改為並立制，如此一來孿生政黨的選舉策略就變得沒有必要（Wilpert, 2010）。

　　上述發生選制濫用情形的國家，民主狀態並非穩定，臺灣的民主程度雖然較這些國家突出，但卻也無法完全排除類似選舉策略出現的可能。Nathan Batto（2015）曾分析聯立制在臺灣實施可能出現的問題。他認為在聯立制下，若政黨利用偽裝政黨，或禮讓非由該黨正式提名但實際上該黨親近的獨立候選人的方式，試圖獲得大於該黨實力所應得的席次，而引起他黨仿效，最後可能癱瘓聯立制的運作邏輯。依臺灣的選舉經驗來看，政黨禮讓獨立參選（實質上偏特定政黨）的候選人這樣的選舉策略，發生的可能性不低。如果政黨在聯立制下大量地禮讓實質偏該黨的候選人參選區域立委，或單純讓該黨有能力奪取區域立委的人不以該黨提名的名義「獨立」參選，則這些藉由「獨立」參選而當選的區域立委便可視為該黨創造的另一種超額議席，但這種超額議席與德國超額議席的意涵並不同，使超額議席在台灣呈現另一種面貌。我們可以想像，在臺灣的選舉情境中，政黨亦可能透過策略性結盟，或甚至分裂為子、母兩黨的方式來扭曲聯立制的原本精神。事實上，只要能讓一個政黨的區域立委與政黨得票率計算脫鉤，都是政黨可以選擇的操作方式。如同他國的經驗，在聯立制被刻意操作的情況下，選舉輸家將會是那些不苟同這種策略的誠實政黨。[13]

---

[13] 政黨在聯立制下創造假性超額議席的策略之一，是政黨在單一選區中不提名自己的候選人，而支持與本黨友好的無黨籍候選人參選。這樣的選戰策略在臺灣目前立委選舉中並非罕見，因此，若我國採行聯立制，政黨透過競選策略的操作創造假性超額議席，並非難以想像的事。

在聯立制下要避免大黨利用偽裝政黨、策略結盟、禮讓獨立候選人的方式去創造這種有別於「德國版」的超額議席，關鍵是政黨能夠自我節制、能夠限制自己擴大獲利的行為。不過這也只會是一種道德呼籲。因為即使法律能夠禁止政黨創立偽裝政黨，防範政黨透過子黨代替參選，也無法禁止政黨之間相互的合作。因此，在我國許多人士認為聯立制會是較公平的制度時，筆者認為實有必要考慮聯立制被刻意操作的可能性，以及其造成的負面效應。

三、全世界採行聯立制的穩定民主國家數目不多

自從德國於1949年開始實施混合式選舉制度以來，朝向兼顧多數決制與比例代表制的混合制方向發展，是近年來許多成熟民主國家或新興民主國家選舉制度改革的重要趨勢（王業立，2016：33）。有學者統計，世界上已有超過30個國家，在其下議院、上議院或地方議會選舉中使用各式各樣的混合制（Massicotte and Blais, 1999；Norris, 2004）。究竟全世界穩定民主國家的國會採行混合制的國家有哪些？表4-4是筆者所整理的全球民主國家總統與國會選制的組合狀況。

表4-4所列的全球民主國家，乃是指自第二次世界大戰結束之後（1945年）至2013年7月為止，國會議員至少連續舉行過兩次民主選舉的內閣制國家（即無總統直選制度的國家），以及總統與國會議員皆至少連續舉行過兩次民主選舉的總統制與半總統制國家（亦即有總統直選制度的國家）。筆者所謂的「民主選舉」，是指在民主政治的環境下所舉行的選舉。[14]表4-4將民主國家的總統選制分為「無總統直選制度」、「絕對多數

14　本文對於一個國家是否存在民主政治的判斷標準，則是以自由之家（Freedom House）與Polity IV對世界各國的民主評比為依據。自由之家依各國民主狀況，均給予1至7的分數（1為最佳，7為最劣）。各國的分數若為1.0-2.5為自由國家，這些國家即一般認定的民主國家；若為3.0-5.0為部分自由國家（即半民主國家）；若為5.5-7.0則為非自由國家（即非民主國家）。至於Polity IV的民主評比，則是在10分（最民主）至-10分（最獨裁）的量表上，對世界各國的民主狀況進行評估，而一個國家的民主狀況必須在6分以上，才是Polity IV所認

決制」（兩輪決選制）與「相對多數決制」三類，將民主國家的國會選制
分為「單一選區相對多數決制」、「比例代表制」、「並立制」、「聯立
制」等四類。因此，如表4-4所示，關於總統選制與國會選制的配套在邏
輯上會出現3×4=12種組合情況。

　　從表4-4中可以看到，世界上以混合制為國會選制的國家中，採行聯
立制的民主國家其實數目不多，僅有德國和紐西蘭兩國；相對地，採行並
立制的國家則較多，如日本、匈牙利、保加利亞、喬治亞、立陶宛、墨西
哥、菲律賓、南韓與我國等。筆者推斷，採行並立制與聯立制國家數目懸
殊的根本原因，可能與選舉制度本身的簡易性有關。[15]很明顯的是，並立
制是一般民眾較能夠明瞭的選舉制度；相反地，一般民眾在常識與直覺
上，通常較難理解聯立制的選舉規則，因為一般民眾通常不容易理解聯立
制既然分為單一選區與比例代表制兩部分的席次，為何自己投給某政黨的
比例代表制選票會決定該黨在國會中獲得的總席次，而不僅是該黨在比例
代表制部分的席次。事實上，我國當時立委選制改革之所以採行並立制而
非聯立制，除了各政黨的利益計算為關鍵因素外，也有考慮到一般社會大
眾不易理解聯立制的內涵。回顧我們對於聯立制的認識，通常是透過學校
課堂中公民領域相關課程的專心學習才得到的，這種選舉制度要使一般社
會大眾充分明瞭，顯然不是簡單的政令宣導或廣告宣傳即能達成。如果一
種選舉制度使得民眾投票時對於自己的選票會造成什麼結果都不能夠完全
明瞭，不論這種選舉制度本身蘊含何種崇高的價值，其適用性仍然是大打
折扣的。

　　定的民主國家。因此，表4-4所列的國家，是指民主狀況在自由之家獲得2.5分以下評分，或
　　在Polity IV獲得6分以上評分的國家。

[15] 許多國家在混合制的制度選擇時會選擇並立制而非聯立制，必然還有該國個別的具體脈絡因
　　素，並非選制的簡易性此一因素能夠完全解釋。但不容易否認的一般趨勢是，選舉制度越複
　　雜，採行的國家越少。正是因為這樣的趨勢，我們可以看到在全世界各民主國家中，國會選
　　制採行較容易為民眾所理解的單一選區相對多數決制或政黨比例代表制的國家較多，至於選
　　擇投票制（alternative vote）、單記可讓渡投票制（single transferable vote）等較複雜的選制
　　則僅有少數國家採行。簡言之，即便各國選舉制度的成因涉及多元因素，但選制的簡易性畢
　　竟是一個國家在決定採行何種選舉制度時應該會考量的基本因素。

表4-4　全球民主國家總統與國會選制的組合情況[16]

總統選舉制度 國會選舉制度	無總統直選	絕對多數決制 （兩輪決選制）	相對多數決制
單一選區 相對多數決制	巴貝多、貝里斯、波札那、加拿大、多米尼克、格瑞那達、印度、牙買加、紐西蘭、巴哈馬、聖克里斯多福、聖露西亞、聖文森、千里達、英國	迦納、蒙古	美國
比例代表制	比利時、捷克、丹麥、愛沙尼亞、希臘、蓋亞那、以色列、義大利、拉脫維亞、盧森堡、荷蘭、紐西蘭、挪威、南非、西班牙、蘇利南、瑞典	阿根廷、奧地利、貝南、巴西、維德角、智利、哥倫比亞、克羅埃西亞、塞浦路斯、東帝汶、薩爾瓦多、芬蘭、瓜地馬拉、那米比亞、祕魯、波蘭、葡萄牙、羅馬尼亞、聖多美普林西比、塞爾維亞、斯洛伐克、斯洛維尼亞、烏拉圭	阿根廷、巴西、智利、哥倫比亞、哥斯大黎加、多明尼克、宏都拉斯、冰島、巴拉圭、委內瑞拉
並立制	匈牙利、日本	保加利亞、喬治亞、立陶宛	墨西哥、菲律賓、南韓、臺灣
聯立制	德國、紐西蘭		

資料來源：蘇子喬（2012：43）。

---

[16] 本文選取的國家並未論及人口數少於10萬的極小型國家。這些國家包括格瑞納達、馬紹爾群島、密克羅尼西亞、聖克里斯多福、吐瓦魯、摩納哥、列支敦斯登、安道爾、諾魯、萬那杜、薩摩亞。

四、聯立制與我國當前憲政體制不宜相互搭配

　　一個國家究竟應採行何種國會選舉制度較適宜，亦有必要與憲政體制進行配套思考。我國目前的憲政體制為半總統制，至於就半總統制的次類型而言，一般認為我國屬於較具總統制精神的「總統議會制」（president-parliamentarism），而非較具內閣制精神的「總理總統制」（premier-presidentialism）。在我國憲政體制下，總統與國會分別由人民選舉產生，民選總統有權直接任免閣揆，故閣揆所領導的內閣除了須對國會負責（國會對內閣有質詢權與倒閣權）之外，亦須對總統負責。國會固然有倒閣權，但由於總統於國會倒閣後有權力解散國會重選，使得國會唯恐被解散而不敢倒閣，致使國會通過倒閣的機率非常低。於是，當總統與國會多數不一致時，總統仍敢任命自己陣營的人士組閣，並不畏懼國會行使倒閣權。此時就總統與國會的關係而言乃形成分立政府的格局，就內閣與國會的關係而言此時的內閣型態為少數內閣。我國過去2000年至2008年陳總統在任期間的憲政運作便是如此。在這種「分立政府且少數內閣」的情況下，行政權（總統與內閣）與立法權（國會）係全面對立，容易發生政治僵局且施政效率低落，這種情況是半總統制應儘量避免的憲政格局。

　　Scott Mainwaring（1993: 198-228）曾指出，在總統制的憲政體制中，總統與國會皆由人民選舉產生，各有任期保障，整個憲政體制具有雙元民主正當性存在，兩者之間容易出現衝突與僵局。總統與國會發生僵局和衝突的現象，尤其容易發生在總統與國會多數不一致的分立政府格局下。若同時搭配國會選舉制度的思考，當一個總統制國家的國會選舉制度採取比例代表制時，國會政黨體系容易形成多黨制，單一政黨在國會中過半的可能性極低，此時幾乎難以避免形成分立政府的局面，這種情形普遍出現在拉丁美洲各國。在拉丁美洲國家，一方面經常可以看到行政部門與立法部門間經常發生政治僵局，政府施政效率低落；另一方面有時亦可看到自恃有強大民意基礎的總統，以直接訴諸民意的民粹手段來對抗國會，甚至使用體制外的方式來迫使國會就範，而引發民主倒退的危機。故Mainwaring認為，總統制與比例代表制所形成的多黨制是一種

「困難的結合」（difficult combination），在許多新興民主國家的實際經驗中，當總統制與比例代表制所形成的多黨制國會同時出現時，民主政治是難以維繫的。雖然Mainwaring提及的憲政體制是總統制而非半總統制，提及的選舉制度是比例代表制而非聯立制，但由於我國半總統制的實際運作接近總統制，且聯立制亦可說是一種「附帶單一選區的比例代表制」，故Mainwaring關於憲政體制與選舉制度配套的提醒仍是相當值得我們參考的。

　　我們可以試想，若我國國會選制採行聯立制，如圖4-2所示，國會政黨體系將在聯立制的影響下通常會形成多黨制，國會中將難有單一政黨掌握國會過半數的席次。[17]如此一來，總統與國會之間容易形成分立政府的格局，而假若總統依循我國過去實際運作經驗任命自己陣營人士組閣，「分立政府且少數內閣」將成為難以避免的憲政格局。[18]

　　相反地，在國會選制採行並立制的情況下，如圖4-3所示，國會中的政黨體系通常會形成兩黨制（或是兩大黨為主的政黨體系），在國會中通常會有單一政黨掌握國會過半數的席次，而當民選總統所屬政黨即為國會中掌握過半數席次的政黨時，即能避免分立政府，此時總統既然與國會多數一致，總統任命的閣揆通常也會與國會多數一致，這種總統、國會、內

17　聯立制雖然在第一票的部分採取了單一選區多數決制，但這種選制是以第二票的政黨得票率決定政黨的總席次，因此本質上屬於比例代表制。比例代表制理論上將會比第一、第二票脫鉤的並立制容易造成政黨體系的零碎化。政黨體系零碎化的程度也可以由小黨在國會中席次的增減來看出。從本文所模擬的結果來看，若我國2012年立委選舉採用聯立制，如表4-2所示，親民黨與台聯的席次皆能大幅度地成長。因此可以想像，若我國採行聯立制，即便政黨體系不至完全脫離目前兩大黨加兩小黨的格局，但將導致國會中各政黨的席次較目前來得分散。實證上一個明顯的例子是紐西蘭。紐西蘭1996年採用聯立制的用意便是希望讓國內不同的社會勢力能在國會中擁有自己的代表，除了增加代表的多元性，也希望減低兩大政黨的權力壟斷。紐西蘭在引入聯立制後，國會內的有效政黨數由原先平均2.4個政黨，增加到6至8個政黨（Köllner, 2014: 3）。

18　在我國，自並立制這種對小黨不利的選制實施以來，以兩大黨得票率總和（2008年88.14%、2012年79.17%）看來，小黨仍有獲得10%-20%選票的空間，這些選票在聯立制下足以讓兩個以上的小黨獲得一定的席次。因此，筆者認為，一旦採行聯立制，即便我國政黨體系在目前國家認同的分歧下不致完全跳脫兩大政治集團相互對峙的格局，但仍會使小黨在國會中席次增加，以致各黨不過半的可能性提高。

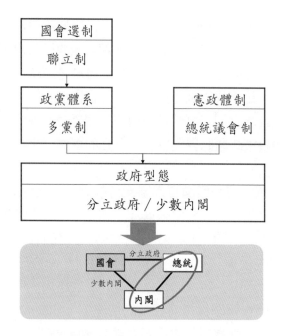

圖4-2　憲政體制與選舉制度的配套思考（一）

閣三者「一家親」的情況即是「一致政府且一黨內閣」的格局。這種格局下的憲政運作，一般而言會比前述「分立政府且少數內閣」的情況來得順暢。事實上，我國2008年之後之所以有單一政黨可以在國會中獨立過半，組成一黨內閣，其中一項重要的制度因素應是我國2008年國會選舉改採並立制。當然，我們必須承認，在我國總統與國會分別由人民選出的憲政體制下，仍無法完排除總統與國會多數不一致的情況發生。當總統與國會多數不一致時，總統若如過去往例堅持任命自己陣營人士組閣，仍會形成「分立政府且少數內閣」的格局。不過，也有論者推斷，在並立制的選制效應下，一旦遇到總統與國會多數不一致的情況，立法院與國會對抗的誘因將會增加，[19]總統若仍像過去一樣不理會國會多數而任命自己陣營人士

---

[19] 並立制之所以會增加國會與總統對抗的誘因，可析論如下：首先，就國會中的政黨生態而言，在並立制的選舉效應下，國會中各黨的黨紀與凝聚力應會強化，這是因為在並立制中的

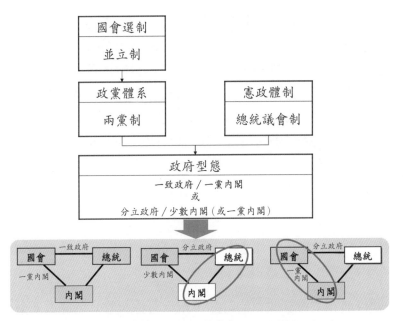

圖4-3　憲政體制與選舉制度的配套思考（二）

組閣，國會並非絕對不敢倒閣。總統迫於國會多數陣營的壓力，或許有可能任命國會多數陣營組閣而形成共治，亦即「分立政府且一黨內閣」的格局（蘇子喬、王業立，2014）。

　　總之，從我國憲政體制與選舉制度配套思考的角度來看，「總統議會制－並立制－兩黨制」的搭配較能避免分立政府與少數政府出現，應是較

單一選區下，每個政黨僅會提名一位候選人參加選舉，候選人之間的競爭也同時意味著政黨之間的競爭，政黨的政策訴求、標籤與形象應是候選人能否當選的重要關鍵之一，立委當選既然相當程度依賴政黨的奧援，為了獲得政黨的提名與奧援以追求連任，會較願意遵從黨紀。其次，就立委的代表角色與行為而言，由於多數單一選區的地理範圍縮小，選區幅員小於一個縣市的轄區，票源集中、著重選區服務的地盤形候選人的當選機率可能提高。且在單一選區當選的立委將是各選區中的「唯一」代表，選民與立委的連結性更為加強，立委的現任者優勢也可能會更為顯著（王業立、蘇子喬、郭銘峰，2013：346）。在立委現任者優勢漸增的趨勢下，立委改選結果變動的可能性將會降低，亦即連任失敗的風險與改選的成本將會降低，這將使立法院較不懼怕倒閣後被總統解散重選。

「總統議會制－聯立制－多黨制」更爲合宜的制度組合。採行並立制雖然不保證多黨制必然會消失，但聯立制下通常會形成的多黨制將使成分立政府成爲常態。值得一提的是，如表4-3所示，當前世界上的穩定民主國家中，採行聯立制者僅有德國與紐西蘭，而這兩個國家的憲政體制都是內閣制。在聯立制趨向形成多黨制的情況下，這兩個內閣制國家的政府型態都是聯合內閣，憲政運作堪稱順暢。我們會發現，當代世界固然存在著憲政體制爲內閣制、國會選制是聯立制的穩定民主國家，但並無任何一個憲政體制爲半總統制、國會選制是聯立制的穩定民主國家。

肆、結　語

　　我國目前立委選制改革的討論，充斥著採行聯立制的改革聲音，聯立制儼然被視爲選舉制度的「模範」，幾乎被看成是無懈可擊的選舉制度。事實上，這樣的觀點忽略了聯立制在我國也可能引發的「集中性」與「代表性」之間的矛盾。國內希望引入聯立制人士的本意，是爲了追求更完善的「代表性」，亦希望提高小黨在政治上的影響力，但有鑒於超額議席常常是由大黨取得，因此若採取聯立制，我國也將一樣面臨比例代表性的扭曲，並對大黨有利。而且我國大法官釋憲時司法積極主義（judicial activitism）的精神遠不及德國聯邦憲法法院，我國大法官要像德國一樣由司法違憲審查機關介入限制超額議席的可能性並不高。

　　德國聯立制過去造成的超額議席與選票負面效力的問題，以及近年德國選制改革引進平衡議席的治絲益棼，顯見聯立制亦有其運作上的難題。我國選舉制度若改採聯立制，且仍以全國爲政黨名單選區，雖然不會發生選票負面效力的問題，但超額議席的問題勢必無法避免。我國倡議聯立制的論者經常將超額議席的問題略而不談，或許是因爲這些論者認爲超額議席是聯立制下的枝節問題，殊不知超額議席在德國屢屢引發憲法訴訟與激烈的選制改革辯論。且德國聯立制實施至今超過半個多世紀，許多民眾對於聯立制的內涵仍然不明就裡。試問，我國若採行聯立制，對於超額議席

的問題是否有足夠的心理準備加以因應？聯立制的倡議者是否以爲只要經過簡單的政令宣導，就可以讓全國民眾充分了解聯立制的內涵？而且，從現實經驗來看，聯立制在某些國家明顯遭到濫用，比例性偏差的問題反而更形惡化，使得選制的合理性備受質疑。另外，聯立制的倡議者是否也曾思考過選舉制度與憲政體制的配套問題，亦即聯立制與我國目前的憲政體制是否能夠適切地相互搭配？如果我們有考慮到這些問題，應會發現我國立委選制採行聯立制的改革倡議是亟待商榷的。

　　筆者認爲，比例性偏差是並立制必然會存在的現象，也是採行這種選舉制度必須忍受的缺陷，而不宜過度將並立制造成的比例性偏差視爲此種選制的「嚴重病症」。即使我們承認比例性偏差是並立制的病症，也絕非無法忍受的嚴重病症。並立制雖然可能造成一定程度的比例性偏差，但另一方面也較能避免政黨體系過於零碎化，促成國會中單一政黨過半，而強化政治穩定。在我國現行憲政體制爲總統議會制的情況下，採行具有高度比例性的聯立制並不利於我國憲政運作的順暢；相反地，具有一定比例性偏差的並立制則較有利於憲政運作的順暢。與其說比例性偏差是並立制的嚴重病症，不如說比例性偏差是並立制必然存在的「基因」。由於它不是嚴重病症，因此也就根本不需要透過聯立制這個藥方來治療。將比例性偏差視爲並立制的嚴重病症，很有可能是錯診並立制的病情，就好像是將沒重病的人誤診爲病入膏肓。而把聯立制視爲藥方，則猶如是對沒病重的人投錯藥方，不僅沒有對症下藥，反而要承擔這種錯誤藥方的後遺症。

　　筆者認爲，我國未來立委選制的改革方向，較爲可行的方案應是在維持當前並立制的選制類型下進行制度調整。在我國當前的憲政體制下，採行並立制較能降低分立政府出現的機會，但並立制仍不應過度壓抑小黨的生存空間，畢竟保障少數團體仍是採行混合式選制的制度初衷。既然並立制中設置政黨比例代表制席次的初衷是要讓小黨亦有獲得席次的機會，且並立制下大黨在單一選區部分已具有明顯優勢，則政黨比例代表制的部分在制度設計上似乎就不應對小黨限制太多，而抹煞小黨進入國會的機會。就選舉制度與憲政體制的配套思考而言，我國國會中的政黨體系仍應以準兩黨制（兩大黨與若干小黨並存）且有單一政黨過半的情況較爲妥適，國

會中的政黨體系不宜形成各黨不過半的多黨制。以此檢視我國目前的立委選制，我國目前113席的立委總名額似乎太少，34席政黨比例代表制選出的立委應選名額也似乎不足，5%的政黨門檻也稍嫌過高，過度壓抑小黨的生存空間。未來若有選制改革的機會，應可考慮在擴充立委總名額的同時，增加政黨名單比例代表制的應選名額，並應考慮降低政黨門檻。在這樣的調整下，小黨應有機會獲得較多席次，但尚不致形成各黨不過半的多黨制。總之，筆者認為就我國立委選制改革的方向而言，應破除德國聯立制必然優於並立制的迷思，在目前並立制下進行制度調整仍是較為可行的選制改革方向。

5 選擇投票制與英國國會選制改革

壹、前　言

　　英國國會議員選舉長久以來採行單一選區相對多數決制，這種選舉制度是英國形成兩黨制的主要成因。在一個兩黨交替執政的政治體制下，固然有助於形成政治責任清楚的單一政黨政府，並有利於維持一個國家的政治穩定，但這種選舉制度最受詬病之處，在於此制會產生嚴重的「比例性偏差」（disproportionality）問題，使英國的小黨在選舉中所獲得的選票，無法在國會的席次中眞實地反映出來，並造成保守黨與工黨這兩大黨在國會中的席次率，往往遠高於選舉中的得票率。自1970年代以來，飽受單一選區相對多數決制不公平對待的自由黨（現稱自由民主黨）與其他小黨，大聲疾呼國會選制改革的必要性，而工黨與保守黨受惠於單一選區相對多數決制，對於選制改革始終意興闌珊。

　　不過，英國國會選制改革在2010年出現了重大契機。2010年5月國會大選後由保守黨與自由民主黨共同組成的聯合政府，提出了選擇投票制的選制改革方案，並決定於2011年5月就是否改變國會選舉制度舉行公民投票。一般預期，此案一旦通過，將是英國百年來最重大的政治制度變革，英國未來的政黨政治與政府組成也勢必會受到重大影響。然而，2011年5月舉行的公投最終仍未通過選制改革方案，英國選制改革最終仍以失敗收場。本章想要探討的是：選擇投票制究竟是什麼樣的選舉制度？英國目前的國會選舉制度爲何有改革的必要？爲何英國政府提出的是選擇投票制而非其他的改革方案？爲何百年一遇的英國選制改革契機最終仍功虧一簣？是什麼因素導致英國的選制改革無法成功？以上議題乃是本章試圖探究並回答的問題。

　　本章透過英國國會選制改革對於選擇投票制進行探討，亦能填補目前學界對於選擇投票制關注較少的空缺狀態。在學界論及選舉制度的各種類型時，選擇投票制固然會被提及，但相對於單一選區相對多數決制、比例代表制、單一選區兩票制（聯立制或並立制）等其他選舉制度受重視的程度，選擇投票制的相關討論通常只是聊備一格。此種選制之所以較受忽

視，最主要的原因是世界上採行的國家不多，以致學界對於這種選舉制度的成因與政治影響，較難提出通則化的研究成果。另外一個原因，則是因爲這種選舉制度的計票方式較爲複雜，以致許多國家在進行選舉制度改革時，唯恐一般民眾無法了解這種選制的計票方式，並未將選擇投票制列爲選制改革的其中一項方案。就以我國過去的立委選制改革過程爲例，究竟以往採行的單記非讓渡投票制（single non-transferable vote, SNTV）應該往何種方向調整，各種不同的選制改革方案如單一選區相對多數決制、政黨名單比例代表制、中選區兩票制與單一選區兩票制都有論者支持，但卻幾乎看不到有論者將選擇投票制列爲我國立委選制改革的選項之一。同樣地，關於我國目前的總統選舉制度，也有論者建議應將目前的相對多數制改爲絕對多數制，其中所指出的絕對多數制，幾乎都是指兩輪決選制，而完全忽略選擇投票制的存在。因此，本章對於選擇投票制的探討，或許亦可對我國選制改革辯論中忽略選擇投票制的缺漏狀態略盡填補之勞。

　　根據以上的問題意識，本章以下將先說明選擇投票制的制度內涵，接著探究英國目前國會選舉制度的利弊得失，隨後探討英國選制改革公投的實施過程，並分析英國選制改革公投無法通過的原因，最後則對英國選制改革的實現條件進行評估。

貳、選擇投票制的介紹

　　本節將先介紹選擇投票制的制度內涵，而後指出目前學界對於選擇投票制的相關研究成果與主要辯論議題。

一、選擇投票制的內涵

　　在民主國家選舉制度的分類上，單一選區相對多數決制、兩輪投票制與選擇投票制這三種選舉制度皆屬單一選區制。在這三種單一選區制當中，單一選區相對多數決制強調相對多數決的精神，兩輪投票制與選擇

投票制則皆是具有絕對多數決精神的選舉制度。綜觀目前世界各國的國會議員與總統選舉，單一選區相對多數決制與兩輪投票制皆有許多國家採行。就單一選區相對多數決制而言，根據學者的統計，目前世界上將近200個國家中，有將近三成的國家採取此種選舉制度選出國會議員；在近100個總統由人民直選的國家中，則有約兩成的國家採行此種制度選出總統（Norris, 2004: 41）。就兩輪投票制而言，以此種選制選出國會議員的國家固然較少（例如法國），但在當前世界上總統直選的國家中，卻有將近六成左右的國家採取這種選舉制度選出總統，儼然是世界上最普遍的總統選舉制度。[1]相形之下，採行選擇投票制的國家則相當罕見。到目前為止，以選擇投票制選舉國會議員的國家有澳洲、巴布亞紐幾內亞、斐濟等國，以此種選舉制度選舉總統的國家則有愛爾蘭與斯里蘭卡。[2]

選擇投票制始於澳洲的聯邦眾議員選舉，自1918年以來，澳洲聯邦眾議員選舉即是在單一選區下實施選擇投票制，或稱為偏好投票制（preferential ballot）。投票時，選民可依據自己的偏好，將候選人排列順序，並標示於選票上。開票時，如果有候選人得到超過總有效票半數的「第一偏好票」，則該候選人即可當選；如果沒有任何候選人獲得超過半數的「第一偏好票」，則將獲得「第一偏好票」最少的候選人淘汰，並將這些選票依照選票上的「第二偏好票」，分別移轉給其他候選人，若有候選人原本的「第一偏好票」加上經由移轉獲得的「第二偏好票」的票數

1　法國國民議會與總統選舉在細節上仍有些許差異。法國國民議會選舉採兩輪投票制（two-ballot system），每個選區應選名額一名，候選人必須取得該選區中過半數的選票才能當選，若無候選人贏得過半數的選票，則由獲得該選區選舉人12.5%票數（亦即獲得該選區八分之一公民數額的票數）的候選人進入第二輪選舉；在第二輪選舉中，則由得票最高的候選人當選。至於總統選制則採兩輪決選制（runoff election），如果有候選人能夠獲得全國過半數的選票，則該候選人即已當選，無須進行第二輪投票；但是如果沒有候選人獲得全國過半數的選票，則得票最高的前兩名候選人將要進行第二輪的決選。在第二輪投票中，則由兩位候選人中得票較高者當選（王業立，2016：16-18）。

2　斯里蘭卡在總統選舉中採行的選擇投票制與澳洲的選擇投票制稍有不同，該國的制度較為簡單，其辦法是由選民依偏好排序列出支持的候選人，如果沒有候選人獲得超過半數的第一偏好票，則保留得票前兩名候選人的選票，並將其他候選人所獲得的選票依對這兩位候選人的偏好順序高低，記為這兩名候選人的選票，選票加總後由前兩名候選人中得票較高者當選。

超過總有效票半數，即告當選。如果移轉選票之後，仍然沒有候選人獲得的票數超過總有效票半數，則將此時得票最少的候選人淘汰，並將該候選人的選票依照選票上的「第二偏好」，分別移轉給其他候選人；若該名被淘汰之候選人某些選票上的「第二偏好票」是先前計票過程中已被淘汰的候選人，則是依照選票上的「第三偏好票」，分別移轉給其他候選人。這種選票移轉的過程持續進行，直到有候選人獲得總有效票過半的選票為止（王業立，2016：15-16）。

在此可舉一例說明澳洲聯邦眾議員選舉所採行之選擇投票制的計票方式：

（一）若某一選區中有A、B、C、D四位候選人，選民在投票時，必須在列有四位候選人的選票上進行偏好排序，例如某選民最喜愛B候選人，A、C、D候選人則是其第二、第三、第四偏好的候選人，則該選民即在選票上B候選人的欄位處填寫「1」、在A、C、D候選人的欄位處分別填寫「2」、「3」、「4」。選民須對選票上所有的候選人進行偏好排序，不能僅投給一位候選人，也不能僅是對選票中的某些候選人進行偏好排序，否則該選票視為廢票。

（二）如圖5-1所示，若該選區的總有效票是10萬票，其中A、B、C、D分別獲得4萬、3萬、2萬、1萬張第一偏好票，由於沒有候選人獲得

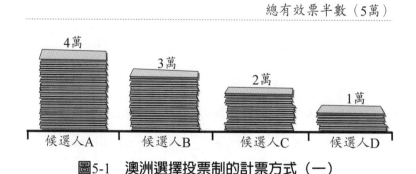

圖5-1　澳洲選擇投票制的計票方式（一）

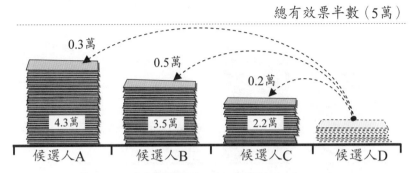

圖5-2　澳洲選擇投票制的計票方式（二）

超過總有效票半數（5萬）的第一偏好票，此時便須將獲得第一偏好票最低的D候選人淘汰，而如圖5-2所示，假若在D所獲得的1萬張第一偏好票中，將偏好「2」投給A、B、C候選人的選票分別有0.3萬票、0.5萬票、0.2萬票，則經過選票移轉後，A所獲得的選票是4.3萬票、B所獲得的選票是3.5萬票、C所獲得的選票是2.2萬票。

（三）如圖5-2所示，到目前為止，A、B、C三位候選人獲得的票數仍未達到5萬票，由於C候選人所獲得的2.2萬票在三位候選人中得票最低，此時便如圖5-3所示，須將C候選人淘汰，將其2.2萬票選票移轉至A、B兩位候選人。C候選人這2.2萬票的移轉方式如下：1.C候選人原本獲得的2萬張第一偏好票，依選票上的第二偏好轉移給A、B兩位候選人。值得注意的是，在C候選人的2萬張第一偏好票中，可能會有部分選票的第二偏好是投給先前已經遭到淘汰的D候選人，若有這樣的選票，則是以這些選票的第三偏好移轉給A、B兩位候選人；2.C候選人在前一輪選票移轉過程中從D獲得的0.2萬張第二偏好票，則是依這些選票上的第三偏好移轉給A、B兩位候選人。

（四）如圖5-3所示，C候選人的2.2萬票經過上述選票移轉程序後，若其中有0.6萬票移轉給A，有1.6萬票移轉給B，加上A、B在上一輪選票

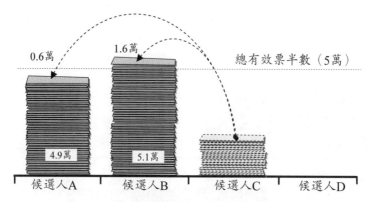

圖5-3　澳洲選擇投票制的計票方式（三）

移轉後所獲得的票數，則A共獲得4.9萬票（4.3萬票＋0.6萬票），B共獲得5.1萬票（3.5萬票＋1.6萬票）。B的票數至此超過總票數的半數（5萬票），故最後計票結果是由B候選人當選。

選擇投票制的計票邏輯，與兩輪投票制有類似之處，兩者都具有絕對多數制的精神。兩者不同之處，在於前者選民只須去投票所一次，而後者選民卻有可能須上投票所兩次，因此這種選舉制度又稱為「立即的兩輪對決制」（instant runoff vote）。選擇投票制的制度精神，也頗類似國際奧林匹克委員會（以下簡稱奧委會）挑選奧運主辦城市的方式：要成為主辦城市，候選城市必須獲得奧委會委員過半數選票，若無城市得票過半，則將得票最低的城市淘汰，奧委會委員再就其餘城市進行第二輪投票。在第二輪投票中，若仍無城市得票過半，則再將得票最低的城市淘汰，奧委會委員再就其餘城市進行第三輪投票。如此一直進行下去，直到有城市得票過半為止。不過，在選舉公職人員時，基於選務成本的考量，不可能反覆召集選民一輪一輪地投票，因此選擇投票制的制度用意是，選民在選票上對候選人進行偏好排序，猶如是要求選民表明若自己最喜愛的候選人在第一輪選舉中被淘汰，自己在第二輪選舉中會投給哪一位候選人；假若這位候選人在第二輪選舉中被淘汰，自己在第三輪選舉中會投給哪一位候選人。換言之，在選票上進行偏好排序，猶如讓選民進行一輪一輪的投票，

以選出得票過半數的候選人，只是逐輪淘汰的計票工作交給選務機關進行，而不是由選民自己執行。

　　不過，英國交付公投的選擇投票制與澳洲的選擇投票制略有不同。英國擬採行的選擇投票制並未要求選民對選票上的「所有」候選人皆進行偏好排序。換言之，選民可就選票上的部分候選人進行偏好排序，也可以僅投給一位候選人，故這種選制亦被稱為「隨意性偏好投票制」（optional preferential vote）。在此選制下，最後當選人的得票數不一定會超過「總有效票」半數，而只是超過「未被淘汰候選人之總票數」半數。以下舉例說明：

　　（一）若某一選區中有A、B、C、D四位候選人，選民在投票時，可對選票上的候選人進行偏好排序，無須對所有的候選人進行排序。

　　（二）如圖5-4所示，若該選區的總有效票是10萬票，其中A、B、C、D分別獲得4萬、3萬、2萬、1萬張第一偏好票，由於沒有候選人獲得超過總有效票半數（5萬）的第一偏好票，此時便須將獲得第一偏好票最低的D候選人淘汰，而如圖5-5所示，假若在D所獲得的1萬張第一偏好票中，有0.1萬票僅投給D，未做其他偏好排序。而其他0.9萬票中，第二偏好投給A、B、C候選人的選票分別有0.2萬票、0.6萬票、0.1萬票。在此情形下，該0.1萬票僅投給D的選票被排除不需再計算，其他0.9萬票經過移

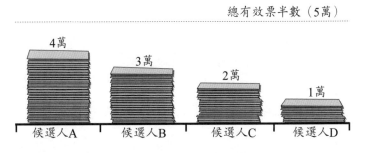

圖5-4　英國擬採行之選擇投票制的計票方式（一）

轉後，加上A、B、C原有的選票，A所獲得的選票是4.2萬票、B所獲得的選票是3.6萬票、C所獲得的選票是2.1萬票。

　　（三）如圖5-5所示，到目前為止，A、B、C三位候選人獲得的票數皆未超過「A、B、C三位尚未被淘汰候選人之總票數」半數〔（4.2萬＋3.6萬＋2.1萬）÷2＝4.95萬〕，由於C候選人所獲得的2.1萬票在三位候選人中得票最低，此時便須將C候選人淘汰，而如圖5-6所示，將其2.1萬票選票移轉至A、B兩位候選人。C候選人這2.1萬張選票的移轉方式如下：1.C候選人原本獲得的2萬張第一偏好票，依選票上的第二偏好轉移給A、B兩位候選人，其中若有選票是僅投給C而未進行偏好排序的選票，則這些選票便被排除不需再計算。須注意的是，在C候選人的2萬張第一偏好票中，可能會有部分選票的第二偏好是投給先前已經遭到淘汰的D候選人，若有這樣的選票，則是以這些選票的第三偏好移轉給A、B兩位候選人，其中若有選票未排第三偏好，則這些選票亦被排除不需再計算；2.C候選人在前一輪選票移轉過程中從D獲得的0.2萬張第二偏好票，則是依這些選票上的第三偏好移轉給A、B兩位候選人，其中未排第三偏好的選票亦被排除不需再計算。

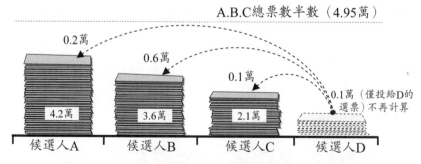

圖5-5　英國擬採行之選擇投票制的計票方式（二）

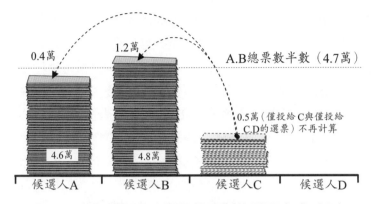

圖5-6　英國擬採行之選擇投票制的計票方式（三）

　　（四）如圖5-6所示，C候選人的2.1萬票經過上述選票移轉程序後，若其中有0.5萬票是被排除不需計算的選票（亦即僅投給C的選票以及僅對C、D兩位候選人進行排序的選票），而在其餘1.6萬票中，若其中有0.4票移轉給A，有1.2萬票移轉給B，加上A、B在上一輪選票移轉後所獲得的票數，則A共獲得4.6萬票（4.2萬票＋0.4萬票），B共獲得4.8萬票（3.6萬票＋1.2萬票）。B的票數多於A，亦可說B的選票超過A、B兩位候選人總票數的半數〔（4.6萬＋4.8萬）÷2＝4.7萬〕，故最後計票結果是由B候選人當選。從上述例子中可看到，由於計票過程中共有0.6萬票（0.1萬票＋0.5萬票）被排除，B候選人最後獲得的票數儘管未超過總有效票的半數（5萬），仍可宣布當選。

二、選擇投票制的相關研究

　　由於澳洲是世界上實施選擇投票制最久的民主國家，也是當前採行此制的唯一先進民主國家，因此目前學界關於選擇投票制的探討，主要是以澳洲選擇投票制的實施經驗作為研究焦點。事實上，在選舉制度的研究中，探討澳洲選擇投票制的相關研究其實已不算多，其他國家實施選擇投票制的探討則更是寥寥可數。關於當前學界對於選擇投票制的主要研究成果，可簡要說明如下：

　　就選擇投票制的成因而言，有學者指出，澳洲的聯邦眾議院選舉在1918年採行選擇投票制之前，原本採行的是其殖民母國英國的國會選舉制度，即單一選區相對多數決制。澳洲後來之所以會改採行這種制度，主要是由於二十世紀初期澳洲的保守派（右派）陣營發生分裂，在保守派陣營選票分散的情況下，常造成左派的勞工黨在許多選區因相對多數坐收漁利而當選，因此在1917年保守派陣營成功整合右派勢力執政時，便希望改採選擇投票制，以確保自己有較多機會獲得席位，而勞工黨在當時自身選票與席次隨著勞工運動興起而逐漸茁壯的趨勢下，也認為採行選擇投票制對自己並無明顯不利，故亦同意採行此制（王業立，1997；Wright, 1986: 127-128）。

　　就選擇投票制的政治效應而言，有學者認為，這種選舉制度儘管常被宣稱能選出人民「最不討厭」的候選人，但其實這種說法言過其實，因為這種選制仍有若干偏頗之處。首先，假若有候選人的第一偏好票在所有候選人中得票最低，即使該候選人獲得該選區所有選民的第二偏好票，此一候選人仍會在一開始計票時就被淘汰出局。換言之，選擇投票制對於這種類型的候選人極為不利（Flanagan, 2001）。

　　第二，在選擇投票制下，最後選舉結果的關鍵決定者往往是極端選民與政黨，擴大了極端選民與政黨在選舉過程中的影響力。例如，當兩位主要候選人的第一偏好票相當接近但皆未過半數，此時第一偏好得票最少之候選人的第二偏好就變得相當重要，因為兩位主要候選人經由這些第二偏好票的移轉，可能就能決定何者勝出當選，而第一偏好票最少的候選人往往是立場極端偏激的候選人，會將第一偏好票投給此候選人的選民則往往是極端選民，使得主流政黨為了勝選，不得不去拉攏極端選民與政黨。極端小黨雖然不會是左右主流政黨選民的第二偏好，但極端小黨選民的第二偏好卻是主流政黨爭取的對象，故極端小黨雖然獲得席次的機會不大，卻有機會迫使主流政黨對其進行政策讓步（Farrell and McAllister, 2005）。

　　第三，學者也發現，此種選制會促成政黨之間進行選前協調，尋求相互合作的政黨可能比單槍匹馬的政黨在選舉中有更好的表現，因為相互合作的政黨可以建議自己的支持者關於第二偏好票以下的投票對象，要求支

持者將第二、三……偏好票投給友黨，甚至在對己黨最不利的選區要求支持者全力支持友黨（Reilly, 2002；吳親恩，2006）。因此，在這種選舉制度中，一些中間派的小黨常會成為左右兩大黨的結盟對象，在兩大黨的激烈競爭下，中間派小黨常會因選民第二偏好與後續偏好的選票流向，而扮演關鍵性的角色。中間小黨往往就是左右主流政黨選民的第二偏好，故較有機會經由主流政黨第二偏好票的移轉而獲得席次。就此看來，可知無論是極端小黨或中間小黨，在選擇投票制下都有機會得到利益，但兩者獲得利益的內涵不盡相同：極端小黨在選擇投票制下能夠獲得的利益是主流政黨的政策讓步，但較無機會獲得席次；中間小黨在選擇投票制能夠得到的利益一方面是大黨的政策讓步，另一方面則是有機會獲得更多席次。

　　第四，與單一選區相對多數決制相較，選擇投票制固然可減少選民因擔心浪費選票而產生「棄保」動機（Graeme and Ewing, 2010），但學者仍發現，選擇投票制所造成的比例性偏差問題依舊明顯，澳洲的實施經驗顯示，在歷年選舉中，通常仍有四成左右的選民無法使其第一偏好的候選人當選，這種選舉制度仍然使小黨在第一輪即被淘汰，與單一選區相對多數決制同樣產生有利於大黨的結果，因此這種選舉制度仍傾向形成兩大政治勢力相互對抗的局面（Jackman, 1994）。不過，澳洲政黨政治運作的狀況比英美較為純粹的兩黨制顯得稍微複雜。基本上，澳洲的政黨體系長期以來呈現的是左派的勞工黨與右派的自由黨與國家黨所組聯盟之間的競爭。

　　關於澳洲以外採行選擇投票制的國家，學界的相關研究更為少見。不過特別的是，有若干學者曾經針對斐濟實施選擇投票制的經驗引發論戰，一時之間竟有許多研究文獻密集討論斐濟的選擇投票制。Horowitz（2000: 566-576）指出，從斐濟的實施經驗看來，選擇投票制有助於緩和社會分歧嚴重之國家的社會衝突。Horowitz強調，在選舉過程中調節族群衝突最有力的方式是鼓勵各政黨間進行「選票共用」（vote pool）或「偏好交換」（preference swap）。換言之，選擇投票制鼓勵各政黨去爭取選民的第二偏好票。在族群衝突激烈的社會中，由於沒有一位候選人能在第一次計票時就獲得絕對多數選票，各政黨為了贏得較多的第二偏好票勢

必得擴大其選舉訴求，這也就意味著想贏得席次的任何一個政黨，皆必須與其他政治勢力進行某種程度的政策妥協與意識型態妥協。Horowitz認為，在社會分歧嚴重的國家，若要緩和社會衝突，選擇投票制可以視爲更廣泛的「向心學派」（centripetal approach）之制度設計的一環，「向心學派」的制度設計與Arend Lijphart（1977, 2004）所主張之「協合民主學派」（consociational approach）的制度設計呈現明顯的對比。在選舉制度方面，「協合民主學派」所強調的比例代表制試圖使各社會分歧勢力在「選後」達成妥協，而「向心學派」所強調的選擇投票制則試圖使各社會分歧勢力在「選前」達成妥協，這種選舉制度提供誘因使各社會分歧勢力廣吸選票，並組成跨族群聯盟。[3]就Horowitz的觀點而言，選前妥協才是較好的做法，各政黨基於選前妥協，會提出較溫和的政見與承諾，若是選後才組成聯盟則較無法產生這樣的承諾。Reilly（1997）根據他對巴布亞紐幾內亞實施選擇投票制的經驗，也認同Horowitz的看法。

　　然而，Fraenkel（2004）以及Fraenkel & Grofman（2004, 2006a, 2006b, 2007）不同意Horowitz的觀點。兩位學者以中位數選民理論（median voter theorem）的觀點爲基礎指出，選擇投票制若要發揮緩和社會分歧的效果，前提是這個社會在社會分歧結構的分布上即是呈現常態分布，亦即支持溫和立場的選民占全體選民中的絕大多數。兩位學者認

3　關於選舉制度如何調解族群對立的討論，大致有由Arend Lijphart所代表的協合民主學派以及由Donald L. Horowitz（2002）所代表的向心學派（又稱選舉誘因學派，incentive approach）這兩種派別。協合民主學派強調權力分享，故主張選舉制度採用比例代表制，以達到選票與席次的高度比例性，並有利於多黨制與聯合內閣的形成，而不像多數決民主強調勝者全拿，重視責任政治甚於權力分享，不利於分歧社會的族群和諧。向心學派則認爲比例代表制僅能鞏固各族群的既有勢力，並不能提供制度性誘因讓政治人物往中間立場移動，跨越族群的界限，主動關注跨族群的利益，以促進族群和諧。因此向心學派主張採行選擇投票制，使政治人物的勝選機率從根本上受到各族群的制約，迫使政治人物兼顧不同族群的利益，以拉近族群間的隔閡。若將兩種學派相比較，協和民主學派是將族群立場視爲固定外生無法改變的變項，故採用比例代表制來「公平地」鞏固既有勢力分布，並認爲公平的代表性能帶來較高的統治正當性，以降低族群的對立。相反地，向心學派則認爲族群分歧是可以透過選擇投票制加以改善或消弭的變項，選擇投票制可迫使政治人物爲了勝選的考量而顧及不同族群的利益，將自己的政策議題調整得較爲溫和。關於兩種學派的介紹，參見吳親恩（2006）。

爲，若斐濟的選舉制度是採行比例代表制而非選擇投票制，其實更能發揮緩和社會衝突的效果。對此，Horowitz（2004, 2006, 2007）則提出反駁，他指出Fraenkel & Grofman的立論忽略了選民在選擇投票制中進行策略性投票的動機，以及政黨在選舉過程中進行政黨協商的可能性。Horowitz、Fraenkel & Grofman密集地相互辯論，各自堅持自己的論點而互不相讓，究竟選擇投票制是否有利於緩和分歧嚴重社會的社會衝突，顯然有待更多的研究者以更細緻的眼光去斟酌比對兩派學者的前提假設與觀點。

參、英國現行國會選舉制度的利弊

英國國會（指國會下議院、平民院）議員選舉長久以來採取單一選區相對多數決制，此種制度又稱爲「領先者當選制」（first-past-the-post system，或簡稱FPTP），在應選名額爲一名的選區中，由得票最高的候選人當選，得票不一定過半。由於各選區應選名額只有一名，因此任何參與選舉的候選人不論其得票數的多寡，只要不是得票最多的候選人，最終也無法得到席次。這種選舉規則對各政黨在選票與席次之間的轉換效果，也就是選舉規則本身的「機械效應」（mechanical effect）乃具有「贏者全拿」（winner-take-all）的特質，政黨之間可能會出現超額當選（over-representation）或代表性不足（under-representation）的嚴重「比例性偏差」（disproportionality）現象，對小黨非常不利，而有利於大黨。此外，當原本支持小黨的選民了解到他們將選票投給小黨候選人形同浪費選票時，他們自然會傾向將選票移轉到他們原本不打算支持的兩大黨中較不討厭的一方，以防止較不喜歡的另一方當選，這種選舉規則的「心理因素」（psychological effect）亦會促使選民進行策略性投票（strategic voting），使選民最終的投票對象傾向在兩個較大政黨之間做選擇（王業立，2016：44-45）。綜言之，單一選區相對多數決制的「機械效應」和「心理效應」，將使選區中的選票集中於兩位主要候選人。假若一個國家沒有嚴重的地域、文化、種族等社會分歧，在各選區層次兩大候選人的競

爭即可能形成全國層次的兩黨制。總之，單一選區相對多數決制傾向形成兩黨制，此即有名的「杜弗傑法則」（Duverger's law）。而英國在此種選舉制度的長期運作下，確實如「杜弗傑法則」所說而呈現兩黨制。

英國長期實施的單一選區相對多數決制有以下的優點。首先，這種選舉制度能夠避免候選人在競選時走偏鋒，因為在選區應選席次只有一席的情況下，候選人如要獲勝就必須吸引多數而非少數特殊選民的認同和支持，因此候選人的政策訴求會趨向溫和化。其次，這種選舉制度傾向塑造兩黨制，而在一個兩黨交替執政的政治體制下，較有利於維持一個國家的政治穩定，並有助於形成政治責任清楚的單一政黨政府（single-party government）（Norris, 1997: 308）。而在兩黨制的格局中，英國選民在選舉國會議員時，猶如同時在選擇一個首相、一個政策綱領、一個執政黨。[4]第三，在這種選舉制度下，由於各選區只選出一名國會議員，每位議員都是各選區中的唯一代表，議員與選區選民之間的連結性較強，議員為了連任的考量，會較重視選區服務的績效，在國會中較會積極爭取選區的利益。

然而，單一選區相對多數決制最受詬病之處，在於這種選舉制度會產生嚴重的「比例性偏差」問題，由於每一個選區只有一名當選名額，所有投給落選候選人的選票形同廢票，無法反映為席次，可能造成以下不合理的現象：

一、各政黨的席次率與得票率可能相差甚大，大黨的席次率往往遠高於得票率；小黨在選舉中所獲得的選票，則無法在國會的席次中真實地反映出來。如表5-1所示，英國自二次世界大戰結束後（1945年）至2010年之間共舉行過18次國會選舉，其中在16次國會大選中，工黨與保守黨這兩大黨之一皆能在國會中獲得過半數的席次（只有1974年2月及2010年的

4　在英國的國會大選中，兩大黨的黨魁通常是選舉的主角，選民經常是以「何人擔任首相較適宜」作為投票的思考依據。選民若希望保守黨黨魁擔任首相，就投票給該選區中保守黨的國會議員候選人；若希望工黨黨魁擔任首相，則投票給該選區中工黨提名的國會議員候選人。因此，選民投給國會議員候選人的選票在實質上亦有選擇首相的功能存在。參見Kavanagh（1995: 98-114）。

國會大選為例外），但其實兩大黨在歷次選舉中的全國得票率皆未超過50%。此外也可發現，在這18次選舉中，工黨有14次選舉所獲得的席次率高於得票率，保守黨亦有13次。至於自由黨（1988年改名為自由民主黨）的席次率歷年來皆低於得票率，無一例外。整體而言，工黨與保守黨這兩大黨乃是單一選區相對多數決制的獲利者。

　　二、對於兩大黨而言，若其中一黨在某次選舉中選情較差，在許多選區皆以些微票數輸給另一主要政黨，儘管該黨在全國層次上加總起來的得票率不低，但仍可能輸掉相當多的席次，使得該黨的國會總席次率遠低於全國總得票率，另一大黨的國會總席次率則遠高於全國總得票率，形成在席次上對選情佳的大黨「錦上添花」、選情差的另一大黨「落井下石」的現象。如表5-1所示，在1997年、2001年、2005年連續三次國會大選中，皆由工黨獲勝，且工黨的席次率都比得票率高出20%，保守黨的席次率則皆低於得票率。以2001年國會大選為例，工黨的得票率為41%，席次率卻高達63%；保守黨的得票率為32%，席次率卻僅有25%。兩大黨的得票率僅相差9%，席次率竟相差38%。

　　三、若兩大黨之一在多數選區險勝另一大黨而贏得許多席次，在少數選區慘敗而損失若干席次，甚至有可能導致獲得國會多數的政黨在全國得票率輸給另一主要政黨的尷尬局面。例如，在1951年國會選舉中，工黨獲得49%的得票率，保守黨拿下48%的得票率，工黨的得票率略高於保守黨，然而，若以政黨所獲席次而論，保守黨卻獲得51%的席次率，高於工黨的47%，結果由得票率較低但席次過半的工黨組閣執政。

　　四、對於兩大黨之外的小黨而言，儘管在各選區中仍會獲得部分選票，但這些選票幾乎都難以轉換成席次，除非該黨候選人能在某些選區中以第一名當選。因此，在單一選區相對多數決制下，除了地區性的政黨之外，全國性小黨的席次率幾乎都低於得票率，往往是此種選舉制度下最大的輸家。如表5-1所示，自由黨（自由民主黨）此一小黨自1974年以來歷次選舉的全國得票率都在兩成左右，但在國會中的席次率卻始終是個位數，此種選舉制度對小黨不利的程度可見一斑。

表5-1　英國各政黨在歷年國會大選的全國得票率與席次率[5]

選舉年度	保守黨 得票率（%）	保守黨 席次率（%）	保守黨 席次率減得票率之差（%）	工黨 得票率（%）	工黨 席次率（%）	工黨 席次率減得票率之差（%）	自由（民主）黨[6] 得票率（%）	自由（民主）黨[6] 席次率（%）	自由（民主）黨[6] 席次率減得票率之差（%）	其他小黨[7] 得票率（%）	其他小黨[7] 席次率（%）	其他小黨[7] 席次率減得票率之差（%）
1945	40	33	-7	48	62	+14	9	2	-7	3	0	-3
1950	44	47	+3	46	50	+4	9	1	-8	1	0	-1
1951	48	51	+3	49	47	-2	2	1	-1	1	0	-1
1955	49	55	+6	46	44	-2	3	1	-2	1	0	-1
1959	49	58	+11	44	41	-3	6	1	-5	1	0	-1
1964	43	48	+5	44	50	+6	11	1	-10	2	0	-2
1966	42	40	-2	48	58	+10	9	2	-7	1	0	-1
1970	46	52	+6	43	46	+3	8	1	-7	3	1	-2
1974.2	38	47	+9	37	47	+10	19	2	-17	6	2	-4
1974.10	36	44	+8	39	50	+11	18	2	-16	8	4	-4
1979	44	53	+9	37	42	+5	14	2	-12	5	2	-3
1983	42	61	+19	27	32	+5	25	4	-21	5	4	-1
1987	42	57	+15	31	35	+4	23	4	-19	5	5	0
1992	42	52	+10	34	42	+8	18	3	-15	6	7	+1

5　本表呈現的席次率與得票率僅取到整數位，小數點後面四捨五入。

6　自由黨於1988年與社會民主黨（由工黨分裂出來的政黨）合併，改組為自由民主黨。故本表中的自由黨也同時指1988年之後的自由民主黨。

7　除了保守黨、工黨兩大黨與自由民主黨此一最主要的第三勢力之外，英國的其他小黨包括：蘇格蘭民族黨、威爾斯民族黨、綠黨、英國獨立黨、英國國家黨，以及北愛爾蘭的一些政黨，例如民主統一黨、新芬黨、社會民主工黨。

（續）表5-1　英國各政黨在歷年國會大選的全國得票率與席次率

選舉年度	保守黨			工黨			自由（民主）黨			其他小黨		
	得票率（%）	席次率（%）	席次率減得票率之差（%）	得票率（%）	席次率（%）	席次率減得票率之差（%）	得票率（%）	席次率（%）	席次率減得票率之差（%）	得票率（%）	席次率（%）	席次率減得票率之差（%）
1997	31	25	-6	43	64	+21	17	7	-10	9	4	-5
2001	32	25	-7	41	63	+22	18	8	-10	9	4	-5
2005	32	30	-2	35	55	+20	22	9	-13	11	5	-6
2010	36	47	+11	29	40	+11	23	9	-14	12	4	-8
2015[8]	37	51	+14	30	35	+5	8	1	-7	25	13	-12
2017[9]	42	49	+7	40	40	+0	7	2	-5	11	9	+2

資料來源：整理自黃琛瑜（2001：201）；Adam Carr's Election Archive（2017）。

---

[8] 在2015年5月英國國會大選中，自由民主黨首度失去二次大戰以來長期維持的第三黨地位。英國獨立黨於本次選舉中獲得12.6%的全國得票率，但由於選票分散，在國會總席次650席中僅獲得1席（席次率0.2%）；蘇格蘭民族黨獲得4.7%的全國得票率，但由於選票集中，獲得56席（席次率8.6%）。自由民主黨獲得7.9%的全國得票率，獲得8席（席次率1.2%）。在本次選舉中，就得票率而言，英國獨立黨是僅次於保守黨與工黨的第三黨；就席次率而言，蘇格蘭民族黨則是兩大黨之外的第三黨。自由民主黨不論就得票率與席次率而言皆落居第四名。

[9] 英國首相梅伊（Theresa May）於2017年4月宣布提前於6月舉行國會選舉，將原先預定2020年5月舉行的國會選舉提前將近三年。梅伊此舉原是希望擴增執政黨（保守黨）的席次，強化她的民意基礎與領導地位，以利政府推動後續的脫歐談判。不料卻弄巧成拙，梅伊所領導的保守黨在此次總席次650席的國會選舉中獲得的席次不減反增，甚至失去國會多數（獲得318席，席次率48.9%）。工黨獲得席次較上次選舉增加（獲得262席，席次率40.3%）；蘇格蘭民族黨席次較上次選舉減少（獲得35席，席次率5.4%），但仍與上次選舉相同而維持第三黨的地位；自由民主黨席次較上次選舉雖略有增加（獲得12席，席次率1.8%），但與上次選舉相同仍落後蘇格蘭民族黨。

從表5-2中，可以看到英國兩大黨與其他小黨在二次大戰後歷次國會選舉中選票與席次變化的趨勢。在1945年至1970年間，英國保守黨與工黨加總起來的得票率皆在九成以上，此兩大黨也幾乎占了國會中全部的席次，尤其是1951年、1955年兩次選舉，保守黨與工黨囊括了全國95%以上的選票，也幾乎囊括了國會中全部的席次，此時可說是英國兩黨制的極盛時期。1974年2月的選舉則是一個重要的轉折點，在此次選舉中，兩大黨的加總得票率首度低於八成，且自此之後幾乎沒有再回復至八成以上（僅1979年選舉略高於八成）。同樣的，也是在1974年2月的選舉中，自由黨的得票率從過去的一成以下提升到將近兩成，從此以後便始終穩定維持兩成左右的得票率，自由黨之外其他小黨的加總得票率也是在此次選舉中首度超過5%，此後幾乎都維持在5%以上。然而，儘管兩大黨與小黨的得票率自1970年代起就已有明顯變化，保守黨與工黨仍持續囊括國會中九成以上的席次，兩大黨與其他小黨的席次率變化卻不大。直到1997年，兩大黨的加總席次率才首度略低於九成，但兩大黨席次率下降的幅度，相較於得票率下降的幅度並不大，兩大黨仍始終占有國會將近九成的席次率。

隨著小黨得票率逐漸提升，在2005年國會選舉中，自由民主黨的得票率繼1983年、1987年兩次選舉，再度突破兩成，自由民主黨之外其他小黨的得票率也首度超過一成；相形之下，兩大黨的加總得票率僅有67%，首次跌破七成，最大黨工黨僅獲得35%的得票率，這是英國兩大黨中勝選政黨的全國得票率在二次大戰後首次低於四成；不過，工黨仍獲得55%的席次而得以一黨組閣。兩大黨的席次率低於七成，意味著英國參加投票的選民中，每三位就有一位是投票給保守黨與工黨以外的其他政黨，但這兩個政黨卻仍占據國會將近九成以上的席次。換言之，英國政黨體系在選票層面已呈現多黨競爭的局面，但在國會席次層面卻仍呈現兩黨競爭的格局（Curtice, 2010: 634-637）。選票結構與席次結構上的落差越來越明顯，英國的選舉制度顯然已無法充分反映英國自1970年代以來民意結構的變化，尤其是在2005年國會選舉後，工黨竟能以三成多的民意基礎便一黨占據國會多數並單獨組閣。而且根據統計，在2005年所有當選的國會議員中，有三分之二以上的國會議員在自己的選區得票率皆未過半。隨著選舉

制度的不合理性漸趨嚴重，使英國社會各界逐漸深切體會到英國的國會選舉制度確實有改革的必要。

表5-2　英國兩大黨與其他政黨在歷年國會大選的全國得票率與席次率

選舉年度	保守黨＋工黨		自由（民主）黨		其他小黨	
	得票率（%）	席次率（%）	得票率（%）	席次率（%）	得票率（%）	席次率（%）
1945	88	95	9	2	3	0
1950	90	97	9	1	1	0
1951	97	98	2	1	1	0
1955	95	99	3	1	1	0
1959	93	99	6	1	1	0
1964	87	98	11	1	2	0
1966	90	98	9	2	1	0
1970	89	98	8	1	3	1
1974.2	75	94	19	2	6	2
1974.10	75	94	18	2	8	4
1979	81	95	14	2	5	2
1983	69	93	25	4	5	4
1987	73	92	23	4	5	5
1992	76	94	18	3	6	7
1997	74	89	17	7	9	4
2001	73	88	18	8	9	4
2005	67	85	22	9	11	5
2010	65	87	23	9	12	4
2015	67	86	8	1	25	13
2017	82	89	7	2	11	9

資料來源：整理自黃琛瑜（2001：201）；Adam Carr's Election Archive（2017）。

肆、英國2011年國會選制改革公投的過程

　　事實上，英國的國會選制改革並不是晚近才出現的政治議題。早在二十世紀初，英國政界即有倡議選制改革的聲音，而且選擇投票制一直是選制改革的方案之一。1910年自由黨執政期間，英國皇家選舉委員會（Royal Commission on Voting Systems）曾根據自由黨的建議，提議採用選擇投票制取代單一選區相對多數決制，但此建議遭保守黨強烈反對與自由黨內部人士的抵制而被擱置。1917年時值第一次世界大戰，自由黨、保守黨與工黨共組大聯合內閣期間，議長會議（Speaker's conference）建議在都市採行選擇投票制，在鄉村地區採行單記可讓渡投票制（single transferable vote），此案係由自由黨積極推動，工黨亦附和之，保守黨則抱持反對立場，但此案後來由於保守黨強烈抵制，工黨亦反悔縮手不支持，且又面臨貴族院的反對無疾而終。1930年工黨執政期間，工黨政府提出選擇投票制的國會選制改革法案，在平民院決議通過，但遭貴族院擱置，隨後因工黨政府下台國會重選而不了了之。1930年代之後，隨著自由黨逐漸沒落，保守黨與工黨相互競爭的兩黨制走向全盛期，小黨的得票與席次皆少，選制改革的呼聲逐暫時沉寂（Wilks-Heeg, 2011）。

　　不過，自1970年代以來，自由黨與其他小黨在國會選舉的得票率逐漸提高，但選票卻無法反映為合乎比例的席次，飽受單一選區相對多數決制不公平對待的自由黨與其他小黨，遂大聲疾呼選制改革的必要性，但工黨與保守黨此兩大黨既然受惠於單一選區相對多數決制，自然反對選制改革，並不願意積極回應自由黨關於國會選制改革的訴求。不過，自1979年之後，由於工黨在國會大選中屢次輸給保守黨，工黨亦將落敗原因歸咎於現行的選舉制度，也開始主張選制改革。在1997年國會選舉期間，布萊爾（Tony Blair）所領導的工黨在正式的競選宣言中提出，將於選後組成檢討現行選制的獨立委員會，並擬將委員會提出的選制改革方案交付公投。工黨在此次國會選舉獲得壓倒性勝利，擊敗保守黨而執政，為了兌現選前承諾選制改革的政策支票，工黨政府於1997年10月成立檢討選

制的獨立委員會，由Lord Jenkins擔任主席（故該委員會又被稱爲Jenkins Commission），該委員會於1998年提出報告，建議將現行選制改爲「改良式的選擇投票制」（Alternative vote plus，簡稱AV+）（McLean, 1999: 143-160）。[10]然而工黨既然已在國會選舉中獲勝，乃是現行選舉制度下的贏家，此時對選制改革的態度也變得意興闌珊，逐不斷推遲選制改革的公投，最終選制改革仍不了了之。一般認爲，布萊爾在1997年之所以會提出選制改革的競選政見，一方面是爲了彰顯「新工黨」的革新形象；另一方面（也是更重要的），則是工黨在當時已長期在野，於1997年國會選舉前夕並無把握能夠獲得國會過半數的席次，根據工黨自己的選前評估，工黨在選後可能必須與自由民主黨合作，才能掌握國會過半數席次而執政，因此爲了向自由民主黨示好，才會提出選制改革的政見（Denver, 2003: 36）。不料，工黨於1997年國會選舉竟出乎意料之外獲得壓倒性勝利，只好騎虎難下地組成委員會檢討選制，但根本無意推動國會選制改革。因此自1970年代以來，儘管英國其他民選公職人員的選舉制度已經顯得相當多元化（如表5-3），但英國國會選制改革始終是處於「只聞樓梯響，不見人下來」的狀態。

　　然而，自2009年開始，國會選制改革的討論聲音逐漸變大。2009年5月，英國爆發國會議員虛報公帳的醜聞，此一醜聞牽涉所有政黨的國會議員，但由於工黨首相布朗（Gordon Brown）對此事件的處理不夠明快，執政黨受到的民意指責最深，對於金融海嘯後經濟不振而民意支持度已大幅流失的工黨而言，實爲雪上加霜。由於國會任期在次年將屆滿，未來一年內將舉行國會選舉，首相布朗爲了挽救工黨的選情，於2010年6月

10 此制的內容爲：選民在選舉時可投兩票，一票是在單一選區中以選擇投票制選出全國80%-85%的席次，另一票是以政黨名單比例代表制選出其餘15%-20%的席次，此部分是以各黨在比例代表制選區（涵蓋多個單一選區）內所獲得的得票率，分配各黨在各比例代表制選區所能獲得的席次。扣除掉該黨在此一比例代表制選區所獲得的單一選區席次後，即爲各黨政黨名單所能當選的席次。換言之，這種選制類似德國聯邦議會議員選舉採行的聯立制，差別在於德國選制是結合「單一選區相對多數決制」與「政黨名單比例代表制」的聯立制，此制則是結合「選擇投票制」與「政黨名單比例代表制」的聯立制。

表5-3　英國目前各種民選公職的選舉制度[11]

選舉制度	公職人員選舉類別
單一選區相對多數決制	國會下議院議員 英格蘭與威爾斯地區的地方議會議員
補充投票制[11]	倫敦市長 英格蘭與威爾斯地區的市長（當候選人超過兩名時）
單記可讓渡投票制	北愛爾蘭地區的地方議會議員 北愛爾蘭地區的歐洲議會議員 北愛爾蘭議會議員 蘇格蘭地區的地方議員
附加投票制（聯立式單一選區兩票制）	蘇格蘭議會議員 威爾斯議會議員 倫敦市議會議員
政黨名單比例代表制	歐洲議會議員（北愛爾蘭地區除外）

資料來源：Durkin and White（2008）。

提出「淨化國會計畫」，將選擇投票制的選制改革方案列於其中。2011年5月國會選舉期間，工黨在競選政見中主張將國會選制改為選擇投票制，並表示若國會選舉後能繼續執政，擬將此案立法後交付公投。一般認為，工黨此項主張的背後考量，與1997年國會選舉期間工黨提出選制改革政見的背後考量如出一轍，仍是為了選後與自由民主黨共組聯合內閣預做準

---

[11] 「補充投票制」（supplementary vote）的選舉方式與「選擇投票制」有一些類似之處。以倫敦市長選舉為例，倫敦市民在選舉市長時，可依自己的偏好圈選兩名候選人，並標記為「第一偏好」與「第二偏好」。若選民僅想圈選一名候選人（亦即僅想標記「第一偏好」而無「第二偏好」）亦可。計票時，若有候選人的「第一偏好票」超過總有效票半數，即可宣布當選。若無候選人的「第一偏好票」超過半數，則「第一偏好票」得票最高的前兩名候選人必須進行第二輪計票。在第二輪計票中，則將其餘淘汰者的選票中，投給該兩名候選人的「第二偏好票」，與該兩名候選人所獲的「第一偏好票」一起加總，得票較多者即可當選。換言之，補充投票制以第一偏好票為勝負關鍵，第二偏好票則是第一偏好的首輪計票勝負未果時一決勝負的「補充」工具。此一制度的目的，是為了確保當選者必須是獲得第一偏好票得票前兩名的候選人，以強化當選人的民意正當性。相形之下，在選擇投票制下，第一偏好票並非前兩名的候選人，亦有機會透過選票的移轉而當選，而且，選擇投票制的偏好排序對象不只是兩位候選人，計票方式比補充投票制複雜。

備。因爲根據當時的選情評估，工黨在選後將失去國會多數，幾乎已成定局。工黨若要繼續執政，勢必要跟自由民主黨合作才有機會，故在選前提出選制改革方案以拉攏自由民主黨（Hix, Johnston and McLean, 2010: 61）。然而，自由民主黨對於工黨的示好動作並不完全領情，基於十多年前工黨食言而肥的經驗，自由民主黨黨魁克雷格（Nick Clegg）甚至直斥工黨的選制改革方案僅是「可憐而微不足道的妥協方案」（miserable little compromise）。

　　2010年5月5日國會選舉後，英國國會選制改革終於出現了難得一見的契機。此次選舉出現了英國非常罕見的各黨皆未過半的「懸峙國會」（hung parliament），在總席次650席中，保守黨席次最多，獲得306席；工黨次之，獲得258席；自由民主黨位居第三，獲得57席；其餘小黨獲得28席。在這種席次分布下，勢必須組成聯合內閣。原先執政的工黨未能在國會選舉中取得過半數的席次，依英國的憲政慣例，現任首相擁有優先組閣權，但首相布朗於國會選舉後表示，願意讓最大黨保守黨和席次排名第三的自由民主黨先進行組閣談判，如果談判失敗，工黨與自由民主黨便會接續商討組閣事宜。於是，保守黨隨即與自由民主黨進行組閣的談判，工黨也與自由民主黨進行非正式的會談。從各黨的席次來看，即使自由民主黨與工黨聯合組閣，兩黨的總席次仍未超過國會半數，兩黨組閣的前景並不樂觀；然而從政黨的基本立場而言，工黨屬左派，保守黨屬右派，自由民主黨屬中間偏左，故自由民主黨與保守黨的意識型態距離較遠，跟工黨的意識型態相距較近，因此外界也不完全看好自由民主黨會與保守黨合作組閣。究竟選後各政黨會如何組閣，一時之間顯得撲朔迷離。

　　經過三個政黨於選後密集的協商，至2010年5月下旬，自由民主黨決定選擇與保守黨共組聯合內閣，此一聯合內閣乃是英國於第二次世界大戰後的首次聯合內閣，[12]由保守黨黨魁卡麥隆（David Cameron）擔任首相，自由民主黨黨魁克雷格擔任副首相。事實上，在政黨的傳統立場上，自由

12　上一次聯合內閣爲1940年至1945年第二次世界大戰期間由首相邱吉爾（Winston Churchill）所領導的戰時大聯合內閣，由保守黨、自由黨與工黨共同組成。

民主黨與工黨較爲接近，與保守黨較疏遠，而保守黨與自由民主黨竟然能夠共組聯合內閣，其中一項關鍵便是兩黨在協商組閣時達成了將選制改革方案交付公投的協議。特別的是，兩黨打算交付公投的選制改革方案竟是保守黨原本強烈反對、自由民主黨原本態度冷淡的選擇投票制。不過須注意的是，兩黨僅是就「將選制改革方案交付公投」達成共識，並非就「選制改革方案」本身達成共識。

　　聯合內閣正式組成後，副首相克雷格於2010年7月代表內閣在國會中宣布，在國會通過賦予選制改革公投正式法定效力的法律後，擬於2011年5月5日舉行公民投票，以決定是否將國會選制由單一選區相對多數決制改爲選擇投票制。隨後，國會進行正式的立法程序，此一賦予選制改革公投法定效力的選舉改革法案名爲《國會選舉制度與選區法案》（The Parliamentary Voting System and Constituencies Bill），公投的問題如下：「目前我國採行單一選區相對多數決制選舉下議院議員，你是否贊成改採選擇投票制？」儘管公投的問題僅詢問人民是否採行選擇投票制，但其實實質內容同時涵蓋將國會議員總額由650名縮減爲600名，以及調整選區界限以使各選區的選民數更爲平均等議題，且該法規定公投通過與否不設投票率的門檻。該法於2011年2月16日在國會中正式通過，同日由英王批准生效（White, 2011: 3-4）。

　　針對選制改革公投，正反立場雙方依法組成正式的宣傳團體，分別是「贊成更公平選舉」（Yes! To Fairer Votes）聯盟（即贊成選擇投票制的陣營，以下簡稱正方陣營）與「反對選擇投票制」（NO to AV）聯盟（以下簡稱反方陣營）。在爲期9週的正式宣傳活動期間，雙方陣營都公布了支持自己立場的政治人物與社會各界知名人士，試圖號召更多民眾支持，同時又都希望淡化自己陣營的政黨色彩，各自都強調自己陣營跨黨派的特質。但就政黨的立場而言，自由民主黨贊成採行選擇投票制，保守黨強力反對，工黨亦傾向反對，因此自由民主黨無疑是正方陣營的背後主要力量，保守黨則是反方陣營背後的主要支柱，而副首相克雷格與首相卡麥隆正是正反雙方陣營的代表人物。

　　正方陣營在宣傳期間的主要訴求是：一、在選擇投票制下，候選人

須獲得過半數選票始能當選，會促使政黨與候選人盡力尋求選區選民更廣泛的支持，而不只是照顧政黨與候選人的「基本盤」，議員將會更善盡自己代表選區的職責；二、選擇投票制使選民在投票時有更多表達意見的空間，減少選民在現行制度下充滿無奈感的策略性投票行為；三、選擇投票制能減少各政黨的安全選區造成的「永久席位」現象，以消弭國會議員將議員職位視為「鐵飯碗」的國會文化（「jobs for Life」culture）。反方陣營的主要訴求則是：一、現有制度久經時代考驗，簡單易行，能夠保障政府的強大與穩定，確保明確、有效、果斷的政府決策；二、選擇投票制計票方式複雜，花費龐大；三、選制改革較之當前的經濟衰退問題不具優先性；四、選擇投票制下，「第一偏好票」得票最低之候選人的選票將依第二偏好移轉給其他候選人，選票猶如被重複計算，這種選舉方式違反「一人一票」的選舉基本原則；四、選擇投票制較現行制度更容易造成聯合政府，而聯合政府施政效率不如一黨政府。

　　2011年5月5日，英國選制改革公投正式舉行，這是英國有史以來的第二次全國性公投（第一次全國性公投為1975年舉行的加入歐洲共同體公投），且是英國首次舉辦具有法定拘束力的全國性公投。[13]同一日也是蘇格蘭議會議員、威爾斯議會議員、北愛爾蘭議會議員，以及英格蘭地區若干地方議會議員的選舉投票日。當天選制改革公投的投票率為42.0%，

13　英國此次選制改革公投具有重要的歷史意義。議會主權、議會至上是英國長期以來的政治傳統，公投制度在本質上其實有違議會至上原則，因為假若制度上容許人民透過公投創制國會無意通過的法律，或透過公投複決國會已經通過的法律以決定其存廢，形同對至高無上的國會權力造成侵害。正是基於議會至上原則，英國過去極少實施全國性公投。在2011年選制改革公投之前，1975年加入歐洲共同體公投是英國過去唯一一次全國性公投，但該次公投為諮詢性公投，並無正式法律拘束力，而2011年國會選制改革公投則是英國歷史上首次具有法定拘束力的全國性公投。不過，英國本次公投在法理詮釋上仍可說是服膺於議會至上原則，因為英國本次公投乃是由國會制定僅限此一個案的專法，而非由國會制定通案性的公投法而實施，故本次公投仍可視為係基於國會特別授權。值得思考的是，既然基於議會至上原則，英國國會多數即可自行改變選制，為何國會要特別立法規定須經公投程序始能修改選制？這其中既有法理層面的考量，亦有政治利益的算計。在法理上，透過公投程序確認選制改革，可以強化新選制的民主正當性，避免未來新的執政黨恣意推翻新選制；在政治算計上，由於保守黨不希望選擇投票制的選制改革真的實現，故透過公投程序把問題丟給人民，以增加此案通過的障礙，關於保守黨反對選擇投票制的原因，請見後文分析。

在全部的有效票中，67.9%的民衆反對選舉制度改採選擇投票制，32.1%
的民衆贊成選舉制度改採選擇投票制。在全國430個投票區中，有420
個投票區的反對票高於贊成票，其中有390個投票區的反對票多於六成
（McGuinness and Hardacre, 2011: 3）。選制改革方案遭到壓倒性否決，
英國此一波選制改革運動最終以失敗收場。

伍、英國國會選制改革公投爲何失敗？

　　若要探究英國國會選制改革公投失敗的原因，必須先分析英國各政黨
對於公投案的立場爲何會有差異，因爲這是公投案通過與否的基本結構因
素。掌握此一基本背景後，才能了解在英國選制改革公投的宣傳活動過程
中，贊成選制改革陣營爲何無法贏得多數民衆的支持。

一、英國各政黨對選擇投票制立場差異的分析

　　英國聯合內閣決定在公投時以選擇投票制作爲選制改革方案，乃是保
守黨與自由民主黨相互妥協的結果。若觀察各政黨在2010年國會選舉時的
競選施政承諾，保守黨反對任何選制改革，自由民主黨主張單記可讓渡投
票制，選擇投票制則是工黨的選制改革主張。對於選制改革方案，當保守
黨與自由民主黨協商組閣討論到此議題時，兩黨各有其堅持的基本立場。
對保守黨而言，保守黨無法接受自由民主黨所提出的單記可讓渡投票制的
選制改革主張，因爲此種選舉制度具有相當程度的比例性，也是屬於比例
代表制的一種選制，如果接受這種選制，保守黨此一大黨在選舉中的優勢
將大幅削弱。對自由民主黨而言，推動選制改革是自由民主黨與保守黨合
作組閣的前提，若保守黨堅持反對任何選制改革，自由民主黨就不會與保
守黨共組聯合內閣。在兩黨各有堅持，也各有退讓的情況下，最後決定以
選擇投票制作爲交付公投的選制改革方案。

　　特別的是，保守黨與自由民主黨兩個執政黨最後決定的選制改革方

案，竟是工黨此一在野黨所主張的選擇投票制，這是否代表選擇投票制已經成了三黨的朝野共識，可以很順利地通過2011年5月的公投？事實上，保守黨僅是同意將此案交付公投，並未支持選擇投票此一方案本身；而自由民主黨則認為選擇投票制比目前的單一選區相對多數決制有利於自由民主黨的發展。儘管選擇投票制不像更具比例性的單記可讓渡投票制能使自由民主黨獲得更多席次，但與單一選區相對多數決制相較，自由民主黨在選擇投票制下仍有獲得較多席次的機會，因此自由民主黨尚能接受選擇投票制。至於對在野的工黨而言，選擇投票制僅是他們在國會選舉前夕對自由民主黨拋出「橄欖枝」的權宜方案，並非積極支持，選後自由民主黨既然選擇與保守黨組閣，工黨在選後對選擇投票制的選制改革遂轉為消極被動的態度。

　　保守黨、工黨與自由民主黨對於選擇投票制的立場，很明顯是政黨各自利益計算的結果。對於選擇投票制，保守黨為何強烈反對？工黨為何傾向反對？自由民主黨為何贊成？此問題可從三黨政黨政策立場的位置來加以分析。如圖5-7所示，在政黨政策立場的光譜上，工黨屬於左派，保守黨屬於右派，自由民主黨屬於中間偏左派，與工黨立場較為接近。因此我們可以假設，在選擇投票制下，將工黨列為第一偏好的選民，應該多數會將自由民主黨列為第二偏好；將保守黨列為第一偏好的選民，也應該多數會將自由民主黨列為第二偏好。總之，由於自由民主黨的意識型態位置位於左右兩大黨之間，故自由民主黨應該是三個政黨中能夠獲得最多第二偏好票的政黨。因此，只要工黨與保守黨這兩大黨在選區中未能獲得過半數的第一偏好票，經過第二偏好票的移轉，具有最多第二偏好票實力的自由

圖5-7　英國政黨的政策立場位置

民主黨有可能後來居上而當選。這是自由民主黨贊成選擇投票制的基本原因。

我們還可以從另一個角度較細緻地去分析三個政黨對於選擇投票制的態度差異。由於英國採行的是無須將偏好順序全部填滿的「隨意性選擇投票制」，基於三個政黨政策立場位置的差異，可以推論如下：

（一）由於工黨的政策立場與自由民主黨較近，與保守黨較遠，因此將工黨列為第一偏好、將自由民主黨列為第二偏好的選民，應該會比將工黨列為第一偏好、將保守黨列為第二偏好的選民來得更多。

（二）由於自由民主黨的政策立場與工黨較近，與保守黨較遠，因此將自由民主黨列為第一偏好、將工黨列為第二偏好的選民，應該會比將自由民主黨列為第一偏好、將保守黨列為第二偏好的選民來得更多。

（三）由於保守黨的政策立場與自由民主黨較近，與工黨較遠，因此將保守黨列為第一偏好、將自由民主黨列為第二偏好的選民，應該會比將保守黨列為第一偏好、將工黨列為第二偏好的選民來得更多。

若我們將實際情況略加簡化，假設全國各單一選區都是工黨、保守黨與自由民主黨三黨候選人的競爭，而不論其他小黨，則根據排列組合的邏輯，三個政黨的排序應該會有六種不同的偏好排序情況。以下對這六種情況進行推論（參見表5-4），從這六種情況將可發現三黨對選擇投票制這個選制改革方案為何會有不同的立場。

表5-4　選擇投票制下各黨得票的模擬分析

工黨（左派）獲得第一偏好票最多的選區		自由民主黨（中間偏左派）獲得第一偏好票最多的選區		保守黨（右派）獲得第一偏好票最多的選區	
工黨 > 保守黨 > 自民黨	工黨 > 自民黨 > 保守黨	自民黨 > 保守黨 > 工黨	自民黨 > 工黨 > 保守黨	保守黨 > 工黨 > 自民黨	保守黨 > 自民黨 > 工黨
→工黨可能獲勝（情況一）	→自民黨可能獲勝（情況二）	→自民黨可能獲勝（情況三）	→自民黨可能獲勝（情況四）	→工黨可能獲勝（情況五）	→自民黨可能獲勝（情況六）

（一）在工黨獲得第一偏好票最多的選區，若第一偏好票的多寡排序是：工黨 > 保守黨 > 自由民主黨，由於自由民主黨的第一偏好票最低，在第一輪計票中將被淘汰，這些選票必須依選票上的第二偏好移轉給保守黨與工黨。由於自由民主黨與工黨立場較近，與保守黨立場較遠，因此在這些選票中，第二偏好投給工黨的選票應該比較多，投給保守黨的選票應該會比較少，經過選票移轉後，最後仍是工黨當選。（情況一）

（二）在工黨獲得第一偏好票最多的選區，若第一偏好票的多寡排序是：工黨 > 自由民主黨 > 保守黨，由於保守黨的第一偏好票最低，在第一輪計票中將被淘汰，這些選票必須依選票上的第二偏好移轉給自由民主黨與工黨，由於保守黨與自由民主黨立場較近，與工黨立場較遠，因此在這些選票中，第二偏好投給自由民主黨的選票應該會比較多，投給工黨的選票應該會比較少，經過選票移轉後，可能導致自由民主黨後來居上而當選。（情況二）

（三）在自由民主黨獲得第一偏好票最多的選區，若第一偏好票的多寡排序是：自由民主黨 > 保守黨 > 工黨，由於工黨的第一偏好票最低，在第一輪計票中將被淘汰，這些選票必須依選票上的第二偏好移轉給自由民主黨與保守黨。由於工黨與自由民主黨立場較近，與保守黨立場較遠，因此在這些選票中，第二偏好投給自由民主黨的選票應該會比較多，投給保守黨的選票應該會比較少，經過選票移轉後，可能仍由自由民主黨當選。（情況三）

（四）在自由民主黨獲得第一偏好票最多的選區，若第一偏好票的多寡排序是：自由民主黨 > 工黨 > 保守黨，由於保守黨的第一偏好票最低，在第一輪計票中將被淘汰，這些選票必須依選票上的第二偏好移轉給自由民主黨與工黨。由於保守黨與自由民主黨立場較近，與工黨立場較遠，因此在這些選票中，第二偏好投給自由民主黨的選票應該會比較多，投給工黨的選票應該會比較少，經過選票移轉後，可能仍由自由民主黨當選。（情況四）

（五）在保守黨獲得第一偏好票最多的選區，若第一偏好票的多寡排序是：保守黨 > 工黨 > 自由民主黨，由於自由民主黨的第一偏好票最

低，在第一輪計票中將被淘汰，這些選票必須依選票上的第二偏好移轉給保守黨與工黨。由於自由民主黨與工黨立場較近，與保守黨立場較遠，因此在這些選票中，第二偏好投給工黨的選票應該會比較多，投給保守黨的選票應該會比較少，經過選票移轉後，可能導致工黨後來居上而當選。（情況五）

（六）在保守黨獲得第一偏好票最多的選區，若第一偏好票的多寡排序是：保守黨 > 自由民主黨 > 工黨，由於工黨的第一偏好票最低，在第一輪計票中將被淘汰，這些選票必須依選票上的第二偏好移轉給自由民主黨與保守黨。由於工黨與自由民主黨立場較近，與保守黨立場較遠，因此在這些選票中，第二偏好投給自由民主黨的選票應該會比較多，投給保守黨的選票應該會比較少，經過選票移轉後，可能導致自由民主黨後來居上而當選。（情況六）

就自由民主黨而言，依表5-4所示，在自由民主黨獲得第一偏好票最多的選區中，原本在單一選區相對多數決制下即可直接當選，若採行選擇投票制不僅有機會維持既有的席次（情況三與情況四），也有機會在工黨與保守黨獲得第一偏好票最多的選區經由選票的移轉而後來居上當選（即情況二與情況六）。換言之，由於自由民主黨身為左右兩大黨之間的中間政黨，往往是左右兩大黨選民的第二偏好，故有機會因為獲得較多的第二偏好票，而使得工黨與保守黨這兩大黨在單一選區相對多數決制下能獲得的席次，在採行選擇投票制後被自由民主黨奪走。總之，採行選擇投票制將使自由民主黨有機會獲得更多席次，故自由民主黨贊成採行選擇投票制。

就保守黨而言，在保守黨獲得第一偏好票最多的選區中，原本在單一選區相對多數決制下即可直接當選，但採行選擇投票制後卻可能讓工黨與自由民主黨後來居上而導致自己落選（情況五與情況六）；而且在工黨與自由民主黨獲得第一偏好票最多的選區，保守黨也較無機會經由選票的移轉而當選（情況一、二、三、四）。從另一角度觀之，在政黨政策立場的光譜上，由於保守黨的立場距離工黨與自由民主黨較遠，工黨與自由民主黨彼此立場較近，故工黨能比保守黨得到較多自由民主黨支持者（將自由

民主黨列為第一偏好的選民）的第二偏好票，自由民主黨也能比保守黨得到較多工黨支持者（將工黨列為第一偏好的選民）的第二偏好票。就此看來，工黨與自由民主黨都有機會因為來自對方第二偏好票的奧援，使得原本在單一選區相對多數決制下保守黨能獲得的席次，在採行選擇投票制後被工黨與自民黨奪走。總之，採行選擇投票制對保守黨明顯不利。這是保守黨堅決反對選擇投票制的原因。

　　就工黨而言，如表5-4所示，在工黨獲得第一偏好票最多的選區中，原本在單一選區相對多數決制下即可直接當選，但採行選擇投票制後有可能讓自由民主黨後來居上而自己落選（即情況二），但也有機會在保守黨獲得第一偏好票最多的選區經由選票的移轉而後來居上當選（即情況五），故採行選擇投票制對工黨而言有得也有失。究竟「得」與「失」何者較多？仔細觀察，工黨可能被自民黨後來居上而失去席次的選區，乃是指情況四的選區；工黨有機會從保守黨奪走部分席次的選區，乃是指情況一的選區。那麼究竟在全國所有的選區中，情況四與情況一的選區數目何者較多？事實上，由於自民黨是全國層次的小黨，保守黨是全國層次的大黨，全國各選區中自民黨獲得的第一偏好票少於保守黨應為較普遍現象，故在全國各選區中，小黨自民黨獲得第一偏好票最少的選區數目，應該會多於大黨保守黨獲得第一偏好票最少的選區數目，亦即情況一的選區數目應會多於情況四的選區數目。就此看來，若採行選擇投票制，工黨增加的席次（亦即從保守黨奪走的席次）應該會比失去的席次（亦即被自民黨奪走的席次）來得多，也就是「得可償失」。總之，工黨在國會選舉期間之所以會倡議選擇投票制的選制改革方案，固然是將選改革視為跟自由民主黨示好的風向球，但根本的原因乃是採行選擇投票制對工黨應該有利無害。至於工黨在公投宣傳期間為何會態度變卦反對選制改革的公投案，後文會進一步分析。

　　因此，若模擬三個政黨採行選擇投票制的席次變化，如圖5-8所示，保守黨的席次將會減少，因為保守黨將被自民黨奪走若干席次，又被工黨奪走若干席次，選擇投票制明顯對保守黨不利。自由民主黨的席次將會增加，因為自由民主黨既能奪走保守黨的若干席次，又被奪走工黨的若干席

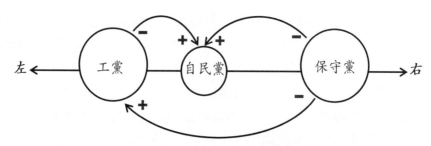

圖5-8　英國政黨採行選擇投票制後席次消長的模擬

次。工黨的席次也有機會增加，因為工黨固然會被自民黨奪走部分席次，但也可能奪走保守黨的部分席次，且如前述分析，工黨獲得的席次應該會多於損失的席次。在此可以清楚看到，各黨對於選擇投票制的立場差異，很明顯地與該黨在選擇投票制採行後席次得失的評估密切相關。

二、英國選制改革公投失敗的原因

分析了各黨的基本立場後，以下將進一步從公投實際過程探究英國選制公投為何失敗的原因。

（一）工黨不願支持公投案

從上述的分析看來，英國未來若採選擇投票制，自由民主黨的席次有機會增多，保守黨的席次可能會減少，故兩黨對選擇投票制各自抱持明確贊成與反對的態度，其理至明。對工黨而言，採行選擇投票制有可能獲得更多的席次，為何工黨對公投案抱持反對的態度？原因有二：首先，當一個政黨對於各種選制改革方案進行利益計算時，未必因為新選制的「模擬席次」對己方無害，或有可能些微增加，就願意將原來的選制改弦易轍，他們仍會對看似無害或略顯有利的新選制產生猶豫（Shepsle, 2001）。這是因為政黨一旦是現存制度下的既得利益者，對於新選制的影響將存有高度的不確定感，總會疑慮新選制可能對己方產生始料未及的負面影響，而

且政黨往往已經熟悉原本選制的遊戲規則，例如提名、競選、宣傳、合作、選區大小與結構等，若政黨意圖改變選制，就必須承受不確定性，這些不確定性會阻卻政黨改變選制的意圖（謝易宏，2012：97）。除非新選制的「模擬席次」非常明顯地多於原有的選制，亦即新選制預期的報酬非常明顯地高於新選制的不確定性，政黨才會企圖改變原有的選制。就此看來，工黨在選擇投票制下的模擬席次固然有機會增加，但其席次增加的推測如前文所分析，係來自模擬席次「得失之間」稍嫌複雜的計算，不像保守黨和自民黨席次增減的推測是較為明確篤定的，因此工黨對選擇投票制的改革方案固然不至於強烈反對，但也不一定會積極支持。

　　不過，工黨對於選擇投票制即使不是熱烈贊成，應該也不至於強烈反對，因為工黨在2010年國會選舉前甚至為了拉攏自民黨而將選擇投票制列為競選政見。而且，假若工黨在國會選舉後對於選擇投票制轉為抱持反對的態度，與選前的態度相互對照將明顯立場前後不一，勢必遭到民眾質疑。就此看來，自由民主黨若欲說服工黨，呼籲工黨恢復選前的立場而支持選擇投票制，似乎不是絕對不可能的事。然而，真實情況卻比想像的來得悲觀。在國會選後，工黨對於原本與自己立場較親近的自由民主黨與保守黨合作組閣一事，感覺自己遭到自由民主黨遺棄，以致工黨內部在選後瀰漫著一股反自由民主黨的情緒，已無意與自由民主黨在選制改革議題上站在同一陣線。而且，工黨對於自己前後立場不一可能會受到的批評，也找得到辯解與自圓其說的理由。這便涉及工黨對公投案抱持反對立場的更關鍵原因，即當時選制改革的公投案是將選擇投票制、國會名額縮減、選區重劃等三項議題包裹在一起交付公投。而工黨完全不能接受國會名額縮減與選區重劃的內容，因為這將嚴重打亂工黨的選民分布，對工黨的選情明顯不利。在地域上，英國保守黨的根據地主要在英格蘭東部與南部地區，工黨最具優勢的地區則是在英格蘭中北部地區、威爾斯與蘇格蘭。根據新的選區席次與劃分方案，威爾斯與蘇格蘭的選區數目將會大幅減少，明顯對工黨不利。事實上，保守黨在與自由民主黨研議公投案時之所以會堅持加入國會名額縮減與選區重劃的內容，很明顯就是為了降低工黨支持公投案的誘因。自民黨則明顯錯估情勢，以為工黨在選前既然是以選擇投

票制的選制改革作爲競選政見之一，在選後應會繼續支持，而忽略了工黨
對於國會名額縮減與選區重劃這兩項議題的反對態度，將完全抵銷工黨對
於選擇投票制的支持態度。易言之，工黨對於選擇投票制這項議題固然略
顯猶豫，但尚傾向支持，對於國會名額縮減與選區重劃這兩項議題則強烈
反對，而這三項議題包裹在同一個公投案的結果則使工黨反對公投案。很
明顯地，保守黨與自民黨研議公投案內容時，保守黨機巧地藉由包裹議題
的策略進行議程操縱，預期工黨的支持者即使贊同選擇投票制，也將因爲
強烈反對另兩項議題而在包裹議題的公投案投下反對票。自民黨對於工黨
贊同選擇投票制的支持強度則顯然抱持過於樂觀的期待，以致同意將這三
項議題包裹在一起交付公投。[14]

　　綜上所述，工黨對於選擇投票制這項議題固然略顯猶豫，但尚傾向支
持，對於國會名額縮減與選區重劃這兩項議題則強烈反對，而這三項議題
包裹在同一個公投案的結果則使工黨反對公投案。很明顯地，保守黨與自
民黨研議公投案內容時，保守黨藉由包裹議題的策略進行議程操縱，預期
工黨的支持者即使贊同選擇投票制，也將因爲強烈反對另兩項議題而在包
裹議題的公投案投下反對票。

　　於是，在公投宣傳活動期間，許多工黨人士宣稱，國會名額縮減與選
區重劃的規劃是保守黨與自由民主黨聯手打擊工黨的伎倆，因此工黨不能
接受這個公投案。儘管工黨黨魁米利班德（Edward Samuel Miliband）表
明「個人」支持公投案，但工黨整體而言其實對公投案抱持冷漠甚至傾向

---

[14] 英國選制改革公投包裹三項議題導致工黨反對公投案的事例，其實可作爲吾人進一步反思當
代民主政治運作中公投制度正當性的例證。許多質疑公投制度正當性的論者指出，公投經
常有過度簡化問題的缺失，因爲公投往往是強迫民眾針對包裹在一起的多項議題，直接做出贊
成或反對的決定，嚴重限制民眾的政策選項。誠如審查人所指出，民眾針對特定議題的投
票，其實可以透過公投提案者的議題操縱，如在公投主文加入其他配合方案，加以影響投
票結果，而民眾在公投時表達的正反立場也往往並非針對該公投主文的議題。事實上，若
從更抽象的角度思考，理性抉擇論者提出的「投票矛盾」（paradox of voting）與亞羅定理
（Arrow's theorem），便已清楚抉出：儘管個人的偏好可以排出順序，但群體往往不能，群
體做出的集體選擇往往是被議程所操控決定。簡言之，民意既然不可知、不可得，透過公投
的議程操縱並不能反映民意。

反對的態度。由於正方陣營無法爭取到工黨的支持，英國保守黨與工黨這兩個主要政黨對公投案都抱持不支持的態度，其實已為選制改革公投的失敗設定了基本的格局。

（二）自民黨黨魁克雷格民意支持度低落

當然，在兩大黨都不支持公投案的背景下，若自由民主黨與正方陣營能夠透過關鍵人物的號召與成功的宣傳活動，未嘗不能突破對選制改革不利的基本格局。然而，正方陣營的關鍵人物——副首相（自由民主黨黨魁）克雷格，在公投宣傳期間正處於民意支持度極為低迷的窘境，使得原本就充滿困境的情勢更為雪上加霜。事實上，在2010年國會大選期間，克雷格的民意支持度甚至一度超越當時首相（工黨黨魁）布朗與保守黨黨魁卡麥隆，克雷格受民眾歡迎的現象甚至一度被英國媒體稱為「克雷格瘋」（Cleggmania）（Evans, 2011: 48）。然而，自從選後自由民主黨與保守黨合作組閣後，克雷格與他所帶領的自由民主黨為了配合保守黨的政策立場，大幅調整自身原本的政策路線，英國輿論逐漸質疑克雷格言行不一、立場前後矛盾。尤其是2010年年底內閣推動大學學費改革法案，將大學學費上限提高三倍，並在國會通過，更是引發輿論對克雷格與自由民主黨的強烈批評。由於民眾對於克雷格在國會選舉前關於大學學費免費的主張還記憶猶新，選後參與執政後竟完全翻轉原來立場，配合保守黨劇烈地提高大學學費上限，此事導致克雷格的聲望急速滑落，與先前國會選舉期間受民眾歡迎的情況有如天壤之別。在接下來的公投宣傳期間，克雷格顯然已無法透過自己過去的高人氣拉抬正方陣營的聲勢。

相對地，趁著克雷格正受輿論嚴厲撻伐的浪頭，反方陣營在公投宣傳策略上，則試圖將選制改革公投轉變為人民對克雷格個人的不信任投票，將宣傳重心放在克雷格選前與選後不同立場的今昔對照，不斷強化人民對克雷格言行不一，立場反覆的印象（Qvortrup, 2012: 112）。尤其是國會選舉前克雷格曾批評選擇投票制是「可憐而微不足道的妥協方案」，選後竟又支持選擇投票制，此一前後差異被反方陣營不斷強調。在公投宣傳活

動期間後期，克雷格幾乎已成了公投案的「票房毒藥」，正方陣營甚至有人建議克雷格個人減少宣傳活動，與正方陣營保持一點距離。綜言之，選制改革的公投案剛擬定時，克雷格個人原本被預期是公投通過的助力，沒想到在公投宣傳活動期間反而成為公投通過的阻力。

（三）反方陣營宣傳策略奏效

反方陣營在競選策略上，除了突顯克雷格政治誠信不足的形象之外，另外則將宣傳焦點放在改採選擇投票制可能帶來的龐大選務花費。反方陣營不斷強調，若選舉制度改採選擇投票制，由於投票與計票方式複雜，購置電子投票機的選務成本預估將高達2.5億英鎊。儘管反方陣營從未清楚交代2.5億這個龐大數字是如何計算出來的，正方陣營也質疑這個數字是反方陣營刻意杜撰誇大，甚至揚言要對反方陣營這項散布不實消息的行為提出法律訴訟，但「2.5億」這個數字在當時顯然還是具有非常龐大的宣傳效果。反方陣營不斷向民眾訴求：在英國處於經濟嚴重不振的時刻，人民是要多花2.5億英鎊舉辦選舉，還是要將這些經費用放在社會福利、醫療設施、婦幼保障等民生經濟領域？根據英國YouGov民調機構在2011年2月所做的民調發現，當時明確表態反對選制改革的選民約占30%，但若在民調中告知受訪者改採選擇投票制將多花費2.5億英鎊，明確表態反對選制改革的民眾即攀升到53%（Curtice, 2011: 16）。顯然英國民眾在英國嚴重經濟不景氣的時刻，對於選務成本提高的反應是非常激烈且敏感的。總之，整個公投宣傳活動期間，「克雷格」與「2.5億英鎊」成了當時選民印象最鮮明的人物和數字，公投的主要辯論議題並不是選擇投票制是否能改善目前選制的缺點，而是人民是否要透過公投對克雷格表達不滿，以及人民是否願意花更多錢來舉辦選舉。

相對於反方陣營簡單有力的草根訴求，正方陣營的主要宣傳口號則是選擇投票制能夠「讓議員更努力工作」（Make your MP Work Harder），這樣的宣傳口號顯得平淡無味，與基層民眾充滿隔閡，無法激起民眾對選制改革的熱情。事實上，在公投宣傳期間，整個言論市場主要是由反方

陣營主導，正方陣營爲了回應、澄清反方陣營提出的「克雷格政策立場反覆」、「採取新制浪費公帑」的批評就已顯得疲於奔命，根本無法透過簡單明瞭的論述向民眾說明採取選擇投票制的必要性（Qvortrup, 2012: 113）。事實上，若持平觀察雙方陣營的論點，他們對於選擇投票制某些贊同和批評觀點的正確性，都是有待斟酌的。例如反方陣營質疑選擇投票制違反「一人一票、票票等值」的原則，其實並不完全公允，因爲在選擇投票制的計票過程中，每一張選票無論有無移轉，在每一輪計票中其實都可說被重新計算過一次，因此並未違反「一人一票、票票等值」原則；又例如正方陣營主張選擇投票制將使每一選區的候選人得票過半始能當選，其實也不是完全正確的論述，因爲英國採行的選擇投票制並不要求選民將選票上的候選人全部做偏好排序，這種隨意性的選擇投票制並不保證當選者必然會獲得過半數的選票（Lundberg, 2011）。然而，上述辯論幾乎只是出現在英國的知識界，無法引起基層民眾的注意和討論。基層民眾對於選擇投票制的計票方式往往一知半解，根本無心去參與或注意這些較細緻的辯論。有學者調查了公投宣傳活動期間在大眾媒體上所呈現的選制改革辯論質量，認爲就整體而言，關於選制改革之公共討論的品質其實是非常粗糙的（Renwick and Lamb, 2011）。

（四）部分贊成選制改革的人士對選擇投票制亦有質疑

值得注意的是，有些對於英國現行選制不滿的人士，對於選擇投票制這項選制改革方案也不完全支持。前已論及，英國當前單一選區相對多數決制最主要的弊病是此制造成的比例性偏差問題，但選擇投票制其實並未有效解決這個問題。簡言之，對於目前選制的病症，選擇投票制這個「藥方」根本沒有「對症下藥」。對於許多主張選制改革的人士（例如支持自由民主黨與其他小黨的人士）而言，他們眞正屬意的選制其實是更具比例性的政黨名單比例代表制或單記可讓渡投票制，而認爲選擇投票制這項選制改革方案的力道不足，以致對於公投案也有所遲疑。在兩大黨反對公投案，小黨內部對公投案也有所遲疑的情勢下，在公投正式舉行之前，公投

通過的前景便已顯得極為黯淡。

（五）民眾以自己支持的政黨為決定自己投票意向的依據

　　理論上，各政黨對於公投案的支持結構與民眾對於公投案的支持結構並不必然完全相同，因為民眾對於公投議題仍有其自己的意向與自主性，並不一定全然跟隨政黨的意見。不過，就較複雜的公投議題而言，一般民眾在決定其是否要支持公投案時，往往不會花太多心力去了解公投案的細部內容，而會以自己喜愛、支持或認同的政黨與政治人物作為決定是否要支持公投案的線索，以降低搜尋複雜資訊的決定成本（Vowles, 2011）。換言之，對於較複雜的公投議題，民眾決定支持與否的主要線索往往是「哪些人在公投案的後面」（who's behind the referendum），若民眾發現自己喜愛的政黨或政治人物支持公投案，就支持公投案，反之亦然。就英國的選制改革公投而言，由於選擇投票制計票方式的複雜，在舉行公投前一個月，在民調上都還有三成左右的選民表示不了解選擇投票制的內涵，因此英國一般民眾跟隨自己支持的政黨和政治人物決定其投票意向，便是再自然不過的事情。

　　根據英國《衛報》（Guardian）在投票前夕（2011年5月3、4日）所做的民調，71%的自由民主黨支持者表明支持公投案，88%的保守黨支持者與69%的工黨支持者表明反對公投案（McGuinness and Hardacre, 2011:15），[15]這顯示一般民眾確實主要是以自己支持的政黨來決定自己在公投案中的立場。而根據英國廣播公司（BBC）在2011年2月所做的民調，支持公投案的自由民主黨的民意支持度僅有8%，強烈反對公投案的保守黨為39%，傾向反對公投案的工黨為44%（Evans, 2011: 43），反對公投案之兩大黨的民意支持度明顯高於支持公投案的政黨，這明顯透露了公投案失敗的跡象。

---

[15] 根據另一項公投的出口民調也有類似的調查結果：80%的自由民主黨支持者支持公投案，88%的保守黨支持者反對公投案，54%的工黨支持者也反對公投案。參見Whiteley, Clarke, Sanders and Stewart（2012: 312）。

綜合本節的分析，在兩大黨之中其中一黨（保守黨）強烈反對、另一黨（工黨）消極抵制的情況下，選制改革公投要通過本來就困難重重。在這艱困的情境下，如果主張選制改革公投的陣營在公投宣傳活動過程中，能有關鍵人物的強力號召，以及清晰具說服力的宣傳論述，或許還有一絲突破困境的機會。然而，這些突破困境的條件在公投宣傳過程中完全不存在，一方面就關鍵人物而言，推動選制改革的主角克雷格民意支持度極為低迷，克雷格的角色非常戲劇性地在國會選舉前後短短一年左右的時間，從推動選制改革的催化劑變成了絆腳石；另一方面就宣傳策略而言，反對選制改革陣營較為草根性的競選策略顯然較為成功。甚至連支持選制改革的部分人士都認為選擇投票制的改革力道不足而不願支持公投案。至於在民眾的層次上，由於選擇投票制內涵的複雜性，多數民眾選擇根據自己的政黨認同決定自己在公投案的投票意向，以上些因素終而導致選制改革公投以失敗收場，而且可說是以全面性潰敗的方式收場。

陸、英國選制改革實現條件的評估

從英國此次選制改革失敗的經驗，我們可以進一步思考未來英國選制改革實現的條件為何。前已論及，自二十世紀初以來，選擇投票制便一直是英國政界推動選制改革的主要方案，1910年自由黨執政期間、1917年自由黨、保守黨與工黨共組大聯合內閣期間、1930年工黨執政期間，都曾試圖以選擇投票制取代單一選區相對多數決制，但都像本次選制改革一樣無法成功；相反地，澳洲於1918年卻成功地將原本採行的單一選區相對多數決制改為選擇投票制。我們或許可以從英國歷年選制改革失敗與澳洲過去選制改革成功的經驗，去找尋英國未來選制改革實現條件的線索。而要探究英國與澳洲過去選制改革成敗的經驗，可以從前文對於英國政黨採行選擇投票制後席次消長的模擬（圖5-8）轉化成的一般化模型作為分析的基礎：

一、在左右派的意識型態光譜上，如圖5-9所示，從左到右有A、B、C三黨（先不論政黨大小），一旦由單一選區相對多數決制改為選擇投票制，B黨作為中間的政黨，將有機會從A、C左右兩黨奪走若干席次（如圖5-9的箭頭①與箭頭②）。

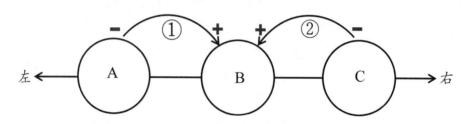

圖5-9　採行選擇投票制後政黨席次消長模擬的一般化模型（一）

二、在左右派的意識型態光譜上，如圖5-10所示，從左到右有A、B、C三黨（先不論政黨大小），且A、B兩黨的意識型態位置較近，一旦由單一選區相對多數決制改為選擇投票制，A黨將有機會從C黨奪走若干席次（如圖5-10的箭頭③）。

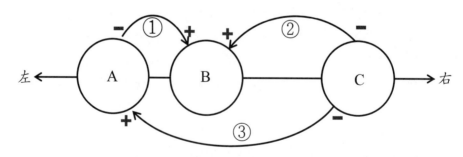

圖5-10　採行選擇投票制後政黨席次消長模擬的一般化模型（二）

三、在左右派的意識型態光譜上，如圖5-11所示，從左到右有A、B、C三黨，A、B兩黨的意識型態位置較近；且B是全國層次的小黨，A

是全國層次的大黨，一旦由單一選區相對多數決制改爲選擇投票制，A黨從C黨奪走的席次數將大於A黨被B黨奪走的席次數。簡言之，A黨「得可償失」，亦即圖5-11中③＞①。相反地，如圖5-12所示，假若在A、B這兩個意識型態位置較近的政黨中，B是全國層次的大黨，A是全國層次的小黨，一旦由單一選區相對多數決制改爲選擇投票制，A黨從C黨奪走的席次數將小於A黨被B黨奪走的席次數。簡言之，A黨「得不償失」，即圖5-12中③＜①。

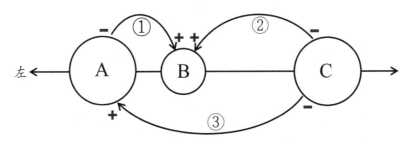

圖5-11　採行選擇投票制後政黨席次消長模擬的一般化模型（三）

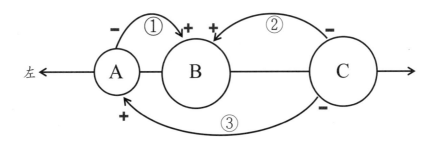

圖5-12　採行選擇投票制後政黨席次消長模擬的一般化模型（四）

綜上所述，在圖5-11中，C黨作爲一個意識型態距離A、B較遠的政黨，其席次在採行選擇投票制後將會減少，故C黨應會反對選擇投票制；B黨作爲一個意識型態介於A黨與C黨之間的中間政黨，其席次在採行選

擇投票制後將會增加，故B黨應會贊同選擇投票制；A黨作為一個意識型態距離B較近的大黨，其席次在採行選擇投票制後「得可償失」，席次應該有機會增加，故A黨應可接受選擇投票制，但由於A黨「得可償失」的推論來自席次模擬稍嫌複雜的計算，且採行選擇投票制這種複雜的選制須承受較多不確定性，故A黨對於選擇投票制固然可以接受，但不見得會強烈支持。在圖5-12中，C黨與B黨的情形與圖5-11類似，即C黨在採行選擇投票制後席次將會減少，應會反對選擇投票制；B黨在採行選擇投票制後席次將會增加，應會贊同選擇投票制，但與圖5-11不同的是A黨，因為A黨作為一個意識型態與B黨距離較近的小黨（而非大黨），其席次在採行選擇投票制後將「得不償失」而減少，故A黨應會反對選擇投票制。

我們可以根據上述的一般化模型，檢視英國於1910年、1917年、1930年三次提出選擇投票制改革方案，以及澳洲於1918年採行選擇投票制的政黨生態。為何英國自由黨會在1910年提出選擇投票制的改革方案，但卻遭到保守黨反對，而自由黨內部亦有反對聲音，導致當時選制改革無法成功？回顧當時，英國的兩大黨是保守黨與自由黨，而工黨是一個剛成立的新興小黨（工黨於1906年始正式成立），其政黨立場與保守黨明顯對立，而與自由黨立場較近，但當時英國政黨體系甫發生政黨重組，政黨意識型態的差異正由過去長期以來以「自由－保守」為主軸的意識型態光譜轉變為「勞－資」為主軸的意識型態光譜，故工黨儘管與自由黨立場較近，但工黨當時在意識型態光譜上究竟是在自由黨的左邊還是右邊，尚混沌未明。假若工黨的位置在自由黨的左邊（如圖5-13），則自由黨作為一個介於工黨與保守黨之間的政黨，根據前述的一般化模型，採行選擇投票制後席次將會增加，自由黨應會毫無猶豫地採行選擇投票制；假若工黨的位置在自由黨的右邊（如圖5-14），則自由黨作為一個意識型態位置位於最左邊，但與工黨立場較近的大黨，根據前述的一般化模型，採行選擇投票制後席次應「得可償失」，但這種得失計算較為複雜，自由黨對於採行選擇投票制仍會遲疑。而無論工黨是在自由黨的左邊還是右邊，保守黨無疑都是距離工黨與自由黨較遠的政黨，故根據前述的一般化模型，採行選擇投票制後席次勢必會減少。總之，在當時工黨的意識型態位置究竟是在

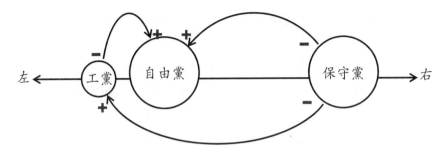

圖5-13　英國假設採行選擇投票制的政黨席次消長（一）

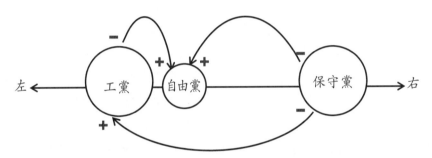

圖5-14　英國假設採行選擇投票制的政黨席次消長（二）

自由黨左邊或右邊尚未完全明確的情況下，自由黨的基本立場固然支持選擇投票制，但對採行此制仍有疑慮，保守黨則毫無疑義會反對此制，以致選擇投票制的改革方案無法實現。

　　為何在1917年的戰時大聯合內閣中，自由黨會提出選擇投票制的改革方案，原本附和自由黨推動選制改革的工黨後來又縮手反悔，而保守黨則始終反對選擇投票制？回顧當時，工黨的選民基礎日益茁壯，且工黨意識型態位置位於自由黨左邊的態勢已漸趨明顯（即如圖5-12）。在這種政黨生態下，自由黨作為中間政黨，若採行選擇投票制，席次勢必會增加，故很明確地會希望採行選擇投票制；工黨作為最左邊的政黨，而其勢力尚小於自由黨，採行選擇投票制可能會「得不償失」，故工黨對於採行選擇投票制自然會有所遲疑；保守黨作為最右邊的政黨，若採行選擇投票制，

席次勢必會減少，故很明確地反對採行選擇投票制。在自由黨支持、工黨遲疑、保守黨反對的政治背景下，以致選擇投票制的改革方案無法實現。

　　爲何在1930年，工黨會提出選擇投票制的改革方案，自由黨強烈附和，但在保守黨的強烈反對下，工黨對選制改革又顯意興闌珊？回顧當時，工黨與保守黨作爲左右兩大黨、自由黨沒落爲中間小黨的態勢已經確立，此一政黨生態即是當前英國工黨、保守黨與自由民主黨的意識型態位置。因此，就如同前文對於2011年選制改革公投前夕各政黨對於選擇投票制支持立場的分析（如前圖5-8），採行選擇投票制對於意識型態位於中間的自由黨最有利，故該黨最支持選擇投票制；採行選擇投票對於工黨這個與自由黨立場較近的左派大黨而言，應有機會「得可償失」而增加席次，故工黨對選擇投票制尚能接受，並將其作爲對外倡議以標榜自身改革形象的選制改革方案，但基於選擇投票制規則較複雜而可能產生的不確定性，僅是表面上支持而不願積極推動；採行選擇投票制對於保守黨這個右派大黨則明顯不利，故該黨明確反對選擇投票制。於是，在工黨表面倡議實則遲疑，保守黨強烈反對，僅有自由黨這個小黨明確支持的政治背景下，選制改革最後亦不了了之。

　　至於澳洲於1918年選擇投票制的選制改革爲何能夠實現？回顧當時，澳洲1917年國會選舉前夕，右派的「聯邦自由黨」（Commonwealth Liberal Party）成功整合右派分裂勢力，並與中間派小黨的「國家勞工黨」（National Labor Party）合併，成立「澳洲國民黨」（Nationalist Party of Australia，以下簡稱國民黨），與左派主要政黨「澳洲工黨」（Australian Labor Party，以下簡稱工黨）形成左右對峙、分庭抗禮的格局。國民黨並在同年國會選舉獲得過半數席次而執政。然而，國民黨執政後，該黨內部立場較鮮明的右派勢力，不滿該黨選前在意識型態光譜上向中間移動的路線調整，欲從黨內出走成立新政黨，於是執政的國民黨又面臨分裂危機。在此格局下，假若澳洲國民黨內部的傳統右派勢力眞的出走成立新政黨（以下稱右派小黨），在採行選擇投票制的情況下，根據前述一般化模型的分析（如圖5-15），工黨將會有部分席次流向國民黨與右派小黨，右派小黨將會有部分席次流向國民黨。就此看來，國民黨身爲工

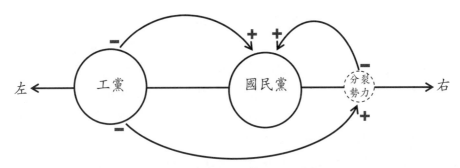

圖5-15　澳洲採行選擇投票制下的政黨席次消長

黨與右派小黨之間的政黨，採行選擇投票制後席次是會明顯增加的，因此
國民黨才會毫無猶豫地將選制改爲選擇投票制。而後來左派大黨工黨執政
後之所以也願意維持選擇投票制，是因爲工黨在當時澳洲勞工運動日益蓬
勃的歷史背景下，預期自己的選民基礎會日益擴大，故認爲選擇投票制對
自己並未造成明顯不利，選擇投票制的選制改革也因此得以實現並維持下
來。

　　以上英國與澳洲選制改革成敗的分析，可以作爲探尋英國未來選制改
革實現條件的線索。英國選制改革若要能夠成功實現，必須獲得主要政治
勢力的支持才能在國會中通過法案，故保守黨或工黨這兩大黨之一的支持
態度相當重要，而大黨能夠支持選制改革的關鍵在於大黨在新選制下能夠
比現制獲得更多席次。我們若對選擇投票制、政黨比例代表制、單記可讓
渡投票制、聯立制、並立制等各種選制改革方案進行政治影響評估，會發
現保守黨在任何新選制下，所獲得的席次都可能比現行的單一選區相對多
數決制來得少，故對保守黨而言，任何新選制都比現行制度不利，因此選
制改革難以冀望獲得保守黨的支持，只能冀望工黨，而選擇投票制此一選
制，幾乎是各種選制改革方案中，能夠比現制使工黨獲得更多席次的唯一
選制。然而，工黨在選擇投票制下雖然可能比現制獲得更多席次，但席次
增加的幅度在「得可償失」下不見得會很多，在選擇投票制內涵稍嫌複雜
充滿諸多不確定風險的顧慮下，工黨固然在過去早有選擇投票制的倡議，
但始終略顯猶豫，並未積極推動，寧願繼續維持現制。

　　在工黨仍以維持現行選制爲優先考量的情況下，選制改革必須透由小黨敦促工黨推動，而在各種選制改革方案中，選擇投票制亦能使自由民主黨這個小黨的席次增加，故自由民主黨儘管最喜愛比例代表制，但尚能接受選擇投票制。就此看來，選擇投票制會成爲英國最後推出的選制改革方案，其來有自。然而，在工黨對選擇投票制仍有遲疑而推動步伐意興闌珊的情況下，不見得會理會小黨對於選制改革的訴求。小黨若要擁有與大黨談判選制改革方案的籌碼，唯有在「大黨對小黨有所求」的政治背景下才有可能。在英國，目前能夠想像「大黨對小黨有所求」的政治格局，不外乎就是國會中出現各黨不過半而必須組成聯合政府的時刻。因此我們可以推論，各黨不過半應可說是英國選制改革出現契機的必要條件。國會中沒有出現各黨不過半的格局，選制改革幾乎可說是難以實現的。而選擇投票制的選制改革若眞要實現，必須透過自由民主黨與工黨彼此合作，自由民主黨促使工黨實現選制改革才有可能。

　　若將1918年的澳洲與當前的英國相互比較，當時澳洲的國民黨在意識型態光譜上位於左派大黨與可能分裂出走的右派小黨之間，採行選擇投票制對其明顯有利，故對於改採選擇投票制的態度顯得非常篤定，因此澳洲不須各黨不過半就能發生選擇投票制的選制改革；相對地，英國工黨在意識型態光譜上位於保守黨與自民黨的左邊，採行選擇投票固然有可能增加工黨的席次，但席次得失的計算如前述分析較爲複雜，因此對於選擇投票制的支持態度並非十分篤定，反而是位於中間位置的自民黨幾乎篤定在採行選擇票制後，可以較現行選制下獲得更多席次，故英國的選制改革在兩大黨之一過半的情況下，改革動力較爲低落，而必須在各黨不過半的格局發生時，此時自民黨對大黨有較大的談判籌碼與較大的敦促力量，選制改革才較有可能發生。我們或許可以大膽揣測，假若英國2010年的國會大選，工黨與自由民主黨的總席次能夠超過國會半數而共同組閣，兩黨提出的選制改革公投案應該就不至於將對工黨強烈反對的議題包裹在一起，又假若兩黨聯合執政的政績尚佳而能維持一定的民意支持度，在選民通常以自己支持的政黨爲決定自己投票意向的情況下，選擇投票制的公投應該是有機會通過的。

柒、結　語

　　民主國家國會選舉制度的改變向來是相當困難的政治工程，因為國會選制改革的達成，必須透過修法或修憲，而修法勢必透過國會，修憲也往往須由國會發動。從個別國會議員的利益而言，現任者既然都是現有選舉制度下的贏家，選制改革乃是要贏家去改變既有的遊戲規則，這將對現任者帶來不確定的風險，因此通常缺乏誘因與動機去修改既有的遊戲規則，維持現狀往往是個別國會議員的優先選項。就個別政黨的利益而言，目前國會中的政黨勢力既然是透過既有選舉制度而逐漸形成、茁壯的，自然會去維護既有的選舉制度（黃德福、廖益興，2009：22-23）。例如，一旦單一選區相對多數決制塑造了兩黨制，兩黨制下的兩個主要政黨也必然會反過來去維持、鞏固單一選區相對多數決制，以維護自己在國會的優勢地位；同樣地，一旦比例代表制塑造了多黨制，多黨制下皆未過半的政黨通常也會試圖維持、鞏固比例代表制，以維持自己在國會的既有勢力。

　　然而，在既有選舉制度與既有政治勢力彼此相互影響、相互確保的情形下，仍有可能出現選制改革的契機。Shugart（2001: 26-28）指出，一個國家發生選制改革的因素有兩類：一是固有因素（inherent factors），亦即現行選舉制度的潛在性制度弱點與負面效應日益嚴重，使民眾對於現行選制度下的政治現況產生不滿，對現有選舉制度的合理性產生質疑，繼而形成選制改革的社會壓力。但選制改革的社會壓力，不一定能促使朝野政黨或政治人物會加以回應而推動選制改革。另一是偶然因素（contingent factors），亦即特定的重大政治事件作為引發選制改革的觸媒，促使朝野政黨或政治人物回應社會壓力而實現選制改革。

　　若以上述觀點來看英國國會選制改革的過程，一方面，英國自1970年代以來自由民主黨與其他小黨得票率逐漸提升，選民的選票經由選舉制度轉換而來的席次卻無法有效反映此項趨向，比例性偏差漸趨明顯，國會議員與執政黨的民主正當性則漸趨薄弱，單一選區相對多數決制的制度缺失與負面效應確實日益嚴重，選制改革的社會壓力因此逐漸形成，這是英

國國會選制改革的固有因素。另一方面，英國2010年國會大選所形成的
「懸峙國會」，則是引發國會選制改革的偶然因素。國會各黨不過半的格
局使得小黨在組閣過程中有機會以選制改革爲籌碼，迫使大黨同意將選制
改革方案交付公投。然而，選擇投票制作爲大黨喜愛的現行選制與小黨喜
愛的比例代表制之間的折衷方案，最後在公投舉行過程中仍面臨大黨的全
面反撲而無法被民眾接受，國會選制改革終告失敗。

　　不過，從英國此次國會選制改革失敗的經驗，仍然讓我們看到：受到
現行選舉制度制約的政黨體系，仍有可能在現行選舉制度下找到突破的空
間，而跳脫選舉制度長期以來的束縛，反過來去改變既有的選舉制度。就
英國而言，長期實施的單一選區相對多數決制形塑了兩黨制，而英國的兩
黨制受到單一選區相對多數決制的制約，使得小黨生存空間有限。然而，
在2010年國會選舉中，在單一選區相對多數決制下仍例外地出現了各黨不
過半的格局，使得自由民主黨在現行選制下找到突破點，遂有機會促成選
舉制度的改變，只是最終未能成功。儘管英國此次選制改革最後以失敗收
場，但從長期趨勢看來，隨著小黨得票率與席次率的增加，英國目前的兩
黨制正處於不穩定的階段，在未來的國會大選中，仍有可能出現各黨不過
半的格局。2017年6月英國舉行國會選舉，再度出現各黨不過半的「懸峙
國會」。在這種格局下，國會選制改革的運動是否有機會捲土重來，值得
研究者持續追蹤觀察。

6

爲何廢棄混合式選舉制度？
——義大利、俄羅斯與泰國
的選制改革（1993-2007）

壹、前言

　　在第三波民主化浪潮中，許多新興民主國家面臨了制度選擇的歷史時刻。在選舉制度的選擇上，不僅是新興民主國家，包括許多民主先進國家（例如義大利、紐西蘭、日本），都不約而同地選擇了混合式選舉制度。到了二十一世紀初，全球已有超過30個國家在其國會選舉中使用混合式選舉制度。[1]自從二十世紀初有大量歐洲國家捨棄多數決制改採比例代表制以來，二十世紀末的這一波採行混合式選舉制度的浪潮，儼然已成為世界性選制改革的主流趨勢。由於混合制兼具多數決制與比例代表制的精神，這種兼容並蓄的選舉制度甚至被認為是人類選舉制度發展的最終進化結果（Shugart and Wattenberg, 2001）。

　　然而在2005年，義大利捨棄了實施了12年之久的單一選區／比例代表混合制混合制，而改回比例代表制。2007年底，俄羅斯廢除了實施14年之久的單一選區／比例代表混合制，而改採全新的比例代表制。除此之外，泰國於2007年底亦變革了自1997年修憲以來的單一選區／比例代表混合制，改採比例代表性較高的中選區／比例代表並立制。值得注意的是，義大利、俄羅斯與泰國乃分別屬於不同民主程度的國家：義大利是資深民主國家；泰國與俄羅斯則是新興民主國家。此外，由於這三個國家在地緣上並無相似性，三國的政治發展上各有不同的環境脈絡，因此學界對這三個國家的探討，通常是分屬在不同的區域研究之中：義大利屬於歐陸研究；俄羅斯屬於後共產國家的研究；泰國則屬於東南亞研究。就此看來，

1　到2000年為止，採行混合式選舉制度的國家，在歐洲地區有:德國、義大利、阿爾巴尼亞、安道爾、匈牙利、保加利亞、立陶宛、克羅埃西亞；在非洲地區有：賴索托、尼日、馬達加斯加、塞內加爾、塞席爾、幾內亞、喀麥隆；在亞太地區有：日本、南韓、泰國、菲律賓、紐西蘭；在拉丁美洲地區有：玻利維亞、委內瑞拉、墨西哥、瓜地馬拉；在前蘇聯地區有：烏克蘭、俄羅斯、亞美尼亞、喬治亞、亞塞拜然。由此可見，1990年代至二十世紀末這一波採行混合式選舉制度的浪潮，是一個跨區域的全球現象。參見Election Resources on the Internet (2009); ACE The Electoral Knowledge Network Comparative Data (2009); Elections and Electoral Systems around the World (2009)；王業立（2016：31-41）。

二十一世紀初混合式選舉制度遭到若干國家廢棄，並不是特定民主程度的國家或世界上某一特定區域的現象，而是跨越不同民主程度，且跨越不同區域的選制變遷現象，應有進一步探討的價值。本章感興趣的是：這三個國家爲何要重新選擇選舉制度？是哪些因素促成了選制變遷？這是否意味著混合制已逐漸「退潮」？本章將採行新制度論的研究途徑，試圖針對這三個國家截至2007年爲止的選制變遷現象進行探索。[2]

貳、研究途徑

在此對本章所採取的新制度論研究途徑做簡單介紹。新制度論之所以稱爲「新」，乃是對於過去傳統政治學所著重的制度研究，作出修正的緣故。傳統政治學研究具有明顯的「法制形式主義」（legal-formalism）色彩，研究的焦點是正式的國家組織、典章與制度。這種研究取向，係將各種正規典章與法規文件上所呈現的明文規範視爲當然發生的事實，認定個體行爲者必然會完全依照既定的典章制度行事、服膺於正式制度的運作，並沒有爲個體行爲者的影響力或自主性留下空間，抱持的乃是「方法論之整體主義」（methodological holism）的立場。1960年代開始盛行的行爲主義政治學則試圖修正上述傳統政治學研究的缺失與弊病，刻意排除法規、制度的重要性，轉而強調個體層次的實證研究，其認爲透過個體行爲的加總，可以推斷出政治的總體特性，這種研究取向無疑是採取「方法論之個體主義」（methodological individualism）立場。傳統政治學與行爲

---

[2] 2007年之後，俄羅斯、泰國與義大利的選制仍持續發生變遷。泰國於2011年再度修改選制，將選制改回單一選區／比例代表混合制，在全部500個議席中，375席以單一選區相對多數選出，另外125席以全國爲選區的比例代表制選出，並於同年舉行的選舉中實施，但該選制隨後又因2014年軍方政變將憲法廢棄而停止運作至今。俄羅斯於2014年將選制改回單一選區／比例代表混合制，選制內容與原先制度相同，並於2016年選舉中實施。義大利仍維持比例代表制，但於2015年將選制內涵進行重大調整（詳見後文）。本章探討的焦點爲這三個國家截至2007年爲止廢棄原先所採混合制的選制改革過程，至於2007年之後選制變遷的原因與過程，仍有待未來進一步研究探討。

主義政治學這兩種不同立場的對立，也可以說是以總體層次為理論推論起點的巨觀理論（macro theory）與以個體層次為理論推論起點的微觀理論（micro theory）兩種理論的對立。

一、新制度論的核心命題

　　新制度論的核心命題有以下三點：首先，相對於上述各種研究流派在方法論上的各持己見，興起於1980年代初期的新制度論，則是介於總體與個體之間的「中間路線」，也就是所謂的「中層理論」（meso theory）（參見圖6-1）。新制度論認為在個體行為與總體經濟、社會、文化結構之間，應該以中層的制度作為連結，因為經濟、社會、文化結構需要有一套「制度載具」（institutional carrier）（Scott, 2001: 48），才可能具體地影響到個體的行為，而個體行為若要對經濟、社會、文化結構造成影響，也勢必要以制度作為介入的工具。換言之，制度在結構與個體之間所扮演的角色，正如Kenneth Shepsle所指出的，是「讓人（即個體）與社會情境（即結構）相互密接的接著劑」（1989：134）。在以制度作為個體行為與總體政治、經濟、文化結構之中介者的情況下，不論是以制度為中介變項而從個體行為推論至總體經濟、社會、文化結構，或是以制度為中介變項而從總體經濟、社會、文化結構推論至個體行為，甚至是探討制度與個體行為的關係，乃至制度與總體經濟、社會、文化結構的關係，推論的過程能更為具體且可避免過於跳躍。換言之，新制度論並非制度決定論，也無意高舉方法論之整體主義的優越性，其試圖處理社會科學方法論當中所謂「微觀－巨觀連結」（micro-macro link）的問題（Alexander, Giesen, Munch & Smelser, 1987），乃是介於巨觀與微觀之間的「中層理論」。這可以說是新制度論的第一個核心命題。

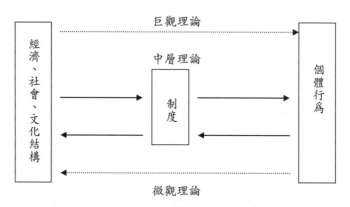

圖6-1　巨觀理論、微觀理論與中層理論

資料來源：作者自製。

　　新制度論的第二個核心命題，是新制度論重視制度對個體行爲的影響，以及個體行爲對制度的影響。換言之，新制度論重視制度與個體行爲之間的關聯性。就傳統政治學的制度研究而言，其僅著重制度本身內涵的探討，至於制度如何影響個體行爲要不是幾無著墨，不然就是認定個體行爲者必然會完全依照既定的制度行事，而忽略了個體行爲者的自主性。相對地，1960年代極爲盛行的行爲主義政治學，則幾乎完全抹煞制度的重要性，僅著重個體行爲的探討。而對於在行爲主義政治學盛行後興起的新制度論而言，其一方面如傳統政治學一樣重視制度的探討，另一方面，基於政治學整個學科已經歷經先前行爲主義的洗禮，自然也就不可能完全對行爲層面視而不見，而會試圖將制度層面的探討與行爲層面的探討彼此連結。簡言之，傳統政治學著重制度面的探討，行爲主義政治學強調重視行爲面的探討，而新制度論則重視制度面與行爲面兩者之間的關聯性。

　　不過，新制度論所理解的制度，與傳統政治學的制度研究所理解的制度不可同日而語。相對於傳統政治學的舊制度論所界定的制度指的是成文的規章與法律條文，新制度論所理解之「制度」的範圍顯然要比舊制度論廣泛許多，其範圍包含了正式制度與非正式制度，正式制度指的是成文的規章，亦即舊制度論所理解的制度範疇，而非正式制度則是指不成文的

規範與規則。整體而言，只要是塑造人們規律行爲的規範，不論是成文或不成文，皆屬於制度的範疇。簡言之，新制度論跳脫了狹隘的形式主義（formalism），這可以說是新制度論的第三個核心命題。

綜合以上三個核心命題，我們可以說，新制度論是以中層理論的視角，探討制度與個體行爲之間的關係，也就是探討制度如何影響行爲，而行爲又是如何影響制度（當然，有時候基於研究議題的差異，也可能探討制度與更廣泛的經濟、社會、文化結構之間的關係），而且在探討制度與行爲如何互動的同時，不僅著重正式制度，也重視非正式制度。

二、新制度論的三個流派

政治學的新制度論主要有三個流派，分別是理性抉擇制度論、社會學制度論與歷史制度論。理性抉擇制度論強調「算計途徑」（calculus approach）；社會學制度論強調「文化途徑」（culture approach）；歷史制度論則是兼採算計與文化途徑的折衷觀點（Hall & Taylor, 1996: 939-940）。這三種制度論對於制度的範疇、行爲者的偏好與行爲動機，以及制度的變遷並不盡相同，以下簡要說明這三種新制度論的主要論旨。

（一）理性抉擇制度主義

就強調「算計途徑」的理性抉擇制度論而言，其假定個體行動者具有理性與既定偏好，而制度即是個體行動者在進行互動時的決策規則（decision rules），對於具有既定偏好，追求利益極大化的個體行動者形成制約。而理性抉擇制度論所謂的「理性」，乃是指追求諸如物質、權力等具體政經資源的工具理性（instrumental rationality），亦即理性抉擇制度論是以「工具性的邏輯」（logic of instrumentality）、結果至上的經濟性策略計算的角度來看待個體的行爲，認爲行動者在不同的制度規範下，會根據其既定偏好，不變地以「個體利益極大化」爲目標而進行策略性的互動，而在策略性的互動過程中，若行動者發現新的制度更能讓他們

的目的獲得較大程度的實現，就有可能共同採擇此一新的制度（March &
Olsen, 1989: 160）。

（二）社會學制度主義

　　就強調「文化途徑」的社會學制度論而言，制度是指人類生活中受到
文化、思想、價值所影響，而自然形成的一套規範。社會學制度論所指涉
的「制度」概念範圍甚廣，制度不僅包括正式而有形的規則、規範，還包
括塑造人們行為動機的價值體系。事實上，此種對制度的廣泛界定已經將
「制度」與「文化」的界線模糊化（Immergut, 1998: 14-16）。由於「文
化」也被納入「制度」的範疇，因此制度不只如理性抉擇制度論者所認為
的是行動者在進行互動時的決策規則，更是塑造個人內在心靈世界的規
範。故而，相對於就理性抉擇制度論所強調的「工具性的邏輯」，社會學
制度論則是以「社會適當性的邏輯」（logic of social appropriateness）、
文化價值的角度來看待個體的行為（March & Olsen, 1989: 160）。其認為
行動者往往不會直接基於其所意欲的利益極大化結果而莽撞地行動，而是
會設想：根據當下自身所處的制度情境，基於自己在此制度情境中的角色
和地位，應該如何做出「適當的」（appropriate）行為，亦即具有社會正
當性的行為。至於制度的變遷，由於社會學制度論所認定的制度範疇涵蓋
了文化與價值體系，因此會認為，唯有在現行制度的社會正當性在新價值
觀大幅擴散而遭到挑戰的情況下，才可能出現制度變遷。

（三）歷史制度主義

　　歷史制度論揉合了理性抉擇制度論的「算計途徑」與社會學制度論的
「文化途徑」，有相當明顯的「折衷主義」（eclecticism）色彩。歷史制
度論主要是透過「路徑依循」（path dependence）的概念將前兩種制度論
加以連結。所謂「路徑依循」，乃是將整個制度建構過程視為一次次的路
徑選擇過程，而上一個時間點所做的路徑選擇，將會限制制度發展在下一
個時間點的路徑選擇範圍。這是因為制度變遷過程中存在著制度報酬遞增

（increasing returns）的機制，亦即制度存在越久，政治行動者在現有的制度中運作的時間越長，制度對行動者所帶來的邊際報酬將會越大。換言之，現有制度的存在對於行為者所產生的既得利益日益增加，相形之下制度的沉澱成本（sunk cost）則日益龐大，改變既有制度的成本也就越高，從而使得現有制度產生巨大的存續力量，未來制度變遷的選擇範圍也因此遭到限縮而被「封鎖」（lock in）在特定的路徑上，使得制度難以走回頭路或重新打造（Pierson, 2000: 263）。即使有行動者欲進行制度改革，也無力全盤廢除既有制度，而必須做出某種妥協與適應，只能在既有的制度上衍生新的規範，從而出現「制度堆積」（institutional layering）的現象，重大的制度變遷因此難以產生（Thelen, 2002: 225-228）。總之，「路徑依循」此一概念強調，在制度形成之初所做的選擇，會與制度的後續發展形成因果鏈結，而對未來的制度發展產生持續且巨大的決定性影響，相當程度界定了未來制度變遷的方向（Levi, 1997: 19-41）。

　　在歷史制度論的核心概念裡，與「路徑依循」相輔相成的另外一個概念是「斷續式均衡」（punctuated equilibrium）（Krasner, 1984: 240-242）。在制度長期的發展過程中，制度會在某一關鍵時點（critical juncture）發生重大變動，此一關鍵時點決定了制度未來的轉折方向，並重新形成一個新的均衡狀態，接下來制度會在此一特定的均衡狀態下維持一段穩定的時間，之後在某一關鍵時點又發生變動，變動後的制度則又重新形成另一個均衡狀態，以此不斷運作下去。而在前後兩個關鍵時點之間的制度穩定均衡時期，制度會透過「一連串自我強化」（self-reinforcing sequences）的「再生機制」（reproduction mechanism），將制度的運作規則「反饋」（feedback）到行動者的認知模式當中，而使制度在制度穩定均衡時期得以長期屹立不搖（Mahoney, 2000: 508-509）。易言之，在每一關鍵時點，制度為依變項，制度受行動者的策略互動所形塑；在制度穩定均衡時期，制度則是自變項，行動者乃是依據制度的規範力而採取行動。

　　歷史制度論認為，在制度發展的關鍵時點，既定偏好的行動者決定了下一輪的制度，因此歷史制度論在對關鍵時點進行分析時，仍然是傾向採

取理性抉擇制度論的算計途徑，先確定此一特定時點的制度脈絡，然後建構行動者在此情境中的策略互動模式，並探討行動者的策略互動對既存制度的影響。至於在制度穩定均衡時期，制度形塑了行動者的偏好，因此歷史制度論在對制度穩定均衡時期進行時，主要是傾向採取社會學制度論的文化途徑來解釋制度的穩定狀況。

故，歷史制度論之所以能夠兼採理性抉擇制度論與社會學制度論，將這兩者不同的觀點同放在同一個流派而不會發生相互矛盾的情形，主要是因為歷史制度論具有「歷史」的觀照，採用路徑依循和斷續式均衡等核心概念，將觀察的時間面向拉長，從時間序列（temporal sequence）與制度動態論（institutional dynamism）的角度去分析制度在具體時空脈絡下的變遷過程（Steinmo & Thelen, 1992: 16-17）。歷史制度論的立場是：從長遠歷史的角度來看，算計途徑和文化途徑在制度變遷的不同階段各自有其適用的可能性。

筆者認為，探討選舉制度變遷此一議題時，新制度論中的歷史制度論應是相當適切的研究途徑。因為選舉制度的變遷一方面是政治行為者以利益極大化為目標的策略互動結果；另一方面，政治行為者面對選舉制度改革的策略互動情境，既是鑲嵌於具體的經濟、社會與文化結構中，此一策略互動情境更是由既存的制度環境所構築而成。簡單地說，在選舉制度變遷的過程中，選舉制度有時是影響政治行為者的自變項，有時是受政治行為者影響的依變項，而這正與新制度論強調制度與行為之間關係，尤其是歷史制度論強調制度有時是依變項，有時是自變項的論旨若合符節。

在說明了本章所採取的研究途徑之後，以下將分別探討義大利、俄羅斯與泰國這三個國家選舉制度的變遷過程。

參、義大利眾議院選舉制度的變遷

一、1993年之前長期採行比例代表制

二次大戰之後，義大利於1948年廢除君主立憲體制，改而實施民主共和體制。而眾議院（國會下議院）選舉長期以來即採取政黨名單比例代表制。在1993年選舉制度改革之前，眾議院選舉制度的內容大致如下：眾議院議員共630名，全國分為32個比例代表制選區，每個選區的應選名額在20名上下，採取最大餘數法分配各黨在各選區的席次。至於政黨可分配席次門檻，則是規定各政黨只要在全國的得票數超過30萬，或在各選區中至少獲得1席，便有資格分配國會席次。若以義大利歷次選舉中全國大約有4000萬總選票計算，一個政黨大約只要在全國獲得0.75%的得票率就有資格分配國會席次（蔡學儀，2009：81），這種政黨可分配席次門檻非常低，幾乎可說是純粹的比例代表制。

此外，義大利的政黨名單比例代表制是採「開放式名單」而非「封閉式名單」。選票上只列有各參選政黨的名稱與標誌，選民在投票給政黨時，須參酌各政黨公告的名單，在選票上填下屬意的候選人。選區的應選名額未滿15席者，選民可投給名單上3位候選人；選區的席次超過15席以上者，則可投給4位候選人，但選民的3個或4個投票對象必須是同一政黨的候選人，不可投給不同政黨的候選人（謝復生，1992：73）。在計票時，先以同黨各候選人所獲得的總選票為依據確定各黨獲得的席次數，再以此一政黨各候選人的得票高低決定當選者。

在近乎純粹比例代表制的選舉制度下，多黨林立成了義大利國會政黨體系的特色，每屆國會大選能夠在國會中獲得席次的政黨約在10個至15個左右。在多黨林立的政黨體系中，長年以來有兩個政黨在國會中的席次始終是前兩名，第一大黨是基督教民主黨，第二大黨是共產黨。不過，即使是始終維持第一大黨地位的基督教民主黨，除了在二次戰後實施民主共和體制實施的初期曾經兩次獲得超過半數的席次之外，在歷屆國會中的席次

率也僅是三成至四成左右，第二大黨共產黨的席次率則始終維持在兩成到三成之間，至於社會黨、社會民主黨、自由黨、共和黨等小黨則大致僅能獲得不到一成的席次（Bardi, 2007: 716-717）。

由於沒有任何一個政黨有實力贏得國會中絕對多數的席次，在義大利憲政體制採行議會內閣制的背景下，必須由各政黨組成聯合內閣。其中共產黨因爲具有反體制政黨的色彩，未曾參與組閣，聯合內閣始終是基督教民主黨再加上其他小黨所組成，總理也幾乎皆是由基督教民主黨人士擔任。[3]然而，基督教民主黨通常必須與三個以上的小黨合作，才有辦法組成掌握國會過半數席次的內閣。基督教民主黨作爲中間派的政黨，有時候是與右派的小黨（如自由黨、共和黨）合作，有時候則是與左派小黨合作（如社會黨、社會民主黨），組成中間偏右或中間偏左的內閣。有時候在「基督教民主黨＋右派各小黨」或「基督教民主黨＋左派各小黨」仍無法掌握國會半數以上席次的情況下，基督教民主黨甚至會同時與右派與左派小黨共同組閣。

長年以來，義大利的聯合內閣非常不穩定。從戰後到1993年近五十年間，義大利已經歷過53個政府，內閣更迭頻繁，政府的平均壽命不到一年，政局極度不安。若要探究義大利聯合內閣不穩定的原因，主要有二：第一，參與組閣的政黨眾多，且政黨之間的意識型態差異甚大，在左派和右派小黨合作組閣時尤其如此。聯合內閣常因各政黨的意見分歧而出現內訌，只要參與組閣的任一小黨退出內閣，就可能造成政府垮台。第二，內閣中的最大政黨基督教民主黨本身凝聚力不足，派系林立，有時候聯合政內閣垮台和改組，不是因爲其他政黨退出內閣，而是肇因於部分的基督教民主黨議員倒戈與在野黨合作。綜言之，參與組閣的政黨眾多與內閣中最大政黨本身的鬆散，是聯合內閣不穩定的主要因素。

---

[3] 從1948年到1992年爲止，僅有兩位非基督教民主黨的人士擔任總理，一是1981年至1982年年間擔任總理的共和黨人士史巴多利尼（Giovanni Spadolini），一是1983年至1986年間擔任總理的社會黨人士克拉西（Bettino Craxi），但基督教民主黨在上述期間仍是聯合內閣中的主要成員（李雅惠，2004：61）。

　　以上兩個造成內閣不穩定的主因，又都與義大利的國會選舉制度有關。首先，義大利之所以小黨林立，參與組閣政黨眾多，是因為其選舉制度是幾近純粹的比例代表制，使得票率極低的小黨也能在國會中獲得零星席次。其次，義大利的最大黨基督教民主黨之所以會派系林立，政黨鬆散，則與選舉制度中所採行的開放式名單有關，因為在開放式名單的制度設計下，選舉競爭已非純然的政黨對抗，候選人個人的表現也顯得非常重要。由於政黨在提出政黨名單之後，原則上對名單上的候選人會保持一視同仁的態度，不太可能獨厚特定候選人而給予特別奧援。在政黨對同黨候選人保持中立態度的情況下，各候選人為求勝出，透過派系獲得資源就成為自然的結果，以少數元老級政治人物為中心所連結而成的派系扈從關係於是貫穿整個政黨結構（謝復生，1992：81）。在基督教民主黨中，各派系皆是有組織的團體，有自己的會議、自己的財產和公認的領袖，黨員入黨時往往已宣稱自己屬何派，所有黨內共識在形成前多須經各派系協商，國家機關的職位與其他政治資源除了須與其他小黨分享之外，尚須由黨內各派系進行「政治分贓」。基督教民主黨這種派系林立、「黨內有黨」的現象，導致整個政黨依侍主義（clientelism）充斥，政黨凝聚力低落。事實上，開放式名單所造成的派系林立並不僅是基督教民主黨的問題，在其他各黨也都存在此一問題，只是基督教民主黨身為長年的執政黨，該黨內部派系林立的問題與義大利內閣不穩定之間的關係更為明顯。

二、1993年改為混合制

（一）混合制的制度內涵與特色

　　1993年義大利選舉制度的變革，是當時人民強烈要求政治改革，政治菁英不得不屈從民意而被迫進行制度調整的結果。1980年代末期以來，義大利政壇連續爆發官員貪污與政商勾結的弊案和醜聞，要求政治改革的呼聲在民間逐漸醞釀。1992年爆發的米蘭「回扣之城」（Tangetopli）案，則是人民發動公投要求變更選舉制度以推動政治改革的正式引爆點。

在此一重大弊案中，政界、企業界與其他階層共有6000多人遭到司法調查，其中包括基督教民主黨元老，曾任七屆總理的安德列奧蒂（Giulio Andreotti）、曾任兩屆總理的社會黨黨魁克拉克西（Bettino Craxi），以及多名曾任部長的重量級議員，以及將近國會半數的數百位議員。由於涉案的國會議員眾多，在司法調查期間，義大利國會的運作幾乎因此停擺。此一弊案牽涉之廣令人瞠目，暴露出整個義大利政壇幾乎成了貪污腐化的共犯結構（Sanchez, 2002: 261-264）。在此案震憾下，民間團體正式發起政治改革的公民投票。1993年4月，義大利正式舉行公民投票，就包括選舉制度改革的八項議案進行表決，結果八項議案無一例外全部獲得通過，且均獲得80%以上的支持率（Clark, 2008: 507），可見政治改革在當時已經形成一股強大的民意，儼然成為全民共識。

由於義大利憲法規定，國會有義務將人民通過的公投案落實為具體的法律，因此在1993年4月公民投票通過後，義大利國會依憲法規定在同年12月正式修改選舉法，義大利眾議院選舉制度遂從政黨名單比例代表制改為混合制（單一選區兩票制）。以下介紹此一選制的內涵。

在新的選舉制度下，眾議院議員仍維持630名，其中的475名（占總額四分之三的名額）由單一選區相對多數制選舉產生，其他155名（占總額四分之一的名額）由政黨名單比例代表制選舉產生。在單一選區相對多數制部分，全國共分為475個選區，每個選區應選名額為一名，由得票最高的候選人當選；在政黨名單比例代表制部分，並非以全國為一個選區，而是將全國分為26個比例代表制選區（每個選區的應選名額根據人口多寡，最少2名，最多11名，26個選區共計155名），並設有政黨可分配席次門檻，一個政黨必須在政黨名單比例代表制部分獲得4%以上的全國得票率，才有資格分配政黨名單比例代表制部分的席次，且政黨名單採取的是封閉式名單（Partridge, 1998: 40-42；Bartolini, 2002: 4-6）。

義大利的混合制最為特殊的制度設計是政黨名單比例代表制部分的席次分配方式。在義大利的選舉制度下，一個政黨即使獲得4%以上的全國得票率而有資格分配比例代表制部分的席次，其在比例代表制部分所獲得的選票，也不見得能夠全部用來參與比例代表制部分的席次分配，

而必須扣掉「該黨在單一選區中之所以能夠當選的『當選代價』選票」之後，所剩下的票數才是能夠參與席次分配的選票。「當選代價」選票所指爲何？簡單地說，若該黨所提名的候選人在某單一選區當選，此一單一選區中「最佳敗選人」（best loser）（即得票第二名的候選人，也就是得票最高的落敗者）所獲得的選票數額再加一票，即是「當選代價」選票。因爲在理論上，一個候選人之所以能夠在單一選區中當選，確實是因爲這位候選人得到了比「最佳敗選人」所獲選票還多一票的選票，才得以當選，因此「最佳敗選人得票數＋1」即可視爲「當選代價」選票（Cotta, and Verzichelli, 2007: 77）。

　　以下舉例說明「當選代價」選票的意義：若某一比例代表制選區的範圍共涵蓋了10個單一選區，而A黨在此一比例代表制選區共獲得100萬比例代表制選票，且A黨所提名的單一選區候選人在這10個單一選區中的其中3個單一選區中當選，而在這3個選區中，得票第二名的落敗候選人得票數分別是10萬、8萬、9萬，則A黨在此一比例代表制選區中的「當選代價」選票便是（10萬＋1）＋（8萬＋1）＋（9萬＋1）＝27萬＋3。那麼，A黨能夠參與比例代表制席次分配的選票數額並不是該黨所獲得的全部100萬票，而是100萬－（27萬＋3）＝72萬9,997票。

　　透過上述方式，得出各黨在各比例代表制選區能夠參與席次分配的選票數額之後，再以「最大餘數法」進行席次分配，進而確定各黨在比例代表制部分所能獲得的席次。

　　義大利的混合制，是希望透過單一選區制的採行，減少國會中政黨的數量，形成兩大黨爲主的政黨體系，增加國會中單一政黨席次過半的機會，藉此促成內閣的穩定。同時，爲了避免完全抹煞小黨的生存空間，國會中仍有四分之一席次是由政黨比例代表制選出，而「當選代價」選票這種特殊設計的用意，則是爲了降低在單一選區部分獲得席次的政黨在比例代表制部分獲得席次的機會，而讓在單一選區部分難以獲得席次的小黨在比例代表部分有較多的機會獲得席次。不過，在確保小黨生存空間的同時，政黨名單比例代表制部分仍然設定4%的政黨可分配席次門檻，以避免國會中的政黨太過零碎。綜言之，義大利選舉制度改革的初衷，是希望

促成兩大黨為主的政黨體系，並使具有一定規模的小黨仍有生存的空間。

　　義大利這種特殊的混合制，與一般混合制的兩種次類型－並立制（以日本為代表）和聯立制（以德國為代表）皆不盡相同。一方面，義大利的混合制並不像德國的聯立制，因為德國的聯立制是由政黨名單部分的得票率決定各黨在國會總席次中的席次率；但另一方面，義大利的混合制也不像日本的並立制，因為日本的並立制乃是將各黨在單一選區部分和政黨名單部分的選票完全分開計算，彼此互不關聯。與典型的聯立制和並立制相較，義大利的混合制雖然是將各黨在單一選區制與比例代表制部分的選票分別計算以決定各黨可獲得的總席次，而具有並立制的精神，但在義大利「當選代價」的特殊設計下，各黨在政黨名單部分能夠參與席次分配的選票數量，仍然與該黨在單一選區部分的得票狀況有關，這又具有若干聯立制的精神，因此有論者認為，若德國的兩票制可稱為「補償式混合制」（compensatory mixed-member system），則義大利的兩票制則可稱為「半補償式混合制」（semi-compensatory mixed-member system）或「部分補償式混合制」（partially compensatory mixed-member system）（Ferrara, 2006: 330）。

（二）混合制所塑造的政黨體系

　　義大利這種混合式的選舉制度在1993年修正通過後共實施過三次，分別是1994年3月、1996年4月與2001年5月的三次眾議院選舉。在1992年「回扣之城」案對政壇所造成的衝擊以及新選舉制度的效應下，義大利的政黨體系在1992年到1994年之間發生了重大的政黨重組。義大利老牌政黨如基督教民主黨、社會黨等，由於涉及政商勾結弊案甚深，已難以獲得選民認同與支持，即使這些政黨以換名或改組的方式尋求持續發展，仍難挽衰頹的命運；相對地，新興政黨則趁勢崛起。自1994年國會大選首次採行混合制之後，義大利的政黨生態已完全改觀，迥異於戰後長期以來的政黨體系。但是，政黨重組的實際情況卻與當初選舉制度改革的初衷之間存在著頗大的落差。原本混合制的採行是希望減少政黨的數量，塑造兩大黨

與其他小黨並存的政黨體系。然而，在混合制採行後，多黨林立的情形並未有明顯的改變，在國會中仍始終存在著10個左右的政黨，而且混合制中占總額四分之三的單一選區席次也並未塑造出超過國會半數席次的單一政黨，國會中最大政黨所獲得的席次仍然僅有二至三成左右。我們看到的實際狀況是，在混合制的新選制下，義大利的政黨體系乃是轉變爲左右兩大聯盟對抗的多黨體系（Bartolini, Chiaramonte and D'Alimonte, 2004）。

　　我們要如何解釋這種現象？首先，是因爲義大利明顯的社會分歧，使單一選區相對多數制塑造兩黨體系的因果關係顯現不出來。事實上，單一選區相對多數制塑造兩黨體系的前提要件，是這個國家的社會同質性高、社會分歧不嚴重。在此一前提下，由於單一選區相對多數制在各選區所塑造的兩大黨大致相同，因此會形成全國範圍的兩黨體系。相反地，假如一個國家存有明顯的社會分歧，各選區因種族、語言、宗教、地域等分歧而差異甚大，則單一選區相對多數制在一個選區中造就的兩大黨，未必是另一個選區中的兩大黨，於是在全國層次上仍會形成多黨體系（王業立，2009：45-48）。而義大利乃是一個地方主義色彩濃厚，社會分歧明顯的國家，地域、階級、宗教、語言等分歧皆在義大利明顯可見的不同社會分歧面向（張台麟，1994：68）。從選舉結果中可以發現（參見表6-1至表6-3），有些政黨雖然得票率無法跨越全國得票率4%的政黨可分配席次門檻，以致無法獲得政黨名單部分席次，卻反而能夠在特定的單一選區獲得席次，因此混合制中占四分之三席次的單一選區相對多數制並未有效塑造全國性的兩黨體系。

　　我們可以從表6-1到表6-3清楚看到左右兩大聯盟多黨體系的形成與中間派政黨式微的情形。在1994年衆議院選舉（表6-1）中，除了左右兩個政黨聯盟之外，尚有義大利公約聯盟這個中間派的政黨聯盟存在，不過其得票率與席次率已遠遠落後左右兩個政黨聯盟。到了1996年與2001年的衆議院選舉（表6-2、表6-3），則僅存在左右兩大聯盟相互競爭，中間派的政黨聯盟則已不復存在。而在多黨體系仍持續存在的情況下，義大利的政府型態與過去一樣，仍是多黨組成的聯合內閣。不過，與過去很大的不同是，義大利在混合制採行後的聯合內閣乃是由左派聯盟或是右派聯盟分別

組成的聯合內閣，而不是像過去長期以來是由中間派的基督教民主黨拉攏左派或右派的小黨所組成的聯合內閣。

表6-1　1994年義大利眾議院選舉結果

| 選舉聯盟 | 選舉結果 | | | | | 總計 |
| | 單一選區 | | 政黨名單 | | | |
	得票率	席次數	政黨	得票率	席次數	席次數
自由聯盟（右派）	46.3%	302	義大利前進黨	21.0%	30	366
			國家聯盟	13.5%	23	
			北方聯盟	8.4%	11	
			基督民主中央黨	3.5%	0	
進步聯盟（左派）	33.0%	164	左派民主黨	20.4%	38	213
			共產重建黨	6.1%	11	
			綠黨	2.7%	0	
			社會黨	2.2%	0	
			網絡黨	1.9%	0	
			民主聯盟	1.2%	0	
義大利公約聯盟（中間派）	15.6%	4	義大利人民黨	11.1%	29	46
			共和黨	4.7%	13	
其他政黨	5.1%	5	其他政黨	3.3%	0	5

資料來源：整理自Election Resources on the Internet: Elections to the Italian Parliament (2009); Bartolini (2002); Bardi (2007: 716-717)。

表6-2　1996年義大利眾議院選舉結果

選舉聯盟	選舉結果						總計
	單一選區		政黨名單				
	得票率	席次數	政黨	得票率	席次數		席次數
橄欖樹聯盟（左派）	45.4%	262	左派民主黨	21.1%	26		320
			義大利人民黨	6.8%	4		
			義大利更新黨	4.3%	8		
			共產重建黨	8.6%	20		
			綠黨	2.5%	0		
自由聯盟（右派）	43.2%	169	義大利前進黨	20.6%	37		246
			國家聯盟	15.7%	28		
			基督民主中央黨	5.8%	12		
北方聯盟（註）	10.8%	39	北方聯盟	8.6%	20		59
其他政黨	0.6%	5	其他政黨	6.0%	0		5

註：北方聯盟在上一屆（1994年）眾議院選舉時參與右派的選舉聯盟—「自由聯盟」，在本次選舉中則未參與選舉聯盟。

資料來源：整理自Election Resources on the Internet: Elections to the Italian Parliament (2009); Bartolini (2002); Bardi (2007: 716-717)。

表6-3　2001年義大利眾議院選舉結果

選舉聯盟	選舉結果					總計
	單一選區		政黨名單			
	得票率	席次數	政黨	得票率	席次數	席次數
自由之家聯盟（右派）	45.4%	282	義大利前進黨	29.4%	62	368
			國家聯盟	12.0%	24	
			北方聯盟	3.9%	0	
			基督民主中央黨	3.2%	0	
			新義大利社會黨	1.0%	0	

（續）表6-3　2001年義大利眾議院選舉結果

選舉聯盟	選舉結果					
	單一選區		政黨名單			總計
	得票率	席次數	政黨	得票率	席次數	席次數
橄欖樹聯盟（左派）	43.2%	184	左派民主黨	16.6%	31	241
			民主自由聯盟	14.5%	27	
			綠黨	2.2%	0	
			義大利共產黨	2.7%	0	
共產重建黨（註）	（未提名）	（未提名）	共產重建黨	5.0%	11	11
其他政黨	11.4%	9	其他政黨	12.7%	0	9

註：共產重建黨在上一屆（1996年）眾議院選舉時參與左派的選舉聯盟—「橄欖樹聯盟」，在本次選舉中則未參與選舉聯盟。

資料來源：整理自Election Resources on the Internet: Elections to the Italian Parliament (2009); Bartolini (2002); Bardi (2007: 716-717)。

三、2005年又改為比例代表制

在混合制實施了十多年後，2005年12月，義大利又修改法律，將眾議院選舉制度由混合制改回比例代表制。以下先說明2005年新選制的內涵，再說明選制變革的緣由。

（一）2005年比例代表制的制度內涵與特色

在目前最新的選舉制度下，眾議院總席次仍維持630席，全國共分為26個比例代表制選區，每個選區的應選名額約在20名至35名之間。此一制度容許不同政黨以政黨聯盟的方式參與選舉，但仍設有政黨可分配席次門檻。各個政黨必須在全國獲得一定的得票率，才有資格分配各比例代表制選區中的席次。關於政黨可分配席次門檻的規定如下（Bellucci, 2008: 185-186）：

1. 未以政黨聯盟方式參選的單一政黨，須在全國獲得4%以上的得票率，始能參與席次的分配。

2. 以政黨聯盟方式參選的政黨，須在全國須獲得2%以上的得票率，且整個政黨聯盟在全國獲得10%以上的得票率，始能參與席次的分配。但有一個例外，即政黨聯盟中得票率未超過2%的第一個政黨，仍可分配席次。

此制較爲特殊的規定是所謂「多數獎勵」（majority premium）的制度：若全國各政黨或政黨聯盟依其得票狀況，無法獲得超過340席以上的席次，則全國得票最多的政黨或政黨聯盟在眾議院中便可直接獲得340席，相當於54%左右的席次率。假若是由一政黨聯盟而非單一政黨獲得340席，則由該聯盟中有資格分配席次的政黨（即獲2%以上全國得票率的政黨以及得票率少於2%的第一個政黨），以最大餘數法依其得票比例分配這340席。此種「多數獎勵」的特殊設計，其實具有「贏者全拿」的精神存在，也有論者將義大利這種選舉制度稱爲「紅利調整式的比例代表制」（bonus-adjusted proportional representation）（Renwick, Hanretty, and Hine, 2009: 3）。[4]

此一新的選舉制度在2005年經國會修正通過後，已經實施過三次，分別於2006年4月、2008年4月與2013年2月。

---

[4] 2013年12月，義大利憲法法院宣告2005年眾議院選舉法部分內容違憲。憲法法院認爲，該選制中關於得票最高的政黨無論得票高低篤定可獲得340席（54%的席次率）的規定，違反憲法保障的選舉平等原則。憲法法院的違憲宣告促使國會於2015年5月再度修法調整選舉制度。在新的選舉制度中，眾議院630席議員由全國100個選區以開放式政黨名單比例代表制選出，每個選區應選名額3至9名。政黨在全國須獲得3%得票率，才有資格分配國會席次。較特別的是，新法規定若有政黨在全國獲得40%以上的得票率，即可獲得340席（54%席次率），其他政黨則根據各黨得票率分配國會其他席次。若無政黨獲得340席，則由得票最高的兩個政黨於兩週後舉辦第二輪投票，由民眾就這兩個政黨進行決選，其中得票較高的政黨獲得340席，其他政黨仍根據各黨第一輪選舉的得票率分配國會其他席次。這種「兩輪投票之比例代表制」預計在2018年5月之前舉辦的眾議院選舉將首度實施。

（二）2005年選舉制度改革的緣由

若說1993年到1994年間由比例代表制走向混合制是由民意帶動的選制改革，那2005年由混合制走回比例代表制革則純然是政治菁英利益計算的結果。這次選舉制度的改革是由當時占國會多數的右派執政陣營所推動，國會中的左派在野陣營則從頭到尾完全反對。當時的右派陣營是在2001年國會大選後獲得國會多數而執政，由貝魯斯科尼（Silvio Berlusconi）擔任總理。右派陣營的政黨共有四個，其中最大黨是貝魯斯科尼所領導的義大利前進黨，另有國家聯盟、北方聯盟與基督民主中央黨三個小黨，其中國家聯盟在國會中尚有一成左右的席次，基督民主中央黨與北方聯盟則皆是國會中席次不超過3%的小黨。事實上，在2004年夏天之前，選制改革並不是義大利政壇與輿論關切的議題，選制改革在2004年到2005年的情勢發展與最後的迅速通過，其實是非常戲劇性的。

2004年7月，右派聯盟中的義大利前進黨、國家聯盟與北方聯盟等三個政黨希望在國會中提出強化總理權力和加強地方分權的修憲案，[5]但基督民主中央黨對此態度保留，並且指出如果要修憲，選舉制度也應透過修法一併調整。基督民主中央黨身為國會中席次甚少的小黨，自然是希望將選舉制度改為較純粹的比例代表制，進一步確保小黨的生存空間。對於基督民主中央黨這樣的訴求，國家聯盟與北方聯盟這兩個小黨其實也樂觀其成。然而，義大利前進黨乃是在混合制下成長並茁壯的政黨，對於選舉制度的改革自然顯得態度冷淡。右派執政陣營內部各政黨對於修憲案與選舉制度變革的態度各有堅持，僵持的情勢持續了將近一年。到了2005年6月，基督民主中央黨態度日益強硬，表示如果右派陣營無法對於選舉制度改革方案達成共識，基督民主中央黨將不惜退出內閣，不過該黨也表示，

---

5 右派聯盟三黨擬提出的修憲案涉及兩個層面，一是加強總理權力，另一是強化地方政府的權力。在加強總理權力方面，主要的修憲案內容包括：總理改由人民直接選舉產生；總理可自行決定內閣部會首長之任免（目前只有國會通過不信任投票才能將部會首長免職）；總理有解散國會的實質決定權（目前只有總統才有權解散國會）；並在憲法中明訂總理有權決定政策方向。在強化地方政府權力方面，主要是將衛生、教育與治安等政策決定權下放給地方政府，將義大利的中央與地方權限關係的制度設計轉變為「準聯邦體制」。

修憲案與選制改革方案這兩個案子可以合併進行協商。

在當時，總理貝魯斯科尼對於基督民主中央黨退出內閣的威脅是感到懼怕的，貝魯斯科尼之所以懼怕的原因有二：第一，下屆國會預計將於2006年春天改選，如果貝魯斯科尼所領導的內閣能夠持續到選舉前夕，他將創下義大利在二次大戰後總理首次做滿整個國會5年任期的紀錄，但若是基督民主中央黨此時退出內閣，此一即將達成的歷史紀錄就會功虧一簣。一般認為，貝魯斯科尼對於創造這項紀錄顯然相當在意（Renwick, Hanretty, and Hine, 2009: 7）。第二，當時右派陣營的民意支持度明顯落後於左派陣營，貝魯斯科尼正試圖趁這段時間急起直追，希望在2006年春天舉行的國會大選能夠後來居上，如果基督民主中央黨此時退出內閣導致國會隨即改選，右派陣營必敗無疑，勢必馬上失去政權。基於以上兩項考量，貝魯斯科尼轉而對基督民主中央黨的要求抱持積極的協商和回應態度，以避免基督民主中央黨退出內閣。

不過，貝魯斯科尼所領導的義大利前進黨身為右派陣營的最大政黨，就算被迫接受比例代表制，仍然希望維持左右陣營相互對抗的政治格局。過去混合制中單一選區相對多數制部分的「贏者全拿」精神促成了左右兩大陣營的二元對立，而義大利前進黨正是基於這種左右二元對立的格局而興起的政黨。義大利前進黨的考量是，若真的要對基督民主中央黨妥協而取消單一選區制，全部席次皆採比例代表制，則必須在比例代表制中，注入「贏者全拿」精神以維持左右陣營二元對立的制度誘因。很明顯地，「多數獎勵」的特殊設計正是基於上述考量而生的制度設計。最後，在基督民主中央黨與義大利前進黨的相互折衷與妥協下，以及其他兩個樂觀其成的右派小黨的配合支持下，義大利國會於2005年底幾乎同時通過強化總理權力和加強地方分權的修憲案（尚須提交公民複決）[6]以及選制改革的法案。

我們可以說，義大利2005年的選制改革，乃是「小黨綁架大黨，大

---

[6] 此修憲案在隔年（2006年）6月的公民複決程序中並未通過，導致此次修憲功虧一簣。該次公投的投票率為53.6%，反對修憲者占總投票數的61.7%（Bull and Pasquino, 2007: 687）。

黨討價還價」的妥協結果。這種新的比例代表制一方面使小黨獲得比以往混合制更大的生存空間，另一方面也使大黨所希望維持的左右政黨聯盟二元對立的政治格局可以持續下去。

肆、俄羅斯國家杜馬選舉制度的變遷

　　俄羅斯於1991年底蘇聯解體後恢復主權國家的地位，於1993年10月公布新選舉法規，於同年12月選出了蘇聯解體後的首屆國家杜馬（國會下議院），選舉制度由過去俄羅斯人民代表大會時期的單一選區兩輪決選制，改爲混合制中的並立制。國家杜馬總席次共450名，其中一半的席次共225席，以單一選區相對多數制選舉產生，亦即在俄羅斯全國劃分的225個單一席次選區中，由選民依相對多數的方式選出；其餘225席則在全國爲範圍的選區中，由選民以政黨名單比例代表制選舉產生。在政黨名單比例代表制部分，設有政黨可分配席次門檻。一個政黨在政黨名單比例代表制部分須獲得5%以上的全國得票率，才有資格分配政黨名單比例代表制部分的席次（Smith and Remington, 2001: 96-99）。此一選舉制度自1993年首次實施以來，分別是1995年12月、1999年12月及2003年12月的第二、三、四屆國家杜馬選舉中採行，共實施過四次。

　　在混合制實施了十多年後，2005年5月，在當時普亭（Vladimir Putin）總統的主導下，俄羅斯國會修改法律，將選舉制度由混合制改爲政黨名單比例代表制。在新的選舉制度下，全部的450名國家杜馬議員皆由全國爲範圍的政黨名單比例代表制選舉產生，且將政黨可分配席次門檻由原本的5%提高爲7%（Moraski, 2007: 536-537）。在2007年12月最近一次的第五屆國家杜馬選舉，已經首度採行此一新的選舉制度。

　　在此，一個令人感到困惑的問題是：在擁護普亭總統的統一俄羅斯黨已成爲全國最大黨，且擁有國家杜馬過半數席次的情勢下，普亭爲何會將國家杜馬的選舉制度由並立制改爲政黨名單比例代表制？因爲在一般的認知中，由於並立制中的單一選區相對多數制部分幾乎會被大黨囊括，小黨

只有在政黨名單比例代表制部分才有較多的機會獲得席次，故大黨在並立制中所獲得的國會總席次，理論上應該會比全體議員皆採政黨名單比例代表制選出的結果來得多。若是如此，為何普亭會推動看似不利自己的選舉制度改革？難道政黨名單比例代表制是對普亭更有利的選舉制度？

　　事實上，基於俄羅斯特殊的政治環境，我們將會發現，上述「單一選區兩票制的並立制有利於大黨，比例代表制有利於小黨」的一般認知並不適用於俄羅斯。普亭所主導推動的選舉制度改革，不僅不會違背自己的政治利益，其實反而是為了自己在2008年總統卸任後延續自己政治生命，繼續掌握俄羅斯政權的權力布局。本章以下將分別說明，普亭透過選舉制度的改革，可以達到兩個目的：一是壓制地方菁英，強化聯邦中央的權力；二是鞏固「統一俄羅斯黨」此一「權力黨」[7]的凝聚力，使這個政黨成為普亭能夠完全掌控的政黨。

一、壓制地方菁英，強化聯邦權力

　　在葉爾欽（Boris Yeltsin）總統時期（1991-2000），俄羅斯在中央與地方的關係上，呈現出「弱中央－強地方」的格局。在蘇聯尚未解體，俄羅斯尚未成為正式的主權國家之前，當時還是地方行政首長的俄羅斯總統葉爾欽，為了挑戰蘇聯中央領袖戈巴契夫（Mikhail Gorbachev）的權威，便不斷強調「地方能拿下多少權力，就應該拿下多少」（Moraski, 2005）。這句葉爾欽的名言使俄羅斯成為主權國家後中央與地方權力劃分的重要原則，因此在葉爾欽總統時期，聯邦政府力量衰弱，地方菁英擁有強大的政治影響力，聯邦政府的許多措施都必須考慮地方菁英的態度。事實上，俄羅斯在當時葉爾欽總統主導下之所以會採取單一選區兩票制的並立制，一個重要的考量便是希望以單一選區制的選舉拉攏地方菁英對葉爾欽總統的支持，意味著葉爾欽對於地方菁英的妥協讓步（趙竹成，2006：

7　「權力黨」並非「執政黨」，是俄羅斯政黨政治中的特殊現象。關於「權力黨」的意涵，在後文中將會討論。

69）。地方菁英透過並立制中單一選區相對多數制的選舉，能夠挾地方民
意自重，強化自己在地方的影響力。結果，在俄羅斯社會分歧嚴重的環境
背景下，並立制中單一選區相對多數制的選舉，不僅未形成兩大黨為主的
政黨體系，反而製造了大量以地方為支持基礎的政黨，而在全國層次上形
成多黨體系。甚至有些地方菁英未參與政黨或組成政黨，以獨立候選人的
身分參選，也能在單一選區相對多數制的選舉中獲得席次。

表6-4　1993年俄羅斯國家杜馬選舉結果

政黨／競選集團	比例代表制議員			單一選區制議員席次（席）	總席次
	得票率（%）	席次（席）	席次率（%）		
自由民主黨	22.9	59	26.2	5	64
俄羅斯抉擇	15.5	40	17.8	30	70
俄羅斯共產黨	12.4	32	14.2	16	48
俄羅斯婦女政治運動	8.1	21	9.3	2	23
俄羅斯農業黨	8.0	21	9.3	12	33
雅布羅科集團	7.9	20	8.9	3	23
俄羅斯團結協和黨	6.8	18	8.0	1	19
俄羅斯民主黨	5.5	14	6.2	1	15
俄羅斯民主改革運動	4.1	0	0	4	4
公民聯盟	1.9	0	0	1	1
俄羅斯未來	1.3	0	0	1	1
尊嚴與仁慈競選集團	0.7	0	0	2	2
獨立候選人				146	141
總計	100	225	100	224（註）	449（註）

註：車臣未舉行單一選區的選舉，故全國單一選區共選出224席，全國席次共449席。
資料來源：整理自Russia Votes（2009）。

　　我們可以從俄羅斯過去歷年國家杜馬的選舉結果看到這個特殊現象。例如，在1993年國家杜馬選舉中（參見表6-4），獲得單一選區制部分最多席次的政黨「俄羅斯抉擇」，也不過獲得總額224席中的30席而已，而以獨立候選人身分當選的議員竟高達146位；同樣地，在1995年國家杜馬選舉中（參見表6-5），單一選區部分獲得最多席次的政黨「俄羅斯共產黨」獲得58席，以獨立候選人身分當選的議員則高達77位；在1999年國家杜馬選舉中（參見表6-6），單一選區部分獲得最多席次的政黨仍是「俄羅斯共產黨」，共獲得47席，而以獨立候選人身分當選的議員則高達112位；在2003年國家杜馬選舉中（參見表6-7），以獨立候選人身分當選的議員也有68位。另外，我們也會發現，許多政黨雖然跨不過5%全國得票率的政黨可分配席次門檻，以致無法獲得比例代表制部分的席次，但是依據其在單一選區所具有的地方優勢，仍能獲得席次而進入國家杜馬。例如，在1993年、1995年、1999年、2003年歷次國家杜馬選舉中，有實力跨過5%全國得票率之政黨門檻的政黨數目分別是8個、4個、6個、4個，但是在國家杜馬中擁有席次的政黨數目則遠遠超過上述數目，分別高達12個、22個、14個、12個（Sakwa, 2008: 160-188）。換言之，俄羅斯國家杜馬中小黨林立的現象，並不是並立制中比例代表制部分所造成，反而是因為地方菁英在各單一選區中各具優勢所造成的結果。

表6-5　1995年俄羅斯國家杜馬選舉結果

政黨／競選集團	比例代表制議員			單一選區制議員席次（席）	總席次
	得票率（%）	席次（席）	席次率（%）		
俄羅斯共產黨	22.3	99	44.0	58	157
自由民主黨	11.2	50	22.2	1	51
俄羅斯家園	10.1	45	20.0	10	55
雅布羅科集團	6.9	31	13.8	14	45
俄羅斯農業黨	3.8	0	0	20	20
俄羅斯抉擇	3.9	0	0	9	9
權力歸於人民	1.6	0	0	9	9
俄羅斯社群大會	4.3	0	0	5	1
俄羅斯婦女	4.6	0	0	3	3
伊凡・瑞布金集團	1.1	0	0	3	3
前進俄羅斯	1.9	0	0	3	3
潘費洛娃集團	1.6	0	0	2	2
勞動者自治黨	4.0	0	0	1	1
勞動聯盟	1.6	0	0	1	1
斯坦涅斯拉夫集團	1.0	0	0	1	1
我的祖國	0.7	0	0	1	1
共同事業	0.7	0	0	1	1
祖國改造	0.5	0	0	1	1
俄羅斯團結協和黨	0.4	0	0	1	1
經濟自由黨	0.1	0	0	1	1
獨立者集團	0.1	0	0	1	1
俄羅斯89地區	0.1	0	0	1	1
獨立候選人				77	77
總計	100	225	100	225	450

資料來源：整理自Russia Votes（2009）。

表6-6　1999年俄羅斯國家杜馬選舉結果

政黨／競選集團	比例代表制議員			單一選區制議員席次（席）	總席次
	得票率（%）	席次（席）	席次率（%）		
俄羅斯共產黨	24.3	67	29.8	47	114
團結黨	23.3	64	28.4	9	73
祖國－全俄羅斯黨	13.3	37	16.4	29	66
右派力量聯盟	8.5	24	10.7	5	29
吉利諾夫斯基集團（自由民主黨）	6.0	17	7.6	0	17
雅布羅科集團	5.9	16	7.1	5	21
年金黨	2.0	0	0	1	1
俄羅斯家園	1.2	0	0	8	8
擁護軍隊黨	0.6	0	0	2	2
尼可拉耶夫將軍與費多洛夫院士集團	0.6	0	0	1	1
俄羅斯社群大會與包篤列夫運動	0.6	0	0	1	1
俄羅斯全民聯盟	0.4	0	0	2	2
精神遺產	0.1	0	0	1	1
俄羅斯社會黨	0.1	0	0	1	1
獨立候選人				112	112
總計	100	225	100	224（註）	449（註）

註：由於車臣未舉行單一選區的選舉，故全國單一選區共選出224席，全國席次共449席。

資料來源：整理自Russia Votes（2009）。

表6-7　2003年俄羅斯國家杜馬選舉結果

政黨／競選集團	比例代表制議員			單一選區制議員席次（席）	總席次
	得票率（%）	席次（席）	席次率（%）		
統一俄羅斯黨	37.6	120	53.3	106	226
俄羅斯共產黨	12.6	40	17.8	12	52
自由民主黨	11.5	36	16.0	0	36
祖國黨	9.0	29	12.9	8	37
雅布羅科集團	4.3	0	0	4	4
右派力量聯盟	4.0	0	0	3	3
俄羅斯農業黨	3.6	0	0	2	2
生活復興黨	1.9	0	0	3	3
人民黨	1.2	0	0	17	17
新道路	0.8	0	0	1	1
企業家發展	0.4	0	0	1	1
大俄羅斯-歐亞聯盟	0.3	0	0	1	1
獨立候選人				68	68
總計	100	225	100	225	450

資料來源：整理自Russia Votes（2009）。

　　於是，我們在俄羅斯會看到一個其他國家相當少見的特殊現象：在單一選區部分，由於許多小黨基於地方優勢仍可在國會中獲得席次，使得單一選區部分所造成的比例代表性偏差，並不如一般國家採單一選區制所造成的比例代表性偏差來得嚴重；而在比例代表制部分，由於有5%的政黨可分配席次門檻存在，使得超過5%政黨當選門檻的政黨能夠獲得比其得票率更多的席次率（例如在1995年國家杜馬選舉中，俄羅斯共產黨在比例代表制部分的得票率是22.3%，但該黨在比例代表制部分的席次率竟高達44%；又例如在2003年國會選舉中，統一俄羅斯黨在比例代表制部分的得票率是37.6%，但該黨在比例代表制部分的席次率則高達53%），結果

比例代表制部分的比例代表性偏差反而相當明顯，甚至在其中幾屆的國家杜馬選舉中，比例代表制部分的比例代表性偏差還甚於單一選區部分。我們可以用「比例代表性偏差指數」（index of disproportionality）[8]來印證上述現象，在1993年國會選舉中，比例代表制部分的比例代表性偏差指數是4.94，高於單一選區制部分的比例代表性偏差指數4.27；在1995年國會選舉中，比例代表制部分的比例代表性偏差指數高達20.56，遠遠高於單一選區制部分的比例代表性偏差指數11.09（Moser, 2001: 200）。就此看來，一般選舉研究上認為「單一選區兩票制中，比例代表制部分可以彌補單一選區在席次上所造成的比例代表性偏差」（Lijphart, 1999: 152）的說法，在俄羅斯是看不到的，甚至看到的是完全相反的現象。

　　總之，俄羅斯國家杜馬中大量無黨籍與小黨國會議員的存在，正意味著地方勢力盤據國會。而普亭所推動的選舉制度改革，便是希望藉由政黨名單比例代表制的採行，取消地方菁英透過單一選區制的管道進入國會的機會，以強化聯邦中央政府的權力。

　　普亭強化中央政府的企圖並非僅顯現在選舉制度改革上，事實上自普亭於2000年擔任總統以來，便透過諸多制度的調整削弱地方菁英的政治勢力，逐步將中央與地方的關係走向中央集權化。首先，在2000年5月普亭上任之初，便透過總統命令在全國設立7個聯邦區，將俄羅斯全境的89個聯邦主體（即地方單元）[9]予以整合，各個聯邦區涵蓋若干聯邦主體。每個聯邦區由總統直接任命一名「總統全權代表」，代表總統在各聯邦區執行監督、統合和協調的任務。從普亭實際任命的人事來看，這7個總統全權代表全部都是普亭的親信，且幾乎都是具有軍方、特務背景的高階將

---

[8]　在選舉研究上，不同論者對於比例代表性偏差所採用的指標和計算方式不盡相同。本章所採的比例代表性偏差指數是Michael Gallagher（1992）所提出的最小平方指數（the least squares index of disproportionality）$= \sqrt{\frac{1}{2}\Sigma(Vi - Si)^2}$（Vi = 各政黨的得票率，Si = 各政黨的國會席次率）。

[9]　俄羅斯的聯邦主體原本共有89個，分別是10個自治區、1個自治州、21個共和國、2個直轄市、49個州與6個邊區。不過近年來，俄羅斯的聯邦主體陸續進行整併，到目前為止縮減為84個聯邦主體。

官，而且7個聯邦區幾乎完全是依據俄羅斯既有之七大「軍區」的範圍做劃分，普亭藉此削弱地方權力的企圖不言可喻（Hesli, 2007: 88-92）。

其次，普亭於在2004年9月主導國會修法，取消各聯邦主體的行政首長選舉，改由總統直接任命。此一措施可說是剝奪了地方菁英在未獲總統信任的情況下，自己憑藉地方支持基礎而擔任行政首長的機會，使總統得以掌握地方行政首長的人事權，加強了中央對地方的掌控能力（Ostrow, Satarov, and Khakamada, 2007: 53-77；郭武平，2004：16）。就此看來，2005年國家杜馬選舉制度的調整，乃是上述普亭一連串強化聯邦權力、削弱地方菁英勢力的措施之一。

二、鞏固「統一俄羅斯黨」的凝聚力

普亭推動選舉制度改革的另一項考量因素，是希望藉此鞏固統一俄羅斯黨的凝聚力。要說明此一考量因素，須從俄羅斯政黨體系的生態談起。

（一）俄羅斯的政黨體系

俄羅斯從1993年國家杜馬選舉以來，儘管多黨選舉成為常態，但並未形成一個成熟穩定的政黨體系，整個政黨體系的制度化[10]程度低落。這種情況從以下現象便可看出端倪。

首先，雖然俄羅斯自1993年以來，到2005年選舉制度改革為止，已經舉行過四次國家杜馬的大選，但參加歷屆國家杜馬選舉的政黨變動非常頻繁，政黨替換與改組的頻率非常高。根據統計，參加過歷屆國家杜馬選舉的政黨數目總共有80多個，但在四次選舉中皆參選的政黨則只有俄羅斯共產黨、自由民主黨與雅布羅科集團等三個政黨；能在四次大選皆跨過

---

[10] 一般而言，一個制度化程度高的政黨體系應該具備以下幾個要件：（一）政黨的社會基礎穩固，此一特徵反映在選舉結果上，則是政黨在歷次選舉中的得票率變動幅度不致太大；（二）政黨具有正當性，亦即人民對政黨有一定的信任度，具有一定的正面評價；（三）政黨組織完備，內部組織結構有一定的標準程序（Mainwaring, 1999: 26-39）。

5%政黨當選門檻的政黨則只有俄羅斯共產黨與自由民主黨；而能夠在每次大選中皆獲得單一選區制部分與比例代表制部分席次的政黨則只有俄羅斯共產黨而已（林永芳，2006：32）。上述現象顯示俄羅斯的政黨大多壽命短暫，整個政黨體系的持續性和穩定性不高。

其次，若進一步觀察俄羅斯少數壽命較長的政黨，會發現這些政黨皆有魅力型領袖存在。例如俄羅斯共產黨的朱加諾夫（Gennadii Zyuganov）、自由民主黨的季里諾夫斯基（Vladimir Zhirinovskii），以及雅布羅科集團的雅夫林斯基（Grigorii Yavlinskii）。換言之，這些壽命較長的政黨都是以領袖為中心，政黨的持續性相當程度是建立在認同「領袖人物」的基礎上，政黨的運作皆以這些領袖人物馬首是瞻（Hesli, 2007: 192-199）。這種政黨的選舉表現也往往因領袖人物的聲望、地位的變化而大起大落。

第三，俄羅斯的政黨體系存在特殊的「權力黨」現象。所謂「權力黨」，是指在國家杜馬中支持總統領導的執政當局，同時也從執政當局得到資源的政黨，但由於總統、總理與多數部會首長並非該政黨的黨員，因此「權力黨」並非一般民主國家的「執政黨」，而只能說是執政當局的權力附庸。在俄羅斯，每逢國家杜馬或總統大選，總統便會策動自己的親信、動員行政資源成立「權力黨」為自己抬轎。這些權力黨包括：1993年成立的俄羅斯抉擇、1995年成立的俄羅斯家園黨、1999年成立的統一黨等（吳玉山，2000：284-291）。這些權力黨皆是為了因應當年的國家杜馬選舉與次年的總統大選所成立的政黨。這些政黨雖然得到執政當局的奧援和扶植，但並無深厚的社會基礎和明確的政策立場，因此上述這些權力黨的存在時間皆不超過一屆國家杜馬的任期，通常在幾年內便面臨政黨改組或消失的命運。

第四，俄羅斯政黨體系的高度不穩定現象，也同時反映在選民的投票行為上。舉例來說，在1999年的國家杜馬選舉中，共有六個政黨跨過5%的政黨可分配席次門檻，其中就有三個政黨是選前六個月內才成立的新政黨，這三個政黨分別是統一黨、祖國全俄羅斯黨、右派力量聯盟。這三個政黨雖然成立不久，卻囊括了全國45.4%的政黨比例代表制選票（林永

芳，2006：32）。但是，統一黨和祖國全俄羅斯黨在兩年後的俄羅斯政壇上，卻又改組合併而不復存在。俄羅斯選民投票行為的隨機性與政黨的高度流動性，由此可見。

總之，在俄羅斯高度不穩定且缺乏制度化的政黨體系中，政黨的數量龐雜、紀律鬆散，通常是為了選舉的需要而由個別菁英、領袖臨時拼湊而成，缺乏牢固的社會基礎，政黨的存在經常是曇花一現。

（二）統一俄羅斯黨的隱憂

事實上，普亭總統時期的權力黨「統一俄羅斯黨」，便是在2001年底，由統一黨和祖國全俄羅斯黨合併而成。在2003年國家杜馬選舉中，基於普亭總統在民間所擁有的高支持度，以擁護普亭為基本立場的統一俄羅斯黨一舉獲得226席。在俄羅斯歷次國家杜馬選舉中，這是首次有單一政黨在國家杜馬中獲得過半數的席次。而在選後，許多小黨議員與無黨籍議員也紛紛加入統一俄羅斯黨，結果到2004年普亭連任總統，個人聲望如日中天之際，支持普亭的統一俄羅斯黨已經在國家杜馬中占有三分之二以上的席次。不過，儘管統一俄羅斯黨的席次眾多，但是與俄羅斯的其他多數政黨一樣，統一俄羅斯黨也存在缺乏明確政策綱領，政黨組織鬆散、黨員流動性大的問題，隱隱然潛藏著分解的危機。

統一俄羅斯黨的危機來自兩項隱憂：第一項隱憂是該黨在政策路線上的內部矛盾。統一俄羅斯黨乃是由統一黨和祖國全俄羅斯黨合併而成，而這兩個政黨的政治傾向其實是有差別的：統一黨大致屬於中間派，而祖國全俄羅斯黨則偏向左派，這兩個基本立場迥異的政黨，乃是基於擁抱執政當局而勉強結合在一起，具有很強的臨時性和投機性。統一俄羅斯黨成立後，原本分屬兩黨的兩派人士在政策路線和組織人事上仍存在分歧，此一內在矛盾使統一俄羅斯黨潛伏著分解的危機。

統一俄羅斯黨的另一項隱憂，是該黨的國會議員充斥著地方菁英。統一俄羅斯黨中出身地方菁英的議員占該黨議員的比例，要比俄羅斯的其他政黨高出許多。相對地，統一俄羅斯黨的議員出身聯邦層級政治人物的比

例，與其他政黨相較則較少。而統一俄羅斯黨所提名的單一選區候選人，絕大多數是地方菁英，這些地方菁英原本就有自己非常穩固的地方勢力與政治地盤。也有學者從2003年國家杜馬選舉結果的資料中發現，當統一俄羅斯黨在單一選區中所提名的候選人是當地的地方菁英時，該單一選區中統一俄羅斯黨的比例代表制選票的得票率，通常會比該黨在單一選區中提名非地方菁英出身的候選人時表現得更好。換言之，統一俄羅斯黨在國家杜馬選舉中之所以能夠勝選，相當程度是因為由統一俄羅斯黨提名參選的地方政治菁英，原本自己就有穩固的政治地盤所致，而這些地方菁英在單一選區中代表統一俄羅斯黨參選時，也同時拉抬了統一俄羅斯黨在比例代表制部分的選情（Moraski, 2007: 559-560）。當然，這些地方菁英之所以會願意加入統一俄羅斯黨，是希望作為權力黨的一員，能夠與聲望極高的普亭總統維持更親近的關係，便有更多的機會從執政當局得到有利的資源（例如地方的預算經費），以鞏固自己在地方的政治勢力。

　　我們可以說，就普亭總統、統一俄羅斯黨、地方菁英三者的關係而言，普亭乃是依賴地方菁英為主的統一俄羅斯黨獲取國會多數席次以鞏固中央政權，而地方政治菁英則是透過統一俄羅斯黨此一權力黨的議員身分獲取自己的政治利益。因此，統一俄羅斯黨可說是普亭與地方政治菁英彼此互惠的平台和管道。但是，統一俄羅斯黨以地方菁英為主體的體質，對普亭在2008年卸任總統後欲繼續掌握權力而言，其實也是一個潛在的威脅。因為這些地方菁英之所以會在普亭擔任總統時共存在統一俄羅斯黨中，並不是因為對這個政黨有忠誠感或認同感，而是企圖透過此一權力黨對普亭總統的支持，以換取普亭總統給予的政治利益。[11]然而，一旦普亭卸下總統職位，「普亭總統」—「統一俄羅斯黨」—「地方菁英」三者的連結關係也可能隨之結束，地方菁英留在統一俄羅斯黨的誘因就不復存

11　在統一俄羅斯黨當中，以地方菁英為主的單一選區制國會議員，與非地方菁英出身的政黨名單比例代表制國會議員相較，對於政黨的忠誠度確實較弱。有學者從國家杜馬中立法表決時唱名投票（roll-call voting）的實證資料中發現，統一俄羅斯黨中單一選區制議員不以政黨立場投票（亦即「跑票」）的機率，比政黨名單比例代表制議員高出許多；而在單一選區制議員中，又以地方菁英出身的議員最常出現跑票的情形（Thames, 2005: 282-303）。

在，統一俄羅斯黨便有可能像過去的權力黨一樣，走向瓦解的命運。

（三）普亭試圖將「統一俄羅斯黨」打造為自己親自領導的政黨

　　基於總統僅能連選連任一次的憲法規定，普亭於2008年必須卸下總統職位，但聲望極高的普亭顯然還想繼續主導俄羅斯政權。許多政治觀察家在當時也都在揣測，假若普亭仍想在俄羅斯政壇扮演重要角色，普亭在卸任總統後會擔任什麼職位。就俄羅斯的半總統制憲政體制而言，僅次於總統的職位當然是總理。因此，許多政治觀察家推測普亭卸任總統後最有可能的出路是擔任總理。事後證明，這確實也是普亭的想法。但是，根據俄羅斯憲法的規定，總統的憲法權力遠高於總理，普亭若從總統轉任總理職務，並不足以確保自己在俄羅斯政壇上的頭號領袖地位。因此，普亭若想以總理身分繼續保持自己在俄羅斯政壇的領袖地位，除了必須尋找一個他能充分信任的人士擔任下屆總統之外，還必須為自己建立將來擔任總理時的權力基礎。以下將敘明，普亭在其第二任總統期間主導將國家杜馬選舉制度改為政黨名單比例代表制，便是希望將統一俄羅斯黨從支持現在「普亭總統」的政黨，進一步打造為「普亭總理」所領導的政黨。

　　在新的選舉制度中，單一選區部分全部取消，使統一俄羅斯黨不必為了在單一選區中獲勝而被迫提名地方菁英，導致政黨運作受制於地方菁英而顯得鬆散。而政黨名單比例代表制的全面採行，可以使黨中央完全控制政黨名單的提名，能夠快速地提高政黨對黨籍議員的管控能力，也因此強化了政黨的黨紀和凝聚力。但政黨名單比例代表制雖能強化統一俄羅斯黨的黨紀和凝聚力，也可能使其他小黨因選舉制度的比例代表性提高而獲得出頭的機會，使得統一俄羅斯黨在黨紀強化的同時，卻因為其他小黨分占國家杜馬的席次而導致統一俄羅斯黨的席次減少。為了避免上述情況發生而不利於統一俄羅斯黨，因此普亭在主導國會修法改採政黨名單比例代表制的同時，又設了7%的政黨可分配席次門檻，以阻斷小黨出頭的機會。綜觀世界上採取比例代表制的國家，7%的政黨可分配席次門檻可說是相

當高的門檻。[12]而且7%的政黨可分配席次門檻，也會使選舉結果呈現一定的比例代表性偏差，使大黨獲得比其得票率更高的席次率，這對統一俄羅斯黨將是相當有利的。

　　普亭希望強化政黨凝聚力，打造自己領導的政黨勢力的企圖，並不是在2005年的選舉制度改革才正式展開。事實上早在2001年，普亭便主導國會通過「政黨法」，規範政黨的成立門檻，以壓抑地區型政黨。根據2001通過的「政黨法」規定，一個政黨必須符合以下三個標準才能設立：1.在全國至少有1萬名黨員；2.在全國各聯邦主體皆須設有政黨分支機構；3.在全國半數以上的聯邦主體中有100名以上的黨員，在其餘的聯邦主體也至少要有50名以上的黨員。到了2004年，「政黨法」又進一步修正，將政黨成立的門檻提高為原來的5倍，亦即將全國需有1萬名黨員的門檻提高到5萬名，並規定政黨在全國半數以上的聯邦主體中須有500名以上的黨員，在其餘的聯邦主體也至少要有250名以上的黨員才能設立。政黨法並要求不符合上述標準的政黨必須在2006年1月1日之前改組或合併，否則將由政府宣告解散（劉向文、張璐，2007：31-33）。就此看來，在「政黨法」的規範下，僅允許全國性政黨的存在，不承認地區型政黨。另外「政黨法」還規定，由政黨名單比例代表制當選的國會議員，當選後不得轉換政黨，否則將取消議員資格，這項規定強化了政黨的凝聚力。2005年「政黨法」又進一步修法，規定若有政黨的黨員當選為總統，應該即刻終止自己的黨員資格。這項規定也是普亭為自己卸任總統後繼續鞏固權力的一項制度布局，容後敘述。

　　除了「政黨法」之外，在2005年國會修改「國家杜馬選舉法」將選

---

12 整體而言，採比例代表制或混合制的國家所規定的政黨可分配席次門檻，絕大多數都在全國得票率5%以下。有些採混合制的國家也會讓在區域選舉中獲得部分席次的政黨，能夠分配比例代表制部分的國會席次。例如採比例代表制的以色列是1.5%，荷蘭是0.67%，西班牙是3%，羅馬尼亞是3%，丹麥是2%，斯洛維尼亞是3%等（Norris, 2004: 52-52；王業立，2016：29）。採混合制的德國是5%或單一選區3席，墨西哥、菲律賓的門檻是2%，玻利維亞、南韓為3%，烏克蘭為4%，亞美尼亞、立陶宛、匈牙利與台灣是5%，紐西蘭是5%或單一選區1席。採取高於5%政黨門檻的國家僅有塞席爾（10%）。參見王業立（2016：35-36）。

舉制度改為政黨名單比例代表制時，「國家杜馬選舉法」的許多相關細節規定也同樣試圖壓抑小黨並強化政黨凝聚力。該法規定，只有符合「政黨法」中成立要件的政黨，才有資格參與國家杜馬選舉，其他社會團體皆不得參選，而且禁止不同政黨組成選舉聯盟參與選舉。該法還規定，政黨若要在國家杜馬選舉時正式登記提出政黨名單，必須在一個月內獲得全國20萬以上選民的連署書，而且在同一個聯邦主體所獲得的連署書不得超過1萬份；並且須繳納6000萬盧布（相當於220萬美金）的高額選舉保證金，全國得票率低於4%的政黨，選舉保證金將不予歸還（林永芳，2006：37）。總之，透過上述參選資格、提出政黨名單資格、保證金制度的規定，壓抑小黨和地區型政黨的生存空間。此外，「國家杜馬選舉法」還賦予國家杜馬中的政黨擁有議員的「指派權」，亦即政黨有權在國會議員上任後撤換任職的國會議員，重新指派黨員擔任國會議員，這樣的規定更是進一步強化了政黨的黨紀（蔡秋如，2006）。

　　俄羅斯的政治格局完全按照普亭總統所設定的目標和方向逐步推進。2007年12月，俄羅斯舉行的國家杜馬選舉，首次採取新的選舉制度。在選舉期間，普亭親自參加統一俄羅斯黨的全國代表大會，這是俄羅斯有史以來有在任的總統親自參加政黨的集會。普亭在該黨的全國代表大會上公開宣布將領導該黨參加國家杜馬選舉，自己將列名為統一俄羅斯黨政黨名單的首位候選人，並且明確表示，假若統一俄羅斯黨在國家杜馬選舉中獲勝，且自己支持的總統候選人能夠當選新任總統，他願意在卸任總統後出任總理。於是，接下來的國家杜馬選舉和總統選舉，在實質上變成了人民是否支持普亭總統卸任後擔任總理的公民投票。在普亭擁有高度民意支持的情況下，選舉結果也完全在大家的意料之中。在2007年12月3日的國家杜馬選舉中，統一俄羅斯黨獲得壓倒性勝利（參見表6-8），該黨以64.3%的得票率，獲得國家杜馬議員總額450席中的315席，席次率達到70%，已超過國家杜馬三分之二以上的席次。2007年12月10日，普亭透過統一俄羅斯黨推舉他的親信梅德維傑夫（Dmity Medvedev）為下屆總統候選人。由於普亭與統一俄羅斯黨的全力支持，梅德維傑夫在隔年（2008年）3月2日的總統大選中，以70.3%的高得票率當選總統。2008年4月15

表6-8　2007年俄羅斯國家杜馬選舉結果

	得票率（%）	席次（席）	席次率（%）
統一俄羅斯黨	64.3	315	70.0
俄羅斯共產黨	11.6	57	12.7
自由民主黨	8.1	40	8.9
正義俄羅斯黨	7.7	38	8.4
俄羅斯農業黨	2.3	0	0
雅布羅科集團	1.6	0	0
公民力量黨	1.1	0	0
右派力量聯盟	1.0	0	0
俄羅斯愛國者	0.9	0	0
社會公正黨	0.2	0	0
俄羅斯民主黨	0.1	0	0
總計	100	450	100

資料來源：整理自Russia Votes（2009）。

日，統一俄羅斯黨正式推舉普亭擔任黨主席。5月8日，甫上任總統的梅德維傑夫總統提名統一俄羅斯黨主席普亭爲總理，國會隨即以八成以上的贊成票同意普亭出任總理，「梅普體制」至此正式啓動，而統一俄羅斯黨也正式由支持普亭總統的「權力黨」，變成普亭總理所領導指揮的「執政黨」。

　　另外値得注意的是，根據俄羅斯憲法，總統的權力極大，甚至有權罷黜總理，所以梅德維傑夫總統的的憲法權力其實是高於普亭總理。不過由於梅德維傑夫可說是普亭「欽定」的總統接班人，梅德維傑夫甚至被認爲在實質上乃是受普亭總理控制的「傀儡總統」，因此目前尙難想像會出現梅德維傑夫總統撤換普亭總理的情事。但即使有一天梅德維傑夫總統眞的強調起自己總統職位的權力和自主性，想要「造反」與普亭總理發生衝突，普亭總理也有相當能力與跟他反目的總統相互抗衡。這是因爲普亭所領導的統一俄羅斯黨控制了國會三分之二以上的席次，旣可以輕易啓動彈

劾總統的程序，也可以發動修憲削弱總統權力。[13]而且，前文提及「政黨法」規定總統當選後必須脫離政黨黨員身分，也將使梅德維傑夫總統與自己原本所屬的統一俄羅斯黨的關係變得較為疏離。簡言之，普亭在卸任總統前，包括選舉制度改革在內的一連串制度調整，以及自己的各項人事布局，足以使自己繼續擔任俄羅斯的真正領導人，而且就算梅德維傑夫總統與他反目，他透過他所領導的統一俄羅斯黨也有足夠的實力與總統相互抗衡。

伍、泰國眾議院選舉制度的變遷

一、泰國政治的「惡性循環」現象

　　若要掌握泰國選舉制度變遷的本質，必須從泰國整體政治發展的特徵談起。泰國整體政治發展令人印象最深刻的特徵，就是泰國的政變非常頻繁，泰國因此堪稱是世界上政變頻率最高的國家。泰國自1932年「六月革命」推翻絕對君主體制，改採君主立憲體制以來，至1991年為止，60年間共歷經23次政變。在政變屢屢不絕的政治發展過程中，泰國政治呈現一種「惡性循環」（vicious circle）的現象（陳佩修，2000：97）。此一惡性循環的過程是這樣的（參見圖6-2）：（一）泰國軍方發動政變，推翻文人政府；（二）政變之後，軍方組成臨時政府，實行軍事統治，臨時政府的總理可能是軍事將領，但更常見的是軍方委由具有崇高聲望的文人出任；（三）臨時政府隨後公布憲法，並根據憲法舉行大選；（四）大選結束後組成文人政府，實施議會政治，軍方則退居幕後；（五）在議會運作下，政府的效能不彰，腐敗貪污，引發政治衝突，政治衝突的情勢不斷升高，但軍方對於政治衝突的情勢暫不表態，抱持曖昧態度；（六）當

13　俄羅斯總統的彈劾程序，須由國家杜馬以三分之二多數提出彈劾案，送交聯邦院以三分之二多數議決通過；俄羅斯憲法的修正程序與前述總統的彈劾程序雷同，也是由國家杜馬以三分之二多數提出修憲案，送交聯邦院以三分之二多數議決通過。

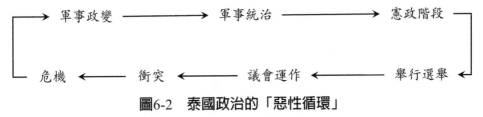

圖6-2　泰國政治的「惡性循環」

資料來源：Dhiravegin (1992: 147)。

政治衝突的情勢惡化為政治危機之際，軍方順應輿情發動政變，推翻文人政府，恢復政治秩序，隨後又進入下一次循環，軍事政變在此一惡性循環的過程中也就無法避免。泰國這種在屢屢不絕的軍事政變間存在的民主政治，常被視為一種特殊的「泰式民主」（democracy in Thai style）。

　　在此一惡性循環的過程中，泰國的軍事政變呈現出在其他國家極為少見的特性：第一，泰國的軍事政變很少引發大規模群眾反抗和社會動盪，民眾甚至是對軍事政變抱持樂觀其成的態度。而政變成功者對新政權的安排有以下兩種方式：少數情況是由軍方組成新政府並由軍事政變領袖出任總理（例如1951、1958、1971年政變），但是在多數情況，軍方在政變後並不直接掌握政府權力，而是由軍事政變領袖選任一位文人總理籌組過渡政府，並在制憲或修憲後舉行選舉，在文人政府正式組成後重回部隊（例如1932、1947、1957、1976、1991、2006年政變）。不過，儘管軍人重回部隊，但軍人對政治的影響力與支配性仍能滲透入新成立的文人政府。換言之，軍人乃是隱身在文人政府之後，對文人政府的統治進行監視。

　　第二，大多數軍事政變者都會尋求泰王對政變行動的認可。由於泰王在泰國人民心目中具有神聖和崇高的地位，政變若能獲得泰王的認可，也等於是獲得人民對政變的接受與默許，就可以藉此建立政變行動的正當性。至於泰王對於軍事政變是否認可，則是根據政局的變化與輿論的趨向決定。泰國的軍事政變始終是「推翻政府，但不推翻王室」，軍人可藉「尊崇泰王，推翻腐敗政府」的宣示，塑造政變的正當性。整體而言，軍事政變的正當性乃是建立在以下兩個基礎之上，一是文人政府的治理失當

與議會政治的混亂，二是泰王的認可（陳佩修，2009：75）。泰王在歷次政變中都扮演著調停者或仲裁者的角色。

第三，在頻繁軍事政變的歷程中，泰國的憲法不斷更替。從1932年以來，泰國已經頒布了20部憲法，一部憲法的平均壽命只有4年左右。泰國在每次政變之後，幾乎都以通過新憲法作爲政變成功的標誌。在一般民主國家，憲法乃是政治競爭的基本遊戲規則，憲法的權威超乎日常政治的對抗之上，只有在極爲特殊的環境下，才會針對憲法進行修改或重新制憲。然而，在泰國，不僅憲法的廢立頻仍，修憲更是司空見慣。泰國的憲法不是政治競爭的規則和依據，反而是各種政治勢力競爭的標的。憲法在密集的廢立與增修過程中，乃是階段性政治角力結果的見證書，只是統治者維持權力的工具而已（Samudavanija, 2002: 15-17）。

二、泰國傳統的政黨體系與選舉制度

長期以來，泰國政黨體系的基本特徵是：政黨數目多、規模小、黨紀不彰，整個政黨體系十分鬆散且不穩定。我們可以從表6-9所呈現的歷次國會選舉結果看出泰國政黨體系的幾項特色：第一，在1990年代中期以前，國會中政黨林立，呈現零碎的多黨體系（atomized multi-party system）（Sartori, 1976: 125）；第二，到1996年國會大選爲止，從未有一個政黨獲得國會過半的席次；第三，泰國政黨的持續性程度很低，許多政黨都僅是在一兩次選舉中存在，隨後便因與其他政黨合併而消失，或是因爲政黨領導人失勢或死亡而「人亡政息」。在泰國歷年存在的政黨中，僅有民主黨、泰國黨是極少數壽命較長的政黨。

泰國之所以未能發展出穩定的政黨體系，與前述泰國軍事政變頻繁的現象密切相關。因爲，在文人政府執政時期，政治人物仍存有一種預期心理，感覺軍事政變隨時可能發生，國會在未來可能遭到軍方解散；由於政治人物不能確定他所屬的政黨在軍事政變後是否還能繼續存在，因此政治人物在政治經營上傾向「短線操作」，政治人物在組成政黨時多半缺乏長期耕耘選民基礎的動機。在這樣的預期心理下，政黨在組織層面乃是以同

表6-9　泰國歷次眾議院選舉各政黨席次一覽表（1979-2005）

年度 政黨	1979	1983	1986	1988	1992 （I）	1992 （II）	1995	1996	2001	2005
泰愛泰黨					-				255	377
民主黨	35	56	100	48	44	79	86	123	130	96
泰國黨	38	73	63	87	74	77	92	39	39	25
大眾黨					-					2
新希望黨	-	-	-	-	-	-	-	-	-	2
社會行動黨	83	92	51	54	31	22	21	20	1	-
國家發展黨	-	-	-	-	-	60	53	53	29	-
道德力量黨	-	-	-	14	41	47	23	1	-	-
泰國公民黨	32	36	24	31	7	3	18	16	-	-
團結正義黨	-	-	-	-	79	-	-	-	-	-
自由道德黨	21	-	-	-	-	8	11	4	-	-
公民黨	13	-	-	-	-	-	-	-	-	-
國家民主黨	-	15	-	-	-	-	-	-	-	-
暹邏民主黨	-	18	-	-	-	-	-	-	-	-
聯合民主黨	-	-	38	5	-	-	-	-	-	-
團結黨	-	-	19	35	-	-	-	-	-	-
民眾黨	-	-	18	21	4	1	-	-	3	-
社群行動黨	-	-	15	9	-	-	-	-	-	-
愛泰黨	-	-	-	-	-	-	18	-	-	-
團結黨	-	-	-	-	-	8	8	8	-	-
群眾黨	-	-	-	-	-	4	3	2	-	-
其他黨派	16	10	19	53	8	-	-	-	7	-
獨立候選人	63	24	-	-	-	-	1	-	0	0
總計席次	301	324	347	357	360	360	391	393	500	500

資料來源：陳佩修（2006：65）；林右峰（2002：36-80）；Sawasdee（2005）。

僑和人脈關係為基礎，而非以廣大群眾的支持為基礎；在運作層面則以自身利益為導向，而非以政策立場為導向。國會議員對所屬政黨既缺乏忠誠度，也缺乏共同的政策立場和意識型態，議員因而經常因個人利益的考量而轉換政黨。由於政黨體系高度不穩定，在文人政府執政時期，鬆散的政黨所組成的聯合內閣也因此內訌不斷，改組頻繁。

　　泰國政黨體系高度不穩定的現象，除了肇因於政治人物對於軍事政變的預期心理之外，另外一項成因則是泰國長期以來所採行的國會選舉制度。從泰國實施君主立憲體制以來，泰國的選舉制度便採行世上罕見的全額連記制（block vote），此制的內涵如下：國會議員（指眾議員）總額共300多名（每15萬選出一名眾議員，隨著全國人口增長，眾議員總額會增加），全國分為100多個選區，每個選區的應選名額2或3名，各選區的選民可投的票數與該選區的應選名額相同。例如一個選區應選名額3名，則此選區的選民便有3票，可投票給3位候選人，但一票只能選一位候選人，不能將其中的2票或3票都投給同一位候選人。在計票時，則由該選區中得票最高的前三名當選。這三位當選者可能隸屬不同政黨，共同在這個選區為選民服務（林右峰，2002：82-86）。

　　全額連記制會造成什麼樣的政治影響？就政黨而言，由於這種選舉制度是複數席次選區，小黨因此有一定的生存空間。就候選人而言，候選人在這種選舉制度下除了須與他黨的候選人競爭，還要與同黨候選人競爭。事實上，在這種選舉制度下，假若一個政黨有高度的組織動員能力，擁有廣大的選民基礎，該黨的候選人在競選策略上，其實可以由黨中聲望最高的候選人搭配其他同黨候選人共同競選，一同拉抬聲勢，以增加同黨候選人當選的機會。但如前所述，由於泰國的政黨在政變的陰影與預期心理下未能孕育出穩定的選民基礎，上述「母雞帶小雞」的競選策略不一定能夠奏效。結果在泰國更常見的情形是，候選人為了在各競爭對手中脫穎而出，在表面上固然會與同黨候選人共同競選，但私底下仍爾虞我詐、暗中較勁；有些候選人甚至會與不同政黨的候選人合作，以共同的政見或標誌競選（張靜尹，2008：83）。換言之，這種選舉制度無形中助長了黨內的派系政治，也導致政黨界限模糊化。在激烈的競選過程中，派系政治的運

作往往超越政黨的運作。因此有論者認為，泰國的政治體系雖然在外觀上可以看到政黨競爭，但實質上卻是政治人物為主體的派系競爭。

　　既然泰國鬆散的政黨體系與其選舉制度有關，可以再追問的問題是，泰國為何會長期採行全額連記制這種世界上少見的選舉制度。事實上，在泰國軍事政變與文人統治不斷交替的特殊政治環境下，全額連記制可說是泰國軍方與文人政治人物皆認同而無意變更的選舉制度。就軍方而言，軍方當然不希望其所監視的文人政府之中存在著具有凝聚力且團結穩固的政黨力量，因為文人政府一旦由凝聚鞏固的政黨所組成，文人政府的運作將趨於穩定，軍方以文人政府施政失當和議會政治混亂為藉口，進行干政或發動政變的空間就會變小。而全額連記制使得泰國政黨體系零碎化，導致文人政府高度不穩定，軍方便有發動政變的空間，因此這種選舉制度的持續採行是軍方所樂見的。就文人政治人物而言，由於這種選舉制度強調候選人個人的角色，且具有一定的比例代表性而使少數勢力有生存空間，而在泰國政黨政治因為政變頻仍而無法制度化的環境背景下，候選人既然沒有強大的政黨作為選舉中的主要奧援，政治人物當然也樂見這種強調候選人角色且容許少數勢力生存空間的選舉制度。正是因為這種選舉制度是軍方和文人都樂意接受的選舉制度，所以我們可以看到，儘管泰國憲法廢立頻仍，但在軍方監視、文人草擬的歷次憲法版本中，這種選舉制度卻始終保持穩定，未曾受到徹底更動。

三、泰國1997年憲法採行並立制

　　上述持續將近60年的「惡性循環」現象，在1990年代之後出現了轉變的跡象。1990年代開始，泰國的民間社會力量逐漸抬頭，要求民主改革，軍人退出政治的呼聲開始湧現。1992年5月，泰國發生「黑色五月」群眾示威事件，此一事件乃是泰國民間的中產階級對軍人干政不滿的首次大規模抗爭行動，[14]中產階級的力量在此一事件中充分展現。回顧1990年

---

[14] 以下簡要敘述「黑色五月」事件的發生背景：1991年2月，蘇欽達（Suchinda Kraprayoon）

代的泰國政治，「黑色五月」事件常被認為是泰國民主政治發展的一個轉捩點，是泰國從過去的半民主狀態進一步民主化的開端。自此之後，泰國開展了與過去相較時間相對較長的文人統治與議會政治時期，軍人在此時期逐漸回歸到軍事專業的角色，「軍人脫離政治，文人政治繼承」的原則也逐漸確立。研究泰國的論者因此經常會稱泰國在1990年代的政治發展邁向了「新政治」階段（陳佩修，2002：2）。

　　然而，在文人統治和議會政治逐步確立的「新政治」階段，政黨體系零碎化、聯合內閣不穩定導致政府治理能力不佳的缺失卻仍持續存在。尤其令人詬病的是，在軍人逐漸退出政治之際，具有農村網絡的政客和「教父」（jao pho）成了政壇主角。所謂「教父」，其實就是地方權貴，也就是我國俗稱的「椿腳」。在選舉過程中，教父在地方農村的人際網絡成了最容易動員選民的非正式組織，其以地方的人際網絡和金錢支持特定候選人，而這些候選人當選國會議員後，即成為教父在國會中的利益代言人，教父的政治影響力也因此從地方擴及中央（張靜尹，2008：70-73）。結果，地方派系與金權政治在軍人退出政治的同時反而更進一步滋生茁壯，政黨仍然只是派系用來參與選舉的標籤。整體而言，泰國的「新政治」與過去相較利弊互見，呈現出「軍人退場、教父出場」的格局。泰國民間社會中產階級的政治改革訴求，也因此從1990年代初期的反對軍人干政，逐漸擴大為1990年代中期所要求的全面政治改革。

　　在民間社會中產階級風起雲湧要求政治改革，而文人政府的改革步伐仍踟躕不前尚未大步邁開之際，1997年發生的金融風暴，對泰國的政治改革進程發揮臨門一腳的作用，因為當時泰國各界在檢討金融風暴的

將軍發動政變，推翻察柴（Chatichai Choonhavan）總理所領導的文人政府。軍方指定退休外交官安南德（Anand Punyarachun）為過渡總理，組成臨時政府，以重新修訂憲法並準備辦理國會大選。1992年3月國會大選後，國會中親軍方的五個政黨組成聯合內閣，並推舉蘇欽達將軍為總理。政變主使者竟由幕後走向幕前擔任總理，引起泰國人民的反抗，中產階級與知識份子紛紛走上街頭抗議及示威。1992年5月，蘇欽達將軍下令軍方武力鎮壓，造成100多人死亡，上千人受傷。這是繼1989年中國「六四」天安門事件後，在亞洲所發生的另一次血腥鎮壓民主運動事件，引發國際譴責與泰國國內的群情激憤。蘇欽達將軍在此一事件後受到國內外的交相指責而被迫下台（顧長永，1995：267-269）。

原因時，不約而同將矛頭指向教父與地方派系，認為教父與地方派系所造成的弊病是導致泰國金融風暴的重要因素。在此一環境背景下，由民間中產階級敦促、軍方缺席、文人政府主導草擬的新憲法於1997年10月通過實施。這部憲法是泰國史上第一部在軍方退場的情況下，透過民間力量參與，由文人政府草擬提出而後通過頒布的憲法，象徵著1990年代以來政治改革工程的具體成果，因此這部憲法常被稱為「人民憲章」（People's Constitution）（Hewison, 2007: 931）。而這部憲法的最主要目標，便是希望透過選舉制度的調整與政黨政治的強化，健全民主政治的品質，使泰國自1990年代開始的「新政治」能徹底擺脫過去60年惡性循環的桎梏（譚國安，1998：2-7）。

　　泰國1997年憲法規定，眾議員總額固定為500名，以單一選區兩票制的並立制選舉產生，其中400席（占總額五分之四席次）在全國劃分的400個單一席次選區中，由選民依相對多數制的方式選舉產生，亦即採取單一選區相對多數制；其餘100席（占總額五分之一席次）在全國為範圍的選區中，由選民以政黨名單比例代表制選舉產生。在政黨名單比例代表制部分，設有5%政黨可分配席次門檻。一個政黨在政黨名單比例代表制部分須獲得5%以上的全國得票率，才有資格分配政黨名單比例代表制部分的席次（Hicken and Kasuya, 2003: 137；Murray, 1998: 529）。

　　並立制對政黨體系會造成什麼影響？一般而言，在並立制的選舉制度下，因為單一選區制部分（第一票）與比例代表制部分（第二票）的選票分別計算，互不影響，是一種對大黨有利，對小黨不利的選舉制度。儘管並立制因為有比例代表制部分的席次，使小黨仍有若干生存空間，但由於單一選區制部分的席次勢必由大黨囊括絕大多數席次，小黨在單一選區制部分幾乎不可能獲得席次，因此並立制原則上是一種對大黨有利的選舉制度。具體而言，此種制度對大黨有利的程度，取決於單一選區名額占國會總名額的比例，亦即單一選區占國會總名額的比例越高，對大黨越有利。而目前世界上採取並立制的國家，除了極少數的例外，[15]單一選區的名額

15　據筆者歸納，世界上採並立制的國家，僅有克羅埃西亞、幾內亞、尼日、亞美尼亞等少數國

皆占國會總名額的一半以上，因此就整體而言，即便小黨在比例代表部分
仍有可能獲得若干席次，不致完全消失，但並立制仍會形成兩大黨競爭的
基本格局。就算並立制不見得會塑造標準的兩黨體系，但並立制所形成的
政黨體系仍會「傾向」兩黨體系。

從泰國的經驗來看，選舉制度的變動對於政黨體系的影響確實非常明
顯。2001年1月，泰國舉行1997年新憲法實施後的首次國會大選，電信業
鉅子塔克辛（Thaksin Shinawatra）所創立領導的泰愛泰黨（Thai Rak Thai
Party）在總額500席中贏得過半的255席，塔克辛也因此順利出任總理。
這是泰國有史以來首度有單一政黨在國會中獲得過半席次而能夠單獨執
政。泰愛泰黨乃是以民粹主義與民族主義為主要訴求，草根性極為濃厚的
政黨。黨魁塔克辛擔任總理期間，採取民粹式的改革政策實施惠民政策，
直接對基層民眾施恩，獲得許多基層民眾支持，泰愛泰黨於是迅速在鄉村
擴張政治地盤（Croissant and Pojar, 2005）。同時，泰愛泰黨在塔克辛執
政期間也不斷吸納小黨，勢力更形擴張（黃世光，2003：86-94）。經過4
年的執政經營，在2005年1月的國會大選中，泰愛泰黨更是獲得壓倒性的
勝利，在總額500席共得377席，已囊括國會中四分之三以上的席次。

若觀察2001年與2005年兩次國會選舉中單一選區的選舉結果（參見
表6-10與表6-11），在2001年國會大選中，泰愛泰黨在單一選區的全國得
票率為32.1%，但所獲得的單一選區席次率卻高達52.7%。在2005年國會
大選中，泰愛泰黨在單一選區的全國得票率為56.4%，但所獲得的單一選
區席次率卻高達77.5%。換言之，在新憲法實施後的兩次國會選舉中，泰
愛泰黨在單一選區制部分的「席次紅利」（seat bonuses）[16]都超過20%以
上。至於其他政黨在兩次選舉中單一選區制部分的得票率，則與其在單
一選區制部分的席次率相差有限。若再觀察兩次選舉中政黨名單的選舉
結果，由於採取的是比例代表制，各黨得票率與席次率理應相當接近，但

家的政黨名單比例代表制名額超過國會總名額的一半以上。參見Massicotte and Blais (1999:
348)；LeDuc, Niemi and Norris (1996: 13-48)；林繼文（1999：71）；王業立（2016：28）。
[16] 政黨的席次紅利＝政黨的席次率－政黨的得票率。

因爲泰國在政黨名單部分設有5%的政黨可分配席次門檻，得票率在5%以下的小黨既然仍無法獲得席次，這些小黨本來可以獲得的席次會被得票率在5%以上的政黨拿走，因此得票率在5%以上政黨之政黨名單部分的席次率，仍會略高於得票率。而在2001年與2005年這兩次選舉中也可以發現，泰愛泰黨在政黨名單部分的「席次紅利」與其他政黨相較也是最多的。換言之，泰愛泰黨之所以能夠在2001年與2005年兩次國會大選中獲得過半的席次，相當程度得利於新採行的並立制（Hicken, 2006: 396-399）。

表6-10　2001年泰國眾議院選舉結果

政黨	單一選區議員		比例代表議員	
	得票率（%）	席次率（%）	得票率（%）	席次率（%）
泰愛泰黨	32.1	52.7	38.9	48
民主黨	22.5	25.2	25.4	31
泰國黨	7.4	8.4	5.1	6
新希望黨	8.2	7.1	6.7	8
國家發展黨	7.8	5.6	5.9	7

資料來源：整理自Adam Carr's Election Archive（2009）。

表6-11　2005年泰國眾議院選舉結果

政黨	單一選區議員		比例代表議員	
	得票率（%）	席次率（%）	得票率（%）	席次率（%）
泰愛泰黨	56.4	77.5	62.2	67
民主黨	16.1	17.5	23.2	26
泰國黨	16.2	4.5	6.7	7
大眾黨	5.9	0.5	3.8	0

資料來源：整理自Adam Carr's Election Archive (2009)。

四、2006年軍事政變後的新憲法又廢棄並立制

　　儘管塔克辛所領導的泰愛泰黨在國會中擁有超級穩定多數，塔克辛本人也具有龐大民意的支持，但是塔克辛的施政也有引人詬病之處。塔克辛憑藉自己所領導的泰愛泰黨在國會中有超級穩定的席次，民粹式的施政風格獨斷強勢，推動政策時向來拒絕與反對黨協商。此外，塔克辛與企業財團之間關係密切，由塔克辛的政商關係所衍生的親信主義（cronyism）和金權政治問題，尤其受人質疑，於是社會上也逐漸出現反塔克辛的聲音（陳尚懋，2008：151）。自2005年下半年開始，民間的反塔克辛勢力在媒體大亨宋迪（Sondhi Limthongkul）帶領下組成「人民民主聯盟」，連續發動大規模的街頭抗爭活動。在2006年初，泰國媒體披露，塔克辛的家族企業，將旗下電訊公司賣給新加坡業者，卻以避稅手法而未繳分文稅金。此事更是激怒了泰國的中產階級，社會輿論群起圍攻塔克辛，曼谷等大城市反塔克辛的街頭抗爭活動更為蓬勃。塔克辛為了回應民間的反對聲浪，遂宣布解散國會，於2006年4月提前舉行國會大選，但主要反對黨在此次選舉中皆全數杯葛，退出選舉活動，結果執政的泰愛泰黨再度以壓倒性姿態勝選，但此次選舉的正當性已備受質疑。

　　在政局擾攘不安，民間抗議活動持續不斷之際，2006年9月19日晚間，趁著塔克辛前往美國紐約聯合國訪問之際，軍事將領宋提（Sonthi Boonyaratglin）發動政變，宣布除去塔克辛的總理職務，由自己暫代總理，同時宣布暫停1997年憲法，並重申對泰皇蒲美蓬（Bhumibol Adulyadej）效忠，蒲美蓬也於隔天為政變背書，塔克辛因此流亡海外。2006年10月1日，軍方宣布由蘇拉育（Surayud Chulanont）擔任總理，成立臨時政府，並組成制憲會議起草新憲法，並於2007年8月19日公民投票通過後正式實施。2007年12月舉行新憲法實施下的首次國會大選，內閣於選後正式組成。此一過程幾乎就是過去泰國政變模式的歷史重演，原本許多人樂觀地認為泰國在1990年代政治改革後，政變發生的機率將會越來越低，泰國政治可望跳脫傳統「惡性循環」的桎梏。沒想到在距離上次政變發生（1991年）的15年後，泰國再度發生軍事政變，泰國政治似乎又再度

陷入「惡性循環」的過程。

　　軍方監視下所制定的2007年憲法象徵著軍方勢力在政壇的復辟，新憲法規定的國會選舉制度也就自然完全符合軍方的利益。於是，2007年憲法所規定的眾議院選舉制度又重新恢復全額連記制，只是聊備一格地留有部分的政黨比例代表制名額。在新的選舉制度下，國會總額由500名改爲480席，其中400席由地方選區選舉產生，另外80席由政黨名單比例代表制選舉產生。地方選區共有157個，每個選區應選名額2或3名，選舉方式爲全額連記制，選民可投與應選名額相同的投票數，這部分的選舉方式與1997年憲法實施前所採行的全額連記制相同。至於政黨名單比例代表制部分不再如原本的並立制是以全國爲選區，而是將全國分爲8個人口大致相同的比例代表制選區，每個選區的應選名額皆爲10名（Schafferer, 2009: 141-142）。換言之，選民在眾議院選舉中要同時投兩部分的選票，選出地方選區與政黨名單比例代表制這兩部分的議員。整體而言，這種選舉制度是以全額連記制爲主，比例代表制爲輔的選舉制度。

　　泰國於2007年底舉行新憲法實施後的首度國會大選。在此次國會大選中，泰愛泰黨因爲在2006年政變後遭憲法法院宣告解散而無法參選，但原本泰愛泰黨的成員又重新組成人民力量黨，在此次國會大選中仍獲得第一大黨的地位，只是在全額連記制爲主的選舉制度下，人民力量黨無法像過去的泰愛泰黨在並立制的選舉制度中獲得這麼多的「席次紅利」，在國會總席次480席中獲得232席，並未獲得過半的席次，於是在選後，人民力量黨與泰國黨、中庸民主黨、泰國同心黨、爲國黨、人民黨等政黨共組六黨聯合內閣，由人民力量黨的黨魁沙瑪（Samak Sundaravej）出任總理（Ockey, 2008: 21-25）。由於沙瑪是塔克辛過去的親信，人民力量黨的成員又多是過去泰愛泰黨的成員，因此沙瑪被外界視爲塔克辛的代理人。換言之，軍事政變後的正式新政府竟然還是由挺塔克辛的勢力所掌握。

　　沙瑪總理領導的新政府上任後，民間反塔克辛勢力的人民民主聯盟仍在街頭持續抗爭，要求總理下台，由於反塔克辛的成員身穿黃衫，故被稱爲「黃衫軍」。黃衫軍先是占領總理府，後來甚至占領曼谷國際機場。在黃衫軍抗爭之際，憲法法院在2008年9月以沙瑪支薪主持電視節目

爲由，認定沙瑪違法而判決褫奪公權，沙瑪因此失去總理職務。沙瑪去職後，六黨聯盟又選出塔克辛的妹婿，同時也是人民力量黨的副黨魁宋猜（Somchai Wongsawat）出任總理，他同樣也被視爲塔克辛的代理人。黃衫軍不肯善罷甘休，於是持續占領總理府，宋猜只能被迫在清邁設立臨時總理府執行公務。2008年12月，憲法法庭再度出手，這次憲法法庭以人民力量黨、泰國黨、中庸民主黨等三個屬於執政聯盟的政黨於2007年國會大選涉及舞弊爲由，宣告這三個政黨必須解散，包括宋猜在內的三黨重要成員則被判決褫奪公權，於是宋猜繼沙瑪之後，也因憲法法庭的判決而失去總理職務。兩位親塔克辛的總理先後被憲法法院判決下台，[17]原本衆人預料在上述三個政黨遭解散後，仍會如往例成立新的政黨重新集結，一般也預料六黨執政聯盟也仍會繼續選出親塔克辛的人士出任總理，而民間反塔克辛的抗爭活動也會持續下去。正當政情處於膠著狀態之際，一個令人意外的情況發生：原本執政聯盟中的人民力量黨、泰國黨與中庸民主黨等三個政黨中的部分議員，在國會選舉總理時竟陣前倒戈轉向和反塔克辛的民主黨合作，選出民主黨黨魁的艾比西（Abhisit Vejjajiva）出任總理，三黨共組聯合內閣。

聯合政府此時終於由挺塔克辛的勢力轉爲反塔克辛的勢力主導，民間反塔克辛的黃衫軍也就鳴金收兵，結束街頭抗爭活動。然而，挺塔克辛的民間勢力這時也組成「反獨裁民主聯盟」，在街頭進行反政府示威活動，由於其成員身穿紅衫，故被稱爲「紅衫軍」。黃衫軍才剛離開街頭，這時街頭改被挺塔克辛的紅衫軍占領了。[18]面對紅衫軍的抗爭活動，原本已經

---

17 由於憲法法庭的法官都是2006年軍事政變後由軍方主導的委員會所任命，立場上皆是反塔克辛而聽命於軍方。憲法法庭透過連續兩次的判決促使塔克辛集團的總理下台，介入政治甚深，常被人稱爲是「司法政變」。

18 反塔克辛勢力雖以反貪腐、反獨裁爲口號，背後卻有更深層的階級力量拉扯。塔克辛本身雖是商業鉅子，但他代表的是泰國北部、東北部農村地區的利益。塔克辛主政的民粹作風，廣爲下層階級信賴。而反塔克辛的人士多半是都市裡的白領、商人、知識份子和政治人物，和支持塔克辛的群眾剛好是兩個不同的階級。反塔克辛的「黃衫軍」對抗挺塔克辛的「紅衫軍」就是一個鮮明的階級動員，前者的「人民民主聯盟」主要是由財團與媒體挹注資金和資源，成員以曼谷都會中產階級爲主體；後者的「反獨裁民主聯盟」則是廣大偏遠省分的農工階級所組成。

解散的黃衫軍不甘示弱，又在街頭重新集結，對紅衫軍進行反制。於是，紅衫軍（挺塔克辛勢力）與黃衫軍（反塔克辛勢力）的街頭對峙不時出現，始終未能找到完全解決的方案。[19]

陸、研究發現

本章除了透過義大利、俄羅斯與泰國選舉制度變遷的觀察，指出混合式選舉制度在這三個國家遭到廢棄的過程之外，本章的研究發現也可以與杜瓦傑法則、新制度論，以及當前的選舉制度研究相互對話。關於三國的選制變遷過程則可簡要歸納為表6-12。

表6-12　義大利、俄羅斯、泰國的選制變遷（1993-2007）

	選制變遷過程		採行混合制的時間	廢棄混合制的時間	廢棄混合制的主因
義大利	政黨名單比例代表制 ➝ 混合制（聯立制）➝ 政黨名單比例代表制		1993.12	2005.12	小黨的要脅
俄羅斯	兩輪決選制 ➝ 混合制（並立制）➝ 政黨名單比例代表制		1993.10	2007.5	普亭壟斷權力的布局
泰國	全額連記制 ➝ 混合制（並立制）➝ 全額連記制為主的混合制		1997.10	2007.8	軍方力量的復辟

資料來源：作者自行整理。

---

[19] 若從國家機關與民間社會的角度觀察泰國的政治情勢，泰國的國家機關（state）中，主要的政治行動者包括：（一）反塔克辛的政黨勢力（以民主黨為主力）；（二）挺塔克辛的政黨勢力（原本其主力是人民力量黨，遭解散後現在又重新成立「為泰黨」）；（三）軍方；（四）憲法法庭；（五）泰王等五個角色。其中軍方、泰王、憲法法庭都是反塔克辛的。就民間社會（civil society）而言，則有反塔克辛之黃衫軍和挺塔克辛之紅衫軍相互對立。

一、三個國家選制變遷的共同特徵

　　從義大利、俄羅斯與泰國截至2007年為止的選制變遷經驗，可以看出以下幾個特徵：首先，義大利、泰國與俄羅斯，在「自由之家」（Freedom House）2007年度的民主程度評比下分別是自由國家、半自由國家，與非自由國家。這三個代表不同民主程度的國家在晚近都出現了廢棄混合制的選制變遷。值得注意的是，自由之家在2005年的年度全球報告中將俄羅斯由半自由國家降級為非自由國家，而俄羅斯正是在2005年變更選舉制度。同樣地，自由之家在2006年的年度報告中將泰國由自由國家降級為半自由國家，這是因為泰國在2006年發生軍事政變並準備變更選舉制度。換言之，泰國和俄羅斯的選制變遷，都是在民主政治倒退的脈絡下發生。其次，義大利、俄羅斯、泰國三個國家取消混合制的主要行為者和動力各有不同：俄羅斯是基於普亭壟斷權力的制度布局；泰國是基於軍方力量的復辟；義大利則是基於小黨的要脅（大黨被小黨「綁架」而取消混合制）。第三，義大利與泰國的選制變遷，到最後皆回到該國最初始的選舉制度。在義大利，是由比例代表制走向混合制，再回到比例代表制；在泰國，則是由中選區全額連記制走向混合制，再回到中選區全額連記制（並輔以部分的比例代表制席次）。混合制猶如是義大利和泰國選舉制度變遷過程中的「中途之家」。這種選舉制度發生擺盪的情形究竟是這兩個國家的特殊現象，還是世界上其他國家也可能發生的現象，值得進一步追蹤觀察。

二、與杜瓦傑法則和新制度論的對話

　　從義大利與俄羅斯過去採取混合制的經驗都可發現，混合制中單一選區相對多數制的施行，皆未能塑造兩大黨為主的政黨體系，這兩個國家的實際經驗透露了杜瓦傑法則（Duverger's law）的侷限性。義大利在混合制下形成的是左右兩大聯盟的多黨體系，與法國的政黨體系頗為類似，俄羅斯在混合制下則是形成多黨體系。這兩個國家未能形成兩大黨為主之

政黨體系的共同原因，是這兩個國家都有明顯的地域主義與社會分歧。而就義大利而言，義大利的各小黨係以選舉聯盟的方式，在原本不利於小黨的單一選區相對多數制中找到了出路和生存空間。從義大利的例子可以看出，在一個政黨體系已經相當鞏固的國家，試圖透過選舉制度的改變而驟然改變既有政黨體系有時是相當困難的，因爲政黨在既有的政黨體系形成後即有自我調適的能力以適應環境的變遷。事實上，關於杜瓦傑法則的有效性，在學界始終是持續受到討論的議題，[20]本章中的個案研究，應可作爲學界探討杜瓦傑法則的相關論據。

　　另外，從三個國家選舉制度變遷的過程，可看出選舉制度影響政黨生態與政治人物的利益考量，而政黨生態與政治人物也進一步促動選舉制度的變革。三個國家的選制變遷充分顯現「制度」與「行爲」的互動過程，此一互動過程與新制度論所強調的「制度影響行爲，行爲影響制度」的研究旨趣相互呼應。而義大利與泰國採行混合制之後又回到原本選制，這種現象顯示，原本選制在過去經年累月採行後產生巨大的存續能力，儘管在短暫的時間內被混合制取代，但具有韌性的原本選制仍可能「死而復生」。這種現象與歷史制度論強調「路徑依循」、「制度堆積」的看法是相互呼應的。

---

[20] 不少學者都對「杜瓦傑法則」做了進一步的探索和批判。例如Riker（1982: 753-766）肯定單一選區相對多數制是形成與維繫兩黨競爭的充分條件。不過Rae（1971: 92-94）則指出，假如一個國家存有明顯的社會分歧，各選區因種族、語言、宗教、地域等分歧而差異甚大，則單一選區相對多數制在一個選區中造就的兩大黨未必是另一個選區中的兩大黨，除非是各選區的兩大黨恰好也是所有各選區最主要的兩個競爭政黨，否則仍會形成多黨體系。Sartori則認爲，儘管單一選區相對多數制本身不見得能夠產生全國性的兩黨政治，但它有助於維持一個已經存在的兩黨政治（Sartori, 1986: 58-59），且Sartori提醒研究者在探討選舉制度對政黨體系的影響時，必須考量政黨體系結構化程度（strength of structure）在其中扮演的中介角色（Sartori, 1997: 36-40）。Nohlen（1996: 43-57）亦指出，儘管選舉制度對政黨體系的發展確實具有重要影響力，但是在選舉制度與政黨體系之間並沒有存在單一因素（monocausal）或是單一線性（unilinear）間的關係。

三、與選舉制度研究的對話

在選舉制度變遷的研究上，當研究者欲探討政治行動者（政黨或政治人物）對於不同選舉制度的偏好時，一個常見的研究方式是，以該黨在目前選舉制度下的得票狀況為基礎，模擬在其他各種不同的選舉制度下所能獲得的國會席次，若模擬其他選舉制度所得出的席次較目前選舉制度下的席次多，研究者基於政黨追求權力極大化的假設，便認定該黨對於能增加席次的該其他選制具有偏好。這樣的研究方式，乃是將政黨或政治人物的基本目標—「追求權力極大化」，等同於「追求國會席次極大化」。然而，從俄羅斯和泰國的選制變遷可以發現，政黨或政治人物追求權力極大化，不見得是單純地追求國會席次極大化，亦即「權力極大化」不見得能夠與「國會席次極大化」畫上等號。同時也可以發現，菁英個人的利益並不完全等同菁英所屬團體的組織利益。菁英利益與組織利益兩者之間往往有所區隔；最符合組織利益者，未必最符合菁英個人利益，反之亦然（吳重禮，2008：72-74）。俄羅斯的普亭將選舉制度由混合制改為政黨名單比例代表制，是著眼於普亭自己個人對政黨的控制能力，儘管政黨名單比例代表制有可能使「統一俄羅斯黨」席次稍微減少；義大利的貝魯斯科尼在小黨要脅下將選舉制度由混合制改為政黨名單比例代表制，是著眼於延續自己目前的執政地位，儘管政黨名單比例代表制不見得使「義大利前進黨」在未來的選舉中席次增加。換言之，從俄羅斯的案例中可看到，政治人物所追求的權力極大化不僅在意的是權力的「量」（政黨的席次數），也在乎權力的「質」（政黨的凝聚力）。從義大利的案例中則可看到，政治人物所追求的權力極大化在時間面向上不見得是追求「未來」選舉中的權力極大化，也可能是追求「當下」的權力極大化。而從俄羅斯與義大利兩國案例，則可同時看到菁英個人利益凌駕於組織利益的現象。

本章詳述了義大利、俄羅斯、泰國過去廢棄混合式選舉制度的過程，並指出了以上三點研究發現。這三個國家廢棄混合式選舉制度的選制變遷，是否意味著1990年代以來世界許多國家採行混合式選舉制度的浪潮，在當前已經出現退潮的現象？從2007年至今的發展看來，似乎尚難有

定論，因為除了義大利之外，泰國與俄羅斯分別於2011年與2016年的國會選舉又回復原先所採的選制。泰國與俄羅斯一度廢棄又重拾混合式選舉制度的反覆過程與原因，值得研究者進行深入的探索。

第三篇

憲政體制與
選舉制度的關聯

7

國會與總統選舉制度對半
總統制憲政運作的影響
——我國與法國的比較

壹、前言

在同一種憲政體制中，若採行不同的選舉制度，憲政運作將會有所差異。舉例來說，憲政體制爲內閣制的國家若在選舉制度上採行單一選區相對多數制，由於這種選制傾向形成兩黨制，國會中通常會有席次過半的單一政黨組成一黨內閣。在一黨內閣的運作下，政府施政較有效率，政府較穩定，但不免有政府濫權的危機。內閣制國家若在選舉制度上採行比例代表制，由於這種選制傾向形成多黨制，國會中通常沒有政黨獲得過半數的席次而必須組成聯合內閣（有時甚至會出現少數內閣）。在聯合內閣的運作下，政府施政效率與政府穩定的程度可能不如一黨內閣，但相對地政府濫權的危機也就不會像一黨內閣明顯。若是形成少數政府，則政府施政與政治穩定的程度有可能比聯合內閣更打折扣。同樣地，憲政體制爲總統制的國家若採行不同的選舉制度，憲政運作也各有不同。總統制國家若採行比例代表制，會比採行單一選區相對多數制更容易出現分立政府的局面，總統與國會之間的政治僵局將難以避免。

總統制與內閣制國家在不同選舉制度下憲政運作的不同樣貌，一般較爲人所熟知。相形之下，半總統制國家在不同選舉制度下會呈現什麼樣的憲政運作，在學界則較缺乏系統性的研究。本章將以我國與法國這兩個半總統制國家爲例，探討兩國不同的選舉制度（包括國會選制與總統選制）對憲政運作造成的影響。

本章選擇我國與法國作爲比較分析的對象並非隨意的選擇，而是基於以下兩國的共同點，這些共同點使兩國的比較分析具有一定價值：首先，法國與我國是全世界半總統制國家中，極少數在憲法中規定總統直接任命閣揆，在閣揆任命的程序上無須國會參與的國家，且憲法皆未明文規定總統對閣揆有免職權，但兩國在相似的憲法規定下，憲政運作卻迥然不同。其次，法國的政黨體系與我國過去的政黨體系皆爲兩大聯盟的多黨制，但相似的政黨體系卻是由不同的國會與總統選制所塑造。就選舉制度對政黨體系的影響而言，臺法兩國形成「殊途同歸」的現象。而兩國過去的政黨

體系固然類似，但由於政黨凝聚力的強弱不同，使得兩國的憲政運作仍有相當大的差異。第三，法國目前已修憲將總統任期縮短以便與國會任期一致；我國則在修憲改革國會選制的同時將國會任期延長以便與總統任期一致。一般預期兩國的憲政運作模式將因此逐漸趨同化，但兩國不同的選舉時程安排仍使兩國的憲政運作「同中有異」。總之，本章希望經由臺法兩國案例的觀察，能夠為憲政工程學（constitutional engineering）中憲政體制與選舉制度的配套研究提供更進一步的研究成果。

本章分為五節，除了本節前言外，第貳節將指出本章的分析架構；第參節將指出法國與臺灣不同的國會與總統選制一方面共同塑造了相似的政黨體系，但另一方面卻形塑了不同的半總統制次類型；第肆節將分析法國（2002年之前）與我國（2008年之前）不同國會選制、總統選制與憲政體制組合下迥異的憲政運作模式與政府型態；第伍節則分析法國（2002年之後）與我國（2008年之後）在制度調整後逐漸趨同化但仍同中有異的憲政運作模式與政府型態；第陸節結語則總結本章的研究發現。

貳、分析架構

本章的分析架構如圖7-1所示：不同的國會選制與總統選制會塑造不同的國會政黨體系；國會政黨體系與國會選制會塑造不同的憲政體制；而不同的國會政黨體系與不同的憲政體制搭配在一起，則會組合成不同的政府型態。因此，如圖7-1所示的分析架構中，總共有「憲政體制」、「國會選制」、「總統選制」、「國會政黨體系」與「政府型態」五個變項。在這五個變項中，具有人為可操作性的「制度」變項乃是「憲政體制」、「國會選制」與「總統選制」，在圖7-1中以有灰底的方框表示。本章將逐一指明這些變項間的因果關係。

此一分析架構中關於「國會選制」與「總統選制」這兩個變項對「國會政黨體系」的影響，以及「憲政體制」與「政府型態」這兩個變項的類型區分方式，做以下的說明：

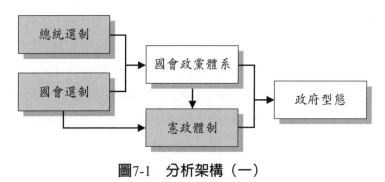

圖7-1　分析架構（一）

資料來源：作者自製。

註：灰底為「具有人為可操作性」。

一、國會選制與總統選制對國會政黨體系的影響[1]

　　關於國會選制如何影響一個國家的政黨體系，法國政治學者Maurice Duverger早在1950年代即提出了「杜瓦傑法則」（Duverger's Law），半個世紀以來引起學界諸多討論。根據Duverger的觀點，國會選制採行單一選區相對多數制的國家，傾向形成兩黨制；國會選制採行比例代表制的國家，易導致許多相互獨立的政黨出現，傾向形成多黨制；國會選制採行兩輪投票制的國家，則易形成多黨聯盟（Duverger, 1986: 70）。

　　有學者亦指出，總統直選制度的有無與總統直選制度的種類，亦有可能對政黨體系造成影響。首先，就總統直選制度的有無而言，總統由人民直選產生的國家，國會政黨數目會比沒有設置總統職位或總統非人民直選產生的國家來得少，亦即總統直選對於國會政黨數目具有壓縮作用（Lijphart, 1994: 131）。其次，就總統選制的類型而言，總統選舉對於國會政黨數目的壓縮作用，也會因為總統選制的不同而有差異。相對多數制對國會政黨數目的壓縮作用會大於具有絕對多數制精神的兩輪決選制，

---

[1]　關於全世界民主國家國會與總統選制影響政黨體系的實證分析，可參見蘇子喬、王業立（2012）。

亦即在相對多數制的總統選制下，政黨數目會比較少（Shugart and Carey, 1992: 221-225；Jones, 1994: 41-57）。

除了國會選制與總統選制「分別」對於國會政黨體系可能造成的影響，也有學者進一步指出國會選制與總統選制對於政黨體系造成的「綜合」影響。有學者綜觀全世界的民主國家，發現在國會選舉採比例代表制的國家中，總統選舉採相對多數制對於國會有效政黨數的壓縮作用，大於兩輪決選制，使得總統選舉採相對多數制的國家，其國會有效政黨數小於總統選舉採兩輪決選制的國家。這顯示在比例代表制的國會選制下，儘管小黨較有存活空間，容易形成多黨制，但總統選制的差異仍會對小黨的生存空間造成影響。不過，在國會選舉採單一選區相對多數制的國家中，總統選舉採相對多數制或兩輪決選制的差異，對於國會有效政黨數的影響並不大。這是因為單一選區相對多數制的國會選制本身對於國會有效政黨數已有相當明顯的壓縮作用，小黨在此種國會選制下的生存空間已極為有限，受到國會選制明顯壓抑的小黨無論在何種總統選制下皆無太多生存空間。因此，對國會選制採單一選區相對多數制的國家而言，總統選制類型的差異對於國會有效政黨數的影響顯得相當細微（蘇子喬、王業立，2012：53-54）。

總之，一國的國會政黨體系之所以會形成兩黨制或是多黨制，國會選制當然是主要制度因素，總統選制雖然對國會政黨體系形成兩黨制或多黨制不具直接的影響力，但對國會中的政黨數目具有一定的壓抑作用，且這種壓抑作用在國會選制採比例代表制的國家尤其明顯。以上指出的是民主國家國會與總統選制影響政黨系的整體趨勢，至於法國與我國總統與國會選制如何具體地影響兩國國會政黨體系，則是本章擬進一步探討的課題。

二、「憲政體制」類型的概念界定

在憲政體制這個制度變項上，基於本章探討的議題是「選舉制度對半總統制憲政運作的影響」，故研究焦點係鎖定在半總統制，而不涉及內閣制與總統制的討論。在此須指明的是本章對於半總統制次類型的區分

方式。學界對於半總統制次類型該如何區分有許多不同的看法,在各種眾說紛紜的區方方式中,本章採取的是Matthew Shugart與John Carey(1992: 18-27)的分類方式,他們將半總統制分爲「總理總統制」(premier-presidentialism)及「總統議會制」(president-parliamentarism)兩種次類型。這種區分方式是否妥適在學界雖非毫無異議,但仍是當前學界最著名且引用最廣的區分方式。本書第一章已有論及,總理總統制是內閣僅對國會負責、不須對總統負責的半總統制,而總統議會制則是內閣須同時對國會與總統負責的半總統制。在世界上的半總統制國家中,法國向來被視爲總理總統制的代表案例,我國則通常被視爲總統議會制的國家。在後文的分析中將指出,法國與我國的半總統制之所以分別是總理總統制與總統議會制,乃是受到國會選制與國會政黨體系的影響。

三、「政府型態」類型的概念界定

「政府型態」這個變項的類型區分,學界中不同論者的界定方式並不完全一致,「多數政府」、「少數政府」、「一致政府」、「分立政府」等政府型態的名稱經常有混用的情況。本章爲了避免造成討論上的混淆,有必要說明本章對於各種政府型態的界定方式。

半總統制是混合內閣制與總統制精神的憲政體制,故本章對於半總統制下不同政府型態的名稱,主要是立基於總統制與內閣制下政府型態的界定方式。在總統制的憲政體制中,若總統與國會多數一致,此種政府型態爲「一致政府」;若總統與國會多數不一致,此種政府型態爲「分立政府」;其次,在內閣制的憲政體制中,內閣由國會過半數的政黨或政黨聯盟組成本來就是內閣制政府組成的基本原則,此種常態性的內閣制政府形態爲「多數內閣」,而「多數內閣」尚可分兩種類型:若此一多數內閣係由單一政黨組成,稱爲「一黨內閣」;若是由兩個以上政黨組成,則稱爲「聯合內閣」。但在內閣制的實際運作經驗中,仍有可能出現內閣並未掌握國會多數卻仍組成的情形,此種政府型態則爲「少數內閣」。

至於在半總統制這種混合內閣制與總統制精神的憲政體制中,存在著

總統、內閣與國會的三角關係，情況較純粹的總統制與內閣制來得複雜。
以下分別就總統與國會、內閣與國會、總統與閣揆之間的關係界定政府型
態的名稱（參見圖7-2）：

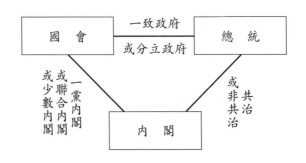

圖7-2　半總統制下的政府型態

資料來源：作者自製。

　　（一）在半總統制中，就總統與國會的關係而言，總統與國會皆係由
人民分別選出，各有直接的民主正當性，彼此分立，此特徵與總統制中行
政與立法分立的精神頗為一致，因此在本章的界定中，當半總統制中總統
與國會多數一致時，稱為「一致政府」；若總統與國會多數不一致，則稱
為「分立政府」。

　　（二）在半總統制中，就內閣與國會的關係而言，內閣仍須對國會負
責，此特徵與內閣制中行政與立法合一的精神頗為一致，因此在本章的界
定中，當半總統制的內閣由國會多數陣營掌握時，稱為「多數內閣」；若
此一多數內閣係由單一政黨掌握，稱為「一黨內閣」；若是由兩個以上政
黨聯合組成，稱為「聯合內閣」。而在半總統制也可能發生內閣並非由國
會多數陣營掌握的情形，此種政府型態稱為「少數內閣」。

　　（三）在半總統制中，就總統與閣揆的關係而言，總統與閣揆皆擁
有行政權，存在著兩位行政首長，這種行政權二元化的現象是半總統制獨
有的特徵，迥異於行政權一元化的內閣制與總統制。因為在內閣制中，係

由閣揆擔任行政首長,身為國家元首的總統或君主為虛位元首;在總統制中,則由總統擔任行政首長,總統領導的內閣完全聽命於總統。在本章的界定中,半總統制中當總統與閣揆分屬不同政治陣營時,稱為「共治」(cohabitation);若總統與閣揆屬於同一政治陣營,則為「非共治」。

在指出本章的分析架構後,以下第參節與第肆節將分別探討臺法兩國選舉制度對於憲政體制的形塑作用,以及兩國的政府型態與憲政運作模式。如圖7-3所示,其中第參節乃是探討分析架構中「總統選制」、「國會選制」、「國會政黨體系」與「憲政體制」四個變項之間的關係,亦即探討圖7-3中涵蓋這四個變項的實線方框部分;至於第肆節則是探討分析架構中「國會政黨體系」、「憲政體制」與「政府型態」三個變項之間的關係,亦即探討圖7-3中涵蓋這三個變項的虛線方框部分。總之,本章希望透過分析架構中各個變項間關係的探討,了解臺法兩國總統與國會選制對憲政運作的影響。

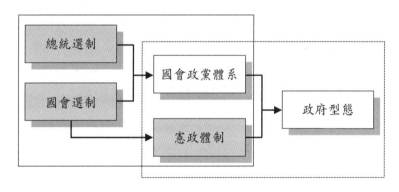

圖7-3 分析架構(二)

資料來源:作者自製。

參、我國與法國選舉制度對於憲政體制的形塑作用

　　法國總統選制為兩輪決選制，國會選制為兩輪投票制；我國總統選制為相對多數制，國會選制在2008年之前為單記非讓渡投票制，2008年之後則改為並立式單一選區兩票制（以下簡稱並立制）。兩國的總統與國會選制皆不相同，各個選制亦各有不同的效應，但兩國總統與國會選制的綜合效應皆塑造兩大聯盟的多黨制。不過，儘管政黨體系的外貌類似，但由於國會選制的差異，使得兩國看似相似的政黨體系中政黨凝聚力差異甚大，進而將兩國的半總統制塑造成兩種不同的次類型。基於上述，本節將分為兩部分，第一部分指出台法兩國不同國會與總統選制猶如「殊途同歸」，塑造了外貌雷同的政黨體系，第二部分則指出台法兩國不同國會選制與國會政黨體系使得兩國憲政體制走向不同的半總統制次類型。若對應圖7-1或圖7-3的分析架構，本節第一部分分析「國會選制」、「總統選制」與「國會政黨體系」三者之間的關係；第二部分則分析「國會選制」、「國會政黨體系」與「憲政體制」之間的關係。在此尚須說明，本節與下一節中有關我國部分的分析皆是指過去國會選制採行SNTV的時期，至於2008年國會選制改採並立制後的各種變化，是第伍節才要探討的對象。

一、臺法總統與國會選制對政黨體系的綜合影響

　　在法國，總統與國會（在此指法國國會下院—國民議會）選舉皆採兩輪投票制，[2]但總統與國會的選制在細節上有些許差異。就國會選制而言，每個選區應選名額一名，候選人必須取得該選區中過半數的選票才能當選，若無候選人贏得過半數的選票，則由獲得該選區選舉人12.5%票數（亦即獲得該選區八分之一公民數額的票數）的候選人進入第二輪選舉；在第二輪選舉中，則由得票最高的候選人當選。至於總統選制亦採兩輪投

---

[2] 法國1986年國會選舉一度改採比例代表制，但旋即改回兩輪投票制，此次選舉是法國第五共和唯一未採兩輪投票制的國會選舉。

票制，如果有候選人能夠獲得全國過半數的選票，則該候選人即已當選，無須進行第二輪投票；但是如果沒有候選人獲得全國過半數的選票，則得票最高的前兩名候選人將要進行第二輪的決選。在第二輪投票中，則由兩位候選人中得票較高者當選。換言之，法國國會與總統選制的差異是在晉級第二輪選舉的門檻不同，在國會議員選舉中係由得票超過12.5%的候選人晉級到第二輪選舉，在總統選舉中則是獲得前兩名的候選人始能晉級。

法國總統與國會選制的目的是希望當選者能夠獲得較高的民意基礎，在總統選舉中，由於第二輪選舉是屬於候選人只有兩位的簡單多數決選舉，得票較高的獲勝者必然能夠獲得半數以上的有效選票，故這種兩輪投票制度又被稱為「兩輪『對決』制」（runoff election）。在國會議員選舉中，由於晉級第二輪選舉的候選人可能不只兩人，得票最高的當選人並不見得獲得過半數選票，但由於晉級至第二輪選舉的參選者有限，因此得票最高的當選人所獲得的得票率應不至於太低。

儘管法國總統與國會選舉採用的兩輪投票制在制度細節上有些許差異，但兩者都傾向形成兩大聯盟的多黨制。在第一輪投票中，除非候選人有很強的實力能直接拿下過半數選票，否則此時主要候選人的首要目標，是希望能夠獲得前兩名或是獲得12.5%選民支持，以便晉級第二輪選舉；對於小黨而言，即使評估自己的實力根本無法獲得前兩名或是獲得12.5%選民支持，由於預期第一輪和第二輪投票之間將有政黨協商和結盟的空間，也會傾向推出候選人參與第一輪選舉，並盡其所能獲取選票，以作為在第二輪選舉中與大黨進行談判與政治利益交換的籌碼。就選民而言，因為在第一輪投票時將選票投給最喜愛的候選人並不會浪費選票，在第一輪投票時將較可能忠實地反映他們的真實偏好而進行誠摯投票（sincere voting），因此小黨在第一輪選舉中仍能獲得一定的選票。綜言之，不論從政黨參選的動機和選民投票的考量來看，小黨在總統與國會選舉中皆會有參選的動機，且有一定的生存空間（蘇子喬、王業立，2012：40-41）。因此，法國總統與國會選舉在第一輪選舉皆會呈現多黨競爭的格局，而在第二輪選舉中，各政黨為了勝選會彼此合縱連橫，形成兩大候選人對抗的態勢，因而造就兩大聯盟的多黨制（Blais and Loewen, 2009:

349-357）。

在我國，過去立委主要是由SNTV選出，在2005年第七次修憲始改為「並立制」，並已於2008年1月的立委選舉首度實施。總統選舉從1996年首次改由人民直選以來則始終採取相對多數制。事實上，我國過去立委選舉所採取的SNTV，以及總統選舉所採取的相對多數制，對於政黨體系的形塑作用正好相反。就立委選制而言，由於SNTV之下選區的應選名額為複數，候選人只要獲得選區中一部分選票就有機會當選，在這種選舉制度下，一方面候選人在競選策略上較容易走偏鋒，但另一方面此制有一定程度的比例代表性，使小黨有一定的生存空間，且選區應選名額越多，比例代表性會越彰顯。因此，SNTV會造成較高的政黨分化程度，易形成多黨的離心競爭，傾向形成多黨制。

但是就總統選制而言，相對多數制本身所造成的政黨分化程度較低，容易形成兩大候選人的向心競爭。由於總統選舉的應選名額只有一名，因此任何參選的候選人不論其得票多寡，只要不是得票最多的候選人，最終仍無法得到席次。相對多數制的總統選制具有「贏者全拿」的特質，若政黨評估自己的實力不足以在選區中獲得最高票當選，基於勝選的考量，政黨通常在選前會彼此結盟，共打選戰，而原先占有優勢的政黨也會設法聯合其他力量，以確保其優勢地位，因而最終會凝聚成兩股相互抗衡的政治力量，此即選舉制度的「機械性因素」（mechanical factor）（Duverger, 1966: 224-226）。再者，當原本支持小黨的選民了解到他們將選票投給小黨形同浪費選票時，他們自然會傾向將選票移轉到他們原本不打算支持的兩大黨中較不討厭的一方，以防止較討厭的另一方當選，這種選舉規則的「心理性因素」（psychological factor）亦會促使選民進行策略性投票（strategic voting），使選民棄小黨以就大黨，導致小黨的選票終將流失，幾無生存空間。綜言之，相對多數制的「機械性因素」和「心理性因素」，前者造成政黨的「融合」（fusion），後者造成政黨的「消滅」（elimination），將使選票集中於兩位主要政黨，進而形成兩黨制（Duverger, 1986: 70；田弘華、劉義周，2005：5-6；蘇子喬、王業立，2012：39）。

　　就此看來，一方面SNTV立委選制促成多黨制的形成，另一方面相對多數制的總統選制促成了兩大陣營的對抗，整體而言兩種選舉制度共同塑造了兩大陣營相互對抗的多黨制。我國過去的政黨體系呈現泛藍、泛綠兩大陣營對立的多黨制（泛藍陣營包括國民黨、親民黨、新黨；泛綠陣營包括民進黨與台聯），相當程度是總統與立委選制共同塑造的結果。

　　總之，過去我國泛藍、泛綠兩大陣營的多黨制，與法國左派、右派兩大聯盟的多黨制，在政黨體系的外觀上頗為類似。但我國與法國相似的政黨體系，卻是由不同的選舉制度所形塑而成的。在法國，總統與國會選制對於政黨體系有相同的形塑作用，兩種選舉制度皆促成兩大聯盟的多黨制。在我國，則是由立委選制促成多黨制，由總統選制促成兩大陣營的競爭，兩種各有不同效應的選舉制度共同造就了兩大陣營的多黨制。我們從兩國總統與國會選制對政黨體系的形塑作用中，看到了「殊途同歸」的現象。

二、台法國會選制對憲政體制類型的形塑作用

　　法國與我國分屬半總統制的兩種不同次類型，法國向來被歸類為總理總統制的國家，我國則通常被歸類為總統議會制的國家。事實上，從法國與我國憲法條文看來，兩國關於總統對閣揆之任命權的憲法規定其實差異不大。我國憲法增修條文第3條第1項規定：「行政院院長由總統任命之」；法國第五共和憲法第8條規定：「總統任命總理，並在總理提出政府總辭後免除其職務」。兩國憲法皆未明文規定總統對閣揆有免職權。既然如此，為何我國憲政體制會被歸類為總統擁有閣揆免職權的總統議會制，而法國憲政體制會被歸類為總統未擁有閣揆免職權的總理總統制？事實上，兩國憲政體制之所以分屬不同的半總統制次類型，並非完全是因為憲法規定的差異，而是相當程度受到選舉制度的影響。本小節將指出，法國兩輪投票制的國會選制使得法國的半總統制走向總理總統制，而我國過去的SNTV國會選制則使我國的半總統制走向總統議會制。簡言之，國會選制對兩國半總統制的類型歸屬具有重大的形塑作用。以下分別就我國與

法國的情形加以說明：

（一）法國兩輪投票制形塑總理總統制

　　從法國憲法的規定看來，總統對於總理是否有實質的免職權，並不是非常明確。戴高樂（Charles de Gaulle）總統於1964年曾經公開表示，總理既然由總統選任，自然有權將其撤換。當時龐畢度（Georges Pompidou）總理也曾公開表示，他本人很難想像，一個不再獲得總統信任的總理，除了辭職之外還有他路可以抉擇（徐正戎，2002：92-93）。顯然當時這兩位法國第五共和初期的重要政治人物，都存有總統有權將總理免職的認知。在當時的實際運作上，總統也確實有權力迫使總理辭職，更換總理（胡祖慶，2014）。不過，由於當時總統與國會多數一致，總統、國會多數與內閣皆屬同一陣營，總統即為國會多數陣營的實際領袖，在此格局下，總統有權撤換總理的憲政實踐，究竟是基於總統的憲法權力，還是基於政黨領袖的實際影響力，尚無法直接釐清。直到1980年代，法國第五共和才首度出現總統與國會多數不一致的局面，在此格局下，總統不再是國會多數陣營的實際領袖，此時總統在任命總理一事上的憲政實踐，才突顯出總統對於總理任免權力的憲法規範意涵。[3]

3　筆者認為，觀察一個國家總統與國會多數不一致時的憲政運作，才能明確判斷該國是總理總統制或是總統議會制。因為，不論是總理總統制或總統議會制，當總統與國會多數一致時，內閣勢必會與總統和國會一致，在三者「一家親」的情況下，如果總統亦是國會多數陣營的實質領袖，總統透過黨政運作亦有實力掌控內閣，此時儘管內閣在「憲政規範」上並沒有對總統負責的憲法義務，但內閣在「憲政實踐」上亦有可能對總統負責。也就是說，當總統與國會多數一致時，由於總統、國會多數與內閣皆被同一政黨控制，此時憲法規範的制度精神常會被政黨運作所掩蓋而不易彰顯；而當總統與國會多數不一致時，則必須回歸到憲政規範來運作，此時憲政規範的制度精神較能浮現。總之，本文認為探討憲政體制有必要區分「憲政規範」與「憲政實踐」兩個層面。前者是指不同憲政機關之間權力運作的整體規則，是憲政運作的應然面；而後者是指在憲政規範下憲政機關權力運作的實際樣貌，是憲政運作的實然面，這兩個層面不應混淆。值得注意的是，Shugart與Carey對於半總統制所區分的總理總統制與總統議會制，乃是基於制度設計的應然面為標準。就法國憲政體制而言，其在憲政實踐（實然面）上固然有時會呈現內閣同時對國會與總統負責的局面，但內閣對總統負責畢竟不是憲政規範上的要求。由於法國在憲政規範（應然面）上僅要求內閣對國會負責，並不須

　　1986年3月法國舉行國會大選，法國第五共和首次面臨新選出的國會多數與既有的總統不一致的局面，當時的總統為1981年選出就任的密特朗（Francois Mitterrand），一開始並沒有人可以確定密特朗會如何因應這種情勢，當時一般認為密特朗總統有三種因應方案：第一個方案是總統辭職。這種看法是認為，因為法國選民在國會大選中不支持總統所屬的陣營，意味著對總統的施政不受選民信任，因此總統此時應立即辭職，重新舉行總統大選。由於國會大選才剛結束，新選出的國會多數陣營所推出的總統候選人在總統大選中應會獲勝，如此一來可以繼續保持法國第五共和自1958年以來總統與國會多數一致的情勢，持續總統主政的常態。不過，此看法的爭議是，法國總統依當時憲法規定享有7年的任期保障，而法國第五共和憲法之所以一反過去第三、四共和的內閣制，創設一個人民直選、擁有實權、任期有保障的總統，其中一項重要考量就是要透過擁有直接民主正當性的實權總統以強化政治穩定。如果擁有任期保障的總統竟要隨著國會大選的結果而辭職，根本違反法國第五共和憲法制訂的初衷。因此，當時一般認為密特朗總統宣布辭職的可能性甚低。

　　第二個方案是總統不理會新選出的國會多數，任命自己陣營人士組閣。這種看法認為，從法國第五共和憲法的條文來看，憲法並沒有明文規定總統在面對與其不一致的新國會多數時，必須任命國會多數人士為總理。相反地，憲法規定總統可直接任命總理，不需國會同意。有學者就曾指出，就法國憲政體制而言，總理係由總統任命，即便總統無法掌握國會多數，是否任命多數黨組閣的權力其實仍屬於總統（Keeler & Schain, 1997: 1-27）。換言之，當法國總統無法掌握國會多數，若仍執意任命自己陣營的人士為總理，依照法國憲法規定並不違憲。

　　第三個方案是總統任命國會多數支持的人士為總理。不過可以想見的是，由於此時總統與總理分屬不同陣營，總理不會像過去一樣對總統唯命是從，此時總統將無法像過去一樣主導政務，總統與總理的權限劃分勢必要回歸憲法的規定，總統的實質權力必然大為削弱，法國第五共和成立

　　對總統負責，因此法國憲政體制在Shugart與Carey的歸類中屬於總理總統制。

以來以總統主政的憲政運作將會出現變動。且一旦總統與總理分屬不同陣營，總理的權力基礎與在位的正當性乃是基於國會多數的支持，總統將無法任意迫使總理辭職。法國憲法第8條規定，總統須在總理提出辭職要求的情況下，始能將總理免職。儘管當總統與國會多數一致時，總統基於多數陣營實質領袖的身分，有實力迫使總理對其提出辭職，達到撤換總理的目的，然而一旦總統與總理不屬同一陣營，總統自然無法透過政黨實質領袖的身分主動迫使總理辭職，此時總統對於敵對陣營的總理是否辭職便毫無置喙餘地。對總統而言，一旦任命敵對陣營的人士為總理，此一總理就猶如「無法卸下的螺絲釘帽」（芮正皋，1992：43）。在總理受到國會多數支持的情況下，除非總理因為國會支持基礎的變動而主動向總統提出辭職，否則就必須一直等到下一次的總統選舉或國會選舉才有發生總理異動的可能。簡言之，總統一旦任命國會多數陣營人士組閣，總統對總理的免職權將形同喪失。

在以上三個方案中，一般認為密特朗總統選擇第一項方案的機會最低，較可能選擇第二或第三個方案。結果密特朗很快就決定選擇第三種方案，任命國會右派領袖席哈克（Jacques Chirac）為總理，開啟了第一次左右共治之局，憲政運作首次由總統主政轉變為總理主政。自此之後，一旦出現新選出的國會多數與舊總統不一致的情況（1993年3月與1997年5月），皆是依循密特朗在1986年的作為，總統會任命國會多數陣營組閣，確立了此種情況發生時應由不同陣營的總統與總理共治的憲政慣例，也連同確立了總統此時無權將總理任意免職的憲政慣例。至此，法國憲法中「總統任命總理，並在總理提出政府總辭後免除其職務」的規範意涵已清楚確立，其意涵是指總統任命總理須尊重國會多數的意志，且總統對並無任意將總理免職的憲法權力。就此看來，法國的半總統制屬於總理總統制。

為何法國半總統制經由憲政實踐會走向總理總統制？本文認為，法國兩輪投票制的國會選制，是將法國憲政體制形塑為總理總統制的關鍵制度因素。以下析論此一看法的理由。

首先，我們可以問的是，當法國總統與新國會多數不一致時，為何

總統會願意任命國會多數組閣？事實上，總統此時不敢執意任命自己陣營人士組閣的主要結構性因素，是因為國會中的多數陣營相當團結穩固，國會中具有穩固多數陣營的政黨生態使得總統不敢輕忽。我們可以想像：當總統與國會多數不一致時，假若國會中的政黨體系是小黨林立、各黨黨紀與凝聚力鬆散的格局，總統面對這種脆弱的國會將會有較強的動機與之對抗，他將較有機會在鬆散的國會政黨生態中「各個擊破」或「見縫插針」，並較有空間任命自己陣營的人士組閣。然而，法國國會的實際政黨生態並不提供總統這樣的機會與空間。

再者，我們可以進一步追問的是，為何法國國會能夠形成穩固團結的左右兩大陣營？其中關鍵的制度因素是法國國會議員選舉採行兩輪投票制。在法國的兩輪投票制中，每一個選區選出一名國會議員，如果有候選人獲得過半數的選票，即得當選；若無候選人獲得過半選票，就由得票率超過選舉人12.5%以上的候選人晉級第二輪選舉，在第二輪選舉中則由得票最高票者當選。在這種選舉制度下，第一輪選舉猶如初選性質的淘汰賽，小黨亦有參選的動機，但是到了第二輪選舉時，各政黨必須彼此協商合作，採取聯合的方式競選，否則便難以在應選名額僅有一席的選區中當選。於是法國的左右派政黨各自聯合成一個聯盟，形成了兩大陣營相互對抗的格局（Cole, 2000: 24-28；Elgie, 2001: 114-115）。再者，因為兩輪投票制仍屬單一選區制，選制上具有明顯的「比例性偏差」（disproportionality），獲勝的陣營所獲得的國會席次率通常遠高於其全國得票率，敗選的陣營所獲得的國會席次率則通常遠低於其全國得票率，產生對獲勝陣營「錦上添花」、對落敗陣營「落井下石」的效果，使新民意以清晰而強大的方式展現在國會的席次上（林繼文，2012a：362）。因此，一旦總統的敵對陣營在國會選舉中勝選，席次往往遠超過國會半數，並非僅是些微過半，而總統面對強大且鞏固的國會敵對陣營，自然較不敢自行其事而與國會強力對抗（蘇子喬，2006：52-53）。[4]

---

[4]　法國在1993年的國會大選結果是其中最明顯的例子：左派聯盟在該次選舉中第一輪投票時的總得票率是30.96%，右派聯盟在第一輪投票時的總得票率則是42.87%。可是在最後的選舉

　　綜上所述，法國國會選制使得國會中的多數陣營一方面在性質上是團結穩固的，另一方面在數量上則通常是為數甚多而非勉強過半而已。這樣的政黨生態使得總統在面對與他不一致的國會多數時，儘管總統依據憲法有直接任命總理的權力，仍會任命國會多數陣營的人士為總理，而不會堅持任命自己陣營的人士組閣。而一旦由國會多數組閣，總理既有強大的國會多數支持，總統也就不可能任意將受國會多數支持的總理免職，法國半總統制也因此被形塑為總理總統制。總之，兩輪投票制的國會選制乃是將法國憲政體制形塑為總理總統制的關鍵制度因素。[5]

（二）我國過去SNTV形塑總統議會制

　　我國1997年第四次修憲時取消了立法院的閣揆同意權，憲法增修條文第3條第1項前段規定：「行政院院長由總統任命之。」文字看似簡單扼要，但此規定的疑義是，根據此一規定，總統對閣揆是否有實質的免職權？此一問題的答案相當程度決定我國半總統制屬於哪一種次類型。與此一關鍵問題密切相關的另一個憲法爭點是：根據此一規定，總統任命行政院院長是否為總統獨斷的權力？抑或基於憲法中行政院對立法院負責的精神，總統對於閣揆人選的選擇並非總統完全獨斷的權力，而須受立法院多數意志的拘束，亦即總統應任命立法院多數陣營接受的人選為閣揆？

　　「總統任命閣揆是否為總統完全獨斷的權力」與「總統對閣揆是否有實質的免職權」這兩個問題之所以密切相關，是因為在法理邏輯上，若

結果中，左派聯盟在國會中的席次率僅有15.77%（在總額577席中僅占91席），右派聯盟的席次占有率則高達84.06%（在總額577席中占了485席）。參見Safran（2003: 124-126）；張台麟（2013：364）。

5　值得一提的是，法國的兩輪投票制固然是塑造總理總統制的關鍵制度因素，但並非唯一的制度因素。也有學者指出，法國總統擁有足夠的憲法權力（例如主持部長會議、簽署行政條例），使得總統一旦面臨與他敵對的國會多數時，不致因為任命國會多數組閣形成共治即喪失影響力；且法國總統擁有主動解散國會權，亦有能力透過此權力主動結束共治，這使得總統對於共治局面不致有太深的焦慮感，而較願意任命國會多數陣營領袖為總理。就此看來，總統不因共治而喪失的專屬權力與主動解散國會權，亦是法國憲政體制走向總理總統制的制度因素之一。參見林繼文（2012a）。

總統對閣揆的任命權可被理解爲總統完全獨斷的權力，則閣揆的權力來源與在位的正當性係來自總統的任命，而非國會多數的支持，則總統對閣揆理當擁有實質的免職權。相反地，若總統任命閣揆應尊重國會多數的意見，而非總統完全獨斷的權力，則當總統與國會多數不一致時，總統便應任命國會多數陣營支持的人士爲閣揆，此時閣揆的權力來源與在位的正當性係來自國會多數的支持，在憲法條文未明文規定總統擁有對閣揆之「免職權」的情況下，殊難想像總統得將受國會多數支持的閣揆依己意直接免職。簡言之，若「總統任命閣揆是否爲總統完全獨斷的權力」此一問題的答案是肯定的，則「總統對閣揆是否有實質的免職權」此一問題的答案也將是肯定的；反之亦然。因此，在法理上，針對「總統對閣揆是否有實質免職權」此一問題的探討，必須與「總統任命閣揆是否爲總統完全獨斷的權力」這個問題同時推敲。

　　究竟總統任免閣揆是否爲總統完全獨斷的權力？這個問題在1997年第四次修憲後於學界中爭論盈庭，不同學者有截然不同的理解與詮釋，本書第一章對此問題有詳細討論。不過在2000年之前，由於總統、國會多數與閣揆皆屬國民黨，總統又身兼國民黨主席，當時李登輝總統顯然有實力透過黨主席的權力依己意任免閣揆，但這樣的具體實踐情況究竟是憲法規範抑或是黨政運作造成的結果，並無法有效釐清。然而，2000年3月民進黨籍的陳水扁當選總統，當時立法院由國民黨占有超過半數的席次，我國首次出現總統與國會多數不一致的局面，上述爭議問題的實踐情況勢必須回歸至憲政體制的規範意涵，不再受到黨政運作的籠罩，我們此時始能從實際的憲政運作看到憲法規範意義的端倪。

　　在實際憲政運作上，總統顯然完全掌握對閣揆的任免全權。在陳水扁總統任內（2000-2008），總統與立法院多數分屬泛綠與泛藍陣營。面對泛藍陣營占有多數的立法院，陳總統始終是依己意任命閣揆。陳總統所先後任命的唐飛、張俊雄、游錫堃、謝長廷、蘇貞昌、張俊雄（再任）等閣揆，都不是基於立法院的多數意志所產生的人選，所組成的民進黨內

閣也因此皆是不受立法院多數支持的少數政府。[6]這幾位閣揆之所以能夠在任，並不是來自立法院的支持，而是來自總統的支持和信任。此時閣揆的權力來源和支持基礎是來自總統，而非立法院。在此情形下，行政院長幾乎自居為「總統的幕僚長」，從而認為總統對自己有免職權。當總統有意任命新閣揆時，原任閣揆皆會配合總統的意志提出辭職，未曾抗拒。此一實際憲政運作的情況是否與憲法規範相符，固然尚有爭議，但長期運作至今，社會各界幾乎已經形成總統有權任意撤換閣揆的一般認知。從過去許多政治人物的發言與大眾輿論的看法，亦可察知目前社會各界大都認為總統對於行政院長擁有任免全權。因此，我國憲法中「行政院院長由總統任命之」的規範意涵，大抵被理解為行政院院長的人選既可由總統單獨決定，亦可由總統依己意免職。就此看來，我國的半總統制屬於總統議會制。

為何我國半總統制經由憲政實踐會走向總統議會制？本文認為，我國過去SNTV的立委選制，是將我國憲政體制形塑為總統議會制的關鍵制度因素。以下析論此一看法的理由。

首先，我們可以問的是，當總統與國會多數不一致時，為何總統能夠任免自己屬意的人士為閣揆，而不理會國會多數？其中最主要的結構性因素，是因為在立法院當時的政黨生態中，固然有過半數的多數陣營存在，但這個多數陣營卻不是穩固團結的多數黨或多數聯盟。由於國會中的多數陣營不夠穩固團結，使得總統毫不畏懼國會中鬆散多數的壓力，而堅持依己意任命自己陣營的人士為閣揆。而且總統也有相當篤定的把握：即使國會對於自己所任命的閣揆人選強烈不滿，也不敢倒閣，這便使得總統能夠獨斷地任命自己屬意的人士為閣揆。

再者，我們可以進一步追問的是，為何我國過去國會多數陣營無法團結穩固，使得總統對於國會多數的壓力毫無畏懼？又為何國會對於總統獨

6　陳水扁總統任內的首行政院長唐飛雖為國民黨籍出身，但唐飛擔任行政院長並不是陳總統與當時立法院多數黨國民黨協商的結果，且唐飛是在國民黨暫時停止黨權後擔任行政院長。當時的內閣儘管號稱「全民政府」，但實質上仍是民進黨主導的少數內閣。

斷任命的閣揆始終不敢行使倒閣權，使得總統可以獨斷地任命閣揆？其中關鍵的制度性因素，乃是我國過去國會選舉所採行的SNTV。說明如下：

1. SNTV造成立法院的多數陣營無法團結穩固。由於SNTV是選區應選名額爲複數的選舉制度，具有相當程度的比例性，小黨在此制下頗有生存空間，是以SNTV會使國會中的政黨分化程度較高，較難在國會中形成過半席次的單一政黨（Reed, 1990: 336）。而且，SNTV也對國會中政黨凝聚力與黨紀的維繫產生負面影響，因爲政黨在同一選區往往提名多位候選人，候選人不僅要和其他政黨的候選人競爭，也必須與同黨的候選人競爭，候選人的當選不能完全依賴政黨的奧援，而必須依賴自己建立的個人選票（personal vote），黨內競爭有時甚至比黨際競爭更爲激烈（Cox & Rosenbluth, 1993: 579；王業立，2016：103）。在這種強調候選人角色的選舉制度下，候選人當選既然主要不是依賴政黨，當選者進入國會後自然不會完全聽從黨鞭指揮，而出現立法行爲自行其事等黨紀不彰的現象。簡言之，SNTV既造成政黨體系多元化，造成國會中難以形成穩固團結的單一多數黨或多數聯盟，總統遂有較大空間在各黨之間「穿針引線」而主導內閣的人事；又造成國會中政黨凝聚力低落且黨紀不彰，立法院即使存在著過半數的多數陣營，也由於不夠團結鞏固，並無法強勢地逼迫總統進行組閣的談判協商，總統在任命閣揆時遂有較大的獨斷空間。

2. SNTV造成國會不敢行使倒閣權，原因可分述如下：(1)SNTV是一種強調候選人個人角色的選舉制度，候選人能夠當選主要依靠自己，而非依賴政黨，這些辛苦當選的立委在利益考量上，即使在席次上有通過倒閣案的實力，也不願意通過倒閣，因爲一旦倒閣通過總統將有權解散國會重選，立委自己將要再承擔大量心力與金錢來競選；(2)在SNTV這種選舉制度下，選舉結果具有高度的不確定性，使得立委不願承擔改選後可能落選的風險。SNTV下選舉結果通常難以預測，因爲選舉過程中擁有民意高支持度的候選人，選民往往會認爲其篤定當選而將選票轉投其他人，選民的此種策略性投票有可能導致原本選情領先的候選人落選，SNTV下高度的落選風險使得立委不願發動倒閣造成自己可能失去立委職務。我們可以從國會議員連任率觀察選舉結果不確定的程度：英美兩國國會議員長年以

來向來有八至九成的連任率（Jackson, 1994: 40；Norton, 1994: 114），[7]法國國會議員則向來七成左右的連任率（Ysmal, 1994: 196, 206）；相較而言，我國過去區域立委的連任率僅有五成至六成左右，[8]這種低連任率顯示我國SNTV下立委選舉結果具有高度不確定性。簡言之，SNTV這種強調候選人角色的選制造成立委必須依己力承擔選舉成本，此制下難以捉摸的選民策略性投票又使得選舉結果具有高度的不確定性，因而大幅降低了國會通過倒閣的可能性（蘇子喬，2006：64-65）。於是，總統看準了國會害怕被解散而不敢倒閣，自然有很大的空間依己意任命閣揆。

　　綜上所述，SNTV既是國會多數陣營無法團結穩固的主因，也是國會倒閣權形同虛設的制度性因素，使得總統在面對與其不一致的國會時，仍能毫無畏懼地執意任命自己陣營的人士為閣揆。閣揆的權力基礎與在位正當性既然不是來自立法院多數的支持，而是單獨來自總統的任命，總統自然享有對閣揆的免職權，我國半總統制遂被塑造為總統議會制。簡言之，SNTV的立委選制乃是將我國憲政體制形塑為總統議會制的關鍵制度因素。

　　在本節的最後，我們可以根據本章的分析架構（圖7-1或圖7-3）總結本節的研究發現。本節指出了分析架構中「總統選制」、「國會選制」、「國會政黨體系」、「憲政體制」這四個變項之間的關係，這四個變項的關係可進一步以圖7-4表示。就法國而言，法國的總統選制為兩輪決選制，國會選制為兩輪投票制，這兩種選制將國會政黨體系共同塑造為兩大聯盟的多黨制，而兩大聯盟的多黨制則將憲政體制形塑為總理總統制；且由於兩大聯盟的多黨制主要是由兩輪投票制的國會選制所塑造，故總理總統制亦可說是兩輪投票制間接塑造的結果。就我國而言，我國的總統選制為相對多數制，過去的國會選制為SNTV，這兩種選制將國會政黨體系共

7　以美國眾議院為例，1950年代後，眾議員的連任率幾乎都在85%以上，1986、1988、1990年連續三屆的連任率，甚至高達98.0%、98.5%、96.9%（Baker, 1989）。

8　我國第二屆至第六屆區域立委以SNTV選出，連任率分別為59.7%、58.8%、49.4%、64.9%、58.3%。上述數據係檢閱立法院歷屆立委（2014）網頁所列名單整理並計算而來。

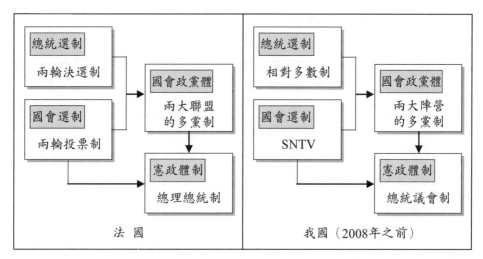

圖7-4　臺法總統選制、國會選制、國會政黨體系、憲政體制之間的關係

資料來源：作者自製。

同塑造為兩大陣營的多黨制，而兩大陣營的多黨制則將憲政體制形塑為總統議會制；且由於兩大陣營的多黨制主要是由SNTV的國會選制所塑造，故總統議會制亦可說是SNTV間接塑造的結果。

肆、我國與法國過去迥異的憲政運作模式與政府型態

　　法國與我國分屬不同的半總統制次類型，且法國與我國（2008年之前）國會政黨體系皆為兩大聯盟的多黨制，但在兩國不同國會選制的影響下，政黨的凝聚力差異甚大。本節將指出，在法國與我國不同半總統制次類型與國會政黨體系的組合下，兩國的憲政運作模式與政府型態呈現很大的差異。若對應前文圖7-1或圖7-3的分析架構，本節分析的是台法兩國「國會政黨體系」、「憲政體制」、「政府型態」三者之間的關係。以下分別就法國與我國經驗加以說明。

一、法國的憲政運作模式

　　法國的憲政體制爲半總統制中的總理總統制，國會政黨體系爲左右兩大聯盟對抗且政黨凝聚力甚強的多黨制，在此種憲政體制與政黨體系的組合下，法國的憲政運作呈現何種特色？以往由於總統與國會任期長短不同，前者爲7年，後者爲5年，因此會遇到總統與國會新舊交錯的情形。法國第五共和自1958年成立之後直到1981年爲止，總統與國會多數皆爲右派，且總統即是國會多數陣營的實質領袖，因此總統透過黨政運作，始終保持總統主政、偏總統制運作的局面。直到1981年密特朗當選總統，法國第五共和才首度出現總統與國會多數不一致的局面。而法國自1981年後，已經發生過多次新選出的總統與尚未改選的舊國會多數不一致，或新選出的國會多數與任期尚未屆滿的舊總統不一致的情形。在總統與國會新舊交錯之間，法國呈現的是一種換軌式的憲政運作模式。

（一）換軌式的憲政運作模式及其成因

　　法國第五共和的憲政經驗呈現以下的運作邏輯（參見表7-1）：當「新總統vs.舊國會」且兩者一致（情形I）或「新國會vs.舊總統」且兩者一致（情形III）時，此時不論總統與國會孰新孰舊，由於總統與國會多數一致，總統當然會任命自己陣營（同時也是國會多數陣營）的人士爲總理，在總統、國會多數、內閣皆爲一致、總統爲國會多數陣營實質領袖的情況下，憲政運作係由總統主政，亦即偏向總統制運作。這兩種情形是法國第五共和憲政運作的常態，因爲在1981年之前，第五共和建立以來不論是新總統選出或新國會選出，總統與國會多數始終保持一致。較值得討論的乃是另外兩種情形（即表7-1中以灰底呈現的部分）：其中之一是「新總統vs.舊國會」而兩者不一致（情形III）時，新上任的總統在此時會解散國會，重新舉行國會大選，藉由新總統的「衣尾效應」（coattail effect），[9]選民所選出的國會多數會與總統一致，此時憲政運作便由總統

9　衣尾效應是指當行政首長（例如總統）與議員（例如國會議員）緊鄰先後選舉（即蜜月期選

表7-1　法國的憲政運作邏輯

總統與國會的關係	總統的因應措施	憲政運作模式
I. 「新總統vs.舊國會」且兩者一致	總統任命自己陣營人士組閣，總統、國會多數、內閣三者皆一致	總統主政
II. 「新總統vs.舊國會」且兩者不一致	總統解散國會重選，人民選出與總統一致的國會多數→總統任命自己陣營人士組閣，總統、國會多數、內閣三者皆一致	總統主政
III. 「新國會vs.舊總統」且兩者一致	總統任命自己陣營人士組閣，總統、國會多數、內閣三者皆一致	總統主政
IV. 「新國會vs.舊總統」且兩者不一致	總統任命國會多數陣營領袖為總理，由國會多數陣營組閣	總理主政

資料來源：修改自鍾國允（2004：447）。

主政，偏向總統制運作，例如密特朗總統在1981年5月上任後，以及他在1988年5月連任後的憲政運作皆是如此。另外一種情況是「新國會vs.舊總統」而兩者不一致（情形IV）時，總統此時會任命國會多數陣營的領袖為總理，由國會多數陣營組閣，而不會解散才剛新選出的國會，此時既然總統與國會多數不一致，憲政運作便由國會多數陣營支持的總理主政，偏向內閣制運作，例如密特朗總統在1986年3月新國會選出後、密特朗總統於1993年3月新國會選出後，以及席哈克總統在1997年5月新國會選出後，皆是如此運作。

　　究竟是什麼樣的制度性因素，使得法國過去的憲政運作能夠在總統主政與總理主政之間順暢轉換？事實上，法國國會與總統選制在此扮演非常關鍵的角色。以下分為「新國會vs.舊總統」與「新總統vs.舊國會」兩種情況分別說明：

舉）或同時選舉時，聲勢強大的行政首長候選人通常能對同黨議員候選人造成提攜的效果，使得在行政首長選舉中獲勝的政黨通常也能在議員選舉中獲勝。

1. 新國會vs.舊總統

　　當密特朗總統在1986年3月面臨法國第五共和有史以來第一次「新國會vs.舊總統」且兩者不一致的情況時，法國總統選擇任命國會多數組閣，由國會陣營的領袖席哈克擔任總理，形成左右共治，由總理主政，之後亦形成憲政慣例。有學者認爲，密特朗總統當時會決定任命敵對陣營的領袖爲總理，相當種程度須歸因於他個人的政治判斷，亦即須歸功於密特朗個人尊重新民意與維護憲政體制正常運作的民主信念（Knapp & Wright, 2001: 71-74）。我們並不否認密特朗個人的主觀意志是直接促使當時法國憲政運作走向共治的因素，但如前節所述，法國兩輪投票制的國會選制所塑造的團結穩固的國會多數陣營，乃是迫使密特朗面臨與他不一致的新國會多數時，選擇任命國會多數組閣而走向共治的關鍵制度因素。

2. 新總統vs.舊國會

　　在法國，當總統新選出，若與尙未改選的舊國會中的多數陣營不一致，新總統便會動用主動解散國會的權力，試圖透過國會選舉塑造一個與自己一致的國會多數。由於此時總統才剛由人民選出而擁有新民意，總統於剛上任時所舉行的「蜜月期選舉」（honeymoon election）通常能發揮「衣尾效應」，使總統所屬陣營在國會選舉中勝選；至於在總統選舉中落敗的陣營，在國會選舉中亦會落敗。[10]在法國的憲政經驗中，新總統若與舊國會不一致，新總統上任後便會動用主動解散國會權重新舉行國會選舉，人民此時都會呼應總統的意志而選出一個多數陣營與總統一致的國會，使得憲政運作形成總統主政、偏總統制運作的格局。

　　一個值得追問的問題是：當新總統解散國會後，爲何總是能夠成功地塑造與自己一致的國會多數？除了前述的「衣尾效應」外，關鍵的制度因

---

[10] 以1981年的法國總統大選爲例，當年右派候選人季斯卡（Valéry Giscard）在第二輪選舉中以48.24%的得票率落敗於左派候選人密特朗的51.75%得票率，但是密特朗總統上任後解散國會之後的國會大選結果，右派聯盟最後僅獲得30.75%的席次率（總額491席中占151席），左派聯盟則獲得高達67.01%的席次率（總額491席中占329席）。參見Safran (2003: 124-126)；張台麟（2013：350、361）。

素仍是國會選制。法國國會與總統選舉皆為兩輪投票制,制度內涵相近,其中的差別之處僅在於總統選舉是由第一輪選票最多的前兩名進入第二輪決選,國會議員選舉則是由第一輪選票獲得該選區選舉人12.5%的候選人進入第二輪選舉。這兩種相近的選舉制度一方面降低了選民在舉行時間相近的選舉中支持不同政黨的可能性,另一方面也使得在總統大選中剛獲得過半數最新民意支持的總統,能夠較有把握地觀察他的得票在國會議員選舉的單一選區中的分布狀況,評估能否藉由主動解散國會權塑造與自己一致的國會多數。可以想像的是,如果法國總統與國會選制的制度精神截然不同(例如總統選舉採兩輪決選制,國會選舉採比例代表制),導致選民在截然不同的選舉制度下有不同的投票行為,將會增加選民在總統與國會選舉中投給不同政黨的可能性;[11]而在總統與國會選制採取截然不同選制的情況下,新總統上任後即使有主動解散國會的權力,也較難評估解散國會後自己所屬政黨的得票狀況,解散國會卻無法塑造與自己一致的國會多數的可能性也將因此提高。綜言之,法國總統的主動解散國會權,使得新上任的總統能夠主動塑造與自己一致的國會多數;而國會選制與總統選制的相似性,則使新總統能夠成功地塑造與自己一致的國會多數(蘇子喬,2006:57-59)。

　　綜上所述,在法國的憲政運作中,當「新國會vs.舊總統」不一致時,兩輪投票制的國會選制是促成總統任命國會多數組閣的關鍵制度因素;當「新總統vs.舊國會」不一致時,兩輪決選制的總統選制與兩輪投票制的國會選制,是促成總統解散國會後能夠成功塑造與自己一致之國會多數的關鍵制度因素。總之,法國的總統與國會選制使得換軌式的憲政運作得以順暢。

---

[11] 若法國國會選舉採比例代表制,由於比例代表制乃是依各黨得票比例分配席次,選民較可能進行誠摯投票(sincere voting)而不須策略性投票(strategic voting),小黨的支持者將傾向將選票投給其內心真實喜愛的小黨。在此情況下,新上任的總統即使解散國會重選,在採行比例代表制的國會選舉中小黨的支持者不見得會將投票給總統所屬的大黨,較可能導致總統無法成功塑造與自己一致的國會多數。

（二）法國的政府型態

從以上的憲政運作邏輯觀察法國的政府型態，則如圖7-5（左）所示，當總統與國會多數一致時，不論總統與國會孰新孰舊，此時總統、國會多數、內閣必然三者一致，就總統與國會的關係而言是一致政府；就國會與內閣的關係而言，此時內閣來自國會中的多數聯盟，由於此一多數聯盟（左派聯盟或右派聯盟）並非單一政黨，因此內閣型態嚴格而言是聯合內閣而非一黨內閣；就總統、國會與內閣三者所構成的整體憲政運作而言，此時由總統主政。[12]如圖7-5（右）所示，當（新）總統與（舊）國會多數不一致時，就總統與國會的關係而言是分立政府；就國會與內閣的關係而言，此時由國會的多數聯盟組閣，內閣型態仍是聯合內閣；就總統與內閣的關係而言，此時總統與總理由不同陣營的人士擔任，形成「共治」；就總統、國會與內閣三者所構成的整體憲政運作而言，此時由總理主政。

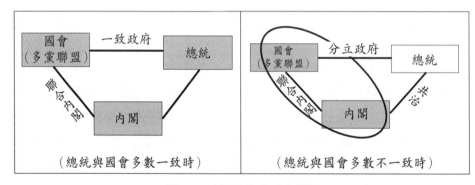

圖7-5　法國的政府型態

資料來源：作者自製。

---

[12] 過去曾有一例外：1988年5月密特朗連任總統後主動解散國會，選後密特朗所屬的左派聯盟固然獲得國會中過半數的席次，但左派聯盟中的共產黨並未參與組閣，而由社會黨單獨組閣，故當時的政府型態嚴格而言是少數內閣而非聯合內閣。不過，當時共產黨大抵上是與社會黨組成的少數內閣進行「閣外合作」，在國會中原則上支持社會黨內閣的施政，故社會黨內閣在實質上仍擁有國會多數的支持，政局堪稱穩定。

二、我國不曾換軌的憲政運作模式

　　我國的憲政體制為半總統制中的總統議會制，國會政黨體系為藍綠兩大陣營的多黨制，在此種憲政體制與政黨體系的組合下，我國呈現的是始終由總統主政、未曾換軌的憲政運作模式。

（一）總統主政的憲政運作模式及其成因

　　如前所述，法國以往由於總統任期與國會任期不同，導致總統與國會新舊交錯，憲政運作會出現換軌的現象。相較而言，我國總統的任期為四年，立法院過去的任期則為三年，同樣也會出現總統與立法院新舊交錯的情形，但我國卻從未呈現換軌式的憲政運作模式。在我國，不論總統與國會多數是否一致，也不論兩者孰新孰舊，當選總統者幾乎皆任命自己陣營人士組閣（除了短暫就任的唐飛），閣揆聽命於總統，始終由總統主政。

　　為何我國憲政運作在總統與國會多數不一致時，不會像法國換軌至總理主政？在立法院擁有倒閣權的情況下，為何總統不懼怕立法院倒閣而敢任命自己陣營人士組閣？很明顯的，這是因為在我國憲政運作中，立法院的倒閣權幾乎形同虛設。至於立法院的倒閣權為何形同虛設，前文已論及，我國過去SNTV的立委選制是一個關鍵的制度因素。事實上，除了SNTV的立委選制外，我國憲政體制中尚有其他阻礙立法院行使倒閣權的制度成因，一是我國總統的解散國會權與國會倒閣權相互掛勾：在我國的憲政設計中，立法院倒閣後總統可以解散立法院重新選舉，亦即總統有被動解散國會權。揆諸世界上的半總統制國家，總統擁有主動或被動解散國會權的制度設計相當常見，但卻鮮少有半總統制國家如我國是以國會倒閣案通過作為總統行使解散國會權之前提要件。這樣的設計，大幅降低立法院倒閣的可能性，因為一旦總統以解散國會權加以反制，立委將承擔重新改選的成本與落選的風險，這將使得立法院不敢通過倒閣案。二是我國立委與內閣閣員互不兼任：在一般內閣制國家，通常是由國會議員兼任閣員，國會議員參與倒閣的動機之一，往往是著眼於未來新內閣組成時自己

可以獲得入閣的機會，但在我國立委與閣員在身分上不得兼任的情況下，內閣閣員人選並非從立委中尋找。換言之，立委倒閣後不見得自己就能入閣，立委倒閣所能獲得的利益遠比一般內閣制國家的國會議員來得小，立委行使倒閣權的誘因因此較低。總之，在我國總統解散國會後自己仍可安居其位，且內閣閣員非由國會議員兼任的情況下，我國憲政體制中「國會倒閣權vs.總統解散國會權」與內閣制國家「國會倒閣權vs.內閣解散國會權」的政治邏輯並不完全相同。立法院通過倒閣案猶如是要立委「捨身取義」，立委既無法獲得任何實質利益，還可能導致自己職位不保，立法院在利益得失的理性考量下自然不可能真的通過倒閣案（蘇子喬，2013：200-201）。

綜上所述，我國立法院倒閣權之所以形同虛設有三項制度成因：一是總統於立法院倒閣後有權解散立法院，二是立委與閣員互不兼任，三是過去SNTV的立委選制。在這三項因素中，最關鍵的因素是總統於立法院倒閣後有權解散立法院，這項因素導致立法院在基本態度上不敢行使倒閣權。而另兩項因素則在立法院懼怕倒閣的基本態度上，進一步降低立法院倒閣的誘因。一方面，我國內閣閣員非由立委兼任的制度設計，使得立委行使倒閣權無利可圖；另一方面，過去SNTV的立委選制，則增加了立委倒閣須承擔的成本。既然立法院基於以上三項原因不會倒閣，總統也就對立法院多數陣營毫無畏懼，堅持任命自己陣營人士組閣，我國憲政運作也因此無從換軌。

（二）我國的政府型態

我國2000年5月陳水扁總統上任之前，如圖7-6左所示，由於總統、國會多數與內閣皆由國民黨掌握，不論是「新總統vs.舊國會」或是「新國會vs.舊總統」，始終維持一致政府（就總統與國會的關係而言）、一黨內閣（就國會與內閣的關係而言）的局面，在總統、國會與內閣三者所構成的整體憲政運作上形成總統主政的格局。但是2000年陳水扁總統上任後，我國首度面臨總統與立法院多數不一致的情形，如圖7-6右所示，陳

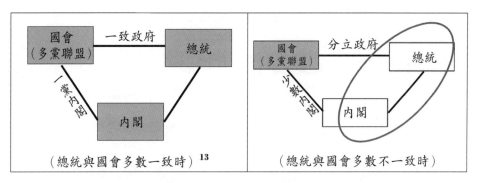

圖7-6　我國的政府型態

資料來源：作者自製。

　　總統在2000年至2008年在任期間，係任命自己陣營的人士爲閣揆，形成分立政府（就總統與國會的關係而言）、少數內閣（就國會與內閣的關係而言）的局面。由於閣揆屬於總統自己陣營的人士，實際運作上聽命於總統，在總統、國會與內閣三者所構成的整體憲政運作上仍維持總統主政的格局。

　　在本節的最後，我們可以根據本章的分析架構（圖7-1或圖7-3）指出本節的研究發現。本節指出了分析架構中「國會政黨體系」、「憲政體制」與「政府型態」這三個變項之間的關係，這三個變項的關係可進一步以圖7-7表示。就法國而言，法國的國會政黨體系爲兩大聯盟的多黨制，憲政體制爲總理總統制，這種國會政黨體系與憲政體制的搭配使得法國的政府型態呈現爲「一致政府且聯合內閣」或「分立政府且聯合內閣（共治）」，亦即形成換軌式的憲政運作模式。就我國而言，我國的國會政黨體系爲兩大陣營的多黨制，憲政體制爲總統議會制，這種國會政黨體系與憲政體制的搭配使得我國的政府型態呈現爲「一致政府且一黨內閣」或

13　我國立法院於1990年代中期之後雖然仍由國民黨掌握過半數的席次，但就政黨體系的類型而言，已形成多黨制的格局，亦即國會中第一大黨尚未獲得超過七成的席次，但前兩大黨的席次總和亦未超過九成（Rae, 1971）。在2000年民進黨籍的陳水扁當選總統之前，總統李登輝爲國民黨籍，國民黨亦始終掌握國會過半數的席次，因此就總統與國會關係而言，此種局面爲一致政府；就內閣與國會的關係而言，內閣型態爲一黨內閣。

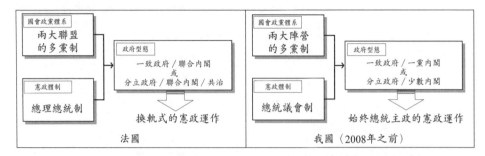

圖7-7　台法國會政黨體系、憲政體制與政府型態之間的關係

資料來源：作者自製。

「分立政府且少數內閣」，亦即形成未曾換軌，始終由總統主政的憲政運作模式。

伍、我國與法國今後趨同的憲政運作模式與政府型態

　　法國2000年修憲將總統任期改為五年，我國2005年修憲將立委選制改為並立制，並將立委任期改為四年。本節將指出，這樣的制度調整將使得法國與我國的憲政運作模式趨於一致，不過由於法國與我國分別屬於總理總統制與總統議會制，以致當總統與國會多數不一致時，法國與我國的憲政運作仍會有明顯差異。以下分別就法國與我國的情況加以探討。

一、法國今後的憲政運作模式與政府型態

　　法國過去換軌式的憲政運作近年來發生的機會已大幅降低。原因是法國已於2000年修憲將總統的任期由七年改為五年，與國會五年的法定任期一致。事實上，法國之所以會選擇在2000年這個時點修改憲法調整總統任期，是因為預期到兩年後（2002年）總統與國會任期幾乎同時屆滿，亦即1995年選出的席哈克總統，至2002年任期屆滿；1997年選出的第十屆國

會，也正好至2002年任期屆滿。自2002年起，總統與國會選舉在同一年中的一個多月內先後舉行，總統於4月下旬至5月上旬選出，國會議員則於6月上旬選出。[14]若總統不提前解散國會，總統與國會自2002年起將幾乎同時改選，且選舉時程是「先總統選舉、後國會選舉」的蜜月期選舉。一般認為，蜜月期選舉對於新總統所屬政黨而言，由於總統挾其剛就任的聲望可望發揮「衣尾效應」，對同黨議員的選情會產生提攜效果，在緊接下來的國會選舉中，總統所屬政黨通常具有優勢而能獲得多數席次，總統與國會多數原則上將會趨於一致。而在總統與國會多數一致的情況下，法國憲政運作將會持續維持總統主政的格局，憲政運作換軌至總理主政的機會將大幅降低。

　　觀察法國的實際憲政經驗，法國自2002年起至今的憲政運作確實持續維持總統主政的格局。2002年5月，右派聯盟的席哈克連任總統，而在隨後6月舉行的國會大選中，右派聯盟亦在國會中獲得過半數席次。2007年5月，與席哈克同屬右派聯盟的薩科奇（Nicolas Sarkozy）當選總統，而在隨後6月舉行的國會大選中，右派聯盟亦繼續在國會中獲得過半數席次。2012年5月，薩科奇總統競選連任失敗，左派聯盟的歐蘭德（Francois Hollande）當選總統，而在隨後6月舉行的國會大選中，則由左派聯盟在國會中獲得過半數席次。2017年5月，中間派馬克宏（Emmanuel Macron）當選總統，而在隨後6月舉行的國會大選中，馬克宏所成立的「共和前進黨」僅單一政黨便在國會中獲得過半數席次。總之，法國於2000年修憲將總統任期改為五年後，大幅降低了法國憲政運作出現共治的機會，使法國的憲政運作維持總統主政的格局（蘇子喬，2013：273-274）。

---

14 事實上，2002年國民議會任期屆滿的時間早於總統。依照原有時程，2002年國民議會改選的時間應該在3月，總統選舉的時間則應該在5月。法國國會為了將這種「先國會選舉、後總統選舉」的情形調整為「先總統選舉、後國會選舉」，在2001年修改法律延長當屆國民議會議員的任期延長兩個多月，延長至當年6月18日始屆滿，以便使國民議會改選的時間延後至6月初，此一國會延任的調整並經憲法委員會確認合憲。參見Cabestan（2003: 17）；呂炳寬（2014）。

　　值得注意的是，法國在調整總統與國會的選舉時程後，不僅促成總統與國會多數趨於一致，也使法國國會的政黨體系發生變化，逐漸從兩大聯盟的多黨制朝兩黨制發展（郝培芝，2014）。由於蜜月期選舉的選舉時程使得贏得總統的大黨在緊接下來的國會選舉中持續擁有選舉優勢，不利於小黨的選情，使得2002年之後的國會選舉結果，左右兩大聯盟中的小黨席次日益稀少，國會席次逐漸集中於左派與右派聯盟或中間派的大黨，並使大黨以一黨之姿就有能力獲得國會中過半數的席次。可觀察以下數據：在2002年之前法國第五共和的歷次國會選舉結果中，國會席次最多的兩大黨席次總和通常在六成至七成之間，而在調整選舉時程後，2002年、2007年、2012年、2017年國會選舉後兩大黨總和的席次率分別為88%、91%、78%、73%。這顯示兩大黨在選舉時程調整後占了國會七成以上，甚至八、九成以上的席次率。

　　另一方面，在2002年之前法國第五共和的歷次國會選舉結果中，僅在1968年的國會選舉出現過單一政黨過半的情況，而在調整選舉時程後至今的四次國會選舉，其中2002年、2007年、2017年三次國會選舉結果皆出現單一政黨過半的局面。[15]至於2012年的國會選舉結果，國會最大黨的席次率為45%，雖未超過國會半數，但相較於2002年之前的歷次國會選舉結果亦是頗高的席次率。總之，法國在選舉制度未變而僅調整選舉時程的情況下，國會政黨體即逐漸由兩大聯盟的多黨制轉變為兩黨制。[16]而在左右聯盟中的大黨即有實力獲得過半席次的情況下，單一政黨即能單獨組閣而不須與同一聯盟中的其他小黨籌組聯合內閣，法國的政府型態將逐漸由

---

[15] 法國2002年國會選舉獲得席次最多的政黨是右派的「總統多數聯盟」，在577席國會總席次中獲得355席，席次率為62%；2007年國會選舉獲得席次最多的政黨是右派的「人民運動聯盟」，獲得314席，席次率54%；2017年國會選舉獲得席次最多的政黨是中間派的「共和前進黨」，獲得308席，席次率為53%。

[16] 法國當前國會政黨體系的變化亦使吾人反省「杜瓦傑法則」的侷限與正確性。Duverger指出兩輪投票制傾向形成多黨聯盟，但法國在未改變選舉制度而僅調整選舉時程的情況下，國會政黨體系即已發生改變，這顯示選舉時程的安排對政黨體系亦有重要影響。究竟選舉制度與選舉時程對於政黨體系的影響力孰重孰輕？選舉制度與選舉時程兩者對政黨體系的綜合影響為何？這些皆是值得學界進一步探討的議題。

「一致政府且聯合內閣」走向「一致政府且一黨內閣」。

　　不過，在總統與國會選舉時程調整後，仍不能百分之百「保證」法國的憲政運作從此不會有換軌的現象。由於法國總統仍有主動解散國會的權力，若總統上任一年半載後行使此一權力，解散重選的國會任期將重新起算，總統與國會任期仍會新舊交錯。再退一步言，即使總統未行使解散國會的權力，在總統與國會每五年幾乎同時改選的情況下，也不能完全排除出現總統與國會多數不一致的可能性。法國目前一般輿論的看法是，總統選舉之後舉行的國會選舉猶如總統的「第三輪選舉」（郝培芝，2013；李鳳玉，2013）。若總統所屬的政黨聯盟無法在國會選舉獲得多數席次，意味著人民並不想讓先前剛選出的總統「完全執政」，此時新總統仍須尊重這個比總統更「新」一點的國會，任命國會多數陣營支持的人士擔任總理，此時憲政體制應換軌到總理主政（Grossman, 2009: 283）。

二、我國今後的憲政運作模式與政府型態

　　我國於2005年修憲將立委選制改為並立制。在並立制下，單一選區相對多數制部分（第一票）與政黨名單比例代表制部分（第二票）的選票分別計算，互不影響。儘管並立制因為有比例代表制部分的席次，使小黨仍有若干生存空間，但由於單一選區部分的席次勢必由大黨囊括絕大多數席次，小黨在單一選區部分則幾乎不可能獲得席次，因此並立制原則上仍是一種對大黨有利的選舉制度。具體而言，此種制度對大黨有利的程度，取決於單一選區名額占國會總名額的比例，亦即單一選區占國會總名額的比例越高，對大黨越有利。即便小黨在比例代表部分仍有可能獲得若干席次，但只要單一選區的應選名額在總名額中占有相當比例，這種制度容易形成兩大黨競爭的格局，大抵是「兩大黨加上若干小黨並存」的政黨體系（two-plus party system），兩大黨之一贏得國會半數以上席次的機率頗高。就我國而言，我國並立制中由單一選區選出的區域立委在總額113席立委中占73席，將近七成的高比例已對小黨不利，且政黨名單比例代表制部分5%得票率的政黨門檻亦壓縮小黨獲得席次的空間，因此國會中形成

兩大黨競爭、一黨過半的態勢應該是非常明顯的。我國2008年立委選舉實施並立制以來的選舉結果確實形成這樣的態勢。

另一方面，我國立委選制改為並立制的同時，立委任期亦改為四年，與任期同為四年的總統在同一年改選，由於立委與總統改選的時間相當接近，甚至是同時選舉，立委選舉與總統選舉獲勝的政黨將會趨於一致（林繼文，2012b：53）。總之，在我國並立制傾向形成兩黨制，且總統與國會選舉時間相近或同時選舉的選舉時程安排下，可預期我國的政府型態將走向「一致政府且一黨內閣」。我國2008年以來的政府形態也確實符合上述預期。

不過，我國立委選制改採並立制並調整立委任期固然使得我國政府型態趨於形成「一致政府且一黨內閣」的政府型態，但畢竟總統與立委選舉仍為兩個不同的選舉，即使兩者選舉時間相近或甚至同時選舉，仍無法百分之百「保證」立委選舉與總統大選中獲勝的政黨必為同一政黨。而一旦例外地出現總統與國會多數不一致的局面，我國目前並立制的立委選制將有可能增加國會與總統對抗的誘因，而這種相互對抗的格局將迥異於我國過去當總統與國會多數不一致時，總統始終任命自己陣營組閣的憲政運作。為何並立制會增加國會與總統對抗的誘因？析論如下：

首先，就國會中的政黨生態而言，並立制除了促使國會中形成兩大黨相互競爭、單一政黨過半的態勢外，在並立制的選舉效應下，國會中各黨的黨紀與凝聚力應會強化，這是因為在並立制中的單一選區下，每個政黨僅會提名一位候選人參加選舉，候選人之間的競爭也同時意味著政黨之間的競爭，政黨的政策訴求、標籤與形象應是候選人能否當選的重要關鍵之一，立委當選既然相當程度依賴政黨的奧援，為了獲得政黨的提名與奧援以追求連任，自然會較願意遵從黨紀，過去採行SNTV時在同選區中同黨候選人兄弟鬩牆、同室操戈的情景將不復存在，政黨的凝聚力與向心力應會較過去增強。[17]

17　須注意的是，選舉制度並非影響黨紀的唯一因素，其他如執政成效、民眾對政黨領導人的滿意度、黨意與民意的差距等都是可能影響黨紀的因素，但我們仍可論斷，就單一選區制與

　　其次，就立委的代表角色與行爲而言，由於多數單一選區的地理範圍縮小，選區幅員小於一個縣市的轄區（除了少數人口較少、應選名額僅有一席的縣市，仍以縣市的轄區爲選區），票源集中、著重選區服務的地盤形候選人的當選機率可能提高，相較之下，過去SNTV下票源較分散、著重中央問政而較不著重選區服務的形象型候選人將難以當選。且在單一選區當選的立委將是各選區中的「唯一」代表，選民與立委的連結性更爲加強，候選人當選後爲了追求連任亦不得不重視選區的經營，從事肉桶行爲（pork barrel behavior）的趨勢提高，導致立委問政地方化，[18]立委的現任者優勢也可能會更爲顯著（王業立、蘇子喬、郭銘峰，2013：346）。在立委現任者優勢漸增的趨勢下，立委改選結果變動的可能性將會降低，亦即連任失敗的風險與改選的成本將會降低，這將使立法院較不懼怕倒閣後被總統解散，因此相較於過去採行SNTV時期，立法院通過倒閣案的可能性將略爲增加。[19]

SNTV這兩種選制相較，在前者之下候選人對政黨標籤的依附性較強，大方向上仍是有助於提升黨紀的，但單一選區制並非藥到病除的唯一解藥。

[18] 一般認爲，選區規模（選區應選名額）對於國會議員肉桶行爲的程度有重要影響。在選區規模較大的選制下，國會議員對於肉桶行爲的偏好程度會較弱。相反地，若選區規模越小，議員越傾向透過肉桶行爲與選區服務來達成連任的目的。這是因爲在選區規模較小的情況下，議員之代表行動的被辨識度就會越高，選民對議員爲地方爭取利益的期待會更爲殷切，議員也就越有動機追求地方利益以滿足選民的期待（羅清俊，2008）。基於此邏輯，相較於複數選區，單一選區制下的議會有更強烈的動機追求選區的肉桶利益。國內外的許多實證研究都證實了上述現象。以台灣爲例，Sheng（2006）分析了第五屆立委的提案發現，小型選區的立委提特殊利益法案（肉桶法案或是分配政策法案）的動機遠大於大型選區的立委。Lancaster（1986）、Stratmann and Baur（2002）、Heitshusen, Young and Wood（2005）、Chen and Malhotra（2007）、羅清俊、謝瑩蒔（2008）也都有類似的發現。總之，複數選區制下的議員對於選區的關注遠不如單一選區制下的議員。

[19] 值得注意的是，我國採行並立制後，固然在政治效應上略爲增加立法院通過倒閣的可能性，但立法院通過倒閣的機率仍不高。前文提及導致我國國會倒閣權形同虛設的制度成因主要有三：一是總統的解散國會權與國會倒閣權相互掛勾（此爲關鍵因素）；二是立委與內閣閣員互不兼任；三是SNTV的立委選制。我國採行並立制後，前述三項導致倒閣權形同虛設的因素去除了一項，但另兩項阻礙國會行使倒閣權的因素猶在。尤其是總統擁有被動解散國會權此一關鍵因素仍然存在的情況下，國會通過倒閣的可能性仍然很低。

綜上所述，並立制將促使政黨體系走向兩黨競爭、政黨凝聚力與黨紀將強化、倒閣的可能性將增加。整體而言，並立制將有助於塑造國會中穩固團結的單一過半政黨，且立委將具有現任者優勢而較不懼怕立法院提前改選。一旦遇到總統與國會多數不一致的情況，立法院與國會對抗的誘因將增加，總統若仍像過去一樣不理會國會多數而任命自己陣營人士組閣，國會並非絕對不敢倒閣。總統迫於國會多數陣營的壓力，或許有可能任命國會多數陣營組閣而形成共治。不過，這種共治的局面並不必然如法國經驗般穩定，這是因為在我國總統議會制的憲政體制下，總統若主張他有閣揆的免職權並行使此一權力，仍可能在共治局面持續一段時間後將閣揆免職而試圖終結共治。可以想像的是，一旦總統有這樣的舉措，勢必又會引發國會的反彈。總之，在並立制實施後，我國未來一旦例外地出現總統與國會多數不一致的情形，不必然會像過去始終呈現總統主政的憲政運作。在國會擁有倒閣權且總統對閣揆擁有免職權的情況下，有可能出現總統與國會不斷相互爭奪內閣主導權的局面。

總結本節的分析，若將法國與臺灣相互比較，如圖7-8所示，在法國調整總統與國會選舉時程與我國改變立委選制與任期後，兩國的政府型態都將傾向「一致政府且一黨內閣」，在憲政運作上由總統主政。不過，一旦總統與國會多數例外地發生不一致的情況，法國與我國的憲政運作將出現差異：法國的憲政運作一般預期仍會如同過去出現共治的局面，由國會多數陣營組成一黨內閣，由總理主政；而在我國，總統與國會之間則有可能出現不同以往的衝突局面，兩者將有可能反覆相爭內閣的主導權。

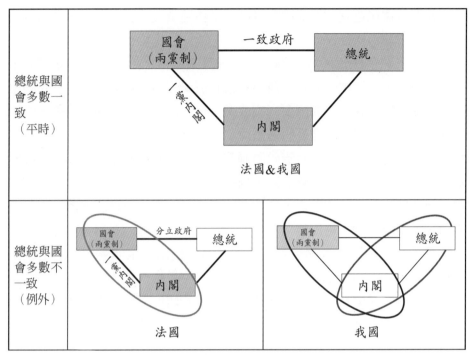

圖7-8　臺法今後的憲政運作

資料來源：作者自製。

陸、結　語

　　本章以法國與我國為探討對象，比較兩國國會與總統選制對憲政運作的影響。我們可以根據圖7-1的分析架構指出本章的研究發現：首先，法國2002年總統任期改為五年之前，法國兩輪決選制的總統選制與兩輪投票制的國會選制共同塑造了兩大聯盟的多黨制。我國2005年立委選制改革之前，我國相對多數制的總統選制與SNTV的國會選制亦共同塑造了兩大陣營的多黨制。就總統與國會選制對國會政黨體系的綜合影響看來，臺法兩國形成「殊途同歸」的現象。在這部分，我們看到了本章分析架構中兩國「總統選制」、「國會選制」與「國會政黨體系」這三個變項之間的關

係，亦即「總統選制」與「國會選制」是自變項，「國會政黨體系」是依變項。

第二，雖然法國與我國過去的政黨體系看似相近，但在不同國會選制的影響下，臺法兩國國會政黨體系中政黨凝聚力的差異甚大：法國國會中的政黨凝聚力強，我國國會中的政黨凝聚力弱。基於這樣的差異，法國的國會選制與國會政黨體系將憲政體制塑造為總理總統制，我國過去的國會選制與國會政黨體系則將憲政體制塑造為總統議會制。在這部分，我們看到了本章分析架構中兩國「國會選制」、「國會政黨體系」與「憲政體制」這三個變項之間的關係，亦即「國會選制」與「國會政黨體系」是自變項，「憲政體制」是依變項。

第三，在兩國過去國會政黨體系與憲政體制的組合下，法國過去呈現換軌式的憲政運作模式，在政府型態上形成「一致政府且聯合內閣」或「分立政府且聯合內閣」（亦即共治）；我國則呈現未曾換軌而始終由總統主政的憲政運作模式，在政府型態上形成「一致政府且一黨內閣」或「分立政府且少數內閣」。在這部分，我們看到了本章分析架構中兩國「國會政黨體系」、「憲政體制」與「政府型態」這三個變項之間的關係，亦即「國會政黨體系」與「憲政體制」是自變項，「政府型態」是依變項。

第四，法國於2002年將總統任期改為五年後，以及我國於2005年將立委選舉改為並立制並將其任期改為四年後，臺法兩國的憲政運作模式逐漸趨同化，總統與國會多數不一致的機會將大幅降低，都將趨向形成總統、國會多數與內閣三者一致而由總統主政的局面，形成「一致政府且一黨內閣」的政府型態。但由於法國與我國憲政體制分別屬於總理總統制與總統議會制，一旦例外地出現總統與國會多數不一致的局面，兩國的憲政運作仍將有很大的差異。

參考文獻

一、中文文獻

一般報導，2005，〈謝揆：做不好是總統選錯人〉，《中國時報》，8/12，2。

中國時報社論，2012，〈赴立院國情報告，何苦陷入口水戰〉，《中國時報》，4/27，A25。

王業立，1997，〈單一選區絕對多數決之研究〉，行政院國家科學委員會專題研究計畫成果報告（NSC86-2471-H-029-001-I11）。

王業立，2009，《比較選舉制度》，台北：五南。

王業立，2011，《比較選舉制度》，台北：五南。

王業立、蘇子喬、郭銘峰，2013，〈台灣選舉制度研究的回顧與前瞻〉，吳玉山、林繼文、冷則剛（編），《政治學的回顧與前瞻》，台北：五南。

田弘華、劉義周，2005，〈政黨合作與杜瓦傑法則：連宋配、國親合的賽局分析〉，《臺灣政治學刊》，9卷1期。

石忠山，2011，〈當代韓國政黨政治之發展與挑戰〉，《臺灣國際研究季刊》，7卷1期。

吳玉山，2000，《俄羅斯轉型——一個政治經濟學的分析》，台北：五南。

吳玉山，2011，〈半總統制：全球發展與研究議程〉，《政治科學論叢》，47期。

吳玉山，2012，〈半總統制：全球發展與研究議程〉，沈有忠、吳玉山（編），《權力在哪裡？從多個角度看半總統制》，台北：五南。

吳庚、陳淳文，2013，《憲法理論與政府體制》，台北：自版。

吳東野，1996，〈「單一選區兩票制」選舉方法之探討—德國、日本、俄羅斯選舉之實例比較〉，《選舉研究》，3卷1期。

吳信華，2011，《憲法釋論》，台北：三民書局。

吳重禮。2008，〈派系政治研究的爭議〉，《政黨與選舉：理論與實踐》，台北：三民書局。

吳烟村，2000，〈我國應建立總統制的中央政制〉，《政策月刊》，59期。

吳親恩，2006，〈選制改變的影響—從SNTV到「並立式單一選區兩票制」〉，吳重禮、吳玉山（編），《憲政改革：背景、運作與影響》，台北：五南。

呂炳寬，2014，〈我國與法國選舉時程之比較研究〉，「第五屆半總統制與民主國際」學術研討會論文（5月17日），高雄：中山大學政治學研究所、中央研究院政治學研究所、香港珠海學院亞洲研究中心。

李仁淼，2004，〈以制定台灣新憲法為前提，思考我國中央政府組織中「行政權」定位問題〉，《月旦法學雜誌》，108期。

李酉潭，2005，〈憲法時刻與臺灣憲政體制的選擇〉，「2005年中國政治學會年會暨學術研討會」論文（10月1-2日），台北：中國政治學會、臺灣大學政治系、世新大學行政管理學系、中央研究院政治學研究所。

李佩珊，2005，〈半總統制下的民主治理：臺灣與南韓之比較〉，行政院國家科學委員會專題研究計畫成果報告（NSC 93-2414-H-194-009）。

李念祖，2002，〈憲政發展中我國總統權力的演變〉，高朗、隋杜卿（編），《憲政體制與總統權力》，台北：國家政策研究基金會。

李建良，1999，〈政黨比例代表制與選舉平等原則：以德國聯邦眾議院選舉制度為中心〉，《歐美研究》，29卷2期。

李惠宗，2012，《憲法要義》，6版，台北：元照。

李雅惠，1994，〈論義大利選舉制度改革對政黨體制的衝擊〉，淡江大學歐洲研究所碩士論文。

李鳳玉，2013，〈蜜月期選舉時程的效應：總統制與半總統制的比較〉，「國會與政府體制」學術研討會論文（5月17-18日），台北：東吳大學政治學系、東吳大學政治學系國會研究中心、中央研究院政治學研究所。

李憲榮，2010，〈南韓總統的選舉制度〉，《臺灣國際研究季刊》，6卷4期。

汪平雲，2006，〈我國中央政府體制改採總統制的改革方向與內容〉，「臺灣憲政的困境與重生：總統制與內閣制的抉擇」學術研討會，民進黨中央黨部政策委員會，2006/9/24。

沈有忠，2012，〈半總統制「權力總統化」之比較研究〉，《臺灣民主季刊》，9卷4期。

周育仁，2010，《政治學新論》，3版，台北：翰蘆圖書。

林子儀、葉俊榮、黃昭元、張文貞，2003，《憲法─權力分立》，台北：新學林。

林文斌，2010，〈超越相互依賴和對抗？韓國政府財閥政策變遷的研究〉，《問題與研究》，49卷4期。

林右峰，2002，〈泰國一九九七年選舉制度改革〉，淡江大學東南亞研究所碩士論文。

林永芳，2006，〈俄羅斯的政黨體系與民主化〉，《俄羅斯學報》，5期。

林佳龍，1998，〈半總統制、多黨體系與民主政體－臺灣憲政衝突的制度分析〉，「政治制度：理論與現實」學術研討會論文（6月25日），台北：中央研究院中山人文社會科學研究所。

林秋山，2009，《韓國憲政與總統選舉》，台北：臺灣商務印書館。

林若雩，1994，〈新加坡、臺灣、南韓的政治市場與威權轉型之比較〉，國立臺灣大學政治學系博士論文。

林繼文，1999，〈單一選區兩票制與選舉制度改革〉，《新世紀智庫論壇》，6期。

林繼文，2012，〈政府體制、選舉制度與政黨體系〉，沈有忠、吳玉山（編），《權力在哪裡？從多個角度看半總統制》，台北：五南。

林繼文，2012a，〈共治可能成爲半總統制的憲政慣例嗎？法國與臺灣的比較〉，沈有忠、吳玉山（編），《權力在哪裡？從多個角度看半總統制》，台北：五南。

林繼文、蔡榮祥，2012，〈半總統制的分類研究與國際聯結〉，沈有忠、吳玉山（編），《權力在哪裡？從多個角度看半總統制》，台北：五南。

法治斌、董保城，2006，《憲法新論》，3版，台北：元照。

芮正皋，1992，《法國憲法與雙首長制》，台北：白雲文化。

姚立明，2007，〈從憲法的功能與實踐論內閣制修憲〉，《律師雜誌》，335期。

施正鋒，2000，〈亟待尋求共識的中央政府體制〉，《政策月刊》，59期。

洪茂雄，1994，〈義大利的政治改革與國會大選〉，《問題與研究》，33卷6期。

胡佛、朱雲漢、文正仁（Chung-in Moon），1997，〈臺灣與南韓民主化過程中的國際面向分析〉，田弘茂等編，《新興民主的機遇與挑戰》，台北：業強。

胡祖慶，2014，〈府院關係本質對於政黨輪替的影響：以法國第五共和爲例〉，《全球政治評論》，45期。

倪炎元，1995，《東亞威權政體之轉型：比較臺灣與南韓的民主化歷程》，台北：月旦。

倪炎元，2002，〈製造多數：南韓第六共和憲法下的總統與國會關係（1987-2001）〉，高朗、隋杜卿編，《憲政體制與總統權力》，台北：國家政策研究基金會。

倪炎元，2014，〈南韓「總統制」下總統與國會的對抗僵局〉，《遠景基金會季刊》，15卷2期。

唐飛，2011，《台北和平之春—閣揆唐飛140天全紀錄》，台北：天下文化。

徐正戎，2002，《法國總統權限之研究》，台北：元照。

徐正戎、呂炳寬，2002，〈論總統與行政院院長之權力關係〉，徐正戎著，《法國總統權限之研究》，台北：元照。

郝培芝，2013，〈蜜月期選舉時程與衣尾效應：法國半總統制下總統與國會選舉之分析〉，《東吳政治學報》，32卷2期。

郝培芝，2014，〈半總統制「總統化」發展的政黨結構基礎：選舉週期與政黨體系〉，「第五屆半總統制與民主」國際學術研討會論文（5月17日），高雄：中山大學政治學研究所、中央研究院政治學研究所、香港珠海學院亞洲研究中心。

張台麟，1994，〈義大利政黨政治之發展及其特性〉，《問題與研究》，33卷9期。

張台麟，2013，《法國政府與政治》，台北：五南。

張志偉，2009，〈從選舉平等原則檢視單一選區兩票制〉，《法學新論》，17期。

張靜尹，2008，〈塔信政權與泰國政治變遷〉，政治大學外交學系碩士論文。

盛治仁，2006，〈單一選區兩票制對未來台灣政黨政治發展之可能影響探討〉，《臺灣民主季刊》，3卷2期。

許育典，2009，《憲法》，3版，台北：元照。

許宗力，2002a，〈「發現」雙首長制〉，《新世紀智庫論壇》，10期。

許宗力，2002b，〈權力分立與機關忠誠－以德國聯邦憲法法院裁判為中心〉，《憲政時代》，27卷4期。

郭正亮，2012，〈團結台灣，邁向大聯合政府〉，美麗島電子報，1/9，http://www.my-formosa.com/article.aspx?cid=5&id=20635，2014/8/5。

郭武平，2004，〈普丁總統將把俄羅斯帶往何方？〉，《展望與探索》，2卷10期。

郭秋慶，2010，〈韓國民主轉型的形成與延伸的問題〉，《臺灣國際研究季刊》，6卷4期。

陳佩修，2000a，〈軍事政變的成因、結果與影響：泰國個案研究〉，《問題與研究》，39卷1期。

陳佩修，2000b，〈泰國的軍人與文人關係：回顧與展望〉，《戰略與國際研究》，2卷4期。

陳佩修，2002，〈泰國「新政治」的發展與危機〉，《海華與東南亞研究》，2卷3期。

陳佩修，2009，〈泰式民主的脆弱性－二○○六年九一九軍事政變與泰國民主的逆轉〉，《臺灣民主季刊》，6卷1期。

陳尚懋，2008，〈塔克辛執政前後的泰國政商關係〉，《問題與研究》，47卷2期。

陳長文，2012，〈國情報告作詢答，破壞憲政〉，《聯合報》，4/23，A15。

陳春生，2008，〈單一選區兩票制實施後立法院之運行與改革〉，《台灣本土法學》，104期。

陳家喜，2006，〈民主類型與政府績效：李普哈特的民主分類〉，《二十一世紀》，49期。

陳淑芳，2006，〈獨立機關之設置及其人事權－評司法院大法官釋字第六一三號解釋〉，《月旦法學雜誌》，137期。

陳淑芳發言，蘇俊雄主持，2009，〈橘逾淮為枳？單一選區兩票制與選區劃分之司法審查〉，《台灣法學雜誌》，124期。

陳淳文，2013，〈再論中央政府體制之改革展望－法國○八修憲之啓發〉，《政大法學評論》，131期。

陳朝建，2006，〈憲法隱藏的憲法巧門〉，《中國時報》，6/21，A19。

陳愛娥，2002，〈我國現行憲法下總統角色的定位〉，陳隆志（編），《新世紀新憲政：憲政研討會論文集》，台北：元照。

陳新民，2001，《中華民國憲法釋論》，4版，台北：自版。

陳新民，2005，〈憲政僵局與釋憲權的運用－檢討機關忠誠的概念問題〉，漢寶教授八秩華誕祝壽論文集編輯委員會（編），《法律哲理與制度－公法理論》，台北：元照。

陳新民，2006，〈檢討憲政慣例的地位與效力－由總統的閣揆人事決定權談起，兼論德國聯邦憲法法院最近的「國會解散案」判決〉，《月旦法學雜誌》，136期。

陳滄海，1999，《憲政改革與政治權力－九七憲改的例證》，台北：五南。

森山茂德著，吳明上譯，2005，《韓國現代政治》，台北：五南。

湯德宗，2002，〈憲法結構與違憲審查－司法院大法官釋字第五二○號解釋評釋〉，劉孔中、陳新民（編），《憲法解釋之理論與實務（第三輯）》，台北：中央研究院中山人文社會科學研究所。

湯德宗，2005，〈新世紀憲改工程－弱勢總統制改進方案〉，《權力分立新論（卷一）》，台北：元照。

湯德宗，2005，〈論九七修憲後的憲法結構〉，《權力分立新論（卷一）》，台北：元照。

黃世光，2003，〈泰國「泰愛泰黨」的發展策略研究〉，暨南大學東南亞研究所碩士論文。

黃宗昊，2012，〈政治制度與金融改革－臺灣與韓國的比較〉，《臺灣民主季刊》，9卷1期。

黃炎東，2004，〈新世紀臺灣憲政體制發展之研究〉，《新世紀智庫論壇》，28期。

黃長玲，2008，〈分裂社會下的體制發展與爭議－臺灣與南韓民主化經驗的比較〉，彭慧鸞編，《蕃薯與泡菜：亞洲雙龍臺韓經驗比較》，台北：財團法人亞太文化學術交流基金會。

黃昭元，1998，〈九七修憲後我國中央政府體制的評估〉，《臺大法學論叢》，27卷2期。

黃昭元，2000，〈當雙首長制遇上分裂政府－組閣權歸屬的爭議〉，《月旦法學》，67期。

黃昭元，2004，〈九七修憲後我國中央政府體制的評估〉，顧忠華、金恆煒編，《憲改大對決－九七修憲的教訓》，台北：桂冠。

黃昭元，2004，〈以總統制建構台灣的中央政府體制〉，顧忠華、金恆煒（編），《憲改大對決－九七憲改的教訓》，台北：桂冠。

黃昭元，2010，〈臺灣法律發展回顧－憲法〉，《臺大法學論叢》，39卷2期。

黃茂榮，2014，〈釋字第七二一號解釋不同意見書〉，司法院大法官網頁，http://www.judicial.gov.tw/constitutionalcourt/uploadfile/C100/721不同意見書-黃大法官茂榮.pdf，2014/11/22。

黃琛瑜，2001，《英國政府與政治》，台北：五南。

黃維幸，2008，《務實主義的憲法》，台北：新學林。

黃德福、牛銘實，1995，〈政黨體系與民主政治的鞏固－臺灣和南韓的比較〉，《國家政策雙周刊》，120期。

黃德福、廖益興，2009，〈我國立法委員為何選擇並立式混合選舉制度？2004年選舉制度改革之觀察〉，《政治學報》47期。

黃錦堂，2001，〈臺灣雙首長制的內涵－向總統制或向內閣制傾斜？〉，明居正、高朗

（編），《憲政體制新走向》，台北：新臺灣人文教基金會。

黃錦堂、黎家維，2012，〈怕泛藍棄保，蔡急拋大聯合〉，《聯合報》，1/12，A25。

楊日青，2006，〈總統〉，楊日青（編），《中華民國憲法要義》，台北：五南。

楊承燁，2014，〈由憲法平等原則平析我國立法委員選舉制度〉，《中研院法學期刊》，15期。

楊婉瑩發言，湯德宗主持，2008，〈展望並檢討新選制下的新國會─制度面的省思〉，《台灣法學雜誌》，104期。

楊惟任，2012，〈立委選制之檢討及改革可行性之研析〉，《國會月刊》，40卷9期。

楊惟任，2013，〈內閣制修憲可行性之分析〉，《國會月刊》，41卷2期。

葉俊榮，2002，〈超越轉型：台灣的憲法變遷〉，李鴻禧等著，《台灣憲法的縱剖橫切》，台北：元照。

葉俊榮，2003，〈憲政的上升或沉淪─六度修憲後的定位與走向〉，《民主轉型與憲法變遷》，台北：元照。

葉俊榮，2011，〈總統制與分裂社會：臺灣與南韓憲法法院裁判的比較研究〉，《臺大法學論叢》，40卷2期。

董翔飛，2008，〈退閣揆總辭，總統自己釋憲〉，《聯合報》，1/30，A19。

詹鎮榮，2004，〈半總統制下政府雙重信任基礎之維繫與難題─以威瑪經驗爲借鏡〉，《月旦法學雜誌》，108期。

趙竹成，2006，〈俄羅斯聯邦選舉制度與總統職權〉，《問題與研究》，45卷1期。

趙東濟，2002，〈韓國憲政史上憲法制定與修改變遷〉，《韓國學報》，17期。

劉向文、張璐，2007，〈談俄羅斯聯邦國家杜馬的新選舉制度〉，《俄羅斯中亞東歐研究》，3期。

蔡宗珍，2002，〈從國會改革構想看未來立法院的地位與影響〉，陳隆志（編），《新世紀新憲政：憲政研討會論文集》，台北：元照。

蔡宗珍，2004，〈當前立法院憲政地位之評析〉，《憲法與國家（一）》，台北：元照。

蔡秋如，2006，〈試論俄羅斯選舉制度對政黨政治發展的影響〉，「2006年中國政治學會年會暨學術研討會」論文（9月16-17日），台北：中國政治學會、國立政治大學社會科學學院、中央研究院政治學研究所。

蔡榮祥，2008，〈比較憲政工程下的台灣半總統制經驗〉，《台灣本土法學雜誌》，103期。

蔡增家，2005，《南韓轉型─政黨輪替與政經體制的轉變（1993-2003）》，台北：巨流。

蔡學儀，2009，《單一選區兩票制新解》，台北：五南。

蕭文生，2002，〈自法律觀點論國會改選後的政府組成〉，陳隆志（編），《新世紀新憲政：憲政研討會論文集》，台北：元照。

蕭國忠，2013，〈負選舉值與超額議席—德國選舉法的改革〉，「2013年中國政治學會年會暨國際學術研討會」論文（11月16-17日），台中：中國政治學會、中興大學國際政治研究所。

謝易宏，2012，〈台灣立委選制變遷的新制度論解釋〉，《臺灣民主季刊》，9卷1期。

謝國璋，2016，〈「總統化」論點初探：兼論我國為何走向總統化之路〉，「政黨輪替與臺灣政治新局學術研討會」論文（5月10日），台北：中國文化大學政治學系。

謝復生，1992，《政黨比例代表制》，台北：理論與政策雜誌社。

鍾國允，2004，〈論法國第五共和中央政府體制定位〉，吳庚大法官榮退論文集編輯委員會（編），《公法學與政治理論—吳庚大法官榮退論文集》，台北：元照出版公司。

顏厥安，2004，〈總統制能正當處理臺灣危機〉，顧忠華、金恆煒編，《憲改大對決—九七修憲的教訓》，台北：桂冠。

顏瓊玉，2012，〈獨家專訪火線人物陳冲：我不是一個成功的行政院長〉，《商業周刊》，1298期。

羅清俊，2008，〈小規模立法委員選區的分配政治—選民對於補助利益的期待〉，《臺灣民主季刊》，5卷4期。

羅清俊、謝瑩蒔，2008，〈選區規模與立法委員分配政策提案的關聯性研究——第三、四屆立法院的分析〉，《行政與政策學報》，46期。

譚國安，1998，〈泰國政治改革的原因、理念和新憲法的內容〉，《東南亞季刊》，3卷3期。

嚴震生，2012，〈國情報告談不談民生？〉，《聯合報》，4/21，A31。

蘇子喬，2006，〈我國「雙首長制」為什麼不會換軌？—制度因素之分析〉，《政治學報》，40期。

蘇子喬，2010，〈臺灣憲政體制的變遷軌跡（1991-2010）：歷史制度論的分析〉，《東吳政治學報》，28卷4期。

蘇子喬，2013，〈兼容並蓄或拼裝上路？—從內閣制與總統制優劣辯論檢視半總統制的利弊〉，《臺灣民主季刊》，10卷4期。

蘇子喬，2013，《中華民國憲法—憲政體制的原理與實際》，台北：三民書局。

蘇子喬、王業立，2012，〈總統與國會選制影響政黨體系的跨國分析〉，《問題與研究》，51卷4期。

蘇子喬、王業立，2013，〈選擇投票制與英國國會選制改革〉，《東吳政治學報》，31卷2期。

蘇子喬、王業立，2014，〈國會與總統選舉制度對半總統制憲政運作的影響—台灣與法國的比較〉，「第五屆半總統制與民主國際學術研討會」論文（5月17日），高雄：中山大學政治學研究所、中央研究院政治學研究所、香港珠海學院亞洲研究中心。

蘇子喬、王業立，2016，〈從組閣爭議論我國憲政體制的定位與走向〉，《政治科學論

叢》，70期。

蘇永欽，2002，〈總統的選擇〉，高朗、隋杜卿（編），《憲政體制與總統權力》，台北：國家政策研究基金會。

蘇彥圖，2002，〈臺灣憲政制度下的政府組成〉，陳隆志（編），《新世紀新憲政：憲政研討會論文集》，台北：元照。

蘇偉業，2005，〈從權力結構比較「總統制」、「內閣制」及「半總統制」〉，「2005年中國政治學會年會暨學術研討會」論文（10月1-2日），台北：中國政治學會、臺灣大學政治系、世新大學行政管理學系、中央研究院政治學研究所。

顧長永，1995，《東南亞政府與政治》，台北：五南。

二、英文文獻

Adam Carr's Election Archive. 2012. "United Kingdom" in http://psephos.adam-carr.net/. Latest update 13 June 2012.

Alexander, Jeffrey, B. R. Giesen, N. Munch and J. Smelser. 1987. The Micro-Macro Link. Berkeley, CA: University of California Press.

Altenbockum, Jasper Von. 2014. "Lektion aus Sachsen. Eine beunruhigende Wahl." FAZ.NET. In http://www.faz.net/aktuell/politik/harte-bretter/afd-und-fdp-in-sachsen-eine-beunruhigen-de-wahl-13128299.html. Latest update 14 October 2014.

Bailey, Daniel. 2010. Politics on the Peninsula: Democratic Consolidation and the Political Party System in South Korea. Graduate Journal of Asia-Pacific Studies 7(1): 32-48.

Baker, Carl. 2004. Korea: Challenges for Democratic Consolidation. pp. 166-194 in The Asia-Pacific: A Region in Transition, edited by Jim Rolfe. Honolulu, HI: Asia-Pacific Center for Security Studies.

Baker, Ross K. 1989. "The Congressional Elections." In The Election of 1988: Reports and Interpretation, eds. Gerald M. Pomper. New Jersey: Chatham House Publishers, 45-93.

Bardi, Luciano. 2007. "Electoral Change and its Impact on the Party System in Italy." West European Politics 30, 4: 711-732.

Bartolini, Stefano, Alessandro Chiaramonte and Roberto D'Alimonte. 2004. "The Italian Party System between Parties and Coalitions." West European Politics 27, 1: 1-19.

Bartolini, Stefano. 2002. "The Political Consequences of the Italian Mixed Electoral System (1994-2001)." Proceeding of a Conference on Elections and Democracy. 1-2 February 2002. Lisbon: Social Science Institute (ICS).

Batto, Nathan F. 2014. "How MMP could crash." Frozen Garlic. In https://frozengarlic.wordpress.com/2014/12/18/how-mmp-could-crash/. Latest update 27 July 2015.

Behnke, Joachim and Florian Grotz. 2011. "Das Wahlsystem zwischen normativer Begründung, empirischer Evidenz und politischen Interessen. Ein Kommentar zu Gerd Strohmeier sowie Franz Urban Pappi und Michael Herrmann." Zeitschrift für Parlamentsfragen (2): 419-425.

Behnke, Joachim. 2003. "Überhangmandate. Ein (behebarer) Makel im institutionellen Design des Wahlssystems." Zeitschrift für Parlamentsfragen (3): 1235-1269.

Behnke, Joachim. 2009. "Überhangmandate bei der Bundestagswahl 2009. Eine Schätzung mit Simulationen." Zeitschrift für Parlamentsfragen (3): 620-636.

Behnke, Joachim. 2014. "Das neue Wahlgesetz im Test der Bundestagswahl 2013." Zeitschrift für Parlamentsfragen. (1): 17-37.

Bellucci, Paolo, 2008, "The Parliamentary Election in Italy, April 2006", Electoral Studies 27, 1: 185-190.

Bergman, Torbjörn. 1995. Constitutional Rules and Party Goals in Coalition Formation: An Analysis of Winning Minority Governments in Sweden. Umea: Department of Political Science, Umea University.

Blais, André, and Peter John Loewen. 2009. "The French Electoral System and its Effects." West European Politics 32(2): 268-286.

Blumenstiel, Jan Eric, Ossip Fürnberg. 2012. "Wissen und Einstellungen zu Überhangmandaten." Zeitschrift für Parlamentsfragen (1): 132-141.

Bochsler, Daniel. 2012. "A quasi-proportional electoral system 'only for honest men'? The hidden potential for manipulating mixed compensatory electoral systems." International Political Science Review 33(4): 401-420.

Bormann, Nils-Christian. 2010. "Patterns of Democracy and Its Critics." Living Reviews in Democracy 2: 1-14. in http://democracy.livingreviews.org/index. php/lrd/article/viewFile/lrd-2010-3/24. Latest update 5 August 2014.

Bühlmann, M, M Germann, and A Vatter. 2011. "The Multidimensionality of Democracy: Institutional Patterns and Democratic Quality: Lijphart's Democratic Quality Thesis Revisited." Paper presented at the 1st Annual Conference of the European Political Science Association (EPSA), Dublin, June 16-18. in http://www.zora.uzh.ch/54827/1/Lijphart_Multidimensional_B%C3%BChlmann_ et_al.pdf. Latest update 5 August 2014.

Bull, Martin and Gianfranco Pasquino, 2007, "A Long Quest in Vain: Institutional Reforms in Italy", West European Politics 30, 4: 670-691.

Burden, Barry C. and David C. Kimball. 1998. "A New Approach to the Study on Ticket Splitting." American Political Science Review 92(3): 533-544.

Cabestan, Jean-Pierre. 2003. "To 'Cohabit' or Not to 'Cohabit': That Is the Question! A Comparison of the Taiwanese and the French Semi-presidential System." Paper presented at the

Conference on Semi-Presidentialism and Nascent Democracies. October 24-25, Institute of Political Science, Academia Sinica, Taipei.

Capoccia, Giovanni. 2002. "The Political Consequences of Electoral Laws: The German System at Fifty." West European Politics 25(3): 171-202.

Chaibong, Hahm. 2008. South Korea's Miraculous Democracy. Journal of Democracy 19(3): 128-142.

Chaihark, Hahm, and Sung Ho Kim. 2005. Constitutionalism on Trial in South Korea. Journal of Democracy 16(2): 28-42.

Chen, Jowei, and Neil Malhotra. 2007. "The Law of k/n: The Effect of Chamber Size on Government Spending in Bicameral Legislature." American Political Science Review 101(4): 657-676.

Cheng, Tun-Jen. 1990. Political Regimes and Development Strategies: South Korea and Taiwan. pp. 139-178 in Manufacturing Miracles: Paths of Industrialization in Latin America and East Asia, edited by Gary Gereffi and Donald L. Wyman. Princeton, NJ: Princeton University Press.

Clark, Martin. 2008. Modern Italy: 1871 to the Present. Harlow, England: Pearson Education Limited.

Cole, Alistair. 2000. "The Party System: the End of Old Certainties." In Structures of Power in Modern France, ed. Gino G. Raymond. New York: St. Martin's, 19-36.

Cotta, Maurizio, and Luca Verzichelli. 2007. Political Institutions in Italy. New York: Oxford University Press.

Cox, Gary W. and Frances McCall Rosenbluth. 1993. "The Electoral Fortunes of Legislative Factions in Japan." American Political Science Review 87: 577-589.

Croissant, Aurel, and Daniel J. Pojar, Jr. 2005. "Quo Vadis Thailand? Thai Politics after the 2005 Parliamnetary Election." Strategic Insights 4, 6: 3-20.

Croissant, Aurel. 2002. Electoral Politics in Southeast and East Asia: A Comparative Perspective. pp. 321-368 in Electoral Politics in Southeast & East Asia, edited by Aurel Croissant and Marei John. Singapore: Friedrich-Ebert-Stiftung.

Croissant, Aurel. 2003. Legislative Powers, Veto Players, and the Emergence of Delegative Democracy: A Comparison of Presidentialism in the Philippines and South Korea. Democratization 10(3): 68-98.

Curtice, John. 2010. "So What Went Wrong with the Electoral System? The 2010 Election Result and the Debate about Electoral Reform." Parliamentary Affairs 63, 4: 623-638.

Curtice, John. 2011. "The Death of a Miserable Little Compromise: The Alternative Vote Referendum." Political Insight 2, 2: 14-17.

Decker, Frank. 2007. "Konsens- oder mehrheitsdemokratischer Wandel des Parlamentarismus? Eine Replik auf Gerd Strohmeier in Heft 3/2007 der Zparl." Zeitschrift für Parlamentsfragen(4): 857-861.

Decker, Frank. 2011. "Brauchen wir eine Änderung des Wahlrechts?" In Regieren im "Parteienbundesstaat", ed. Frank Decker, Wiesbaden: VS Verlag, 131-164.

Decker, Frank. 2011. "Parteiensystem und Regierungsbildung. Ende der stabilen Verhältnisse?." In Regieren im "Parteienbundesstaat", ed. Frank Decker, Wiesbaden: VS Verlag, 77-104.

Decker, Frank. 2013. "Das Parteiensystem vor und nach der Bundestagswahl 2013." Zeitschrift für Staats- und Europawissenschaften 11(3): 323-342.

Demehl, Niels, Eckhard Jesse. 2013. "Das neue Wahlgesetz zur Bundestagswahl 2013. Eine Reform der Reform der Reform ist unvermeidlich." Zeitschrift für Parlamentsfragen (1): 201-213.

Denver, David. 2003. "Whatever Happened to Electoral Reform?" Potitics Review 38, 1: 36-38.

Der SPIEGEL ONLINE. 2009. "Bundesverfassungsgericht: Schäuble legt sich mit Karlsruher Richtern an." in http://www.spiegel.de/politik/deutschland/bundesverfassungsgericht-schaeuble-legt-sich-mit-karlsruher-richtern-an-a-612560.html. Latest update 14 October 2014.

Der SPIEGEL ONLINE. 2011."Entscheidung im Bundestag: Deutschland bekommt neues Wahlrecht." in http://www.spiegel.de/politik/deutschland/entscheidung-im-bundestag-deutschland-bekommt-neues-wahlrecht-a-789210.html. Latest update 14 October 2014.

DER SPIEGEL. 2012. "PARTEIEN - Das Ende der Amateure: Der Erfolg der Piraten beruht auch auf ihrem fröhlichen Dilettantismus. Mit ihrer wachsenden Bedeutung stößt das Konzept an seine Grenzen." Heft 15/2012: 26-27.

Dhiravegin, Likhit. 1992. Demi-Democracy: The Evolution of The Thai Political System. Singapore: Times Academic.

Durkin, Mary and Isobel White. 2008. "Voting Systems in the UK." Research Paper SN/PC/04458, Parliament and Constitution Centre, House of Commons Library.

Duverger, Maurice. 1966. Political Parties: Their Organization and Activity in the Modern State. Translated by Barbara and Robert North. New York: Wiley.

Duverger, Maurice. 1980. A New Political System Model: Semi-Presidential Government. European Journal of Political Research 8(2): 165-187.

Duverger, Maurice. 1986. "Duverger's Law: Forty Years Later." In Electoral Laws and Their Political Consequences, eds. Bernard Grofman and Arend Lijphart. New York: Agathon Press, 69-84.

Elgie, Robert & Petra Schleiter. 2011. "Variation in the Durability of Semi-Presidential Democracies." In Semi-Presidentialism and Democracy, eds. Robert Elgie, Sophia Moestrup and Yu-

Shan Wu. New York: Palgrave Macmillan, 42-61.

Elgie, Robert. 1999. The Politics of Semi-Presidentialism. pp. 1-21 in Semi-Presidentialism in Europe, edited by Robert Elgie. Oxford: Oxford University Press.

Elgie, Robert. 2001. "Cohabitation: Divided Government French Style." In Divided Government in Comparative Perspective, ed. Robert Elgie. Oxford: Oxford University Press, 106-127.

Elgie, Robert. 2007. "Varieties of Semi-Presidentialism and Their Impact on Nascent Democracies." Taiwan Journal of Democracy 3(2): 53-71.

Elgie, Robert. 2008. Semi-Presidentialism: An Increasingly Common Constitutional Choice. Unpublished manuscript. Academia Sinica, Institute of Political Science, 17-18, October.

Elgie, Robert. 2010. Historic Cases of Semi-presidentialism: South Korea. In The Semi-presidentialism One (Aug. 20, 2010), http://www.semipresidentialism.com/?p=463.

Elgie, Robert. 2010. South Korea: Semi-presidentialism on the Constitutional Agenda. In The Semi-presidentialism One (May 24, 2010), http://www.semipresidentialism.com/?p=514.

European Union Electoral Observation Mision [sic]. 2005. Venezuela 2005. Final Report. http://www.eods.eu/library/FR%20VENEZUELA%202005_en.pdf. Latest update 17 April 2016.

Evans, Elizabeth. 2011. "Two Heads are Better than One? Assessing the Implications of the Conservative-Liberal Democrat Coalition for UK Politics." Political Science 63, 1: 45-60.

Faas, Thorsten. 2012. "Thinking about Wahlpflicht: Anmerkungen zu einer überfälligen Diskussion." Zeitschrift für Politikwissenschaft 22(3): 407-418.

Falter, Jürgen W.. 2009. "Mehrheitswahl und Regierbarkeit. Mehr Transparenz und höhere Legitimität durch Mehrheitswahl?. " In Wahlsystemreform, ed. Gerd Strohmeier, Baden-Baden: Nomos Verlag, 133-154.

Farrell, David M. and Ian McAllister. 2005. "Australia: The Alternative Vote in a Compliant Political Culture." in Michael Gallagher and Paul Mitchell. eds. The Politics of Electoral Systems: 79-99. Oxford: Oxford Scholarship Online Monographs.

Ferejohn, John A., and Randall L. Calvert. 1984. Presidential Coattails in Historical Perspective. American Journal of Political Science 28(1): 127-146.

Ferrara, Federico. 2006. "Two in One: Party Competition in the Italian Single Ballot Mixed System." Electoral Studies 25, 2: 329-350.

Flanagan, Tom. 2001. "The Alternative Vote." Policy Options 22, 6(July/August): 37-40.

Foster-Cater, Aidan. 2014. South Korean Presidents: So Much Power, So Little Time. In The Wall Street Journal (Oct. 29, 2014), http://blogs.wsj.com/korearealtime/2014/10/29/south-korean-presidents-so-much-power-so-little-time/.

Fraenkel, Jon and Bernard Grofman. 2004. "A Neo-Downsian Model of the Alternative Vote as a Mechanism for Mitigating Ethnic Conflict in Plural Societies." Public Choice 121, 3-4: 487-506.

Fraenkel, Jon and Bernard Grofman. 2006a. "Does the Alternative Vote Foster Moderation in Ethnically Divided Societies? The Case of Fiji." Comparative Political Studies 39, 5: 623-651.

Fraenkel, Jon and Bernard Grofman. 2006b. "The Failure of the Alternative Vote as a Tool for Ethnic Moderation in Fiji: A Rejoinder to Horowitz." Comparative Political Studies 39, 5: 663-666.

Fraenkel, Jon and Bernard Grofman. 2007. "The Merits of Neo-Downsian Modeling of the Alternative Vote: A Reply to Horowitz." Public Choice 133, 1-2: 1-11.

Fraenkel, Jon. 2004. "Electoral Engineering in Papua New Guinea: Lessons from Fiji and Elsewhere." Pacific Economic Bulletin 19, 1: 122-133.

Franke, Heiko and Andreas Grimmel. 2007. "Wahlen mit System? Reformüberlegungen zur personalisierten Verhältniswahl." Zeitschrift für Parlamentsfragen (3): 591-692.

Gallagher, M. 1992. "Comparing Proportional Representation Electoral Systems: Quotas, Thresholds, Paradoxes and Majorities." British Journal of Political Science 22: 469-496.

Golder, Matt. 2006. Presidential Coattails and Legislative Fragmentation. American Journal of Political Science 50(1): 34-48.

Graeme Orr and K. D. Ewing. 2010. "AV or not AV: Lessons from Australia." in http://www.juridicas.unam.mx/wccl/ponencias/1/20.pdf

Grant, Ruth W., and Robert O. Keohane. 2005. Accountability and Abuses of Power in World Politics. American Political Science Review 99(1): 29-43.

Grossman, Emiliano. 2009. "The President's Choice? Government and Cabinet Turnover under the Fifth Republic." West European Politics 32(2): 268-286.

Grotz, Florian. 2005. "Bundestagswahl 2005: Kontext, Ergebnisse, absehbare Konsequenzen." Zeitschrift für Staats- und Europawissenschaften 3(3): 470-495.

Hall, Peter A. and Rosemary C. R. Taylor. 1996. "Political Science and the Three New Institutionalisms." Political Studies 44, 2: 936-957.

Haug, Volker M. 2012. "Das Bundesverfassungsgericht als Gesetzgeber anstelle des Gesetzgebers. Eine kritischer Blick auf das Wahlrechtsurteil vom 25. Juli. 2012." Zeitschrift für Parlamentsfragen (3): 658-674.

Heitshusen, Valerie, Garry Young, and David M. Wood. 2005. "Electoral Context and MP Consistency Focus in Australia, Canada, Ireland, New Zealand, and United Kingdom." American Journal of Political Science 49(1): 32-45.

Heo, Uk, and Hans Stockton. 2005. The Impact of Democratic Transition on Elections and Parties in South Korea. Party Politics 11(6): 674-688.

Hesli, Vicki L. 2007. Governments and Politics in Russia and the Post-Soviet Region. Boston, MA: Houghton Mifflin Campany.

Hewison, Kevin. 2007. "Constitutions, Regimes and Power in Thailand", Democratization 14, 5: 928-945.

Heywood, Andrew. 2000. Key Concepts in Politics. New York, NY: Palgrave Macmillan.

Hicken, Allen, and Yuko Kasuya. 2003. "A Guide to the Constitutional Structures and Electoral Systems of East, South and Southeast Asia." Electoral Studies 22, 1: 121-151.

Hicken, Allen. 2006. "Party Fabrication: Constitutional Reform and the Rise of Thai Rak Thai." Journal of East Asian Studies 6: 381-407.

Hix, Simon, Ron Johnston, and Iain McLean. 2010. "Electoral Reform: A Vote for Change." Political Insight 1, 2: 61-63.

Hong, Wan Sik. 2010. Electoral Systems and Constitutional Principles in Korea. Working paper. Avaible at http://rimel.te.gob.mx:89/repo/ArchivoDocumento/18547.pdf.

Horowitz, Donald L. 1991. Democratic South Africa? Constitutional Engineering in a Divided Society. Berkeley, CA: University of California Press.

Horowitz, Donald L. 2000. Ethnic Groups in Conflict. Berkeley, CA: University of California Press.

Horowitz, Donald L. 2004. "The Alternative Vote and Interethnic Moderation: A Reply to Fraenkel and Grofman." Public Choice 121, pp: 507-517.

Horowitz, Donald L. 2006. References and further reading may be available for this article. To view references and further reading you must purchase this article.

Horowitz, Donald L. 2007. "Where Have All the Parties Gone? Fraenkel and Grofman on the Alternative Vote- Yet Again." Public Choice 133, 1-2: 13-23.

Horowitz, Donald L. 2008. "Conciliatory Institutions and Constitutional Processes in Post-Conflict States." William and Mary Law Review 49(4): 33-49.

Hsieh, John Fuh-sheng. 2013. "Arend Lijphart and Consociationalism." Taiwan Journal of Democracy (Special Issue): 87-101.

Huang, Chi, Wang Hung-Chung, Lin Chang-Chih. 2013. "Knowledge of the Electoral System and Voting: the Case of Taiwan's 2012 Legislative Election." Issues & Studies 49(4): 1-45.

Hunny, Jeong. 2015. Constitutional Reform Debate to be Stalled. In The Korea Herald (Jan. 18, 2015), http://www.koreaherald.com/view. php?ud=20150118000421/.

Im, Hyug Baeg. 2004. Faltering Democratic Consolidation in South Korea: Democracy at the End of the 'Three Kims' Era. Democratization 11(5): 179-198.

Immergut, Ellen M. 1998. "The Theoretical Core of the New Institutionalism." Politics and Society 26, 1: 5-34.

Infratest Dimap, 2013. "Wahlsystem: Wählen ohne Wissen?" in http://www.infratest-dimap. de/umfragen-analysen/bundesweit/ard-deutschlandtrend/2013/wahlsystem-waehlen-ohne-wissen/. Latest update 14 January 2015.

Jackman, Simon. 1994. "Measuring Electoral Bias: Australia, 1949-93." British Journal of Political Science 24, 3: 319-357.

Jackson, John S. 1994. "Incumbency in the United States." In The Victorious Incumbent: A Threat to Democracy? ed. Albert Somit. Aldershot, UK: Dartmouth, 29-70.

Jesse, Eckhard. 1987. "The West German Electoral System: The Case for Reform, 1949-1987." West European Politics 10(3): 434-448.

Jones, Mark P. 1994. "Presidential Electoral Laws and Multipartism in Latin America." Political Research Quarterly 47(1): 41-57.

Jun, Hae-Won, and Simon Hix. 2010. Electoral Systems, Political Career Paths and Legislative Behavior: Evidence from South Korea's Mixed-Member System. Japanese Journal of Political Science 11(2): 153-171.

Kaiser, André. 1997. "Types of Democracy: From Classical to New Institutionalism." Journal of Theoretical Politics 9(4): 419-444.

Kang, David C. 2002. Crony Capitalism: Corruption and Development in South Korea and the Philippines. Cambridge: Cambridge University Press.

Kang, David C. 2003. Regional Politics and Democratic Consolidation in Korea. pp. 161-180 in Korea's Democratization, edited by Samuel S. Kim. Cambridge: Cambridge University Press.

Kavanagh, Dennis. 1995. "Changes in Electoral Behavior and the Party System." in F. F. Ridley and M. Rush. eds. British Government and Politics since 1945: Changes in Perspective: 98-114. Oxford: Oxford University Press.

Keeler, John and Martin A. Schain. 1997. "Institutions, Political Poker, and Regime Evolution in France," In Presidential Institutions and Democratic Politics, ed. Kurt von Mettenheim. Baltimore and London: The John Hopkins University Press, 84-105.

Kihl, Young Whan. 2005. Transforming Korean Politics: Democracy, Reform, and Culture. New York, NY: M. E. Sharpe.

Kim, Byung-Kook. 2000. Party Politics in South Korea's Democracy: The Crisis of Success. pp. 53-86 in Consolidating Democracy in South Korea, edited by Larry Diamond and Byung-Kook Kim. Boulder, CO: Lynne Rienner Publishers.

Kim, Heemin, Jun Young Choi, and Jinman Cho. 2008. Changing Cleavage Structure in New Democracies: An Empirical Analysis of Political Cleavages in Korea. Electoral Studies 27(1): 136-150.

Kleinert, Hubert. 2012. "Anmerkungen zum Wahlrechtsstreit-Ein Problem gelöst, ein anders bleibt. Oder: Ein Blick über die Grenzen lehrt Gelassenheit." Zeitschrift für Parlamentsfragen (1): 185-192.

Knapp, Andrew, and Vincent Wright. 2001. The Government and Politics of France. New York: Routledge.

Köppl, Stefan. 2007. Das politische System Italiens. Eine Einführung. Wiesbaden: VS Verlag für Sozialwissenschaften.

Köppl, Stefan. 2008. "Ein Blick über die Grenzen hilft manchmal weiter. Eine Replik auf Ger Strohmeier in Heft 3/2007 der Zparl." Zeitschrift für Parlamentsfragen (1): 163-168.

Krasner, Stephen. 1984. "Approaches to the State: Alternative Conceptions and Historical Dynamics." Comparative Politics 16: 223-246.

Krumm, Thomas. 2013. "Wie wirksam sperren Sperrklauseln? Die Auswirkung von Prozenthürden auf die Parteienzahl im Bundestag und im internationalen Vergleich." Zeitschrift für Politikwissenschaft 23(3): 393-424.

Kwon, Keedon. 2004. Regionalism in South Korea: Its Origins and Role in Her Democratization. Politics & Society 32(4): 545-574.

Lancaster, Thomas D. 1986. "Electoral Structures and Pork Barrel Politics." International Political Science Review 7(1): 67-81.

LeDuc, Lawrence, Richard G. Niemi, and Pippa Norris. eds. 1996. Comparing Democracies: Elections and Voting in Global Perspective. Thousand Oaks, CA: Sage Publications.

Lehmbruch, Gerhard. 1976. Parteienwettbewerb im Bundesstaat. Stuttgart, Kohlhammer.

Levi, Margaret. 1997. "A Model, a Method, and a Map: Rational Choice in Comparative and Historical Analysis," in Mark Irving Lichbach and Alan S. Zuckerman. eds. Comparative Politics: Rationality, Culture, and Structure. New York: Cambridge University Press: 19-41.

Lijphart, Arend. 1969. "Consociational Democracy." World Politics 2(2): 207-225.

Lijphart, Arend. 1977. Democracy in Plural Societies. New Haven, CT: Yale University Press.

Lijphart, Arend. 1984. Democracy: Patterns of Majoritarian and Consensus Government in Twenty-One Countries. New Haven, CT: Yale University Press.

Lijphart, Arend. 1994. Electoral Systems and Party Systems: A Study of Twenty-Seven Democracies, 1945-1990. Oxford: Oxford University Press.

Lijphart, Arend. 1999. Patterns of Democracy: Government Forms and Performance in Thirty-Six Countries. New Haven, CT: Yale University Press.

Lijphart, Arend. 2004. "Constitutional Design for Divided Societies." Journal of Democracy 15, 2: 96-109.

Lim, Timothy C. 2007. The Dynamics of Party Politics in Korea. pp. 54-62 in Insight into Korea, edited by The Korea Herald. Seoul: Herald Media.

Linhart, Eric. 2009. "Mögliche Auswirkungen von Grabenwahlsystemen in der Bundesrepublik Deutschland. Theoretische Überlegungen und Simulationen." Zeitschrift für Parlamentsfragen (3): 637-660.

Linz, Juan J. 1994. Presidential or Parliamentary Democracy: Does It Make a Difference?. pp. 3-74 in The Failure of Presidential Democracy: Comparative Perspectives, edited by Juan J. Linz and Arturo Valenzuela. Baltimore, MD: Johns Hopkins University Press.

Lundberg, Thomas Carl. 2011. "Be Careful What You Wish For: Potential Problems for the 'Yes' Side in the Alternative Vote Referendum." Proceeding of the Political Science Association Conference. 21 April 2011. London: the Political Science Association.

Mackenrodt, Christian. 2008. "Wie wichtig ist die Person? Zur Bedeutung von Persönlichkeitsfaktoren von Wahlkreisbewerbern bei Bundestagswahlen." Zeitschrift für Parlamentsfragen (1): 69-83.

Mahoney, James. 2000. "Path Dependence in Historical Sociology." Theory and Society. 29, 4: 507-548.

Mainwaring, Scott P. 1999. Rethinking Party Systems in the Third Wave of Democratization: The Case of Brazil. Palo Alto, CA: Stanford University Press.

Mainwaring, Scott. 1993. "Presidentialism, Multipartism, and Democracy: The Difficult Combination." Comparative Political Studies 26(July): 341-366.

Manow, Philip. 2010. "Disproportionalität und ihre Folgen. Die Mehrheitswahlkomponente des deutschen Wahlsystems." Zeitschrift für Politikwissenschaft 20(2): 149-178.

March, James G. and Johan P. Olsen. 1989. Rediscovering Institutions: The Organizational Basis of Politics. New York: The Free Press.

Massicotte, Louis and A. Blais. 1999. "Mixed Electoral Systems: A Conceptual and Empirical Survey." Electoral Studies 18, 3: 341-366.

McGuinness, Feargal and Jeremy Hardacre. 2011. "Alternative Vote Referendum 2011: Analysis of Results." Research Paper 11/44, Parliament and Constitution Centre, House of Commons Library.

McLean, Iain. 1999. "The Jenkins Commission and the Implications of Electoral Reform for the UK Constitution." Government and Opposition 34, 2: 143-160.

Moestrup, Sophia. 2007. "Semi-Presidentialism in Young Democracies: Help or Hindrance?" In Semi-Presidentialism Outside Europe, eds. Robert Elgie and Sophia Moestrup. London: Routledge, 30-55.

Moestrup, Sophia. 2007. "Semi-Presidentialism in Young Democracies: Help or Hindrance?" In Semi-Presidentialism Outside Europe: A Comparative Study, eds. Robert Elgie and Sophia

Moestrup. London: Routledge, 30-35.

Moestrup, Sophia. 2011. Semi-Presidentialism in Young Democracies: Help or Hindrance?. pp. 30-55 in Semi-Presidentialism Outside Europe: A Comparative Study, edited by Robert Elgie and Sophia Moestrup. London: Routledge.

Moraski, Bryon. 2005. "More Proportional but Less Fair: Electoral Sysyem Reform in Putin's Russia," Proceeding of the 2005 American Political Science Association Annual Meeting. 1-4 September 2005. Washington, DC: American Political Science Association.

Moraski, Bryon. 2007. "Electoral System Reform in Democracy's Grey Zone: Lessons from Putin's Russia." Government and Opposition 42, 4: 536-563.

Moser, Robert G. 2001. "The Impact of Parliamentary Electoral Systems in Russia." in Archie Brown. ed. Contemporary Russian Politics. New York: Oxford University Press.

Mulgan, Richard. 2000. Accountability: An Ever-Expanding Concept?. Public Administration 78(3): 555-573.

Murray, David. 1998. "Thailand's Recent Electoral Reforms." Electoral Studies 17, 4: 525-535.

Newell, James L. and Martin J. Bull. 2001. "The Italian General Election of May 2001." Keele European Parties Research Unit (KEPRU) Working Paper 4. in https://www.keele.ac.uk/media/keeleuniversity/group/kepru/KEPRU%20WP%204.pdf. Latest update 28 August 2015.

Niedermyer, Oskar. 2014. "Aufsteiger, Absteiger und ewig 'Sonstige': Klein- und Kleinstparteien bei der Bundestagswahl 2013." Zeitschrift für Parlamentsfragen (1): 73-93.

Nohlen, Dieter. 1996. "Electoral Systems and Electoral Reform in Latin America." in Arend Lijphart and Carlos H. Waisman. eds. Institutional Design in New Democracies: Eastern Europe and Latin America, Boulder, CO: Westview Press: 43-57.

Nohlen, Dieter. 2009. "Erfolgswertgleichheit als fixe Idee oder: Zurück zu Weimar? Zum Urteil des Bundesverfassungsgerichts über das Bundeswahlgesetz vom 3. Juli 2008." Zeitschrift für Parlamentsfragen (1): 171-195.

Nohlen, Dieter. 2010. "Wahlen und Wahlsysteme." In Vergleichende Regierungslehre. Eine Einführung. 3., aktualisierte und erweiterte Auflage, ed. Hans-Joachim Lauth. Wiesbaden: VS Verlag, 237-263.

Nohlen, Dieter. 2011. "Zur Reform von Wahlsystemen. Internationale Erfahrungen und der deutsche Fall." Zeitschrift für Politik 58 (3): 310-323.

Nohlen, Dieter. 2014. Wahlrecht und Parteiensystem. Zur Theorie und Empirie der Wahlsysteme. Bonn: Bundeszentrale für Politische Bildung.

Norris, Pippa. 1997. "Choosing Electoral System: Proportional, Majoritarian and Mixed System." International Political Science Review 18, 3: 297-312.

Norris, Pippa. 2004. Electoral Engineering: Voting Rules and Political Behavior. Cambridge:

Cambridge University Press.

Norton, Philip. 1994. "Parliament in the United Kingdom: The Incumbency Paradox." In The Victorious Incumbent: A Threat to Democracy? eds. Albert Somit. Aldershot, UK: Dartmouth, 103-121.

O'Donnell, Guillermo. 1994. Delegative Democracy. Journal of Democracy 5(1): 55-69.

O'Neill, Patrick. 1993. Presidential Power in Post-Communist: The Hungarian Case in Comparative Perspective. Journal of Communist Studies 9(3): 177-201.

Ockey, James. 2008. "Thailand in 2007: The Struggle to Control Democracy." Asian Survey 48, 1: 20-28.

Oh, John Kie-Chiang. 1999. Korean Politics: The Quest for Democratization and Economic Development. Ithaca, NY: Cornell University Press.

Ostrow, Joel M., Georgiy A. Satarov, and Irina M. Khakamada. 2007. The Consolidation of Dictatorship in Russia: an Inside View of the Demise of Democracy. Westport, CT: Praeger Security International.

Pappi, Franz Urban, Michael Herrmann. 2010. " Überhangmandate ohne negative Stimmgewicht: Machbarkeit, Wirkungen, Beurteilung." Zeitschrift für Parlamentsfragen (2): 260-278.

Pappi, Franz Urban. 2011. "Uninformierte Wähler und informiertes Elektorat: Wie gehen die Wähler mit dem Bundestags-Wahlsystem um?" In Der unbekannte Wähler? Mythen und Fakten über das Wahlverhalten der Deutschen, ed. Evelyn Bytzek, Sigrid Roßteutscher, Frankfurt a. M.: Campus Verlag, 211-230.

Park, In Soo. 2009. The Korean Presidential Regime and Its Future. Working paper. Available at http://www.juridicas.unam.mx/wccl/ponencias/14/264.pdf.

Partridge, Hilary. 1998. Italian Politics Today. Manchester: Manchester University.

Pasquino, Gianfranco. 2000. "Patterns of Democracy, Government Forms and Performance in Thirty-Six Countries." West European Politics 23(3): 232-233.

Pierson, Paul. 2000. "Increasing Returns Path Dependence, and the Study of Politics." The American Political Science Review 94, 2: 251-267.

Prittwitz, Volker von. 2003. "Vollständig personalisierte Verhältniswahl. Reformüberlegungen auf der Grundlage eines Leistungsvergleichs der Wahlsysteme Deutschlands und Finnlands." Aus Politik und Zeitgeschichte (B52): 12-20.

Punnett, R. M. 1991. "The Alternative Vote Re-visited." Electoral Studies 10(4): 281-298.

Qvortrup, Matt. 2012. "Voting on Electoral Reform: A Comparative Perspective on the Alternative Vote Referendum in the United Kingdom." The Political Quarterly 83, 1: 108-116.

Rae, Douglas W. 1971. The Political Consequences of Electoral Laws. New Haven, CT: Yale University Press.

Reed, Steven R. 1990. "Structure and Behaviour: Extending Duverger's Law to the Japanese Case." British Journal of Political Science 20: 335-356.

Reilly, Benjamin. 1997. "The Alternative Vote and Ethnic Accommodation: New Evidence from Papua New Guinea." Electoral Studies 16(1): 1-11.

Reilly, Benjamin. 2002. "Electoral Systems for Divided Societies." Journal of Democracy 13(2): 156-170.

Reilly, Benjamin. 2006. Democracy and Diversity: Political Engineering in the Asia-Pacific. Oxford: Oxford University.

Renwick, Alan and Michael Lamb. 2011. "The 2011 Electoral System Referendum in the UK: The Quality of Debate in the Print Media." Proceeding of the Annual Meeting of the American Political Science Association. 1-4 September 2011. Seatle: the American Political Science Association.

Renwick, Alan, Chris Hanretty, and David Hine. 2009. "Partisan Self-interest and Electoral Reform: The New Italian Electoral Law of 2005." Electoral Studies 28, 3: 437-447.

Riker, W. H. 1982. "The Two-party System and Duverger's Law: An Essay on the History of Political Science." American Political Science Review 76: 753-766.

Roh, Jeong-Ho. 2003. Crafting and Consolidating Constitutional Democracy in Korea. pp. 181-219 in Korea's Democratization, edited by Samuel S. Kim. Cambridge: Cambridge University Press.

Roßmann, Robert. 2012. "Der Bundestag wird größer." Süddeutsche.de. in http://www.sueddeutsche.de/politik/wahlrechtsreform-der-bundestag-wird-groesser-1.1505375. Latest update 15 October 2014.

Safran, William. 2003. " France." In Politics in Europe, ed. M. Donald Hancock. New York: Chatham House Publishers, 101-188.

Sakwa, Richard. 2008. Russian Politics and Society. New York: Routledge.

Samudavanija, Chai-Anan. 2002. Thailand: State-Building, Democracy and Globalization. Bangkok: Institute of Policy Studies.

Sanchez, Omar. 2002. "An Open-Ended Transition: The Effects of Electoral Reform in Italy." Journal of European Area Studies 10, 2: 259-281.

Sartori, Giovanni. 1976. Parties and Party Systems: A Framework for Analysis. Cambridge: Cambridge University Press.

Sartori, Giovanni. 1986. "The Influence of Electoral Systems: Faulty Laws or Faulty Methods?" in Bernard Grofman and Arend Lijphart. eds. Electoral Laws and Their Political Consequences. New York: Agathon Press: 43-68.

Sartori, Giovanni. 1994. Comparative Constitutional Engineering: An Inquiry into Structures,

Incentives and Outcomes. New York, NY: Palgrave Macmillan.

Sartori, Giovanni. 1997. Comparative Constitutional Engineering: An Inquiry into Structure, Incentives and Outcomes. New York: Macmillan Press.

Sawasdee, Siripan Nogsuan. 2005. "The 2005 General Elections in Thailand: Toward a Single-Party Government." Philippine Journal of Third World Studies 20, 1: 48-71.

Scarrow, Susan E. 2001. "Germany: The Mixed-Member System as a Political Compromise." In Mixed Member Electoral Systems. The Best of Both Worlds? ed. Matthew Soberg Shugart and Martin P. Wattenberg, Oxford: Oxford University Press, 55-69.

Schafferer, Christian. 2009. "The Parliamentary Election in Thailand, December 2007." Electoral Studies 28, 1: 167-170.

Schedler, Andreas. 1999. Conceptualizing Accountability. pp. 13-28 in The Self-restraining State: Power and Accountability in New Democracies, edited by Andreas Schedler, Larry Diamond, and Marc F. Plattner. Boulder, CO: Lynne Reinner Publishers.

Schmidt, Fabian. 2008. "Albanien: Neues Wahlgesetz verabschiedet." in http://www.dw.com/de/albanien-neues-wahlgesetz-verabschiedet/a-3808824. Latest update 28 August 2015.

Schoen, Harald. 2007. "Eine optimale Lösung? Eine Replik auf Gerd Strohmeier in Heft 3/2007 der Zparl." Zeitschrift für Parlamentsfragen (4): 862-865.

Scott, Richard W. 2001. Institutions and Organization. Thousand Oak, CA: Sage Publication.

Seils, Christoph. 2013. "Das neue Wahlrecht und die Krux mit den Überhangmandaten." Bundeszentrale für die politische Bildung. in http://www.bpb.de/politik/wahlen/bundestagswahlen/163311/das-neue-wahlrecht?p=all. Latest update 14 October 2014.

Sheng, Shing-Yuan. 2006. "The Personal Vote-Seeking and the Initiation of Particularistic Benefit Bills in the Taiwanese Legislature." Paper presented at the Conference on Political Center or Periphery: Legislatures and Parliaments in the 21st Century. July 7-8, Soochow University, Taipei.

Shepsle, Kenneth A. 1989. "Studying Institutions: Some Lessons from the Rational Choice Approach." Journal of Theoretical Politics 1, 2: 131-47.

Shepsle, Kenneth. 2001. "A Comment on Institutional Change." Journal of Theoretical Politics 13, 3: 321-325.

Shim, Kyu Seok. 2015. Constitutional and Electoral Reform in South Korea. In The Diplomat (Dec. 1, 2015), http://thediplomat.com/2015/12/setting-the-rules-constitutional-and-electoral-reform-in-south-korea/.

Shugart, Matthew S, and John M. Carey. 1992. Presidents and Assemblies: Constitutional Design and Electoral Dynamics. Cambridge: Cambridge University Press.

Shugart, Matthew S. and Martin P. Wattenberg. eds. 2001. Mixed-Member Electoral Systems:

The Best of Both Worlds? Oxford: Oxford University Press.

Shugart, Matthew Soberg and Martin P. Wattenberg. 2001. "Introduction: The Electoral Reform of the Twenty-First Century?" In Mixed Member Electoral Systems. The Best of Both Worlds? ed. Matthew Soberg Shugart and Martin P. Wattenberg. Oxford: Oxford University Press, 1-24.

Shugart, Matthew Soberg. 2001. "Extreme Electoral Systems and the Appeal of the Mixed-Member Alternative." in M. S. Shugart and M. P. Wattenberg. eds. Mixed-Member Electoral Systems: The Best of Both Worlds? Oxford: Oxford University Press.

Shugart, Matthew Søberg. 2005. "Semi-Presidential Systems: Dual Executive and Mixed Authority Patterns." French Politics 3: 323-351.

Smith, Steven S. and Thomas F. Remington. 2001. The Politics of Institutional Choice: The Formation of the Russian State Duma, Princeton. Princeton, NJ: Princeton University Press.

Steinmo, Sven and Kathleen Thelen. 1992. "Historical Institutionalism in Comparative Analysis." in Sven Steinmo, Kathleen Thelen and Frank Longstreth. eds. Structuring Politics. New York: Cambridge University Press: 1-32.

Stockton, Hans, and Uk Heo. 2004. The Changing Dynamics of Regionalism in South Korea's Elections. Global Economic Review 33(3): 1-22.

Strategy Takes a Holiday: Fraenkel and Grofman on the Alternative Vote." Comparative Political Studies 39, 5: 652-662.

Stratmann, Thomas, and Martin Baur. 2002. "Plurality Rule, Proportional Representative, and the German Bundestag: How Incentives to Pork-barrel Differ across Electoral System." American Journal of Political Science 46(3): 506-514.

Strohmeier, Gerd. 2007. "Ein Plädoyer für die 'gemäßigte Mehrheitswahl': optimale Lösung für Deutschland, Vorbild für Österreich und andere Demokratien." Zeitschrift für die Parlamentsfragen (3): 578-590.

Strohmeier, Gerd. 2008. "Die (gemäßigte) Mehrheitswahl im Streit der Wissenschaft. Eine Antwort auf Frank Decker, Harald Schoen und Stefan Köppl." Zeitschrift für Parlamentsfragen (2): 419-425.

Strohmeier, Gerd. 2009. "Vergangene und zukünftige Reformen des deutschen Wahlsystems." In Wahlsystemreform, ed. Gerd Strohmeier, Baden-Baden: Nomos Verlag, 11-44.

Strohmeier, Gerd. 2015. " Die Bundestagswahl 2013 unter dem reformierten Wahlszstem: Vollausgleich der Überhangmandte, aber weniger Erfolgswertgleichheit." In Die Bundestagswahl 2013. Analysen der Wahl-, Parteien-, Kommunikations- und Regierungsforschung, ed. Karl-Rudolf Korte, Wiesbaden: Springer Verlag, 55-78.

Sturm, Roland. 2014. "Die Regierungsbildung nach der Bundestagswahl 2013: lagerübergreifend und langwierig." Zeitschrift für Parlamentsfragen (1): 207-230.

Thames, Frank. 2005. "A House Divided: Party Strength and the Mandate Divide in Hungary, Russia, and Ukraine." Comparative Political Studies 38, 3: 282-303.

Thelen, Kathleen. 2002. "How Institutions Evolve: Insights from Comparative-historical Analysis." in James Mahoney and Dietrich Rueschemeyer. eds. Comparative Historical Analysis in the Social Sciences. Cambridge: Cambridge University Press: 208-240.

Tsai, Jung-hsiang. 2009. Political Structure, Legislative Process, and Corruption: Comparing Taiwan and South Korea. Crime, Law and Social Change 52(4): 365-383.

Vatter, Adrian. 2009. "Lijphart Expanded: Three Dimensions of Democracy in Advanced OECD Countries?" European Political Science Review 1(1): 125-154.

Vowles, Jack 2011. "The Manipulation of Norms and Emotions? Partisan Cues and Campaign Claims in the UK Electoral System Referendum." Proceeding of the Annual Meeting of the American Political Science Association. 1-4 September 2011. Seatle: the American Political Science Association.

White, Isobel. 2011. "AV and electoral Reform." Research Paper SN/PC/05317, Parliament and Constitution Centre, House of Commons Library.

Whitehead, Laurence. 2013. "The Westminster System: 'Modle' or 'Muddle'?" Taiwan Journal of Democracy(Special Issue): 9-38.

Whiteley, Paul, Harold D. Clarke, David Sanders and Marianne C. Stewart. 2012. "Britain Says NO: Voting in the AV Ballot Referendum." Parliamentary Affairs 65, 1: 301-322.

Wilks-Heeg, Stuart. 2011. "The Rejection of AV is the Fifth Occasion in the Last 100 Years That a Proposal to Replace FPTP Has Failed." in http://blogs.lse.ac.uk/politicsandpolicy/archives/10174. Latest update 30 June 2013.

William, Brian D. 2013 "How Consensual Are Consensus Democracies? A Reconsideration of the Consensus/Majoritarian Dichotomy and a Comparison of Legislative Roll-Call Vote Consensus Levels from Sixteen Countries." in http://www.democracy.uci.edu/files/democracy/docs/conferences/grad/Williams %20-%20Consensus%20Democracies.pdf. Latest update 5 August 2014.

Wilpert, Gregory. 2010. "A New Opportunity for Venezuela's Socialists." in http://venezuela-nalysis.com/analysis/5683. Latest update 28 August 2015.

Wright, Jack F. H. 1986. "Australian Experience with Majoritarian-Preferential and Quota-preferential Systems." in Bernard Grofman and Arend Lijphart. eds. Electoral Laws and Their Political Consequence: 124-138. New York: Agathon Press.

Wu, Yu-shan. 2005. "Appointing the Prime Minister under Incongruence: Taiwan in Comparison with France and Russia." Taiwan Journal of Democracy 1(1): 103-132.

Wu, Yu-Shan. 2011. "Exploring the Power-Sharing Mode of Semi-Presidentialism." Paper presented at the 1st IPSA/ECPR Joint Conference, Sao Paulo, February 16-19.

Wu, Yu-shan. 2013. "Comparing Taiwan and the CEE Trio: The Impact of Social and Institutional Factors on Democracy." Taiwan Journal of Democracy (Special Issue): 87-101.

Yazbeck, Cristian Balteo, Melina Fernández Temes. 2010. "Venezuela: Lektüre eines geteilten Landes." Aus Politik und Zeitgeschichte (H41/42): 12-18.

Yeo, Jun-suk. 2016. Constitutional Reform Debate Resurfaces. In The Korea Herald, http://www.koreaherald.com/view.php?ud=20160103000318/.

Ysmal, Colette. 1994. "Incumbency in France: Electoral Instability as a Way to Legislative Turnover." In The Victorious Incumbent: A Threat to Democracy? ed. Albert Somit. Aldershot, UK: Dartmouth, 190-217.

Zhang, Baohui. 2008. Improving Democratic Governance in East Asia. Asian Journal of Political Science 16(1): 64-84.

三、網路資料

ACE Electoral Knowledge Network / Comparative Data
http://aceproject.org/epic-en. Latest update 8 November 2009.
Adam Carr's Election Archive
http://psephos.adam-carr.net/countries/t/thailand/. Latest update 8 November 2009.
Election Resources on the Internet: Elections to the Italian Parliament
http://electionresources.org/it/. Latest update 8 November 2009.
Elections and Electoral Systems around the World
http://www.psr.keele.ac.uk/election.htm. Latest update 8 November 2009.
Freedom House
http://www.freedomhouse.org/template.cfm?page=1. Latest update 8 November 2009.
Russia Votes http://www.russiavotes.org/duma/duma_elections_93-03.php?S776173303132=22 a4541c376ab48f7e1e03cd58a02364. Latest update 8 November 2009.

國家圖書館出版品預行編目資料

憲政運作與選制改革：比較的觀點／蘇子喬、
王業立著. -- 初版. -- 臺北市 ： 五南,
2018.01
　　　面；　　公分.

ISBN 978-957-11-9523-0（平裝）

1.選舉制度 2.憲政主義 3.比較研究

572.3　　　　　　　　　　106023807

1PAT

憲政運作與選制改革：
比較的觀點

作　　者 ― 蘇子喬、王業立(21)

發 行 人 ― 楊榮川

總 經 理 ― 楊士清

副總編輯 ― 劉靜芬

責任編輯 ― 高丞嫻、李孝怡

封面設計 ― 姚孝慈

出 版 者 ― 五南圖書出版股份有限公司

地　　址：106台北市大安區和平東路二段339號4樓

電　　話：(02)2705-5066　傳　真：(02)2706-6100

網　　址：http://www.wunan.com.tw

電子郵件：wunan@wunan.com.tw

劃撥帳號：01068953

戶　　名：五南圖書出版股份有限公司

法律顧問　林勝安律師事務所　林勝安律師

出版日期　2018年1月初版一刷

定　　價　新臺幣450元